WIE MAN TUGENDEN ENTWICKELT UND LASTER ÜBERWINDET

SWAMI SIVANANDA

Aus dem Englischen

für das Sivananda Yoga Vedanta Zentrum

von Jörg Kailas Weißker

Anmerkungen des Übersetzers:

Die Schrift von Swami Sivananda ist teilweise erkennbar von den damaligen Verhältnissen der indischen Gesellschaft (insbesondere, was das Verhältnis zwischen Männern und Frauen sowie zu Angestellten, Untergebenen und Angehörigen anderer Kasten anbelangt), seiner medizinischen Ausbildung und militärischen Vergleichen geprägt, die heute – jedenfalls im Westen – nicht mehr zeitgemäß sind. Wir haben uns dennoch dafür entschieden, den Text unverändert zu lassen, um einen möglichst authentischen Eindruck zu vermitteln.

Sanskritausdrücke werden bei erstmaliger Verwendung im Text und im Übrigen im Sanskrit-Index erläutert.

Original-Ausgabe:

»How to cultivate Virtues and eradicate Vices« by Swami Sivananda

© 1952 ›Divine Life Trust Society‹ in Rishikesh, INDIA

ISBN 978-3-93071612-8

2017: Erste deutsche Ausgabe

© Sivananda Yoga Vedanta Zentrum

Steinheilstraße 1, 80333 München

OM

Gewidmet

Eltern und Lehrern

Predigern und Führern

Die den Charakter

Von Männern und Frauen formen

INHALTSVERZEICHNIS

TEIL II – WIE MAN LASTER ÜBERWINDET 209

VORWORT DES HERAUSGEBERS

Die Übersetzung dieses Buches eröffnet dem deutschsprachigen Leser ein einzigartiges Werk der spirituellen Literatur des Yoga.

Swami Sivanandas Beschreibungen von Tugenden und Lastern sind von außerordentlicher sprachlicher, psychologischer und philosophischer Tiefe.

Jede Seite ist ein direkter Aufruf zu positivem Denken, Sprechen und Handeln verbunden mit praktischen Handlungsanleitungen.

Detaillierte Fußnoten des Übersetzers sowie ein Sanskrit-Glossar vereinfachen die Lektüre und geben Einblick in den Horizont von Swami Sivananda. Insbesondere die zahlreichen Bezüge auf die Bibel, Shakespeares Dramen und westliche Philosophen belegen die umfassende Bildung von Swami Sivananda. Das Werk beeindruckt den westlichen Leser umso mehr, als es in einer kleinen Einsiedelei am Ganges verfasst wurde.

Veröffentlicht anlässlich des 60-jährigen Jubiläums der Sivananda Yoga Vedanta Zentren weltweit.

München, im Februar 2017

Swami Sivadasananda

Sri Swami Sivananda (1887 – 1963)

EINLEITUNG

ETHIK UND MORAL

Ethische Kultur führt zu ethischer Vervollkommnung. Ein ethischer Mensch ist mächtiger als ein intellektueller Mensch. Ethische Kultur verschafft einem verschiedene Arten von übersinnlichen Kräften.

Moral geht Hand in Hand mit Spiritualität. Moral und Spiritualität bestehen nebeneinander. Ethische Kultur bereitet dich auf die vedantische Erkenntnis von „Sarvam Khalvidam Brahma"[1] vor – alles ist in Wahrheit Brahman. So etwas wie Verschiedenheit gibt es in Wahrheit überhaupt nicht.

Alle spirituell Suchenden begehen den Fehler, sofort in Samadhi und Meditation zu springen, sobald sie aus dem Haus gehen, ohne sich im Geringsten um ethische Reinigung zu kümmern.

Die wesentlichen Bestandteile eines ethischen Lebens sind: Gradlinigkeit, Ehrlichkeit, Mitgefühl, Respekt vor dem Leben, liebevolle Achtung jedes atmenden Lebewesens, absolute Selbstlosigkeit, Wahrhaftigkeit, Zölibat, Nicht-Verletzen, Nicht-Begehren, Abwesenheit von Eitelkeit und Heuchelei, und kosmische Liebe.

Ein Mensch von rechtem Verhalten hat vollkommene Prinzipien und Grundsätze. Er befolgt sie strikt, beseitigt seine Schwächen und Fehler, entwickelt ein rechtes Verhalten und wird ein sattviger Mensch.

Rechtschaffenheit ist ewig. Verlasse den Pfad der Rechtschaffenheit nicht einmal, wenn dein Leben in Gefahr ist. Ein rechtschaffenes und tugendhaftes Leben spendet dem Menschen jede Menge Trost, und zwar sowohl zu Lebzeiten, als auch im Zeitpunkt seines Todes. Ein einwandfreier Charakter ist der einzige Diamant, den zu tragen es dich gelüsten sollte. Tugenden sind der Selbsterkenntnis förderlich.

Unsterblichkeit kann alleine dadurch erlangt werden, dass man sich andauernd lebenswürdig verhält und an ethischen Prinzipien festhält.

---

1 Ein Mahavakya, das das Einssein mit dem höchsten Selbst (Brahman) beschreibt. Mahavakyas sind Sinnsprüche bzw. Leitsätze aus den Upanishaden. Es gibt vier, „große Verkündigungen" genannte, besonders wichtige Mahavakyas, von denen jeweils eine aus einer der vier Veden stammt.

Das Praktizieren von wohltätigen Taten, Mitgefühl und liebenswürdigen Diensten reinigt das Herz und macht es weicher, öffnet den Herzlotos nach oben und bereitet den spirituell Suchenden auf die Empfängnis des göttlichen Lichts vor.

Wahrheit, Entbehrungen, Zölibat und Selbstbeherrschung zu praktizieren sind alles Hilfsmittel für die Erlangung von Wissen um das Ewige.

Demut ist die höchste aller Tugenden. Gott hilft dir nur, wenn du dich vollkommen demütig fühlst. Entwickle diese Tugend deshalb in einem beträchtlichen Ausmaß. Eine Tugend entwickelt sich und überlebt nur, wenn sie positiv und aktiv praktiziert wird.

Das Gesetz des Nicht-Verletzens ist genauso genau und präzise wie das Gesetz der Schwerkraft. Wenn du vollkommen in der Praxis des Nichtverletzens in Gedanken, Worten und Taten gegründet sein kannst, dann bist du Gott.

Der Pfad von Ahimsa[2] ist schmal, aber wenn du Ahimsa mit dem rechten Ernst praktizierst, kannst du den Weg leicht beschreiten, denn du kannst gar nicht anders, als mit jedem Schritt die Gnade Gottes zu erlangen.

Ein heiliger Mensch voller Frömmigkeit ist jedem mächtigen König von Ländern weit überlegen. Gott ist erfreut sich sehr an frommen Menschen.

Ein Mensch, der seine Versprechen einhält, hinterlässt einen starken Eindruck im Geist anderer und verschmilzt mit der Göttlichkeit.

Entwickle Anteilnahme, Liebe, Mitgefühl, Aufrichtigkeit und die anderen göttlichen Tugenden, die in der Gita beschrieben werden. Führe ein klar geregeltes Leben. Moralische Stärke stellt das Rückgrat von spirituellem Fortschritt dar. Ethische Kultur ist ein essentieller Bestandteil von spirituellem Sadhana.

---

2 Gewaltlosigkeit, Nichtverletzen in Gedanken, Wort und Tat. Eines der Yamas.

RELIGION: DIE BASIS VON MORAL

Moral ist die Eigenschaft, moralisch zu sein. Moral ist dasjenige an einer Handlung, was sie richtig oder falsch macht. Sie ist die Praxis von moralischen Pflichten unabhängig von Religion.

Moral ist die Lehre davon, was am menschlichen Verhalten richtig und falsch ist. Sie ist ein tugendhaftes Leben. Manchmal – in einem beschränkten Sinne – bedeutet sie auch sexuelle Reinheit.

Moral ist Tugend. Moral ist Ethik. Sie ist die Lehre, die davon handelt, welches Verhalten richtig oder falsch ist.

Moral ist überall dieselbe, weil sie von Gott kommt.

Moral ist praktizierte Religion; Religion ist Moral im Grundsätzlichen.

Was du tun solltest, das solltest du auch tun und das musst du tun, selbst wenn es Schmerz und Verlust mit sich bringt. Warum? Weil es richtig ist.

Du musst das Richtige tun, wie hoch der Preis an Schmerz und Verlust auch immer sein mag.

Alle erfolgreichen Handlungen sind auf dem Fundament von Moral gegründet.

Moral ohne Religion hat keine Wurzeln. Sie wird zu einer Sache aus Gewohnheit, wandelbar, vorübergehend und freiwillig.

Ohne tiefgreifende Moral kann es keinen hohen Anstand, keine Zuvorkommenheit, keine Höflichkeit und keine eleganten Manieren geben.

Es gibt keine wahre und beständige Moral, die nicht auf Religion gegründet wäre.

Es kann keine Verschiedenheit zwischen Religion und Moral geben. Moral ist die Grundlage jeder Religion. Moral und Religion sind so untrennbar wie Hitze und Feuer, Kälte und Eis, Duft und Blume.

Moral ohne Religion ist wie ein Baum ohne Wurzeln, wie ein Haus, das auf Sand gebaut ist oder wie ein Fluss, der keine Quelle hat, die ihn speist.

Diskussionen über Fragen der Moral sind das beste Mittel, um den Charakter des Menschen zu verbessern und ihn aus Lastern und Unwissenheit zu erretten.

Moral darf nicht ohne Religion sein. Andernfalls kann sie sich ändern, wenn du Unannehmlichkeiten ausgesetzt bist. Religion muss die Moral beherrschen.

Die Moral einer Handlung hängt von dem Motiv ab, aus dem heraus du handelst. Habe als Erstes rechtschaffene Prinzipien, dann wirst du nicht darin scheitern tugendhaft zu handeln.

Nationale Moral kann nicht vorherrschen, wenn religiöse Prinzipien ausgeschlossen sind.

Ohne Religion stirbt die Moral. Religion ist die eigentliche Wurzel der Moral.

Stelle die Moral auf ihre eigentliche und richtige Grundlage, nämlich die Furcht vor und die Liebe zu Gott.

Moral ohne Religion wird verdorren und absterben wie ein Same, der auf steinigem Boden ausgesät wird.

Moral ist die Lehre von den moralischen Pflichten im Leben von Menschen als sozialen Wesen.

Moral ohne Gott ist bodenlose Pietätlosigkeit.

MORAL UND ETHIK

Die moralischen Grundsätze sind nicht in dem Sinne absolut, dass es einen Zustand gäbe, der die moralischen Beschränkungen transzendieren würde[3]. Das bedeutet aber nicht, dass die moralischen Gesetze nicht eingehalten werden müssten. Moral ist die Einhaltung des angeborenen Gespürs dafür, was richtig ist, das durch das Bewusstsein zum Ausdruck gebracht wird, das nicht durch Selbstsucht und ihre unterschiedlichen Ausdrucksformen und Wirkungen gebunden ist. Moral ist der Seelen-Sinn oder der Wahrheits-Sinn, der sich weigert, sich durch die Herrschaft der Begierden einschränken zu lassen, die die Vielseitigkeit dessen, was richtig ist missachten, und der frei von der Pein der Unvollkommenheit ist. Der Sinn des moralischen Empfindens ist es, den Weg zu Vollkommenheit aufzuzeigen, und deshalb kann Moral danach beurteilt werden, inwieweit sie das Bewusstsein zu uneingeschränktem Glück leitet, das nicht auf

---

3 Gemeint ist wohl, dass selbst das intensivste Einhalten der moralischen Grundsätze die Moral nicht transzendieren kann (wie das z.B. bei der Meditation der Fall ist: einer Geisteskontrolle, die den Geist selbst transzendiert). Vor diesem Hintergrund könnte ein oberflächlicher spirituell Suchender meinen, dass ethische Praxis eigentlich nicht nötig sei, da sie keine yogischen Früchte bringen würde.

ein oder mehrere Individuen oder auf einen Teil des Universums oder lediglich auf einen Aspekt der Existenz beschränkt ist. Je größer die Bandbreite des selbstlosen Bewusstseins und der Freude ist, die aus ihm resultiert, umso größer ist die Moral der Methode, mit der solche Selbstlosigkeit praktiziert wird, oder das Verhalten, durch das solche Selbstlosigkeit zum Ausdruck kommt. Alle selbstsüchtigen Handlungen sind unmoralisch. Was aber ist selbstsüchtiges Verhalten? Es ist ein Verhalten, das darauf abzielt, den Sinnen und dem Ego der eigenen, individuellen Existenz Befriedigung zu verschaffen, ohne jede Absicht, die Begierden der Sinne und das Ego zu überwinden. Zusätzlich zu diesen positiven Schwächen enthält ein unmoralisches Verhalten auch andere Handlungen wie jemandem Schaden zuzufügen, die Unwahrheit zu pflegen und Diebstahl zu begehen, entweder in Gedanken, Worten oder Taten. Leidenschaft, Ärger, Gier, Stolz und Eifersucht sind unmoralische Eigenschaften. Nicht einmal eine gut gemeinte Absicht kann die Verletzung der moralischen Regeln rechtfertigen. Moral ist „ein großes Gelübde, das universell und nicht durch Verhältnisse, Zustände, Orte, Zeiten oder Umstände eingeschränkt ist." (Yoga-Sutras[4]).

4 Vers 2:31.

TEIL I
WIE MAN TUGENDEN ENTWICKELT

ABSTINENZ

Abstinenz heißt, sich insbesondere einiger Genüsse zu enthalten oder ihrer zu entsagen. Abstinenz ist Mäßigung.

Abstinenz ist eine Handlung, eine Praxis oder ein Zustand, sich etwas, einer Handlung oder eines Verhaltens zu enthalten, insbesondere eine vollständige Enthaltung von berauschenden Getränken; Selbstverleugnung, Selbstbeherrschung im Sinne von Abstinenz von Vergnügen bei Tisch, Abstinenz von alkoholischen Getränken, sexueller Zügellosigkeit.

Abstinenz heißt, sich der Nachgiebigkeit gegenüber Gelüsten oder eines Triebs oder der gewohnheitsmäßigen Befriedigung von animalischen Neigungen zu enthalten. Wir sprechen von der Abstinenz von Fleisch, Abstinenz von Whisky, Abstinenz von Essen oder sexueller Betätigung.

Völlige Abstinenz ist der spezielle Begriff für den Entschluss und die Praxis der Enthaltung von berauschenden alkoholischen Getränken.

Abstinenz ist kontinuierliche Mäßigung, die Langlebigkeit und gute Gesundheit schenkt und den Körper frei von Krankheiten hält.

Abstinenz ist eine Disziplin, die Vairagya[5] oder Leidenschaftslosigkeit verleiht und dem spirituell Suchenden hilft auf dem Pfad des Yoga voranzuschreiten. Abstinenz ist die Praxis von Yama[6] oder Selbstbeherrschung, sie ist das Fundament der Tugend.

Abstinenz ist der stärkste Schutz vor Krankheiten. Sie ist die Tugend, die Leiden abwehrt. Sie verleiht strahlende Gesundheit, Vim[7], Kraft und Vitalität.

---

5 Leidenschaftslosigkeit, Verhaftungslosigkeit
6 Das erste Glied des Raja Yoga. Yama manifestiert sich in richtigem Handeln und ist eine spirituelle Praxis, die das Innenleben verwandelt und sich in 5 Eigenschaften zeigt (Ahimsa, Satya, Brahmacharya, Asteya, Aparigraha).
7 Kraft, Vitalität.

Verzichte für eine Woche auf Tee, Kaffee oder Rauchen. Das wird dir Kraft und Willenskraft für die nächste Abstinenz geben. Die dritte Abstinenz wird einfacher sein.

Das Ziel der Abstinenz ist es, den Geist über die niederen Triebe zu erheben. Sie ist tatsächlich eine Hilfe dabei, sich selbst weiterzuentwickeln.

Enthaltsamkeit, Mäßigkeit, Fasten, Maßhalten, Selbstverleugnung, Selbstzucht, Selbst-beherrschung, Nüchternheit und Mäßigung sind Synonyme für Abstinenz.

Trunkenheit, Exzess, Völlerei, Gier, Maßlosigkeit, Rausch, Schwelgen, Orgie, Genußsucht, Sinnesfreuden und Lüsternheit sind das Gegenteil von Abstinenz.

Abstinenz von Essen heißt üblicherweise, ganz darauf zu verzichten. Enthaltsamkeit heißt mäßig zu sich nehmen. Abstinenz kann auch bei nur einem Anlass sein. Enthaltsamkeit ist demgegenüber gewohnheitsmäßiges Maßhalten. Selbstverleugnung heißt die eigenen Wünsche aufzugeben. Abstinenz kann auch sein sich dessen zu enthalten, was man nicht wünscht. Fasten ist Abstinenz von Essen für begrenzte Zeit, meist aus religiösen Gründen. Nüchternheit und Mäßigung bedeuten, sich ein ruhiges, ausgeglichenes Wesen zu bewahren durch mäßige Enthaltsamkeit von einigem und vollständiger Abstinenz von anderem. Wir sprechen von Mäßigung beim Essen, aber von Abstinenz vom Laster.

AHIMSA

1. Lass niemanden Leben verletzen, sondern stets bemüht sein das Leben anderer genauso in Ehren zu halten wie das eigene. Denn Ahimsa ist die höchste Religion. (Tirthankara Mahavira)

2. So lasst uns ein grenzenloses Herz und Geist für alle Geschöpfe entwickeln, gleich ob groß oder klein. Ja, lasst uns Liebe für die ganze Welt praktizieren. (Gauthama Buddha)

3. Du sollst nicht töten. (Jesus Christus)

4. Jemand, der ein Leben rettet, soll sein, als hätte er die ganze lebende Menschheit gerettet. Denn es gibt kein Tier auf Erden und keinen Vogel, der mit seinen Flügeln fliegt, die nicht eine Gemeinschaft bilden würden so wie ihr[8]. (Mohammed)

8 Koran 6:38

5. Ein Mensch sollte das Gute dem Bösen vorziehen, gute Taten den Sünden, Tugend dem Laster, Licht der Dunkelheit. (Zarathustra)

6. Ein Selbst wohnt allen inne. Alle sind Manifestationen des einen Gottes. Wenn Du jemand anderen verletzt, verletzt Du Dein eigenes Selbst. Wenn Du jemand anderem dienst, dienst Du Deinem eigenen Selbst. Liebe alle. Diene allen. Beleidige niemanden. Verletzte niemanden mit Gedanken, Worten oder Taten. (Swami Sivananda)

ANMUT

Anmut ist leichte Eleganz der Form und des Auftretens. Sie wird gekennzeichnet durch Korrektheit oder Tauglichkeit. Sie ist der äußere Ausdruck der inneren Harmonie der Seele.

Anmut ist Eleganz des Benehmens oder der Haltung. Sie ist Schönheit mit Würde in Auftreten, Bewegung oder Höflichkeit.

Eine anmutige Gestalt ist ein immerwährendes Empfehlungsschreiben.

Ein anmutiger Mensch ist frei von Affektiertheit und Vortäuschung. Er hat eine würdige Persönlichkeit. Er denkt, spricht und handelt mit Anstand.

Ein Mensch von Anmut wird durch Gnade, Eleganz, Schönheit, Harmonie oder Leichtigkeit charakterisiert. Er ist ansprechend in Erscheinung, Bewegung oder Sprache. Er ist anmutig in Form, Handlung, Aussehen oder Rede.

Anmutig weist auf Bewegung oder die Möglichkeit von Bewegung hin. Schönheit gilt für absolute Beständigkeit. Die Landschaft oder der Himmel sind schön, aber keines von beiden ist anmutig. Anmut gilt für Schönheit, die das Auge anspricht so wie man von einem anmutigen Gedicht oder einem anmutigen Gang spricht. Anmut kennzeichnet eine ansprechende Harmonie der Kontur, Proportion etc., mit einem gewissen Grad von Feinheit. Ein Herkules ist massiv, ein Apollo oder eine Frau dagegen anmutig.

Man spricht von einer anmutigen Haltung oder einer anmutigen Bewegung.

Man sagt: „Sita[9] geht und spricht anmutig" – d.h., mit natürlicher Leichtigkeit und Korrektheit, elegant.

---

9 Gemahlin von Gott Rama. Das berühmte Epos handelt davon, wie Sita Rama von dem Dämonenkönig Ravana geraubt wurde und wie er sie – vor allem mit Hilfe von Hanuman – zurückholt.

ANPASSUNGSFÄHIGKEIT

Anpassungsfähigkeit ist eine Tugend oder vornehme Eigenschaft, durch die man sich an andere anpasst oder sich Ihnen angleicht, wie immer ihr Wesen auch sein mag. Ein anpassungsfähiger Mensch bringt sich in Einklang mit anderen, wie immer deren Naturell auch sein mag. Das ist eine höchst erstrebenswerte Gewohnheit oder Eigenschaft für Erfolg im Leben. Sie muss langsam entwickelt werden. Die breite Mehrheit der Menschen ist nicht dazu in der Lage, sich anderen anzupassen. Anpassungsfähigkeit ist ein besonderer Trick oder Mut, die Herzen anderer für sich zu einzunehmen und die Schlacht des Lebens endgültig für sich zu entscheiden, indem man sich ein wenig beugt.

Die Ehefrau ist nicht dazu in der Lage, sich an ihren Ehemann anzupassen. Sie verärgert ihren Ehemann immer und schafft Raum für häusliche Streitereien und bekommt dafür die Scheidung. Der Angestellte ist nicht dazu in der Lage, sich an seinen Chef oder Vorgesetzten anzupassen. Er streitet sich mit ihm und wird sofort rausgeschmissen. Der Schüler ist nicht dazu in der Lage, sich an seinen Guru anzupassen. Der Geschäftsmann ist nicht dazu in der Lage, sich an seine Kunden anzupassen und verliert deshalb seine Kunden und sein Geschäft. Der Dewan[10] ist nicht dazu in der Lage, sich an den Maharaja anzupassen. Er muss deshalb den Staatsdienst verlassen. Die Welt funktioniert mit Anpassungsfähigkeit. Derjenige, der die Kunst oder Wissenschaft der Anpassungsfähigkeit beherrscht, kommt in der Welt ziemlich gut zurecht und ist unter allen Lebensumständen immer glücklich.

Der Mensch muss formbar sein, wenn er sich anpassen will. Es bedarf viel Weisheit und Scharfsinn, um Anpassungsfähigkeit zu entwickeln. Wenn der Angestellte die Art, die Gewohnheiten und das Temperament seines Vorgesetzten gut versteht und sich diesem anpasst, um seiner Art und Weise angenehm zu entsprechen, dann wird der Vorgesetzte zum Sklaven des Angestellten. Du wirst einige freundliche Worte und Rizinusöl anwenden müssen. Ein bisschen Schmieröl, um sein Herz zu erweichen ist alles, was es braucht. Spricht sanft und lieblich. Führe seine Anweisungen buchstabengetreu aus. Erwidere ihm nie scharf. Bedenke die Maxime: „Gehorsam ist besser als Opfer"[11]. Der Vorgesetzte will ein bisschen Respekt. Sage: „Ja-ja, Herr, sehr wohl, Herr, sehr gut, Herr". Das kostet dich nichts. Dann wird der Vorgesetzte dein Sklave. Er hat einen Platz in seinem Herzen für dich. Du wirst sein Liebling. Er wird alles tun was du willst. Er wird dir deine Fehler verzeihen. Demut und Gehorsam sind erforderlich um Anpassungsfähigkeit zu entwickeln. Ein egoistischer, stolzer Mensch findet es schwierig, sich anzupassen.

---

10 Schreibweise auch Diwan. Erster Minister in den von einem Maharaja regierten Fürstenstatten, die es während der englischen Kolonialzeit in Indien gab.
11 1. Buch Samuel, 15, 22.

Er hat immer Schwierigkeiten, seine Versuche schlagen immer fehl. Egoismus und Stolz sind zwei wichtige und unüberwindbare Hindernisse auf dem Weg Anpassungsfähigkeit zu entwickeln.

Wenn ein Student sich nicht an seine Studienfreunde anpassen kann, die mit ihm im selben Zimmer leben, kommt es zu Reibungen und ihre Freundschaft steht auf dem Spiel. Anpassungsfähigkeit dagegen lässt eine Freundschaft lange Zeit bestehen. Studenten streiten sich auch wegen Kleinigkeiten. Ein Student sagt: „Ich habe Herrn X. mehrere Tage lang Tee gebracht. Ich habe ihn viele Tage lang auf eigene Kosten ins Kino mitgenommen. Ich bat ihn, mir das Buch „Das Leben von Samuel Johnson" von James Boswell zu leihen, um es zu lesen. Er hat das glatt abgelehnt. Was für ein Freund ist das denn? Ich mag ihn überhaupt nicht!" So ist die Freundschaft jetzt zerbrochen. Eine einfache Sache ärgert den Geist. Anpassungsfähigkeit ist ein starker chirurgischer Faden, die die Menschen in Banden unverbrüchlicher Liebe und Freundschaft miteinander verbindet. Ein anpassungsfähiger Mensch kann mit jedermann überall auf der Welt gut auskommen. Die Menschen mögen anpassungsfähige Menschen unbewusst. Anpassungsfähigkeit verleiht ungeheure Stärke und tiefe Freude. Anpassungsfähigkeit entwickelt Willenskraft.

Ein anpassungsfähiger Mensch muss gewisse Opfer bringen. Anpassungsfähigkeit erweitert die Opferbereitschaft, sie tötet Egoismus. Ein anpassungsfähiger Mensch muss das, was er hat, mit anderen teilen. Er muss Beleidigungen und harte Worte ertragen. Ein anpassungsfähiger Mensch entwickelt ein Gefühl für die Einheit oder das Eins-Sein des Lebens. Für vedantisches Sadhana[12] ist sie von unschätzbarer Hilfe.

Wer Anpassungsfähigkeit praktiziert muss Gefühle von Ghrina[13], Verachtung und die Vorstellung von Überlegenheit zerstören. Er muss sich mit allen vermischen. Er muss alle umarmen. Anpassungsfähigkeit entwickelt universelle Liebe und zerstört das Gefühl von Hass.

Ein anpassungsfähiger Mensch muss sich mit unfreundlichen Worten seiner Mitmenschen abfinden. Er muss Geduld und Ausdauer entwickeln. Diese Tugenden entwickeln sich von alleine, wenn der Mensch versucht sich anderen anzupassen. Ein anpassungsfähiger Mensch kann in jeder Umgebung leben. Er kann die Hitze von Varanasi oder Afrika aushalten. Er kann in einer Hütte leben. Er kann an einem kalten Ort leben. Er entwickelt einen ausgeglichenen Geist. Er kann extreme Hitze und Kälte ertragen. Ausgeglichenheit führt schließlich zu Atma-Jnana[14].

---

12 Spirituelle Praxis, Anstrengung, Werkzeug, Gerät.
13 Hindi für Ärger, Wut.
14 Das Wissen vom Selbst und die Erkenntnis des Selbst.

Wer diese vornehme Eigenschaft besitzt, ist ein bedeutender Mensch in allen drei Welten[15]. Er ist immer glücklich und erfolgreich.

ANTEILNAHME

Anteilnahme heißt mit einander mitzufühlen. Sie ist Mitgefühl. Sie ist Mitleid. Sie ist Einssein mit anderen in ihrem Streben und Leiden.

Anteilnahme ist ein Empfinden von Mitgefühl für das Leiden eines anderen. Sie ist die Eigenschaft vom Zustand eines anderen betroffen zu werden, mit Gefühlen, die ihrer Art nach übereinstimmen, aber nicht in ihrer Intensität.

Ein paarmal mehr in stiller Übereinkunft lächeln, an teilnahmsvoller Blick, ein paar mehr zarte und sanfte Worte, ein paar mehr zugeneigte Handlungen werden einen langen Weg pflastern, um zum Glück der leidenden Menschheit beizutragen.

Wahre Anteilnahme heißt, sich selbst an die Stelle des anderen zu begeben.

Die Kopfschmerzen eines anderen zu lindern heißt die eigenen zu vergessen. Den Kummer eines anderen zu mildern heißt, den eigenen zu erleichtern oder aufzulösen.

Anteilnahme ist der Schlüssel, der in das Schloss eines jeden Herzens passt.

Schande über die Herzen aus Stein, die beim Leiden anderer nicht schmelzen können.

Öffne dein Herz für Anteilnahme. Anteilnahme bereitet den Geist darauf vor, die Eindrücke von Tugend zu empfangen.

Ohne Anteilnahme kann es keine Höflichkeit oder Zuvorkommenheit geben. Anteilnahme ist das universelle Lösungsmittel.

---

15 Sanskrit: trishu lokeshu (vgl. Bhagavad Gita II. 74, III. 22 und XV. 17). Im berühmten Gayatri-Mantra kommen drei Welten vor, nämlich die Erde (Bhuh = Bhur-Loka, die physische Ebene), der Mittelbereich (Bhuvah = Antariksa-Loka, die astrale Ebene) und der Himmel (Bhav = Swarga-Loka, die göttliche Ebene), was dem Modell der 3 Körper entspricht.

AUFGEWECKTHEIT

Aufgewecktheit ist Wachsamkeit. Sie ist Lebhaftigkeit. Sie ist Munterkeit.

Aufgewecktheit ist eine wachsame Einstellung. Sie wird hauptsächlich mit dem Ausdruck „auf der Hut sein" gebraucht so wie der Wachmann, der auf hab Acht ist.

Der Kapitän eines Schiffs ist immer aufgeweckt. Der Fischer ist immer aufgeweckt. Ein Chirurg im Operationssaal ist immer aufgeweckt. Genauso sollte ein dürstender, hungriger spirituell Suchender immer aufgeweckt sein. Nur dann kann er diesen mutwilligen, unruhigen und außerordentlichen Geist zügeln und bändigen. Aufgewecktheit ist eine wichtige Eigenschaft für einen Schüler des Pfades des Yoga.

Sei aufmerksam. Habe eine wachsame Einstellung. Halte Ausschau. Sei allzeit bereit. Sei umsichtig. Sei wach. So wirst du Erfolg in allen Unternehmungen und spirituellem Sadhana erlangen.

Ein aufgeweckter Mensch ist leidenschaftlich wachsam. Er ist immer bereit kurzfristig zu handeln. Er ist so flink wie ein Eichhörnchen. Lebhaftigkeit zeichnet ihn aus.

Ein aufgeweckt Mensch ist lebhaft. Er ist schnell und allzeit bereit. Er ist hellwach.

„Aufgeweckt", „bereit" und „hellwach" beziehen sich auf die wachsame Bereitschaft zu jederzeitigem Handeln.

„Bereit" deutet auf umsichtige Vorbereitung hin. Der umherziehende Indianer ist aufgeweckt, der geschulte Soldat ist bereit.

„Bereit" drückt mehr Leben und Vitalität aus als „vorbereitet". Die Waffe ist vorbereitet, der Mensch ist bereit.

„Rasch" drückt Bereitschaft zu Einsatz und Anforderung in dem Moment aus, in dem es darauf ankommt. Ein guter General ist stets für Notfälle gewappnet, wachsam, eine Chance oder Gefahr zu wahrzunehmen, bereit die Gelegenheit zu ergreifen.

Flink und lebhaft ist die zweite, heute weniger gebräuchliche Bedeutung von Aufgewecktheit.

Schläfrig, dumpf, schwer, untätig, träge und dumm sind das Gegenteil von aufgeweckt.

AUFMERKSAMKEIT

Aufmerksamkeit heißt, den Geist ständig zu gebrauchen.

Aufmerksamkeit bedeutet, die Kräfte des Geistes mit Nachdruck und Konzentration auf ein Objekt zu richten.

Aufmerksamkeit stärkt den Willen, sie ist das Fundament des Willens. Aufmerksamkeit bildet Konzentration aus.

Aufmerksamkeit führt verlässlich zu Erfolg. Wenn der Mensch Niederlagen erleidet, beruht dies auf einem Mangel an Aufmerksamkeit.

Aufmerksamkeit macht das Genie aus. Die Fähigkeit, die Aufmerksamkeit beständig und ungeteilt auf einen einzelnen Gegenstand zu richten, ist das verlässliche Merkmal eines überlegenen Genius.

Lernen, Wissenschaft und jegliches Können beruhen sämtlich auf Aufmerksamkeit. Aufmerksamkeit erschließt neue Welten und heilt Krankheiten.

Aufmerksamkeit ist die Quelle sowohl von poetischer Begabung als auch der Gabe für Entdeckungen und des Erfolgs.

Es war Aufmerksamkeit, die Newton dazu gebracht hat, die Schwerkraft zu entdecken, Harvey dazu, den Kreislauf des Blutes herauszufinden und Davy zu den Ansichten, die die Grundlage für die moderne Chemie gelegt haben.

Aufmerksamkeit ist eine Form von psychischer Energie, die zwangsläufig dazu beiträgt, die Beschaffenheit jedes Bereichs des Bewusstseins entscheidend zu prägen.

Sie ist die Handlung oder das Verfahren, ein oder mehrere Details des komplexen Inhalts des Bewusstseins zu beleuchten.

Sie ist die Form der geistigen Funktionsweise oder Fähigkeit, die es ermöglicht, bestimmte Inhalte des Bewusstseins auszuwählen, um ihnen zunehmende Klarheit zu verschaffen.

Die allgemeingültige Tatsache der Erfahrung, von der sich die Vorstellung und Konzeption der Aufmerksamkeit in der modernen Psychologie ableitet, ist, dass sich manche Objekte oder Teile von Objekten klarer und lebhafter vom

„Scheinwerfer der Aufmerksamkeit"[16] erfasst werden als andere oder dass sie bewusst wahrgenommen und verstanden werden, während andere nur vage oder kaum wahrgenommen werden. Diese unterschiedliche Klarheit scheint oft von einer auswählenden Handlung oder Vorgang des Subjekts abzuhängen. Bei reflexiver oder unfreiwilliger Aufmerksamkeit scheint sich der Gegenstand dem Geist selbst, entweder durch die Intensität des Reizes oder den Vorteil eines besonderen Interesses aufzuzwingen. Bei freiwilliger Aufmerksamkeit scheint sich das Subjekt das Objekt, das klarer erfasst werden soll, selbst auszusuchen, um seine Neugier zu befriedigen oder einen anderen Zweck zu verfolgen.

Ein Mensch hört aufmerksam zu. Dann sagen wir, dass er genau hinhört. Er schaut aufmerksam zu. Dann sagen wir, dass er einen scharfen Blick hat. In Kontemplation hat man Aufmerksamkeit des Geistes. Wenn ein Mensch gleichzeitig den Worten eines Redners, seinem Vortragsstil und dem Gegenstand seiner Rede aufmerksam folgt, hat er gleichzeitig Aufmerksamkeit der Sinne und des Geistes.

AUFRICHTIGKEIT

Aufrichtigkeit ist Ehrlichkeit des Geistes. Sie ist Freiheit von Vortäuschung. Sie ist Offenheit.

In Aufrichtigkeit ist Ehrlichkeit der Absicht und Charakter enthalten. Sie enthält Freiheit von Heuchelei, Täuschung oder Simulation. In ihr ist Authentizität, Wahrhaftigkeit und Integrität.

Aufrichtigkeit heißt, so zu sprechen wie du denkst, zu tun was du vorgibst und behauptest, auszuführen und gutzumachen was du versprichst und wirklich zu sein was du sein scheinst.

Aufrichtigkeit ist das Fundament von Stabilität und Beständigkeit in Freundschaften. Nichts ist von Dauer, was nicht aufrichtig ist.

Tiefgehende, große und authentische Aufrichtigkeit ist das erste Charakteristikum eines tugendhaften Menschen und eines spirituell Suchenden.

Aufrichtigkeit ist ein Wesenszug von wahrer und vornehmer Menschlichkeit.

Einem aufrichtigen Menschen vertrauen alle. Er wird von allen geehrt.

---

16 In der Psychologie Metapher für die menschliche Wahrnehmung.

Alle Tugenden steigern und verstärken sich von selbst, wenn du aufrichtig bist.

Aufrichtigkeit ist die Basis von jeder Tugend.

Ein aufrichtiger Mensch sagt was er denkt, nicht mehr und nicht weniger. Es ist ihm nicht möglich, eine Sache zu sagen und eine andere zu meinen.

Ein aufrichtiger Mensch sagt die Wahrheit. Er ist arglos und nicht heuchlerisch, einfach, rechtschaffen und unbestechlich.

Aufrichtigkeit ist ein grundlegender Wesenszug eines Menschen. Ehrlichkeit ist nur ein Teil von Aufrichtigkeit. Sie weist nur auf die Abwesenheit von absichtlicher oder betrügerischer Verheimlichung hin. „Aufrichtig" und „ehrlich" weisen auf persönliche Eigenschaften hin, „echt" auf eine Eigenschaft einer Sache.

Aufrichtigkeit bedeutet, in der Wirklichkeit das zu sein, was man dem äußeren Anschein nach zu sein scheint.

Ein aufrichtiger Mensch ist klar, rein, ungekünstelt, freimütig, ehrlich, wahrhaftig und tugendhaft.

Aufrichtigkeit ist die Basis einer jeder Tugend. Sie ist das Gesicht der Seele. Sie ist die erste aller Tugenden.

Aufrichtigkeit ist die unverzichtbare Grundlage aller Gewissenhaftigkeit.

Aufrichtigkeit ist das Fundament der Standhaftigkeit und Beständigkeit die du in Freundschaften suchst. Nichts ist standhaft, was nicht aufrichtig ist.

Es ist unwichtig, was du glaubst, wenn du nur aufrichtig bist.

Alle Tugenden steigern und verstärken sich von selbst durch die Praxis von Aufrichtigkeit. Der kürzeste und sicherste Weg, um mit Ehre auf dieser Welt zu leben ist aufrichtig zu sein und in Wirklichkeit zu sein was du zu sein scheinst.

Heuchelei und Täuschung sind einem aufrichtigen Menschen unbekannt. Er verfügt über einen würdevollen Charakter. Er beugt sich nie.

In der Umgangssprache sagt man: „Rama hat ein aufrichtiges Versprechen gemacht;" „Krishna hat eine aufrichtige Absicht;" „Das Bedauern von Sri Rama war aufrichtig;" „Sri Krishna ist mein aufrichtiger Freund."

Ein aufrichtiger Mensch ist aufrichtig in Absicht, Handlung und Beruf. Er ist wahrhaftig, einfach, unbestechlich und aufrichtig.

Ein Mensch von Aufrichtigkeit ist immer im Einklang mit sich selbst. Er ist mutig. Er hat ein klares Bewusstsein und ein reines Herz. Er ist frei von Furcht und Sorgen. Seine Zunge und sein Herz sind im Einklang. Die Worte seines Mundes sind die Gedanken seines Geists. Was immer er verspricht setzt er auch in die Tat um.

Ein unaufrichtiger Mensch kann nicht auch nur ein Jota an spirituellem Fortschritt machen.

Aufrichtigkeit und Ehrlichkeit bezeichnen persönliche Eigenschaften. „Echt" bezeichnet eine Eigenschaft einer Sache.

Ein aufrichtiger Mensch und jemand, der ehrlich ist, ist immer erfolgreich in seiner Arbeit. Er wird von seinen Vorgesetzten sehr geschätzt. Das sind sattvige Tugenden. Ehrlichkeit ist die beste Politik im Westen, aber im Osten ist sie eine heilige Tugend. Derjenige, der mit diesen beiden vornehmen Eigenschaften ausgestattet ist, kann in jede Gegend der Welt vordringen, er wird von den Menschen mit offenen Armen empfangen. Aufrichtige und ehrliche Leute sind sehr, sehr selten.

Ein aufrichtiger Mensch hat Mitgefühl für die Sorgen anderer und tut sein Möglichstes, um ihre Leiden zu lindern. Er ist sehr mitfühlend. Er ist sehr, sehr weichherzig. Ein aufrechter Mensch ist auch großzügig. Er ist frei von Verworfenheit, Betrügerei, Diplomatie und Doppelzüngigkeit. Die Leute schenken seinen Worten unbedingtes Vertrauen. Ein aufrichtiger Mensch ist stets verlässlich. Er ist ziemlich bescheiden. In ihm ist kein bißchen Heuchelei. Er ist ziemlich freimütig, rechtschaffen und wahrhaftig. Er hat keine Schwierigkeiten, irgendwo Arbeit zu finden. Die Leute sind begierig darauf, einen aufrichtigen Menschen in ihren Diensten zu haben. Ein aufrichtiger Mensch hat stets das Wohlergehen seines Dienstherrn im Sinn. Er arbeitet sehr hart.

Aufrichtigkeit ist eine der wichtigen Eigenschaften auf dem Pfad der Spiritualität. Der Grundton, der in der gesamten Gita anklingt ist, dass der spirituell Suchende auf dem Pfad der Selbstverwirklichung über diese wichtige Tugend verfügen sollte, nämlich Aufrichtigkeit. Der Sanskrit Ausdruck für Aufrichtigkeit ist Arjavam[17].

---

17 Tatsächlich dürfte Arjavam eher „Einfachheit" im Sinne von „Freiheit von geistiger Doppelzüngigkeit" meinen.

Betrachte die Aufrichtigkeit von Lakshmana[18] und Bharata[19] und ihre unbeirrbare Hingabe an Gott Rama. Wo immer Aufrichtigkeit ist, da ist auch Hingabe. Savitri war sehr aufrichtig zu ihrem Ehemann Satyavan.[20] Maitreyi war sehr aufrichtig zu ihrem Ehemann Yajnavalkya.[21] Deshalb empfing sie Atma-Vidya[22] von ihm. Mira[23] war sehr aufrichtig zu ihrem geliebten Ehemann Gott Krishna. Sie hatte das Glück, Darshan[24] von Giridhar Gopal[25] zu haben. Ein aufrichtiger Freund, ein aufrichtiger Anhänger, ein aufrichtiger Ehemann, eine aufrichtige Ehefrau, ein aufrichtiger Sohn und ein aufrichtiger Diener sind Götter auf Erden. Es gibt keine höhere Tugend als Aufrichtigkeit. Sie sollte um jeden Preis von Allen und Jeden entwickelt werden.

SEI AUFRICHTIG, FREUND

Aufrichtigkeit ist eine Tugend, die aus Sattva geboren wird. Sie ist in der Yoga-Philosophie als Arjavam[26] bekannt. Sie ist ein der Tugenden, die im 13. und 16. Kapitel der Gita als Voraussetzung dafür erwähnt werden, Brahma Jnana[27] oder die Erkenntnis des Selbst zu erlangen. Sie ist ein Daivi Sampat[28]. Sie ist ein Aspekt von Satya[29] oder Ehrlichkeit. Sie ist ein Vritti[30] oder eine Modifikation des sattvigen Antahkarana[31].

Ein aufrichtiger Mensch wird von der Gesellschaft respektiert. Jedermann setzt Vertrauen in ihn. Man sagt: „Herr Soundso ist der aufrichtigste Mensch. Ich habe

18 Lakshmana ist der Bruder und Mitstreiter von Rama und ist auch selbst ein Held in dem berühmten indischen Epos Ramayana.
19 Bharata ist in dem berühmten indischen Epos Ramayana ein Halbbruder von Rama.
20 Anspielung an eine Geschichte aus dem dritten Buch des großen Epos „Mahabharata", in der die Königstochter Savitri das Leben ihres todgeweihten Ehemannes Stayavan durch eine einjährige strenge Askese und einen klugen Disput mit dem Totengott Yama gerettet hat.
21 Anspielung an den Dialog zwischen Maitreyi und Yajnavalkya, eine inspirierende Episode in der „Brihadaranyaka Upanishad", in der Yajnavalkya, der ein Leben der Entsagung aufnehmen wollte, seinen Besitz zwischen seinen beiden Ehefrauen aufteilen wollte, in dessen Verlauf er Maitreyi das Wesen des Selbst erklärt.
22 Erkenntnis des Selbst, Wissen um das Höchste.
23 Nach einer hinduistischen Legende war Mira (auch Mirabai, Mira Bai oder Meera Bai) einer Prinzessin aus dem 16. Jahrhundert, die sich als Geliebte von Krishna betrachtete.
24 Sehen, Schauen, Zeigen, Lehren. Damit ist das Sehen einer heiligen Persönlichkeit, also Gottesschau gemeint.
25 Ein Name für Krishna, der als Knabe den Berg Ghovardana anhob, um die Kuhhirten von Brindhavana und ihre Herden vor Flut und Vernichtung zu bewahren. Dieser Name wird auch heute in populären Liedern häufig verwendet.
26 Siehe Fn. 17.
27 Erkenntnis von Brahman, der göttlichen Wirklichkeit. Damit ist die intuitive Erfahrung durch die Aufhebung des Gegensatzes von Subjekt und Objekt gemeint, die existentielle Verwirklichung von Brahman, nicht nur die intellektuelle Erkenntnis.
28 Spiritueller Reichtum.
29 Wahrhaftigkeit, das zweite der fünf Yamas.
30 Gedankenwelle. Eine Erscheinungsform im Geist.
31 Das sog. „innere Organ", das mit seinen vier Elementen „Geist", „Verstand", „Unterbewusstsein" und „Ego" Teil des Astralkörpers ist.

keinen Menschen wie ihn in meinem Leben gesehen. Ich habe große Ehrfurcht vor ihm. Ich glaube fest an ihn."

Ein unaufrichtiger Mensch ist schon während seines Lebens ein toter Mensch. Er ist eine Last auf dieser Welt. Welchen Nutzen hat das Wissen von Universitäten und Titeln, welchen Nutzen hat Tapas, die Praxis von Asanas und Pranayama, verfilzte, sich lockende Haare[32] und einen Rosenkranz um den Hals zu tragen, sich eine orange-farbige Robe anzuziehen, was für einen Nutzen haben Entsagung und die Stellung in der Gesellschaft, was für einen Nutzen haben Wohlstand und Besitztümer, wenn ein Mensch unaufrichtig ist?

Ein Mensch, der mit dieser vornehmen Tugend gesegnet ist, hat Erfolg bei all seinen Bestrebungen. Er strengt sich sehr an und mit großer Aufrichtigkeit. Er drückt sich nie vor der Verantwortung. Er stapft weiter und hält durch. Er arbeitet sorgfältig. Er ist wachsam.

Wenn jemand nur diesen einen lobenswerten Charakterzug besitzt, werden sich alle anderen Tugenden an ihn binden. Aufrichtige Menschen sind selten auf dieser Welt.

Sei deshalb aufrichtig, Freund!, zu allen Zeiten. Entwickle diese Tugend in höchstem Ausmaß und erlange Brahman oder das Absolute. Brahman ist eine Verkörperung von Aufrichtigkeit. Deshalb erlange Brahman durch Aufrichtigkeit.

Ein Mensch von Aufrichtigkeit arbeitet wirklich hart mit Liebe und Hingabe. Er übernimmt alle Verantwortlichkeiten seines Herrn, Lehrers oder Arbeitgebers als eigene. Was 10 Leute tun können, macht er alleine mit Eifer, Enthusiasmus, Leidenschaft und Liebe. Aufrichtigkeit ist eine große, dynamische spirituelle Kraft. Sie verleiht immense Stärke. Dopplezüngigkeit, Diplomatie, List, Verworfenheit und Kleingeistigkeit sind ihm unbekannt. Er ist freimütig und geradeheraus. Er wird nichts verbergen oder verheimlichen. Er verbirgt seine Gedanken nicht. Seine Gedanken werden mit seiner Rede übereinstimmen und seine Rede mit seinen Handlungen.

Ein unaufrichtiger Mensch hält seine Versprechen nicht. Er bricht seine Versprechen und bringt den einen oder anderen Grund dafür vor. Die Leute schenken seinen Worten keinen Glauben. Er kann nicht eindringlich sprechen. Er hat keine starke Willenskraft. Er versucht als aufrichtiger Mensch zu posieren, indem er seinen Freunden auf vielfältige Art und Weise zu gefallen versucht, durch Geschenke, gekünstelte liebliche Sprechweise, die aus Schlauheit und anderen cleveren Methoden hervorgeht. Aber er versteht nicht, dass es bessere

---

32 Heute würde man „dreadlocks" sagen, Anspielung auf das äußere Erscheinungsbild der Sadhus.

Intelligente Menschen gib, die die Krähe entdecken, die durch geborgte Federn hindurchscheint. Er wird schnell entlarvt.

Der Mensch weiß sehr wohl, dass Unaufrichtigkeit nicht gut ist, und trotzdem hält er an ihr fest. Er kann diesen schlimmen Wesenszug nicht aufgeben. Er versucht nicht, diese böse Eigenschaft auszumerzen. Was ist der Grund dafür? Das ist die Täuschung, die durch Avidya[33] oder Maya[34] hervorgerufen wird. Geheimnisvoll ist Avidya; geheimnisvoll ist die Macht und Funktionsweise von bösen Samskaras[35]! Diese Täuschung kann nur durch Satsang[36] oder Dienst am Lehrer überwunden werden.

Oh Freund! Du bist durch Vergiftung mit Selbstsucht und Gier unaufrichtig geworden. Du weißt nicht genau, was du tust. Dein Verstand ist getrübt. Dein Bewusstsein wird dich irgendwann ernsthaft plagen. Dein wird das Herz tränen, wenn du wieder zu Sinnen kommst. Dein Herz muss tränen durch Reue mit zerknirschtem Herzen. Nur du selbst kannst dich läutern. Mach Japa. Singe den Namen des Herrn. Faste an Ekadasi[37]. Nimm nicht einmal einen Tropfen Wasser zu dir. Du wirst Aufrichtigkeit entwickeln und durch Aufrichtigkeit wirst du Frieden, Freiheit und Vollkommenheit erlangen.

Großherzigkeit, Einfachheit, Bescheidenheit, Ungefährlichkeit, Rechtschaffenheit, Verzeihung, Reinheit, Beharrlichkeit, Selbstkontrolle, Furchtlosigkeit, eine reine Lebensführung, Abwesenheit von Zorn, Friedfertigkeit, Freiheit von Habgier, Milde, Genügsamkeit, Abwesenheit von Wankelmut, Elan, Standhaftigkeit sowie Abwesenheit von Neid und Stolz sind untrennbar mit Aufrichtigkeit verbunden.

Heuchelei, Arroganz, Dünkel, Zorn, Schroffheit, Unklugheit, Arglist, Falschheit, Diplomatie, Schläue, Verworfenheit und Kleinlichkeit sind mit Unaufrichtigkeit verbunden.

Ein Offizier wollte einst eine konstruktive religiöse Arbeit verrichten. Er wollte ein Institut aufbauen. Er sandte seine Ersparnisse zu diesem Zweck regelmäßig an seinen Sohn. Aber dieser unaufrichtige Sohn behielt das gesamte Geld im Namen seiner Frau und betrog seinen eigenen Vater. Ein bestimmter Guru sandte seinen Schüler aus, um seine Botschaft zu verbreiten. Der Schüler jedoch gründete eine eigene Institution und wurde deren geschäftsführender Gründer. Aber er

---

33 Unwissenheit, Nichtwissen. Meint vor allem die Unfähigkeit, zwischen Vergänglichem und Unvergänglichem sowie zwischen Wirklichem und Unwirklichem zu unterscheiden.
34 Täuschung, Illusion, Schein. Die verschleiernde und projizierende Kraft im Universum.
35 „Eindrücke", d.h. Tendenzen des Geistes, die durch Handlungen und Gedanken in früheren Zeiten oder Geburten entstanden sind, geistige Muster oder Verhaltensweisen.
36 Gemeinschaft mit Weisen (= dem Guten)
37 Elfter Tag des Hindu-Mondkalenders, an dem gefastet und der Schwerpunkt auf spirituelle Aktivitäten gelegt werden sollte.

gedieh nicht auf dem Boden seiner Unaufrichtigkeit. Er richtete hier und dort einiges Unheil an und musste sich schließlich verstecken, um einem polizeilichen Haftbefehlt zu entkommen. Dem Laster folgt in dieser Welt die Strafe auf dem Fuß. Unaufrichtige Menschen können nicht gedeihen oder prosperieren. Sie werden im Diesseits Scheitern, Schande und Elend und in der Hölle im Jenseits Peinigung erleiden.

Wenn der Ehemann unaufrichtig ist, wird die Ehefrau anfangen Zweifel zu hegen; im Haus ist stets Streit und Zwietracht. Wenn der Bürovorsteher unaufrichtig ist, leidet die Arbeit im Büro darunter, der Büroaufseher wird verärgert und er wird gefeuert. Wenn der Minister unaufrichtig ist wird er von dem Maharadscha sofort entlassen. In jeder gesellschaftlichen oder spirituellen Organisation verursacht ein unaufrichtiger Mensch viel Zwietracht und Unruhe und die gesamte Arbeitet leidet stark darunter.

Sogar Schüler, die von ihrem Lehrer eingeweiht werden, werden unaufrichtig, treulos und undankbar. Ein unaufrichtiger Schüler betrog Jesus Christus. Einige der Schüler von Buddha wurden seine Verräter und Feinde. Sie verließen ihren Guru und verursachten viel Unheil und Schaden. Sogar heute noch gibt es viele unaufrichtige Schüler, die sogar ihren Guru betrügen. Was für eine Schande! Was für ein trauriger Zustand! Ihr Los ist höchst beklagenswert! Solche Schüler werden einen elenden Tod sterben. Sie werden in der] Hölle gepeinigt werden. Sie werden eine niedrigere Wiedergeburt erfahren und an unheilbaren Krankheiten leiden.

Padmapada[38] war der aufrichtigste Schüler von Sri Shankara. Aufgrund der Gnade seines Guru konnte er über das Wasser gehen. Bei jedem Schritt war da ein Lotos. Daher kommt der Name „der Lotusfüßige". Sri Shankara war der aufrichtigste Schüler von Sri Govindapada. Er schrieb nie irgendetwas, ohne zuvor seinem Guru seine Ehrerbietung zu erweisen. Nur ein aufrichtiger Schüler wird auf dem spirituellen Pfad gedeihen. Er wird unsterblichen Ruhm ernten. Nur er wird das Ziel des Lebens erreichen und Unsterblichkeit erlangen.

Möge der Herr von aufrichtigen Menschen und aufrichtigen Schülern umgeben sein, die ungeheuer nützliche Arbeit verrichten können! Möge dein Herz von Glauben, Hingabe und Aufrichtigkeit erfüllt sein!

---

38 „Der Lotusfüßige", einer der vier Schüler von Shankacharya. Der Legende nach tat sich Padmapada schwer, den anspruchsvollen Lehren seines Meisters zu folgen, aber sein Vertrauen zu seinem Meister war so groß, daß er über einen Fluß laufen konnte, als dieser ihn zu sich rief. Überall dort, wo Padmapada den Fuß auf das Wasser setzen wollte spross ein Lotos, der den Schüler trug.

BEHARRLICHKEIT

Beharrlichkeit ist fortgesetzter Einsatz für alles, was man begonnen hat. Sie bedeutet weiterzumachen, bis der Erfolg erreicht ist.

Beharrlichkeit ist die standhafte Beschäftigung oder Verfolgung eines Beschlusses, Geschäfts oder eines vorgegebenen Kurses. Sie ist Hartnäckigkeit bei einer Absicht oder Bemühungen. Sie ist gewissenhaftes Bemühen.

Gott ist mit denen, die beharrlich sind.

Wenn du über Beharrlichkeit verfügst, kannst du alles erreichen, was du willst.

Die Neigung beharrlich zu sein, trotz Hindernissen, Entmutigungen und Unmöglichkeiten zu beharren ist das, was eine starke Seele von einer schwachen unterscheidet.

Ein beharrlicher Mensch kennt keine Fehlschläge. Er ist in all seinen Unternehmungen stets erfolgreich.

Wenn Du eine Arbeit beginnst, solltest du nicht von ihr ablassen, ehe du nicht vollständigen Erfolg erreicht hast. Verfolge ihn entschlossen.

Ein Mensch mit Gewissenhaftigkeit, Wachsamkeit, und einer starken Entschlossenheit entwickelt sich zu einem Genie.

Der Nerv, der sich nie entspannt, das Auge, das nie blinzelt, der Gedanke, der nie umherwandert – sie sind die Herren des Sieges.

Der Sieg gebührt den beharrlichsten. Beharrlichkeit verleiht den Schwachen Stärke und eröffnet der Armut den gesamten Reichtum der Welt.

Mit steter Beharrlichkeit finden große Schwierigkeiten ein Ende.

„Fortsetzen" bedeutet „weiterzumachen wie bisher"; „zu beharren" heißt einen vorgegebenen Kurs zu verfolgen, von einem Wunsch ein Objekt zu erlangen; „nicht locker zu lassen" bedeutet weiterzumachen, wenn man einen Entschluss gefasst hat, und nicht aufzugeben.

BENEHMEN

Benehmen ist Verhalten, Manieren oder Betragen, insbesondere gute Manieren.

Sich gut zu benehmen heißt, sich anderen gegenüber gut zu verhalten.

Man kann die Natur eines Menschen und die Natur seines Geistes an seinem Benehmen ablesen.

Das Benehmen ist ein Spiegel, in dem jeder sein eigenes Bild sieht.

Gutes Benehmen ist ein Ticket für Freundschaft und wohlwollende Aufnahme in der Gesellschaft.

Wissen verleiht dem äußeren Benehmen Zuversicht.

Ungezwungenes Benehmen oder leichtfertiges Verhalten ist der Fluch des Lebens.

Absonderlichkeiten und Eigenartigkeiten des Benehmens, wunderliche Eigenheiten sind Makel eines Menschen. Er sollte sich bessern und diese Fehler überwinden. Wer sich verbessern will, muss sich dieser Fehler schämen.

Beim persönlichen Verhalten auf Korrektheit zu achten ist gutes Benehmen. Sich in einer passenden, schicklichen Art und Weise zu verhalten ist gutes Benehmen.

Benehmen ist ein Ausdruck von Wissen, Geschmack und Gefühl zugleich.

Benehmen ist, wie wir uns in der Gegenwart anderer verhalten. Verhalten setzt Persönlichkeit und moralische Verantwortung voraus.

Haltung bezieht sich in erster Linie auf die Art und Weise den Körper zu halten, insbesondere beim Sitzen oder Gehen, so wie man zum Beispiel von einer Dame sagt: „Sie hat eine vornehme Haltung".

Gebaren bezieht sich auf den körperlichen Ausdruck, nicht nur von Gefühlen, sondern auch von moralischen Zuständen, wie zum Beispiel ein frommes Gebaren.

Kinderstube bezeichnet das Benehmen oder Verhalten, das von einem guten Elternhaus und Erziehung herrührt.

Betragen ist das Benehmen in Bezug auf ein Regelwerk wie zum Beispiel in: „Das Betragen des Schülers war einwandfrei."

Das Auftreten eines Menschen mag nur das des jeweiligen Augenblicks oder gegenüber einer einzelnen Person sein; seine Manieren sind sein gewohnheitsmäßiger Stil oder Benehmen gegenüber oder vor anderen, insbesondere in Fragen der Etikette und der Höflichkeit, so wie in „Gute Manieren erfreuen einen immer".

Benehmen ist die Art und Weise, wie wir uns anderen gegenüber verhalten.

Verhalten ist die Art und Weise, wie wir uns betragen, und beinhaltet auch den grundlegenden gemeinsamen Nenner unserer Handlungen. Ersteres wird, wie auch Betragen, in erster Linie von den Umständen geformt, letzterer ist eine Entwicklung des Individuums.

Behaviorismus ist das Studium des Individuums, das auf einer objektiven Analyse des persönlichen Verhaltens basiert; die Theorie, dass jede Untersuchung des Verhaltens objektiv sein muss und Selbsterforschung ungültig ist.

BESCHEIDENHEIT

Bescheidenheit ist ein strahlendes Licht. Sie bereitet den Geist darauf vor, Weisheit zu empfangen, und das Herz darauf, die Wahrheit zu empfangen.

Bescheidenheit ist die Farbe der Tugend. Sie ist für die Tugend nicht nur eine Zierde, sondern auch ein Wächter.

Bescheidenheit verleiht dem eigenen Charakter neuen Glanz. Sie ist eine anspruchsvolle Gnade. Sie ist eine Festung von Schönheit und Tugend. Sie ist die schöne Fassung für den Diamanten von Talent und Genie. Sie ist die größte Zierde eines illustren Lebens. Sie ist das Zubehör der Besonnenheit.

Bescheidenheit ist immer liebenswert. Sie wohnt in einem Herzen, das mit vornehmen Tugenden angefüllt ist.

Bescheidenheit ist eine weibliche Tugend. Sie ist Demut. Sie ist Reinheit von Gedanken und Benehmen. Sie wird eine Gewohnheit. Sie ist Keuschheit. Sie ist Reinheit. Sie ist Mäßigung.

Bescheidenheit ist das Gespür für das, was sich schickt. Sie ist die Abwesenheit der Neigung sich zu überschätzen. Sie ist die Abwesenheit von allem, was den Eindruck sexueller Unreinheit erweckt. Sie ist Reinheit des Benehmens, vor allem Frauen gegenüber. Bescheidenheit ist Freiheit von Exzess, Übertreibung oder Extravaganz. Sie ist dezente Zurückhaltung oder Korrektheit von Benehmen oder Sprache. Sie ist Reinheit von Gedanken, Charakter, Gefühlt und Verhalten. Sie ist Schicklichkeit.

Man spricht von mädchenhafter Bescheidenheit. Man spricht von einem bescheidenen Gelehrten. „Er ist zu bescheiden, um zu sprechen."

Ein bescheidener Mann oder eine bescheidene Frau haben keinen Dünkel. Genauso wie ein schlichtes Kleidungsstück einer Frau sehr gute Schönheit verleiht, ist anständiges Benehmen oder Bescheidenheit die größte Zierde der Weisheit.

Ein bescheidener Mann oder eine bescheidene Frau ist unaufdringlich oder anspruchslos, unprätentiös. Er ist diszipliniert darin, auf sich aufmerksam zu machen oder sich ins Rampenlicht zu stellen. Er ist frei von Zurschaustellung und Prunk.

Ein bescheidener Mensch prahlt nicht. Er verschließt seine Ohren, wenn er gelobt wird. Er ist frei von Eitelkeit und Stolz. Er ist sehr einfach.

Eine bescheidene Frau ist schamhaft. Sie ist nicht kess.

Ein egoistischer Mensch spricht immer von sich selbst, aber ein bescheidener Mensch scheut sich immer, sich zum Gegenstand seiner Konversation zu machen.

Die Rede eines bescheidenen Menschen ist immer inspirierend und erhebend. Sie berührt dein Herz. Sie durchdringt dein Herz. Sie atmet Liebe und Weisheit. Sie verleiht der Wahrheit Glanz.

Stell deine Begabungen und Errungenschaften nicht zur Schau. Lobe dich nicht selbst. Sei bescheiden. So werden alle deine Begabungen, Fähigkeiten und Leistungen bewundern und anerkennen. Ein Topf, der mit Wasser gefüllt ist, macht keine Geräusche. Leeres Geschirrmacht viel Lärm. Bescheidenheit ist eigentlich Beredsamkeit.

Ein bescheidener Mensch erobert alle Herzen. Er wird von allen respektiert und verehrt. Sei deshalb bescheiden. Entwickle Bescheidenheit in größtmöglichem Ausmaß.

BESONNENHEIT

Besonnenheit ist Umsicht. Sie ist die Freiheit, nach Belieben zu handeln.

Besonnenheit ist die Fähigkeit und die Tendenz, umsichtig zu wählen oder zu handeln. Sie ist instinktives Wahrnehmen dessen, was weise oder angemessen ist, in Verbindung mit Vorsicht. Sie ist Klugheit. Sie ist die Gewohnheit eines weisen Urteils, insbesondere in Bezug auf das eigene Verhalten.

Besonnenheit ist die Freiheit des Handelns und der Entscheidung, zum Beispiel in einer heiklen Angelegenheit. Sie ist die Freiheit nach eigenem Ermessen zu entscheiden, wie auch die Handlung, die aus solcher Freiheit oder Unabhängigkeit resultiert. So wie man sagt: „Ich stelle es deinem Ermessen anheim."

Ein besonnener Mensch ist weise darin, Irrtümer oder Böses zu vermeiden, oder darin, die besten Mittel auszuwählen um einen Zweck zu erreichen. Er hat ein gutes Urteilsvermögen. Er ist verständig.

Besonnenheit ist das Urteilsvermögen, das eine Person in die Lage versetzt, kritisch zu beurteilen, was korrekt und angebracht ist, verbunden mit Vorsicht.

Sie ist feines Urteilsvermögen und Ermessen, angeleitet von der Umsicht, in erster Linie in Bezug auf das eigene Verhalten.

Besonnenheit ist der Gewinner des Krieges, Tapferkeit der Schüler.

Besonnenheit ist die Freiheit oder die Macht zu handeln mit keiner anderen Kontrolle als dem eigenen Urteilsvermögen; wie in dem Spruch: „Die Führung der Geschäfte wurde der Besonnenheit des Präsidenten überlassen."

Der Geist hat viele glänzende Eigenschaften, aber keine ist so nützlich wie Besonnenheit.

Besonnenheit der Rede ist mehr als Beredsamkeit.

Besonnenheit ist das Salz des Lebens, sie erhält das Leben.

Besonnenheit ist die Vervollkommnung der Vernunft. Sie ist dein Führer in all deinen Pflichten des Lebens.

Besonnenheit ist der bessere Teil der Tapferkeit.[39]

Besonnenheit findet man nur bei Menschen mit einem klaren Verstand und einem guten Einfühlungsvermögen.

BESTIMMTHEIT

Bestimmtheit ist Entschlossenheit, Festigkeit der Absicht, charakterstarke Entscheidung. Sie ist der Akt der Entscheidung. Sie ist Beständigkeit.

Sie ist ein fester Beschluss wie etwa eine Bestimmtheit zu siegen.

Bestimmtheit ist eine männliche Eigenschaft.

Bestimmtheit ist die geistige Gewohnheit, sich für eine bestimmte Handlungsweise zu entscheiden mit der festen Absicht, sich an diese zu halten. Sie ist Einhaltung von Zielen und Absichten, die Entschiedenheit eines „Menschen mit Bestimmtheit".

Wenn du nichts außer glühender Bestimmtheit hast, kannst du in allen Unternehmungen Erfolg haben, auch bei der Selbstverwirklichung.

Eine Entscheidung ist wörtlich ein Abschneiden oder Abbrechen von Diskussion und Infrage stellen.

Bestimmtheit ist ein Abstecken der Grenzen, innerhalb derer man handeln muss.

Entschluss ist der grundlegende Vorgang des sich Lösens von allem, was Zweifel oder Zögern verursachen könnte. Er bezieht sich immer auf eine einzelne Handlung.

Bestimmtheit kann dieselbe Bedeutung haben, oder sie kann sich auf die Gewohnheit des Geistes beziehen, die leicht zu Entscheidungen gelangt und an ihnen festhält.

Entscheidung oder Bestimmtheit kennzeichnet insbesondere den Anfang einer Handlung.

---

[39] Bekanntes englische Sprichwort („discretion is the better part of valour"), das meistens mit „Vorsicht ist der bessere Teil der Tapferkeit" übersetzt wird, das jedoch eigentlich aus Shakespeares Heinrich IV. (1. Teil, 5. Akt, 4. Szene) stammt.

Entschlossenheit lässt einen bis zu Ende durchhalten.

Zweifel, Stocken, Wankelmut, Zögern, Unentschiedenheit, Unbeständigkeit, Unentschlossenheit, Unschlüssigkeit und Schwanken sind gegenteilige Begriffe.

Ein Mensch mit einem starken, reinen, unaufhaltsamen Willen kann eine glühende Bestimmtheit haben.

Stärke deinen Willen und entwickle Bestimmtheit.

CHARAKTER

Charakter ist die Gesamtheit von besonderen Eigenschaften, die ein Individuum ausmachen.

Charakter ist die Kombination von Eigenschaften, die eine Person oder eine Gruppe von Personen von anderen unterscheidet. Er ist jedes Unterscheidungsmerkmal oder Wesenszug einer Person.

Charakter ist Stärke. Charakter ist alles. Charakter ist wahres Vermögen. Charakter ist das vornehmste aller Besitztümer.

Charakter ist ein perfekt erzogener Wille. Er gilt mehr als Intelligenz.

Jeder Mensch ist selbst der Architekt seines Charakters. Du säst eine Handlung und erntest eine Gewohnheit. Du säst eine Gewohnheit und erntest einen Charakter.

Taten, Aussehen, Worte, Schritte sind das Alphabet, mit dem man unterschiedliche Charaktere buchstabieren kann.

Man erkennt einen Menschen daran was er liebt – Freunde, Orte, Bücher, Kleidung, Essen, Gedanken, Taten; daran kann man seinen Charakter ablesen.

Es braucht Entschlossenheit, im Leben einen bestimmten Charakter zu entwickeln. Dem muss dann beharrliches Streben folgen.

Das einzige, was von Dauer ist, ist dein Charakter. Du kannst nichts mit dir nehmen, wenn du diese Welt verlässt, außer deinen Charakter.

Charakter ist nicht angeboren, er wird geformt.

Die vornehmste Zutat, die ein Mensch zu seinem Gedeihen beisteuern kann, ist ein guter Charakter.

Charakter ist ein Diamant, mit dem man andere Steine zerkratzen kann.

Charakter lebt und ist unvergänglich.

Eine gute Wesensart, Wohlwollen, Wahrhaftigkeit, Toleranz, Mäßigung, Gerechtigkeit u.s.w. bilden das Fundament eines guten Charakters.

Charakter ist das Ende und Ziel all deiner geistigen Disziplin.

Charakter ist das Produkt von Selbstdisziplin. Das hehre Ziel der Schöpfung des Menschen ist es, einen erhabenen Charakter zu entwickeln.

Charakter ist eine wertvollere Errungenschaft als irgendetwas anderes auf der Welt.

Das reichste Vermächtnis, das ein Mensch der Welt hinterlassen kann, ist das eines leuchtenden, makellosen Vorbilds.

Die entscheidenden Faktoren, um einen Charakter zu formen, sind Moral, Ehrlichkeit, Gerechtigkeit, Mäßigung, Weisheit, eine edle Gesinnung, Gewaltlosigkeit, Reinheit und Wohlwollen.

Nichts auf der Welt – Reichtum, Ruf, Ruhm, Sieg – ist ohne Charakter auch nur einen Pfifferling wert. Charakter muss dahinter stehen und alles untermauern.

Es sind weder Reichtum und Macht, noch reiner Verstand, die die Welt regieren. Es ist moralischer Charakter in Verbindung mit moralischer Vortrefflichkeit, der das gesamte Universum regiert.

Ein Charakter wird nicht an einem Tag geformt. Er wird Stück für Stück und Tag für Tag erschaffen.

Wohlstand kommt und geht. Ruhm verblasst. Macht schwindet dahin. Nur eine Sache hat Bestand. Das ist Charakter.

Ein starker Charakter wird durch starkes und edles Denken geformt.

Des Menschen wahres Besitztum an Macht und Wohlstand liegt in seinem eigenen grundlegenden Charakter.

Kümmern sie sich um ihren Charakter. Der Ruf folgt dann von alleine.

Ein guter Charakter ist die Erfüllung unserer persönlichen Anstrengungen, er ist das Ergebnis unserer eigenen Bemühungen.

Wahrhaftigkeit ist ein Eckpfeiler des Charakters.

Nicht Erziehung, sondern Charakter bedarf der Mensch am meisten und ist sein größter Schutz.

Es gibt keinen einzelnen Königsweg um deinen Charakter zu formen, sondern man muss vielfältige Wege dahin beschreiten.

Forme deinen Charakter, so kannst du dein Leben gestalten.

Charakter ist Macht. Charakter ist Einfluss. Er macht Freunde. Er zieht Schutz und Unterstützung an. Er schafft Freunde und Kapital. Er öffnet einen sicheren und leichten Weg zu Wohlstand, Ehre, Erfolg und Glück.

Charakter ist der entscheidende Faktor in Sieg und Niederlage, in Erfolg und Scheitern in allen grundlegenden Fragen des Lebens. Ein Mensch von gutem Charakter genießt das Leben im Diesseits und im Jenseits.

Der Mensch wird nicht durch die Umstände geformt. Vielmehr ist es tatsächlich er, der die Umstände gestaltet. Ein Mensch von gutem Charakter baut sich aus den Umständen eine Existenz auf. Er bemüht sich beharrlich und hält ausdauernd durch. Er schaut nicht zurück. Er marschiert tapfer vorwärts. Er fürchtet sich nicht vor Hindernissen. Er sorgt und ärgert sich nie. Er wird nie entmutigt und enttäuscht. Er ist voller Tatkraft, Energie, Schwung und Vitalität. Er ist stets eifrig und enthusiastisch.

Kleine liebenswürdige Handlungen, kleine Gefälligkeiten, etwas Rücksicht, etwas Wohlwollen, die im sozialen Umgang gewohnheitsmäßig praktiziert werden, verleihen deinem Charakter mehr Anziehungskraft als Vorträge, Abhandlungen, Reden, Zurschaustellung von Begabungen etc. auf großer Bühne.

Charakter ist wie eine innere, spirituelle Gnade, deren äußeres und sichtbares Zeichen der Ruf ist, den der Mensch genießt.

Der Charakter ist, was man ist, der Ruf ist wie die Leute denken, dass man sei. Die Vorgeschichte eines Menschen ist die Summe seiner Handlungen. Die Leistungen eines Menschen werden im Wesentlichen seinen Charakter ausdrücken. Sein Ruf kann besser oder schlechter sein, als sein Charakter oder seine

Vorgeschichte es eigentlich rechtfertigen. Das eigene Wesen beinhaltet alle originären Ausstattungen und Neigungen; der Charakter beinhaltet sowohl natürliche, als auch erworbene Eigenschaften.

Charakter ist die besondere Eigenart einer Person, die sich ihr von Natur aus oder durch Gewohnheit eingeprägt hat und die sie von anderen unterscheidet.

DANKBARKEIT

Dankbarkeit ist ein warmes und freundliches Gefühl für einen Wohltäter.

Dankbarkeit ist ein Sinn der Wertschätzung für Gefallen, die man empfangen hat, verbunden mit Wohlwollen für den Wohltäter. Sie ist ein Gefühl oder eine Stimmung von Dankbarkeit, Freundlichkeit oder Wohlwollen für den Wohltäter und die Bereitschaft zu einer passenden Erwiderung von Wohltaten oder Diensten oder, wenn eine Erwiderung nicht möglich ist, eine Sehnsucht, den Wohltäter wohlhabend und glücklich zu sehen.

Dankbarkeit ist eine Schuld, die beglichen werden sollte. Sie ist viel mehr als nur der mündliche Ausdruck des Dankes. Sie ist ein Indikator eines vornehmen Wesens. Sie ist eine höchst vergötterte Tugend. Sie ist nicht nur die Erinnerung an eine von einem guten und freundlichen Menschen empfangene Wohltat, sondern die Huldigung des Herzens, die ihm für seine guten Taten dargebracht wird.

Dankbarkeit ist die vornehmste aller Tugenden, sie ist von allen Pflichten die größte Investition.

So wie ein Fluss sein Wasser in den Ozean ergießt, von dem er gespeist wurde, so erwidert auch ein dankbarer Mensch eine Wohltat, die er von anderen empfangen hat. Er betrachtet seinen Wohltäter mit Verehrung und Liebe. Wenn er nicht dazu in der Lage ist, die Wohltat zu erwidern, behält er sie mit Freundlichkeit in Erinnerung. Er vergißt sie sein ganzes Leben lang nicht.

Sei dankbar zu Gott, deinem Schöpfer, für all die gaben, die Er dir gegeben hat. Bete inbrünstig und aus tiefstem Herzen zu ihm. Sing Seinen Ruhm. Denke zu allen Zeiten an Ihn. Gib Ihm deine gesamte Existenz hin, empfange Seine Gnade und sei für immer glücklich.

Ein undankbarer Mensch ist eine erbärmliche Kreatur auf dieser Welt. Sein Los ist wirklich bemitleidenswert, beklagenswert und bedauerlich. Diese Welt strotzt nur so vor undankbaren Kreaturen.

Sei dankbar. Alle werden dich bewundern und verehren. Du wirst eine reiche Ernte an Frieden und unsterblicher Wonne ernten.

Harohara[40]. Tat Twam Asi[41]. Om Shanti.

DEMUT

Selbst wenn du ein sehr gebildeter Mensch bist, musst du sehr demütig sein. Ein gelehrter Mensch mit Demut wird von allen sehr verehrt.

Wenn Du Wasser aus dem Wasserhahn trinken willst, musst du dich herabbeugen. Wenn du den spirituellen Nektar der Unsterblichkeit trinken willst, musst du dich genauso herabbeugen. Du musst sanftmütig und demütig sein.

Demut ist die höchste von allen Tugenden. „Seelig sind die Demütigen, denn sie werden die Erde erben" (Matthäus 5, 5). Du kannst deinen Egoismus zerstören, indem du nur diese eine Tugend entwickelst. Du kannst die gesamte Welt beeinflussen. Du wirst zu einem Magneten, der viele Menschen anzieht. Alle Leben werden von dir angezogen werden. Alle Leben werden zu dir hingezogen werden. Demut muss wahrhaftig sein. Vorgetäuschte Demut ist Heuchelei. Sie kann keinen Bestand haben.

Gott hilft dir nur, wenn du dich ganz und gar demütig fühlst. Deshalb entwickle diese Tugend in einem erklecklichen Ausmaß. Werde eine Verkörperung von Demut. Werde personifizierte Demut.

Es gibt keine größere Tugend als Demut. Durch diese eine Tugend allein kannst du Erlösung erlangen. Demut zerstört Egoismus, führt zu Sama-bhava[42], Atma-vasya[43], Seelenfrieden, gutem Schlaf und Ausgeruhtheit, Atma Bhava[44] oder Narayana Bhava[45] in allen Lebewesen und schließlich zu Selbstverwirklichung oder Vishnu Padam[46].

---

40 Lobpreisung von Gott Subrahmanya.
41 „Das bist du", eines der vier Mahavakyas oder großen Verkündigungen.
42 Gefühl der Gleichheit, der gemeinsamen Natur.
43 Gottesverwirklichung.
44 Atman in den anderen sehen.
45 Fühlen der Gegenwart Gottes in allem; Gott in den anderen sehen.
46 Fußabdruck von Vishnu (gilt symbolisch als Abdruck des ganzen Universums).

DULDUNGSKRAFT

(TITIKSHA)

Duldungskraft ist der Zustand, etwas zu ertragen oder auszuhalten. Sie ist geduldiges Leiden, ohne sich dem Druck zu ergeben oder in ihn einzutauchen, ohne Gegenwehr.

Duldungskraft ist die Fähigkeit oder die Kraft, etwas ohne Widerstand zu ertragen. Sie ist die Fähigkeit, Schmerz, Leid, Mühsal oder irgendeinen langanhaltenden Stress zu ertragen, ohne zusammenzubrechen oder sich zu beklagen, ohne zu jammern oder zu murren. Sie ist geduldige Tapferkeit. Sie ist die Fähigkeit, etwas zu ertragen und trotz zerstörerischer Kräfte weiterzumachen.

Zu erdulden heißt, einer Belastungen und Widerständen mit Bewusstseinskraft standzuhalten. Zu dulden heißt, Provokationen oder Verletzungen ruhig hinzunehmen.

Wer erduldet siegt. Durch Duldungskraft werden Willenskraft und Geduld entwickelt. Durch Duldungskraft werden Sünden und Schwierigkeiten überwunden.

Deine Stärke nimmt oft in demselben Ausmaß zu, in dem Dir Hindernisse auferlegt werden. Erdulde sie tapfer.

Schwierigkeiten und Störungen, Widrigkeiten und Unglücksfälle haben oft den Charakter eines Menschen geformt.

Die Palme wächst am besten unter einem massiven Gewicht. Mit dem Charakter des Menschen ist es ebenso.

Je größer eine Schwierigkeit ist, umso größer ist der Ruhm, wenn man sie überwindet. Geschickte Piloten werden durch Stürme und Gewitter berühmt.

Durch Duldungskraft zeigst du deine göttliche Erhabenheit und gehst ein Bündnis mit Gott ein.

EHRLICHKEIT

Ehrlichkeit ist Integrität, Offenheit, Freiheit von Betrug, Aufrichtigkeit, fairer Umgang.

Ehrlichkeit ist die einzige Tugend, auf der sowohl das persönliche, als auch das nationale Leben sicher ruhen kann. Die Gesellschaft kann nur Bestand haben, wenn sie mit dem gemäßigten Mörtel der Ehrlichkeit, Gerechtigkeit und Rechtschaffenheit errichtet wurde.

Es gibt ein unabänderliches Gesetz – Ehrlichkeit. Ehrlichkeit zuhause, im Büro, im Geschäftsleben, auf der Autobahn und in den Gerichten, in allen Versammlungen, das ist es, was wir brauchen.

Ehrlichkeit ist nicht die beste Politik, aber sie ist die beste Tugend. Sie ist höchste Weisheit.

Ehrlichkeit ist Übereinstimmung mit Gerechtigkeit und moralischer Rechtschaffenheit.

Ehrlichkeit ist eine Veranlagung, Gerechtigkeit und ehrbarem Handeln zu entsprechen. Sie ist Aufrichtigkeit des Verhaltens im Allgemeinen. Sie ist Gerechtigkeit, Fairness, Redlichkeit, Rechtschaffenheit, Aufrichtigkeit.

Die Grundlage eines hohen Denkens ist Ehrlichkeit.

Ein ehrlicher Mensch wird durch Offenheit, Authentizität oder Aufrichtigkeit charakterisiert. Er ist treu, aufrichtig, geradlinig, wahr, vertrauenswürdig, aufrecht. Er ist stets dazu bereit, unter sorgfältiger Beachtung der Rechte anderer zu handeln, besonders in Angelegenheiten des Geschäftslebens oder des Besitzes. Er hält die Gebote einer persönlichen Ehre gewissenhaft ein, die höher steht als irgendwelche Anforderungen kaufmännischer Gepflogenheiten oder der öffentlichen Meinung, und er wird nichts tun, was der ihm innewohnenden Vornehmheit der Seele unwürdig erschiene. Er stiehlt nicht, betrügt nicht, noch hintergeht er. Er macht keinen Gebrauch von einem unlauteren Vorteil, der sich ihm bietet.

Wer im höchsten und umfassendsten Sinne ehrlich ist, ist gewissenhaft darauf bedacht jede bekannte Wahrheit und jedes Recht einzuhalten, selbst in seinen Gedanken. Falschheit, Unehrlichkeit, Treulosigkeit, Verrat, Unwahrheit und Heuchelei sind die Gegenteile von Ehrlichkeit.

Kein Erfolg im Yoga und kein spiritueller Fortschritt sind möglich ohne Ehrlichkeit.

EIFER

Eifer ist kochende oder leidenschaftliche Begeisterung für irgendetwas. Er ist Enthusiasmus. Er ist intensives Bestreben, insbesondere Bestreben, das nicht daran interessiert ist, ein bestimmtes Resultat zu erzielen. Er ist enthusiastische Hingabe. Er ist Inbrunst.

Erfolg ist weniger auf Können zurückzugführen als auf Eifer. Gib dich deiner Arbeit mit ganzem Körper, Geist und Seele hin. Der Erfolg ist dir sicher.

Deine Opfergaben erfreuen Gott entsprechend deinem Eifer, mit denen du sie ihm darbringst, und nicht entsprechend ihrer Beschaffenheit.

Eifer ist wie Feuer.

EINFACHHEIT

Einfachheit ist Schlichtheit, Natürlichkeit, Unberührtheit, Geradlinigkeit, Arglosigkeit, Freiheit von Gerissenheit und Prahlerei.

Einfachheit ist Freiheit von Unaufrichtigkeit, Geziertheit oder Anmaßung.

In Kleidung, in der Nahrung, im Charakter, in den Manieren, im Stil, in allen Dingen ist Einfachheit höchste Vortrefflichkeit.

Einfachheit ist majestätisch. Sie ist der erste Schritt der Natur und der letzte Schritt der Kunst.

Sei was du sagst. Sage was du bist. Schreib wie du sprichst. Sprich wie du denkst.

Sei einfach wie ein Kind. Das Tor zu Moksha[47] wird dir offenstehen.

Die größten Wahrheiten sind die einfachsten; und so sind auch die größten Menschen.

Güte und Einfachheit sind untrennbar vereint.

Ein einfacher, freimütiger Mensch ist der angenehmste Mensch.

---

47 Befreiung.

Reinheit und Einfachheit sind die zwei Flügel, auf denen sich der Mensch zum Königreich Gottes emporschwingt.

EINFALLSREICHTUM

Einfallsreichtum ist eine Fülle an Mitteln und Möglichkeiten jedweder Art.

Ein Mensch mit Einfallsreichtum ist reich an Fähigkeiten oder Mitteln oder Einfällen. Er ist bewandert in allen Methoden der Problemlösung. Er verfügt über vielfältige Mittel.

Dasjenige, worauf man zurückgreift, worauf man sich verlässt oder was einem als Hilfe oder Unterstützung zur Verfügung steht, sind Mittel.

Eine Notlösung, auf die man für Hilfe und Sicherheit zurückgreift, ist ein Mittel.

Man spricht von „einem geschäftlichen Mittel", „die Mittel einer Frau sind Geduld", „einem Land mit unerschöpflichen Mitteln", „Rama hat ein einfallsreiches Gehirn. Er kann jederzeit ohne Vorbereitung über alles jederzeit Vorlesungen halten", „Sri Vyasa[48] versuchte es mit den Mitteln der Philosophie".

Mittel sind: finanzielle Mittel, Geldanlagen, Geld oder jede Art von Besitz, der in Vorräte umgewandelt werden kann, verfügbare Mittel oder Möglichkeiten jedweder Art, wie in „Im Russisch-Japanischen Krieg waren die Mittel Russlands um ein Vielfaches größer als die von Japan."

Wer über ein einfallsreiches Gehirn verfügt, wird General einer Armee, Admiral der Marine oder Erfinder von wissenschaftlichen Instrumenten.

EINSATZ

„Einsatz" kommt von sich einsetzen, sich mit etwas zu verbinden, auf etwas zu fixieren. Einsatz ist die Kunst den Geist auf etwas zu richten. In Einsatz steckt genaues Nachdenken. Er bedeutet genau hinzuschauen.

Einsatz ist Fleiß. Einsatz heißt, gründlich nachzudenken und genau aufzupassen. Eifer ist Einsatz.

---

48 Autor des Epos „Mahabharata", der als Inkarnation von Vishnu angesehen wird.

Einsatz heißt ein allgemeingültiges Gesetz, eine Wahrheit oder ein Rezept anzuwenden, indem man es ins Verhältnis zu den praktischen Bedürfnissen setzt oder es auf den konkreten Einzelfall anwendet. Einsatz bedeutet auch, dass etwas in diesem Sinne angewendet werden kann oder das Ergebnis solcher Handlungen ist wie die Anwendung der Bergpredigt oder der yogischen Yamas[49] und Niyamas[50] auf das tägliche Leben.

Einsatz heißt, die Aufmerksamkeit fest auf das zu fokussieren, womit man gerade beschäftigt ist, desgleichen die Gewohnheit oder Fähigkeit das zu tun.

Beständiger Einsatz bei der Arbeit ist das gesündeste Training für jedes Individuum.

Umgangssprachlich sagt man: „Mr. John hat seine Gesundheit durch seinen Einsatz beim Studium ruiniert". Man sagt auch: „ Wenn sein Einsatz seiner Begabung entsprochen hätte, hätte er größere Fortschritte erzielen können."

Ein Mensch, der mit der Tugend der Einsatzbereitschaft ausgestattet ist, ist erfolgreich in all seinen Unternehmungen. Wohlstand ist sein ständiger Begleiter.

Ein Mensch, der sich einsetzt, steht früh auf und geht zur rechten Zeit zu Bett. Er vergeudet keine einzige Sekunde. Er ist stets aufmerksam, wachsam und fleißig. Er ist immer aktiv, er verpasst keine Gelegenheit. Er ist wie ein Chirurg im Operationssaal oder ein Kapitän auf der Brücke eines Schiffs.

Er ist gesund. Sein Geist ist leicht und fröhlich. Seine Gedanken sind klar. Sein Zimmer ist ordentlich aufgeräumt. Bei der Arbeit ist er methodisch. Er hat Entschlossenheit und Bestimmtheit. Er bereut oder bedauert niemals.

Er ist wohlhabend. Er leidet keinen Mangel. Er steigt zu Macht und hohem Ansehen auf. Er erlangt Ruhm. Er wird geehrt und respektiert.

Was immer du zu tun beschließt, tue es jetzt, tu es schnell. Zögere nicht eine Sekunde. Schieb nicht bis zum Abend auf, was du schon am Morgen schaffen kannst.

Das ist dein Moment. Die nächste Sekunde ist noch im Schoß der Zukunft. Du weißt nicht, was sie mit sich bringen mag.

---

49 Das erste Glied des Raja Yoga. Yama manifestiert sich in richtigem Handeln und ist eine spirituelle Praxis, die das Innenleben verwandelt und sich in 5 Eigenschaften zeigt (Ahimsa, Satya, Brahmacharya, Asteya, Aparigraha).
50 Das zweite Glied des Raja Yoga. Ethische Gebote bzw. Verhaltensregeln, nämlich Saucha, Santosha, Tapas, Swadhyaya und Ishwarapranidhana.

Verlasse dich nicht allzu sehr auf die Zukunft. Bedauere die Vergangenheit nicht. Lebe in der lebendigen, verlässlichen Gegenwart. Handle, handle, handle jetzt. Strebe, strebe, strebe jetzt. Strenge dich an, streng dich an, strenge dich an. Setz all deinen Elan, Kraft und Energie ein. Du bist dazu bestimmt Erfolg zu haben. Du wirst alle Arten von Versuchungen und Hindernissen leicht überwinden. Ein einsatzwilliger Mensch kennt kein Scheitern.

Ohne intensiven Einsatz kannst du tiefe Meditation und Samadhi[51] nicht erlangen.

Faulheit, Trägheit, Müßiggang, Nachlässigkeit, Leichtsinn und Saumseligkeit sind Gegenteile von Einsatzbereitschaft.

Oh Rama! Entwickle Einsatzbereitschaft und Du wirst noch im Diesseits Erfolg, Überfluss, Frieden, Wohlstand und Kaivalya[52] erlangen.

ELEGANZ

Eleganz ist der Zustand oder die Eigenschaft, elegant zu sein. Sie ist die Schönheit der Korrektheit. Sie ist Feinheit, Schliff oder Anmut. Das, was hübsch ist und dem guten Geschmack gefällt, ist Eleganz.

Wenn der Geist den Sinn für Eleganz verliert, wird er korrupt.

Eleganz ist etwas mehr als die bloße Abwesenheit von Ungeschicklichkeit. Sie beinhaltet eine Präzision, einen Schliff, ein Funkeln und Glanz.

Obwohl Eleganz als eine der geringeren, zweitrangigen Tugenden angesehen wird, ist sie doch von keiner geringen Bedeutung für die Regelung des Lebens. Sie vermindert die Übel von Lastern erheblich.

Eleganz ist eine ausgesuchte oder feine Struktur, Form oder Handlung; Schönheit, die aus einer Kombination von guten Eigenschaften entsteht; so wie Eleganz der Proportionen, der Bewegung, des Stils oder der Umgangsformen.

Eine klare und präzise Ausdrucksweise ist eine der Schönheiten der Sprache.

Man sagt: „Unter den Indern findet man tiefsinnige und vornehme Gelehrte."

---

51 Überbewusster Zustand.
52 Transzendentaler Zustand absoluter Unabhängigkeit. Befreiung, vollkommene Erlösung und damit Synonym für Moksha (vgl. das Yoga Sutra 4:34).

Eine elegante Sache wird durch Anmut oder Symmetrie oder Raffinesse gekennzeichnet. Sie weist einen tadellosen Geschmack und Feinheit der Verarbeitung auf. Sie besitzt einen feinen Sinn für Schönheit, Klarheit oder Tauglichkeit. Man sagt: „Das ist eine elegante Wohnung." Man sagt: „Ramas Argument war elegant." Sie wird gekennzeichnet durch Vollständigkeit und Einfachheit, sie ist angemessen.

„Elegant" bezieht sich auf die Kombination von Eigenschaften, wegen der kultivierte Menschen mit gutem Geschmack sich für etwas entscheiden. Es bezieht sich auf leichtere, feinere Elemente der Schönheit von Form oder Bewegung.

Ein Kleid mag elegant sein, aber es wäre sprachlich eklatant falsch, von einem „eleganten Getreidefeld", einer „eleganten Fahrt" oder einer „eleganten Zeit" zu sprechen.

Exquisit bezeichnet höchste Perfektion von Eleganz auch im kleinsten Detail. Wir sprechen von einem eleganten Kleidungsstück, einer exquisiten Spitze. Exquisit wird auch für heftige Intensität von jedwedem Gefühl verwendet, so wie exquisite Freude, exquisiter Schmerz.

Eleganz ist Schönheit, die aus perfekter Angemessenheit resultiert oder aus der Abwesenheit von allem, was dazu gedacht ist, eine unangenehme Wahrnehmung zu verursachen. Man verwendet den Begriff Eleganz für Umgangsformen, Sprache, Stil, Form, Architektur und ähnliches, so wie in „die Eleganz eines Kleides".

Das, was einen durch seine Feinheit, Symmetrie, Klarheit oder Schönheit erfreut, ist elegant.

Elegante Manieren sind geschliffen, höflich, anmutig und zuvorkommend.

Ein eleganter Stil oder eine elegante Gestaltung ist klar und reichhaltig im Ausdruck und korrekt in der Zusammenstellung.

Eine elegante Konstruktion ist symmetrisch, regelmäßig, und wohlgeformt in den Einzelteilen, den Proportionen und der Aufteilung.

Elegante Möbel oder Ausstattung sind prächtig, aufwändig und verziert.

Ein eleganter Geschmack ist wählerisch, empfänglich für Schönheit und vermag zwischen Schönheit und Deformation oder Unvollkommenheit zu unterscheiden.

ENTHALTSAMKEIT

Enthaltsamkeit ist Mäßigung insbesondere in der Nachgiebigkeit gegenüber den natürlichen Begierden und Leidenschaften. Im engeren Sinne ist sie Mäßigung in dem Gebrauch von alkoholischen Getränken oder die völlige Abstinenz von solchen.

Enthaltsamkeit ist die Geisteshaltung und die Praxis verstandesmäßiger Selbstkontrolle. Sie ist gewohnheitsmäßige Mäßigung.

Enthaltsamkeit ist Selbstbeherrschung des Verhaltens im eigenen Leben oder Geschäft. Sie ist die Unterdrückung von jeglicher Neigung zu leidenschaftlichen Handlungen. Sie ist Gelassenheit, Geduld.

Enthaltsamkeit ist Selbstbeherrschung in der Nachgiebigkeit gegenüber jeglichem natürlichen Hang zu Begierden. Sie ist Mäßigung im Verfolgen von Befriedigungen oder darin, einem Gefühl hinzugeben, wie zum Beispiel Enthaltsamkeit beim Essen, Enthaltsamkeit beim Trinken, Enthaltsamkeit beim Gebrauch von Büchern, Enthaltsamkeit von Freude oder Leid.

Wenn du enthaltsam bist wird dein Geist klar sein, deine Gesundheit wird besser sein, dein Herz wird leichter sein und dein Geldbeutel schwerer.

Enthaltsamkeit ist das Fundament und die Quelle von Gesundheit, Stärke und Frieden.

Enthaltsamkeit gibt Mutter Natur ihren vollen Lohn und versetzt sie dazu in die Lage, sich in all ihrer Kraft und Vitalität zu entfalten.

Der Bestandteil von Schnaps ist der Teufel. Er wird dich dazu verleiten, alle möglichen mutwilligen und schändlichen Taten zu begehen. Er wird deine Vitalität auslaugen. Deshalb gib den Schnaps auf, jetzt sofort.

Enthaltsamkeit bringt Geld in den Geldbeutel, Zufriedenheit und Frieden ins Haus, Vitalität in den Körper, Intelligenz ins Gehirn und Schwung in die gesamte Konstitution. Deshalb, sei enthaltsam.

Sie verleiht Vitalität des Körpers, Gesundheit und Stärke, Reinheit des Geistes, einen klaren Verstand, ein feines Gespür und Ausgeglichenheit des Geistes. Sie ist der beste Wächter der Jugend und eine Unterstützung im hohen Alter. Sie ist der Arzt sowohl des Körpers, als auch des Geistes. Sie ist die Göttin der Gesundheit und die universelle Medizin des Lebens.

Bilde Verständnis aus. Du kannst die Verlockungen der Wollust vermeiden und ihren Versuchungen entfliehen.

Deine falschen Freunde werden dich in Versuchung bringen. Sie werden dich in Bars mitnehmen und dich zum Trinken verleiten. Der Alkohol wird im Glas perlen und dich verlocken. Er wird predigen: „Hier erwarten dich Freude und Glück." Jetzt ist die Stunde der Gefahr. Lass Verständnis und Vernunft dich fest auf der Hut sein.

Gib die Gesellschaft von Säufern sofort auf. Sie werden dich täuschen und betrügen. Sie werden dich in den vollständigen Ruin treiben.

Die Vergnügungen in der Bar werden zu Krankheiten und dem Tod führen. Vorsicht, Vorsicht, Vorsicht. Sind die Säufer nicht mager? Sind sie nicht kränklich? Sind sie nicht freudlos und geistlos?

Wenn du den Geist klar und den Körper gesund erhalten willst, enthalte dich aller Arten von alkoholischen Getränken.

Enthaltsamkeit ist das Fundament aller sozialen und politischen Reformen.

Wenn Enthaltsamkeit vorherrscht, dann herrscht Bildung vor. Wenn Enthaltsamkeit scheitert, dann muss auch Bildung scheitern.

Enthaltsamkeit ist der Gürtel des Verstands, die Stärke der Seele und das Fundament der Tugend. Sie ist der stärkste Zaun und die stärkste Verteidigung gegen Krankheiten.

Enthaltsamkeit hält die Sinne klar und macht dich recht fit dafür, große und harte Arbeit zu verrichten. Sie macht dich heiter und freudig. Sie reinigt das Blut, macht den Kopf klar, beruhigt den Magen, stärkt die Nerven und macht die Verdauung vollkommen.

Alkoholische Getränke verursachen vorübergehende Erregung. Dann folgen Depressionen, Freudlosigkeit, Nervosität, Reizbarkeit, Bauchschmerzen, Appetitlosigkeit, Kopfschmerz, Erschöpfung, Debilität, Schwäche etc.

Ein unmäßiger Mensch geht mit schwankenden Schritten. Da ist keine Stärke in seinen Gliedern. Sein Herz ist angefüllt mit Scham, Vorsicht, Kummer, Sorge und Reue. Krankheiten und Bedürfnisse unterdrücken ihn.

Ein enthaltsamer Mensch tanzt, singt und pfeift. Er hat rosige Wangen. Glanz liegt in seinen Augen, Freude in seinem Gesicht und ein strahlendes Lächeln auf seinen Lippen. Er ist voller Elan, Esprit und Vitalität. Er ist stets heiter, tapfer, aktiv und lebendig. Er hat einen tiefen Schlaf. Sein Geist ist gelassen und ausgeruht. Er hat Frieden und Ausgeglichenheit.

Entwickle Enthaltsamkeit und führe ein glückliches Leben.

Die Abstinenzbewegung ist eine politische Bewegung für die Beschränkung oder Abschaffung des Gebrauchs von alkoholischen Getränken.

Ein alkoholfreier Drink ist ein nicht-alkoholisches Getränk, insbesondere eines mit dem Geschmack von Sarsaparilla[53] etc.

Ein Abstinenzhotel ist ein Hotel, in dem keine Spirituosen angeboten werden.

ENTSCHLOSSENHEIT

Entschlossenheit ist starke Bestimmtheit. Sie ist Beständigkeit. Sie ist Konstanz oder feste Absicht.

Ein Mensch mit Entschlossenheit ist bestimmt. Er hat eine feste Absicht. Er ist beständig darin, ein bestimmtes Ziel zu verfolgen. Er ist unerschütterlich fest und stetig. Er ist kühn und unbeirrbar. Er ist ein Mensch mit einem festen Willen. Er hat Beständigkeit der Absicht und Festigkeit, an ihr festzuhalten, insbesondere im Angesicht von Gefahren oder Schwierigkeiten. Er verfügt über aktive Standhaftigkeit.

Derjenige, der festen und entschlossenen Willens ist, hat Erfolg in all seinen Unternehmungen. Er kennt kein Scheitern.

Wappne dich mit furchtloser Entschlossenheit. Schreite voran, oh Held! Deine Bemühungen werden von heiterem Erfolg gekrönt sein. Alle Hindernisse werden sofort aus dem Weg geräumt.

Entschlossenheit ist allmächtig. Ein Mensch mit Entschlossenheit überwindet alle Hindernisse, die ihm im Weg stehen. Für ihn verschwinden alle Schwierigkeiten. Mut, stetige Beharrlichkeit, Standhaftigkeit und Stärke sind die Begleiter der Entschlossenheit.

---

53 Sarsaparilla ist ein Softdrink, der ursprünglich aus Stechwinden (Smilax regelii, einer tropischen Pflanze, die teilweise auch in der Naturheilkunde verwendet wird) hergestellt wird, heute aber teilweise auch aus künstlichen Aromen.

Ein Mensch mit Entschlossenheit hat den Nerv, der nie entspannt, das Auge, das nie erbleicht, den Gedanken, der nie umherwandert, die Absicht, die nie schwankt. Er hat immer Erfolg.

Entschlossenheit ist die Hilfe deiner Seele in der Not. Sei fest und entschlossen. Schreite stetig voran. Gürte deine Lenden. Sei standhaft. Du kannst die ganze Welt erobern.

Ein Mensch mit Entschlossenheit pulverisiert die Himalayas, schluckt das Feuer und trinkt das Wasser eines ganzen Ozeans in nur einer Minute. Er kann in den drei Welten[54] im Handumdrehen alles erreichen.

Selbst wenn die ganze Welt gegen ihn ist, marschiert er unverdrossenen Sinnes vorwärts.

Alle großen Menschen, die Größe erlangt haben und die übermenschliche Taten vollbracht haben, besaßen Entschlossenheit.

Wo Entschlossenheit vorhanden ist, existiert ein dynamischer, unaufhaltsamer, starker Wille. Entschlossenheit und ein starker Wille gehen Hand in Hand.

Sei entschlossen. Bleibe bei deinen Entscheidungen. Stärke deine Entscheidungen. Du wirst deinen Willen entwickeln.

---

54 Vgl. Fn. 15.

ERBARMEN

KARUNA SAGARA NARAYANA[55]

KARUNA SINDHU SADASIVA[56]

Gott ist ein Ozean voller Erbarmen oder Karuna[57]. Er ist allbarmherzig. Wenn du Kommunion mit Ihm haben willst, wenn du dich mit Ihm vereinigen willst, wenn du ihn Ihm wohnen willst, musst du auch eine Verkörperung von Erbarmen werden.

Erbarmen ist ein grundlegendes Merkmal eines Heiligen. Wenn du kein Erbarmen in ihm findest, halte ihn nicht für einen Heiligen.

Erbarmen ist ein Feind von Brutalität, Grausamkeit, Härte, Ungezogenheit, Bösartigkeit. Es ist ein Freund von Sanftheit, Weichheit, Liebenswürdigkeit.

Erbarmen ist unter den Tugenden wie der Mond unter den Sternen.

Erbarmern ist eine große Macht. Sie ist intensive Stärke. Sie verleiht Stärke.

Erbarmen öffnet das Tor zu Freiheit, Unsterblichkeit und ewiger Wonne. Es macht ein enges Herz so weit wie den Himmel. Es verleiht Flügel, um hoch aufzusteigen zum Reich höchsten Friedens.

Erbarmen verwandelt dich zu Göttlichkeit. Sie ist am mächtigsten unter den Mächtigsten.

Süßes Erbarmen ist wie Nektar. Es ist das wahre Kennzeichen oder Linga[58] der Vornehmheit. Es ist ein himmlischer Schauer von Gnade und Liebe. Es ist ein Magnet.

Erbarmen ist das größte Attribut Gottes. Erbarmen erweicht und reinigt das durch Sünden verhärtete Herz.

Erbarmen erstrahlt sogar mit noch größerem Glanz als Gerechtigkeit. Es verleiht Chitta-Prasada[59] oder Seelenfrieden. Deshalb, sei barmherzig.

---

55 Aus dem Kirtan „Daya Karo Hara Narayana". Sinngemäß: „Oh, Gott Vishnu, überschütte uns mit Deiner Gnade."
56 Ebenfalls ein klassischer Kirtan.
57 Sanskrit für Mitgefühl, Erbarmen.
58 Zeichen, Kennzeichen, Symbol, Emblem. Symbol für das Göttliche.
59 Klarheit des Geistes.

Erbarmen ist Sanftheit oder Nachsicht, die einen besiegten Angreifer verschont. Es ist eine Veranlagung zu vergeben.

Erbarmen ist Mitgefühl oder Wohlwollen. Erbarmen ist vortreffliche Güte. Es kennt und versteht die Leiden anderer und ist dazu bereit, ihnen zu helfen.

Das Herz eines barmherzigen Menschen ist weicher als Butter. Butter schmilzt in der Nähe von Feuer, aber das Herz eines barmherzigen Menschen schmilzt, wenn er die Leiden anderer auch nur aus der Entfernung sieht.

Die Bestandteile von Erbarmen sind Sanftheit des Herzens, Zusammengehörigkeitsgefühl, Entgegenkommen, Anteilnahme, Mitgefühl, höchste Güte, Liebenswürdigkeit, Zuneigung, Liebe, Nächstenliebe, Großzügigkeit, Selbstlosigkeit und Aufopferung.

Erbarmen, Mitgefühl, Anteilnahme und Mitleid sind Tugenden derselben Gattung. Erbarmen ist die herausragendste von ihnen. Es ist göttlich. Es beinhaltet nicht nur Mitgefühl, sondern auch Vergebung, Liebe und Dienen. Der barmherzige Mensch dient der Person, die ihm Unrecht getan hat, und liebt sie.

Mitgefühl kommt als nächstes. Mitgefühl ist ein Zusammengehörigkeitsgefühl oder Sorge um die Leiden anderer. Mitgefühl verbindet die Sanftheit von Mitleid und die Würde von Anteilnahme mit dem aktiv helfenden Wesen des Erbarmens; aber es wird nur ausgeübt im Falle derer, die leiden oder unglücklich sind. Erbarmen hat zusätzlich zu den Eigenschaften, die Mitgefühl ausmachen, auch Vergebung, Toleranz, Nachsicht und kosmische Liebe.

Mitleid und Anteilnahme sind einfach Gefühle für die anderen. Während Mitgefühl Menschen und Tiere einschließt, wird Anteilnahme nur für diejenigen empfunden, die einem gleichgestellt oder überlegen sind. Aber Anteilnahme ist anders als Mitgefühl oder Erbarmen nicht dynamisch.

Mitleid ist Gefühl für das Leiden von Untergebenen. Es beinhaltet ein gewisses Maß an Eitelkeit und Arroganz der Person, die jemanden bemitleidet. In Anbetracht dieser Eitelkeit beschränkt sich Mitleid zumeist auf Worte!

Die Gedanken, Worte und Taten eines barmherzigen Menschen sind voller Anteilnahme und Mitgefühl. Er opfert sogar seine eigenen Bedürfnisse und Annehmlichkeiten zum Wohle von anderen.

Wenn du ein hartes Herz hast, versuche kleine Handlungen von Liebenswürdigkeit und Erbarmen zu tun. Gib einem armen kranken Menschen eine Glas Milch. Gib im Winter einem armen Menschen eine kleine Decke. Speise einmal im Monat einen armen Menschen oder einen Sadhu[60]. Besuche ein Krankenhaus und diene den kranken Patienten. Entwickle so Erbarmen.

Fühle mit den Leiden anderer. Sei barmherzig in deinem Urteil über andere. Erinnere dich deiner eigenen Mängel, Fehltritte und Schwächen. Sei bedächtig in deiner Kritik anderer und großzügig denjenigen gegenüber, die falsche Handlungen begehen.

Erweise anderen Erbarmen. So werden andere auch dir gegenüber barmherzig sein. Du wirst Barmherzigkeit erfahren, wenn du es am meisten brauchst. Das ist das unabänderliche Gesetz Gottes.

Erinnere dich wieder und wieder an Buddha und seine Taten sowie die Taten anderer Heiliger. Studiere „Die Leben Heiliger" und „Heilige und Weise". So wirst du schrittweise Erbarmen entwickeln.

Die Sonne, der Baum, der Fluss sind unparteiisch. Genauso musst du Freund und Feind Erbarmen erweisen.

Verweile in der Gesellschaft von Weisen und Heiligen. Meditiere auf den Herrn. Wiederhole Seinen Namen. Singe Kirtan und Seinen Ruhm. Du wirst Erbarmen entwickeln.

Meditiere am frühen Morgen über die Eigenschaft des Erbarmens. Wenn du in die Welt hinausgehst, fühle „Heute werde ich barmherzig sein. Ich werde Handlungen des Erbarmens begehen." Langsam wird Erbarmen ein wesentlicher Bestandteil deiner Natur werden.

Erweise Menschen und Tieren Erbarmen, die in Not sind. Trockne ihre Tränen. Du wirst in der Tat gesegnet sein.

Eifere dem Beispiel von Sri Swami Chidananda[61] nach, der ein wunderbares Herz voller Erbarmen hat. Er hat einen Hund eingekleidet, der ein von Maden befallenes Geschwür hatte. Er hat 3 Monate lang einen Leprakranken angekleidet, mit seinen eigenen Händen.

Wohltätige Institutionen, wohltätige Krankenhäuser, Altenheime, der Bau von Brunnen und Wassertanks, Heime zur Speisung von Armen, Annakshetras[62],

---

60 Frommer oder heiliger Mensch (oft Mönch), der sich einem asketischen Leben verschrieben hat.
61 Swami Chidananda, 1916 – 2008, Schüler von Swami Sivananda, langjähriger Leiter der Divine Life Society. Er gilt als einer der größten indischen Heiligen der Moderne, manche bezeichnen ihn wegen seiner Liebe, seinem asketischen Leben und seiner Ausstrahlung als Heiligen Franziskus des 20. Jahrhunderts.
62 Armenküchen.

Dharmashalas[63], Tierschutzorganisationen, Sozialdienste – all das sind Erscheinungsformen von Erbarmen.

Möge Erbarmen in deinem Herzen aufsteigen. Möge dein Herz angefüllt sein mit Erbarmen.

ERNSTHAFTIGKEIT

Ernsthaftigkeit ist der Zustand, ernsthaft zu sein. Sie ist Begeisterung, die durch den Verstand gemäßigt wird.

Ein ernsthafter Mensch ist entschlossen. Er ist begierig zu bestehen. Er ist bedacht, aufrichtig und ernsthaft. Er ist leidenschaftlich darin, eine Sache zu verfolgen. Er legt sein ganzes Herz in die jeweils anstehende Arbeit.

Willst Du eine Wissenschaft oder eine Fähigkeit erlernen? Dann gib Dich dem hin. Sei aufrichtig und ernsthaft. So wirst du vollen Erfolg erlangen.

Weit mehr als bloße Begabungen werden Begeisterung und Ernsthaftigkeit bei der Arbeit letztlich den Sieg davontragen.

Man kann es überall beobachten, dass die Menschen, die Erfolg im Geschäftsleben oder irgendetwas anderem hatten, die Menschen waren, die sich der Sache ernsthaft verschrieben hatten.

Ein ernsthafter Mensch findet Mittel und Wege. Er erschafft Mittel und Wege.

Ernsthaftigkeit stärkt Schwäche, trotz Gefahren, überwindet Schmerz, stärkt Hoffnung, erleichtert Schwierigkeiten, vermindert das Gefühl von Müdigkeit, indem es sie überwindet, und verleiht Durchhaltevermögen.

Ein Mensch mag der klügste aller Menschen, ja sogar genial sein. Ohne Ernsthaftigkeit ist jedoch niemand jemals großartig oder macht wirklich bedeutende Dinge.

Ernsthaftigkeit ist die Hingabe an alle Fähigkeiten. Sie verleiht Geduld. Sie ist die Ursache der Geduld. Sie verleiht Eifer und Begeisterung

Ernsthaftigkeit ist die beste Quelle mentaler Stärke. Sie verleiht Geistesschärfe.

---

63 Pilgerherbergen.

Es gibt keine Alternative zu kompromissloser, leidenschaftlicher und aufrichtiger Ernsthaftigkeit.

Ein ernsthafter Mensch hat einen festen Willen. Er ist eifrig und entschlossen, besonders in Angelegenheiten von moralischer und religiöser Bedeutung.

Hinter einer großartigen Sache muss immer eine großartige und ernsthafte Seele stehen.

Wenn ein Mensch ernsthaft in seiner Rede, seinem Bestreben und seinen Taten ist, sagen wir: „Ramas Rede ist ernsthafte Rede; Krishnas Bestreben ist ernsthaftes Bemühen. Shiva ist ein ernsthafter Arzt."

FESTIGKEIT

Festigkeit ist Stetigkeit, Entschiedenheit, Bestimmtheit, Entschlossenheit, Beständigkeit. Wir sprechen von der Festigkeit des Fundaments, Festigkeit des Schrittes, Festigkeit des Glaubens, Festigkeit der Absicht oder des Entschlusses, Festigkeit des Geistes oder der Seele.

Ein mit Festigkeit ausgestatteter Mensch wird nicht leicht bewegt oder beunruhigt. Er wird durch nichts erschüttert. Er ist mutig.

Klugheit, Anlagen, Begabungen, Fähigkeiten, Kapazitäten, Beredsamkeit, vornehme Manieren, eine einnehmende Art und Weise und eine anmutige Sprache sind nichts, wenn sie nicht vom Schutzschild der Festigkeit beschützt werden.

Festigkeit versetzt den Menschen dazu in die Lage, Hindernisse und Schwierigkeiten mühelos zu überwinden. Ein Mensch mit Festigkeit hat immer Erfolg in allen Unternehmungen.

Du musst Festigkeit haben, sowohl beim Einsatz, als auch im Leiden. Nur dann wirst du Größe und Sieg erreichen.

Festigkeit ist in der Tat eine vornehme Eigenschaft, aber sie muss mit Wissen einhergehen. Andernfalls wird sie zu Unbesonnenheit oder Starrsinn.

Festigkeit der Absicht ist das beste Mittel für Erfolg. Sie ist eine der notwendigsten Bänder und Sehnen des Charakters.

Festigkeit ist nur dann eine Tugend, wenn sie mit perfekter Weisheit einhergeht.

Festigkeit ist diejenige Fähigkeit, die Stabilität, Ausdauer und Hartnäckigkeit verleiht.

Festigkeit gehört zu klugem Handeln, Beständigkeit gehört zu Zuneigung und Prinzipien. Erstere bewahrt uns davor nachzugeben, Letztere bewahrt uns davor zu schwanken.

FLEISS

Das ist die Eigenschaft, eifrig zu sein. Sie ist gewissenhafter Eifer. Er ist stetige Hinwendung zu Arbeit, Studium oder Schreiben.

Ein Mensch von fleißigem Wesen ist arbeitsam. Er arbeitet sehr hart.

Das ist das Gegenteil von Müßiggang, Faulheit und Trägheit.

Ein fleißiger Mensch verdient die schönsten Früchte und den reichsten Lohn.

Fleiß wird deine Begabungen steigern, deinen Mangel an Fähigkeiten wettmachen und ihre Defizite ausgleichen.

Große Persönlichkeiten haben ihre Größe mehr durch Fleiß erlangt als durch schiere Genialität.

Der Weg zu Reichtum und Wohlstand beruht auf Fleiß und Genügsamkeit.

Fleiß macht alle Dinge leicht. Er triumphiert immer. Ein fleißiger Mensch wird nie verhungern. Armut und Scheitern sind ihm unbekannt.

Fleiß hält den Körper gesund und stark, den Geist klar, das Herz heil und den Geldbeutel voll.

Ein fleißiges Wesen erzeugt Fröhlichkeit und Freude; zerstört schlechte Neigungen und Gewohnheiten, versüßt Vergnügen und würzt all deine Errungenschaften mit einem wunderbaren Geschmack.

Man sagt in der Umgangssprache: „Sri Tawker ist ein fleißiger Handwerker. Sri Bannerjee[64] ist ein fleißiger Schriftgelehrter. Sri Ramaswami hatte eine arbeitsame Laufbahn."

Goldsmith[65] schreibt in dem Gedicht „Der Reisende":

„Fleißige Gewohnheiten herrschen in jeder Brust

Und Fleiß erzeugt eine Liebe am Gewinn."

Sei fleißig und erlange Erfolg und Wohlstand.

FREUNDLICHKEIT

Freundlichkeit ist der Zustand oder die Eigenschaft, freundlich zu sein. Sie ist Entgegenkommen, Menschlichkeit, Sanftheit.

Freundlichkeit ist die Gemütsart oder Veranlagung, die dadurch erfreut, dass sie zum Glück anderer beiträgt. Jede Handlung von Wohlwollen, die das Glück oder das Wohlergehen anderer fördert, ist Freundlichkeit.

Freundlichkeit ist eine Gnade sehr nahe dem Ebenbild Gottes.

Ein freundlicher Mensch ist dazu veranlagt, anderen Gutes zu tun. Er ist wohlwollend. Er ist gutmütig, zuvorkommend, sanft und liebenswürdig.

Ein freundlicher Mensch gewinnt die Herzen der anderen.

Freundlichkeit ist das billigste aller Dinge. Freundlichkeit zu üben beinhaltet keine großen Schwierigkeiten oder Opfer. Lächle, diene, strahle Freude aus. Sprich freundliche und liebliche Worte. Heitere eine Menschen auf, der sich in Schwierigkeiten befindet.

Freundliche Worte besänftigen, beruhigen und trösten denjenigen, der sie hört.

Freundlichkeit ist die goldene Kette, die die Menschen miteinander verbindet.

---

64 Bannerjee ist ein in Indien, vor allem in Bengalen, sehr gebräuchlicher Nachname, so wie bei uns vielleicht Maier und Müller.
65 Der irische Dichter Oliver Goldsmith, 1728 - 1774

Der Himmel steht allen gutherzigen Personen offen.

Ein freundlicher Mensch ist wirklich der König eines enorm großen Gebiets. Er ist in der Tat der Kaiser aller Kaiser.

Ein freundlicher Blick, ein freundliches Wort, eine freundliche Handlung, ein freundliches Lächeln, all das kostet nichts, bringt aber anderen Glück, das man mit Geld nicht kaufen kann. Ihr Wert ist unbezahlbar.

Wer freundliche Gedanken hegt ist immer ruhig und fröhlich. Freundliche Gedanken steigern den Fluss der Lebensenergie[66] in deinem Körper und Geist.

Begehe freundliche Handlungen jetzt. Zaudere nicht.

Freundlichkeit ist so etwas wie ein heilender Balsam. Sie besänftigt Leiden.

Freundlichkeit ist die Sprache, die die Tauben hören und die Stummen verstehen können.

Kleine Tropfen Wasser ergeben einen großen Ozean. Genauso ergeben kleine Taten der Freundlichkeit einen Ozean an Wohlwollen.

Mit „viel Freundlichkeit" ist weder eine Menge, noch eine Größe gemeint, sondern Freundlichkeit, die sich in vielen Formen offenbart und bei vielen Gelegenheiten an den Tag gelegt wird, viele Taten der Freundlichkeit.

Freundlichkeit ist die direkte Eintrittskarte in das Königreich ewiger Wonne.

Entwickle Freundlichkeit. Sei freundlich zu allen. Du wirst bald Gottesverwirklichung erlangen.

FREUNDSCHAFT

Freundschaft ist Zuneigung aufgrund wechselseitiger Wertschätzung. Sie ist Herzlichkeit. Sie ist innige Bekanntschaft.

Freundschaft ist das wechselseitige Mögen, Wertschätzung oder Achtung, die von verwandten Herzen gepflegt wird, genauso wie die Grundlage des wechselseitigen Austauschs befreundeter Büros. In Freundschaft gibt es verwandte

66 = Prana

Empfindungen; es gibt enge Vertrautheit oder Bekanntschaft, die zu Mitgefühl oder Hilfsbereitschaft führt.

Freundschaft ist Zuneigung zu einer Person, die von enger Bekanntschaft ausgeht oder von wechselseitigen guten Taten oder von einer guten Meinung von ihren liebenswürdigen und ehrenwerten Eigenschaften.

Der Mensch ist ein soziales Lebewesen. Er wünscht Gesellschaft und Gespräch. Er sehnt sich danach, Freunde zu haben. Ohne Freunde kann er nicht gut leben.

Zwei Personen können ihre Freundschaft nicht für längere Zeit aufrechterhalten, wenn sie sich nicht wechselseitig ihre kleinen Fehler, Schwächen oder Unzulänglichkeiten verzeihen können.

Freundschaft mit einem aufrichtigen und ehrlichen Menschen ist vorteilhaft.

Freundschaft mit eitlen, falschen, verworfenen und doppelzüngigen Menschen ist schädlich.

Lass dir Zeit damit, Freundschaft mit jemandem zu schließen. Wenn du aber einmal Freundschaft mit jemandem geschlossen hast, sei fest und beständig.

Ehrliche Freunde sind selten in dieser Welt. Selbstsüchtige Freunde findest du dagegen in Hülle und Fülle. Dein einziger ehrlicher, unsterblicher Freund ist der Bewohner deines Herzens, der Antaryamin[67], der Innere Herrscher.

Du wirst herausfinden, dass die Freundschaft vieler Menschen nur äußerlich zur Schau gestellt ist. Sie ist wie die Tränen einer Hure.

Falsche Freundschaft verfällt bald, aber wahre Freundschaft schenkt neues Leben und Anregung.

Ein Freund in Not ist wahrlich ein Freund. Sei schneller darin zu einem Freund zu gehen, der sich in widrigen Umständen befindet, als zu einem Freund, der in Wohlstand lebt.

Wahre Freundschaft ist unendlich und unsterblich.

Freundschaft ist ein zerbrechlich Ding und erfordert so viel Sorgfalt im Umgang mit ihr wie jede andere zerbrechliche Sache auch. Sei vorsichtig. Lass sie wachsen.

---

67 Innerer Zeuge; Beobachter; das Höhere Selbst; das Göttliche im Inneren des Menschen.

Dein Freund sollte jemand sein, auf dessen Verständnis, Tugend und Meinung du dich sicher verlassen kannst.

Sei nicht der zehnte Freund eines Menschen, der neun Freunde vor dir hatte und sie alle verloren hat.

Ein guter tugendhafter Mensch wird dein bester Freund sein. Schließ sofort Freundschaft mit ihm. Bewahre dir seine Freundschaft bis ans Ende deines Lebens. Du wirst ungemein von seinem Ratschlag und seiner Freundschaft profitieren. Er wird dir helfen, dich leiten und dir dienen.

Ein wahrer, ehrlicher Freund wird dich richtig beraten, dich jederzeit bereitwillig unterstützen, er wird dich mutig verteidigen, wenn du in Schwierigkeiten steckst und wird unabänderlich fortfahren dein Freund zu sein.

Schließe nicht überstürzt Freundschaft. Wenn du Freundschaft mit jemandem schließt, halte an ihm fest. Wechsel deine Bekanntschaften und Freundschaften nicht dauernd.

Wahre Freundschaft ist eine der süßesten Freuden im Leben.

Freundschaft zwischen gemeinen, diplomatischen, gierigen und unehrlichen Leuten wird nicht lange halten.

Die beste Freundschaft findet man nicht in Wohlstand, sondern unter widrigen Umständen. Ein wahrer Freund liebt einen jederzeit.

Zwischen ehrlichen Freunden herrscht wahre, dauerhafte Zuneigung, Harmonie und Wohlwollen.

Freundschaft vermehrt Freude und Glück und verringert Leid, indem sie unsere Freude verdoppelt und unser Leid teilt.

Freundschaft ist tiefe, stille, dauerhafte Zuneigung, die sich auf gegenseitigen Respekt und Wertschätzung gründet. Freundschaft ist immer gegenseitig. Es gibt keine einseitige, unerwiderte Freundschaft.

Freundlichkeit ist die Eigenschaft eines freundlichen Gefühls, jedoch ohne die tiefe und gefestigte Zuneigung, die mit dem Zustand der Freundschaft einhergeht.

Zuneigung ist rein natürlich. Freundschaft ist ein Gewächs. Freundschaft impliziert einen gewissen Grad von Gleichheit.

Gutes Einvernehmen ist wechselseitige, freundliche Höflichkeit, mit Bedacht auf das jeweilige Recht.

Freundschaftlichkeit ist ein freundliches Gefühl oder Beziehung, die aber nicht notwendigerweise besondere Freundlichkeit beinhaltet, so wie das gute Einvernehmen zwischen Nationen oder benachbarten Ländern.

Freundschaft ist verstandesmäßiger und wenige emotional als Liebe. Es ist leichter, Gründe für Freundschaft zu nennen als für Liebe. Freundschaft ist ruhiger und stiller, Liebe dagegen glühender. Liebe schwillt oft zur intensivsten Form an. Man spricht nicht von der Leidenschaft einer Freundschaft.

Ein Freund ist jemand, der einem anderen in Zuneigung verbunden ist oder der für einen anderen Gefühle der Wertschätzung und des Respekts hegt, die ihn die Gesellschaft des anderen begehren und ihn wünschen lassen, dessen Glück und Wohlstand zu mehren.

Es kann keine Freundschaft ohne Vertrauen geben und kein Vertrauen ohne Redlichkeit.

FRIEDEN

Der Frieden, der jegliches Verständnis übersteigt[68], war seit unvordenklicher Zeit die Achse, um die sich die indische Kultur in alle ihren Aspekten gedreht hat.

Frieden ist der Zustand still zu sein. Er ist Freiheit von Beunruhigung, Ängstlichkeit, Erregung, Unruhe und Gewalt. Er ist Harmonie, Schweigen, Gelassenheit, Ruhe, Erholung. Im speziellen ist er die Abwesenheit oder Beendigung von Krieg.

Frieden ist die eigentliche Natur der Seele oder Atman. Alle Vrittis[69] oder Veränderungen des Geistes werden lösen sich in der Seele auf. Da ist kein Sankalpa[70] oder Gedanke.

---

68 Diese Formulierung stammt aus der Bibel (Philipper 4,7: „Und der Friede Gottes, welcher höher ist als alle Vernunft ...")
69 Gedankenwellen, geistige Veränderungen
70 Gedanke, Wunsch, Vorstellung, Wille, Entschluss. Sankalpa ist das willentliche, beherrschte Denken, das den Gedanken in eine bestimmte Richtung lenkt. Wird auch im Sinne einer Affirmation verwendet, mit der Gedankenmuster verändert werden sollen.

Selbstlosigkeit, Leidenschaftslosigkeit, Verhaftungslosigkeit, Freiheit von Ich-heit[71], Mein-heit und Begierden, Hingabe zu Gott oder Atman, Selbstbeherrschung, Kontrolle der Sinne und des Geistes bringen Glück und Seelenfrieden.

Nationaler Frieden kommt von Wohlwollen, Mitgefühl, Toleranz und dem rechten Verständnis zwischen Ländern.

Entwickle kosmische Liebe, Liebenswürdigkeit, Vergebung; versteh die Ansichten von anderen.

Der Friede ist nicht im Herzen des fleischlichen Menschen. Der Friede ist nicht im Herzen von Ministern, Rechtsanwälten, Geschäftsleuten, Diktatoren, Königen und Eroberern zuhause. Der Friede ist im Herzen von Yogis, Weisen, Heiligen und spirituellen Menschen.

Frieden kommt von Gebet, Japa, Kirtan, Meditation, guten und erhabenen Gedanken und Verständnis.

Frieden sollte errichtet werden auf rechtem Verständnis zwischen Nationen, gegenseitigem Wohlwollen, einem Streben nach Gemeinwohl und einem höheren Gut.

Sprich, bewege dich, handle in Frieden. Erkenne den erstaunlichen Frieden Gottes, der jegliches Verständnis übersteigt.

Nichts kann dir Frieden bringen außer du selbst. Nichts kann dir Frieden bringen außer der Sieg über das niedere Selbst, der Triumph über deine Sinne und Geist, Wünsche und Begierden.

Wenn du Frieden in deinem Inneren hast, ist es sinnlos, ihn in äußeren Dingen und äußerlichen Quellen zu suchen.

Gier, Wollust, Eifersucht, Neid, Stolz und Egoismus sind die sechs Feinde des Friedens. Der Frieden wohnt nicht in äußeren Dingen, sondern in der Seele. Ziehe dich von äußeren Dingen zurück, meditiere und ruhe in deiner Seele. Du wirst jetzt immerwährenden Frieden verwirklichen.

Frieden ist ein wertvolles Juwel. Er ist ein unbezahlbarer Schatz.

Frieden ist der glückliche, natürliche Zustand des Menschen. Er ist sein Geburtsrecht. Krieg ist seine Korruption, seine Schmach und seine Schande.

71 Bezieht sich auf einen Begriff des Philosophen Martin Heidegger.

Der Frieden Gottes erfüllt dein Herz. Verwirkliche Seinen höchsten Frieden durch Meditation und Hingabe.

FRÖHLICHKEIT

I.

Fröhlichkeit ist der Zustand oder die Eigenschaft, freudig, lebhaft und guter Stimmung zu sein.

Fröhlichkeit erleichtert Krankheit und die Last des Lebens, Armut und Leiden, sie verleiht wunderbare Stärke und Durchhaltevermögen.

Ein fröhlicher Mensch erledigt in derselben Zeit mehr Arbeit, er macht sie besser und hält dabei länger durch als ein freudloser Mensch.

Sei immer fröhlich. Fröhlichkeit ist das beste Stärkungsmittel. Sie verleiht strahlende Gesundheit und Frieden.

Ein liebenswürdiger, mitfühlender Mensch wird immer guter Laune sein. Fröhlichkeit ist Gesundheit. Sie macht den Geist ruhig. Sie verleiht Langlebigkeit. Sie stärkt das Herz.

Das Leuchten eines fröhlichen Gesichts breitet sich von alleine aus. Du wirst von der Gegenwart eines fröhlichen Menschen erfrischt.

Ein fröhlicher Mensch ist wie ein sonniger Tag. Er strahlt Glanz auf alle um ihn herum aus.

Sei fröhlich, lieb und lächelnd. So wirst Du sehr gesund werden und Gesundheit in alle Richtungen ausstrahlen.

Fröhlichkeit ist ein Indikator für einen glücklichen Geist und ein reines, gutes Herz. Sie ist eine Eintrittskarte und eine Empfehlung in der Gesellschaft.

Ein fröhlicher Mensch ist ein öffentlicher Wohltäter. Er erfreut die Herzen aller.

Es gibt keinen besseren Freund als gute Laune.

Der Ansteckungseffekt guter Laune hat eine wunderbare Auswirkung. Er transformiert Depression in Heiterkeit, Freiheit von Krankheiten und Gesundheit.

Gute Laune ist eine Gewohnheit des Geistes. Heiterkeit ist eine gelegentliche Erregung des animalischen Geistes. Frohsinn oder Lustigkeit sind lärmende Vergnügung.

Ein fröhlicher Mensch lächelt; ein lustiger Mensch lacht; ein lebhafter Mensch tanzt; ein ausschweifender Mensch gönnt sich Vergnügungen.

II.

Gute Laune ist eine freudige Geistesverfassung.

Ein fröhlicher Mensch ist voll von guten Lebensgeistern. Er ist lebhaft. Er strahlt überall Freude aus.

Fröhlichkeit ist ein mächtiges geistiges Stärkungsmittel.

Ein fröhlicher Geist stärkt den Kopf und macht einen standhaft in gutem Verhalten.

Sei immer gut gelaunt. Kultiviere Fröhlichkeit. Trage ein fröhliches Lächeln in einem fröhlichen Gesicht.

Ein fröhlicher Mensch ist ein öffentlicher Wohltäter. Er macht andere glücklich und fröhlich. Es gibt keinen besseren Freund als gute Laune.

Gute Laune ist ansteckend. Sie hat eine wunderbare Wirkung auf andere. Sie transformiert Dunkelheit zu Licht, Depression in Heiterkeit und Krankheit in Gesundheit.

Fröhliche Menschen haben ein langes Leben. Sie sind gesund, strahlend und dynamisch.

Fröhlichkeit ist die Seele. Sie ist ein Abkömmling der Güte. Sie ist ein Schönheitsmittel.

Ein fröhlicher Mensch gewinnt leicht Freunde. Er wird von allen angezogen.

Was Sonnenschein für Blumen ist, ist fröhliches, glückliches Lächeln für die Menschheit.

Gute Laune ist ein Trost in Einsamkeit und Verzweiflung. Sie erleichtert Krankheit, Armut und Leiden.

Die Kraft von Fröhlichkeit ist wunderbar. Gute Laune ist eine Stärke. Ein fröhlicher Mensch hat großes Durchhaltevermögen. Er macht in derselben Zeit mehr, macht es besser und ist dabei ausdauernder als ein freudloser Mensch.

Fröhlichkeit ist Gesundheit, Freudlosigkeit ist Krankheit.

Ein Mensch, dessen Herz voller Liebenswürdigkeit, Wohlwollen und Mitgefühl ist, wird immer guter Laune sein.

Frohsinn ist eine Handlung. Fröhlichkeit ist eine Gewohnheit des Geistes. Frohsinn ist kurz und vergänglich. Frohsinn ist wie der Blitz eines Gewitters. Fröhlichkeit ist unveränderlich und dauerhaft.

Fröhlichkeit ist eine Freundin der Gnade. Sie stimmt das Herz darauf ein, Gott zu preisen. Ein gut gelaunter Mensch kann lange Zeit meditieren.

Es gibt einige Menschen, die fröhlich geboren wurden. Das ist eine Folge ihrer früheren guten spirituellen Samskaras[72] oder Eindrücke.

Ein aufmunterndes Wort heitert andere spontan auf.

Die eindeutige Absicht eines aufmunternden Wortes ist es, aufzumuntern und zu ermutigen.

Vergnügung, Frohsinn, Lustigkeit, Munterkeit, Freude, Ausgelassenheit, Aufgewecktheit, Schwung und Lebhaftigkeit sind Synonyme für Fröhlichkeit.

GASTFREUNDSCHAFT

Gastfreundschaft ist die Geisteshaltung, Gepflogenheit oder Kunst, Fremde und Gäste zu empfangen und zu unterhalten, ohne Belohnung und mit Freundlichkeit und Rücksicht.

Ein gastfreundlicher Mensch ist großzügig und freigebig.

Gastfreundschaft ist großzügig und freigebig.

72 Vgl. Fn. 35.

Gastfreundschaft ist Atithi Yajna[73]. Die ist eines der fünf Yajnas[74] oder täglichen Opfern, die von Haushältern[75] praktiziert werden müssen.

Gastfreundliche Menschen sind selten in dieser Welt. Alle verschließen ihre Türen und füttern ihre Mägen mit Begierde, Habgier und Dummheit.

Gastfreundschaft ist ein direktes Ticket in den Himmel und in höhere wonnevolle Regionen.

Wenn reiche Menschen gastfreundlich sind, werden die Leiden dieser Welt gelindert.

Haltet die Gastfreundlichkeit des Hauses mit Respekt für die Armen aufrecht.

GEDULD

Geduld ist die Eigenschaft, geduldig zu sein oder dazu in der Lage, gelassen zu erdulden. Sie ist die Eigenschaft, Schmerz auszuhalten ohne zu klagen.

Es ist nicht leicht, einen geduldigen Menschen zu reizen. Er bleibt sogar unter widrigen Umständen ruhig und gelassen.

Geduld ist Stärke. Sie ist die Unterstützung von Schwäche. Sie ist die größte und erhabenste Kraft. Geduld kann Wunder wirken. Sie kann Berge versetzen. Geduldiges Arbeiten kann alles erreichen aus dieser Welt. Sie wird jedes Hindernis auf der Suche nach der Wahrheit überwinden. Ein geduldiger Mensch kann haben was immer er will.

Alles kommt zu dir, wenn du nur abwartest. Warten zu können ist das große Geheimnis des Erfolgs. Geduld ist die Wurzel aller Freuden. Geduld entwickelt Willenskraft und Durchhaltevermögen.

---

73 Sanskrit für „Opfer der Gastfreundschaft".
74 Opfer, Ritual, Gottesdienst. Im konkreteren Sinne hinduistisches Opferritual, das seinen Ursprung in den Veden hat, mit dem der Segen der Götter für das Leben der Gemeinschaft und des Einzelnen herbeigerufen wird. Die Opfergabe (zumeist Reis oder Ghee) wird als Mikrokosmos verstanden, der den Menschen in Einklang mit dem Makrokosmos bringen soll.
75 Das Wort klingt auf Deutsch komisch und unverständlich, ist in der spirituellen Literatur Indiens (z.B. im Mahānirvāna Tantra, vgl. Swami Vivekananda, Vedanta, München 2010, S. 91) jedoch völlig üblich. Es bezeichnet jemand, der zwar spirituell praktiziert, aber kein mönchisches, klösterliches Leben, sondern einen Haushalt, also ein bürgerliches Leben führt.

Geduld ist nicht passiv. Sie ist Gleichgültigkeit. Sie ist konzentrierte Stärke. Sie ist die Säule menschlichen Friedens auf dieser Welt.

Geduld ist der Hauptbestandteil der Weisheit. Sie ist der feinste und würdigste Bestandteil von Standhaftigkeit und Langmut. Sie ist der Schlüssel zu Zufriedenheit. Sie ist der Mut des Eroberers.

Sei geduldig in kleinen Dingen. Lerne die täglichen Versuchungen und Ärgernisse still und ruhig zu ertragen. Du wirst große Stärke entwickeln und schwere Unglücksfälle, Entbehrungen, Leiden und Widrigkeiten ertragen.

Geduld stärkt den Geist, macht das Wesen sanfter, unterdrückt Ärger, entwickelt Willenskraft, lässt Eifersucht erlöschen, bändigt Stolz, kontrolliert das Sprechorgan, hält die Hand zurück.

Geduld ist die Schwester oder Tochter der Tapferkeit. Geduld ist Genie.

Geduld ist bitter, aber ihre Früchte sind extrem süß.

Geduld ist die Seele von Frieden. Sie macht den Menschen göttlich. Die besten Menschen, alle Weisen, Yogis und Sannyasins[76] hatten immense Geduld. Sie war ihre Zierde oder Kronjuwel.

Geduld ist das spezielle Heilmittel zur Kontrolle von Ärger. Sie ist eine Penizillinspritze, die Ärger abtötet.

Geduld ist passive Tapferkeit. Sie ist die Gewohnheit des Geistes, die sich im passiven Erdulden aller Übel zeigt, denen der Menschen ausgesetzt ist.

Geduld ist unbeirrte, unverzagte Beharrlichkeit. Genie ist Geduld. Sie ist die Übung von unveränderlichem Durchhaltevermögen oder Beharrlichkeit bei jeder Arbeit oder Aktivität oder in der Verfolgung eines erstrebten Ziels.

Man sagt: „Rama hat Geduld beim Studieren."

Geduld kann auch eine aktive Kraft haben, die auf klagelose Stetigkeit beim Tun hinweist, so wie beim Bestellen des Ackers, beim Schälen der „Chilgosa"[77], u.s.w. Da ist unermüdliche Energie vorhanden.

---

76 Mönche.
77 Die essbaren Samen des zur Gattung der Kiefern gehörenden „Pinus gerardiana" genannten Baums.

Durchhaltevermögen härtet gegen Leiden ab und kann lediglich stur sein. Es kann dazu geschaffen sein passive Kraft zu haben, so wie man von „passiver Duldungskraft" spricht.

Standhaftigkeit ist Durchhaltevermögen, das durch Mut beseelt wird. Geduld ist nicht so hart wie Durchhaltevermögen, nicht so zurückhaltend wie Unterwerfung. Unterwerfung ist gewöhnlich und Resignation bezieht sich auf Angelegenheiten von großem Gewicht, während Geduld eher für kleinere Sorgen und Ärgernisse verwendet wird.

Langmut bedeutet, sich der Vergeltung oder Rache zu enthalten. Geduld heißt, sich auch bei schikanösem Verhalten anderer Freundlichkeit des Herzens zu bewahren. Langes Leiden ist fortwährende Geduld.

Geduld bezieht sich auf Ruhe oder Selbstbeherrschung des eigenen Geistes; Resignation ist Unterwerfung unter den Willen eines anderen.

Geduld existiert in oder inmitten von Leiden. Es gibt Geduld Gegnern oder Angreifern gegenüber. Auch in Bedrängnis ist Geduld möglich. Man spricht jedoch nicht von Geduld gegenüber Hitze, Kälte oder Hunger.

Geduld beinhaltet stilles Erdulden oder Langmut unter Bedrängnis, Schmerz, Verletzung, Beleidigung, Spannung, Unglück oder Provokation.

Ein geduldiger Mensch hat ein ruhiges, gelassenes Wesen. Er hat Duldungskraft ohne Murren, Wehleidigkeit oder Vergeltung.

Geduld ist auch die Handlung oder die Eigenschaft, ohne Unzufriedenheit auf Gerechtigkeit oder etwas erwartetes Gutes zu warten.

Ein geduldiger Mensch hat keine Eile. Er ist weder übereifrig, noch ungestüm.

GEDULD UND BEHARRLICHKEIT

Geduld und Beharrlichkeit sind vornehme Eigenschaften, die von Sattva abstammen. Ohne diese Eigenschaften ist kein Erfolg möglich, weder in der materiellen Welt, noch auf dem spirituellen Weg. Diese Eigenschaften entwickeln Willenskraft. Schwierigkeiten tauchen in jeder Phase auf und müssen durch geduldige Bemühungen und Beharrlichkeit überwunden werden. Der Erfolg von Mahatma Ghandi beruhte auf diesen Eigenschaften. Er wurde durch Misserfolge nie entmutigt. Alle großen Persönlichkeiten der Welt haben Größe, Erfolg und

Ansehen durch Geduld und Beharrlichkeit erreicht. Du musst diese Tugenden langsam entwickeln.

Ein geduldiger Mensch bewahrt immer einen kühlen Kopf. Er bewahrt einen ausgeglichenen Geist. Er fürchtet sich nicht vor Misserfolgen und Schwierigkeiten. Er entdeckt Methoden um sich zu stärken. Für die Praxis der Konzentration des Geistes sollte man über die Sturheit eines Esels verfügen. Viele Menschen werden entmutigt, wenn ihnen einige Schwierigkeiten begegnen und geben die Arbeit als hoffnungslos auf. Das ist ganz schlecht. Spirituell Suchende sollte ihr Sadhana nicht aufgeben, wenn sie auf einige Schwierigkeiten stoßen.

Die Ameisen sammeln kleine Teile von Zucker und Reis und lagern sie in ihrer Behausung. Wie geduldig und beharrlich sie sind! In der Bibel steht geschrieben: „Geh hin zur Ameisen, du Faulpelz, sieh ihre Wege und werde weise."[78] Die Bienen sammeln geduldig einen Tropfen Honig von jeder Blume und lagern in ihrer Bienenwabe. Wie geduldig und beharrlich sie sind! Wie geduldig die Ingenieure sind, die Dämme und Brücken über Meere und große Ströme bauen. Wie geduldig war der Wissenschaftler, der herausfand, dass der Diamant nur Kohlenstoff ist. Sieh wie geduldig Sir J.C. Bose[79] in seinem Labor ist, wenn er Experimente mit Pflanzen durchführt. Der Heilige, der in den Höhlen der Himalayas lebt, ist bei seiner Praxis der Kontrolle des Geistes sogar noch geduldiger als diese Menschen.

Ein geduldiger Mensch kann nicht im Geringsten irritiert werden. Geduld hilft dem Menschen dabei, seine Launen zu bezwingen. Geduld verleiht unermessliche Stärke. Geh deiner täglichen Routine geduldig nach. Entwickle langsam Tugenden. Sei eifrig darin sie zu entwickeln. Habe ein geistiges Bild von „OM GEDULD!" in deinem Geist. So wird sich diese Gewohnheit langsam entwickeln. Meditiere am Morgen über diese Tugend. Versuche alle Verrichtungen des Tages geduldig zu versehen. Schimpfe oder murre nie. Denke an die Vorteile von Geduld und ich versichere dir, dass du schlussendlich eine Verkörperung von Geduld wirst.

---

78 Sprüche 6, 6
79 Sir Jagadish Chandra Bose, 1858 – 1937, indischer Naturwissenschaftler, der sich mit Physik und Botanik beschäftigte und sich u.a. für die Auswirkungen elektromagnetischer Wellen auf Lebewesen, insbesondere auf Pflanzen interessierte.

GEGENTEILIGE GEDANKEN

(PRATIPAKSHA BHAVANA)

Sorgenvolle und ängstliche Gedanken sind schreckliche Kräfte in uns. Sie vergiften die Quellen des Lebens selbst und zerstören die Harmonie, die ständige Leistungsfähigkeit, die Vitalität und den Elan. Demgegenüber heilen und beruhigen die gegenteiligen Gedanken von Fröhlichkeit, Freude und Mut anstatt aufzuregen, und sie steigern die Effektivität enorm und vervielfachen die geistigen Kräfte. Sei immer fröhlich, lächle. Lache.

Jeder Gedanke, jedes Gefühl, jedes Wort verursachen eine starke Schwingung in jeder Zelle des Körpers und hinterlassen dort einen starken Eindruck. Wenn du die Methode kennst, einen entgegengesetzten oder gegenteiligen Gedanken hervorzurufen, kannst du ein glückliches, harmonisches Leben in Frieden und Energie führen. Ein Gedanke an Liebe neutralisiert sofort einen Gedanken an Hass. Ein Gedanke an Mut wird sofort als wirkungsvolles Gegengift gegen einen Gedanken an Angst dienen.

Wenn bösartige Gedanken, Sorgen-Gedanken, Angst-Gedanken, Hass-Gedanken, Eifersuchts-Gedanken oder lüsterne Gedanken in den Körperzellen Krankheiten, Mißstimmung oder Disharmonie verursachen, kannst du das Gift oder Krebsgeschwür in diesen erkrankten, pathologischen Zellen neutralisieren und Frieden, Harmonie, Gesundheit, neuen Elan und Vitalität herstellen, indem du erhabene, herzergreifende, lebensspendende, die Seele erhebende, sattvige, göttliche Gedanken hegst, durch die Schwingungen der Rezitation von OM, durch die Wiederholung der verschiedenen Namen Gottes, durch Pranayama, Kirtan (Singen des Namens des Herrn), Studium der Gita und der heiligen Schriften, durch Meditation etc.

GEHORSAM

Gehorsam ist die Bereitschaft, Befehlen zu gehorchen.

Gehorsam ist Unterwerfung unter oder Übereinstimmung mit einem Befehl, einem Verbot, bekannten Gesetzen oder einer Pflicht. Sie bedeutet das zu tun, was gefordert oder vorgeschrieben ist oder sich dessen zu enthalten, was verboten ist. Gehorsam ist Unterwerfung unter eine Autorität sowie Gehorsam gegenüber einer Person oder einem Gesetz.

Zu gehorchen ist besser als zu opfern.

Nur wer gehorcht kann befehlen oder regieren.

Der Mensch, der wirkungsvoll befehligt, muss früher anderen gehorcht haben, und derjenige, der pflichtbewusst gehorcht ist würdig, eines Tages selbst ein Befehlshaber zu sein.

Alle anderen Tugenden entspringen dem Gehorsam.

Wahrer Gehorsam zaudert nie oder stellt infrage.

Gehorsam ist die Mutter des Erfolgs und ist verheiratet mit der Sicherheit.

Lass die erste Lektion deines Kindes Gehorsam sein.

Böse Menschen gehorchen aus Angst, gute Menschen aus Liebe.

Befehl ist Angst, Gehorsam ist Behaglichkeit.

Güte ist ein Fluss, der von den Lotusfüssen des Herrn entlang des Pfads des Gehorsams fließt.

Wenn das Herz nicht überzeugt ist, kann der Körper nicht wirklich Gehorsam üben.

GELASSENHEIT

(SAMA)[80]

Gelassenheit ist der Zustand oder die Eigenschaft, gelassen zu sein. Sie ist Ruhe oder Leichtigkeit des Geistes oder Frieden.

Gelassenheit ist Ausgeglichenheit des Gemüts. Gelassenheit ist ein ungestörter Geisteszustand.

Ein gelassener Geist ist ungetrübt oder unerschüttert.

In einen gelassenen Geist steigt nur das Göttliche Licht hinab.

---

80 Eigentlich Ruhe des Geistes, Teil des sechsfachen Reichtums, der wiederum einen Teil von Subecha, der ersten der sieben Bhoomikas darstellt.

Gelassenheit entsteht, wenn du alle Sehnsüchte und Begierden auslöschst. Sehnsüchte und Begierden verursachen Ruhelosigkeit.

Wenn du gelassen bist, ist das die größte Erscheinungsform von Kraft und Stärke.

Eile dich nicht. Sorge dich nicht. Bedauere nicht. Schäume nicht vor Wut. Kontrolliere Reizbarkeit. Kontrolliere dein Gemüt. Sei zufrieden. Du wirst einen gelassenen Geist haben.

Praktiziere täglich Gebet, Japa, Meditation. Du wirst Gelassenheit haben.

Gelassenheit bekommt man nicht in einem Tag oder einer Woche. Du wirst eine lange Zeit hart darum ringen müssen, diese grundlegende göttliche Tugend zu entwickeln.

Gelassenheit ist die oberste Tugend in der Gruppe von Shatsampat[81] oder dem sechsfachen Reichtum oder dem vierfachen Sadhana des Jnana Yoga.

Sei gelassen. Meditiere und wisse, dass du der alles durchdringende, unsterbliche Atman oder die Seele bist.

GENÜGSAMKEIT

Genügsamkeit ist Sparsamkeit oder effektives Wirtschaften.

Genügsamkeit ist umsichtiges Wirtschaften mit Geld oder Waren oder Lebensmitteln jedweder Art.

Sie ist gute Landwirtschaft oder Hauswirtschaft.

Genügsamkeit macht den armen Menschen reich. Indem du Genügsamkeit säst, erntest du Freiheit, wahrlich eine goldene Ernte.

Sei genügsam, aber nicht geizig oder knausrig oder kleinlich.

Genügsamkeit ist eine Tugend, aber Geiz oder Kleinlichkeit ist ein Laster.

Der Weg zu Wohlstand beruht auf Fleiß und Genügsamkeit. Vergeude weder Zeit noch Geld. Mache von beidem den besten Gebrauch.

---

81 Sechsfachen Reichtum, der einen Teil von Subecha, der ersten der sieben Bhoomikas darstellt.

Ohne Genügsamkeit kann niemand reich werden und mit ihr wären nur wenige arm.

Gib den Überfluss und den Luxus des Lebens auf. Sei einfach. Folge dem Motto: „Einfaches oder schlichtes Leben und hohes Denken." So wirst du frei von Entbehrung sein. Du wirst unendliches Glück genießen.

Genügsamkeit ist die Tochter der Umsicht, die Schwester der Mäßigung und das Elternteil der Freiheit.

Wer zügellos ist wird bald arm werden. Er wird abhängig werden. Er wird korrumpiert werden.

Wirtschaft ist eine weise und vorsichtige Verwaltung der Mittel, die einem zur Verfügung stehen.

Wirtschaft verwaltet, Genügsamkeit spart, Vorsorge plant, Sparsamkeit verdient und spart durch einen Blick auf passende Ausgaben zur rechten Zeit gleichzeitig.

Zügellosigkeit, Verschwendung, Freigebigkeit und sind die Gegenteile von Genügsamkeit.

GLAUBE

Glaube[82] ist, an die Wahrheit einer offenbarten Religion zu glauben. Er ist Zuversicht und Vertrauen in Gott. Er ist der Glauben an die Aussagen, Äußerungen und Lehren seines Gurus, Lehrers oder von Heiligen. Er ist Glauben an religiöse Schriften.

Glaube ist die sichere Überzeugung von der Wahrheit dessen, was ein anderer verkündet, nur aufgrund entweder seines Zeugnisses oder seiner Autorität, ohne jeden anderen Beweis.

Glaube ist die persönliche Einstellung, aufgrund derer man sich göttliche Offenbarung persönlich zu Eigen macht. Er resultiert nicht aus logischen Abläufen, sondern aus unmittelbarer innerer Erfahrung.

---

82 „Faith" und „belief" sind im Englischen nahezu Synonyme. Um den Unterschied kenntlich zu machen wird „faith", der religiöse Glauben hier als „Glaube" und „belief", der Glauben im Sinne Glaubhaftigkeit und Glaubwürdigkeit, jemandem Glauben schenken etc., als „Glauben" übersetzt.

Menschen, die keine anderen Fähigkeiten hatten als enormen Glauben an sich selbst, haben Wunder vollbracht.

Habe vollkommenen Glauben an Gott. Übergib dein gesamtes Sein an Ihn. Er wird für dich sorgen. Alle Ängste und alle Sorgen werden vollständig verschwinden. So kannst du dich für immer wohlfühlen.

Glaube sollte nicht erzwungen werden. Zu versuchen, religiösen Glauben zu erzwingen, führt zu Ungläubigkeit.

Glaube an Gott erhebt die Seele, reinigt das Herz und die Gefühle und führt zu Gottesverwirklichung.

Glaube ist die Seele der Religion. Er schafft neue Hoffnungen und erweckt Unsterblichkeit.

Glaube ist das Auge, das den Herrn sieht, und die Hand, die sich an Ihm festhält.

Glaube ist Kraft. Glaube ist Stärke. Glaube ist Energie in Hülle und Fülle.

Derjenige, der Glauben hat, ist stark. Wer zweifelt ist schwach. Zweifel hemmt die Energie. Großen Taten geht ein starker Glaube voraus.

Viel göttliches Wissen geht dir durch Mangel an Glauben verloren.

Glaube erleuchtet den spirituellen Weg, baut eine Brücke über den Abgrund des Todes und bringt den spirituell Suchenden auf das andere Ufer der Furchtlosigkeit und Unsterblichkeit.

Wir finden schenken einem Bericht Glauben und stimmen einer These oder einem Vorschlag zu. Glauben ist stärker als Glaubwürdigkeit. Überzeugung ist Glauben, der sich auf Argumente oder Beweise gründet.

Eine Zusicherung ist Glauben jenseits der Reichweite von Argumenten.

Glaube ist eine Verbindung aus Glauben und Vertrauen. Glaube ist hauptsächlich persönlich. Glauben kann ziemlich unpersönlich sein. Wir sprechen von Glauben an eine These, aber Glaube an ein Versprechen, da dieses von einer Person ausgeht.

Zutrauen ist die feste Überzeugung, dass eine Aussage wahr oder eine Person würdig ist. Auf die Gleichförmigkeit der Natur ist Verlass. Wir haben Vertrauen in oder Glauben an Gott.

GLEICHMUT

Gleichmut ist Gleichförmigkeit oder Ausgeglichenheit des Geistes oder des Gemüts. Sie ist ein ausgeglichener Geist in Freude und Schmerz, in Erfolg und Scheitern, Ehre und Schande, Lob und Tadel.

Gleichmut ist eine gefasste Gemütsart, insbesondere Ruhe und Stabilität des Geistes, mitten unter schwierigen Umständen.

Die Vortrefflichkeit von Gleichmut kann gar nicht genug gerühmt werden. Der Mensch, der mit dieser Tugend ausgestattet ist, wird durch widrige Umständen nicht entmutigt und durch günstige Umstände nicht in Hochstimmung versetzt. Er ist umgänglich zu anderen und zufrieden mit sich selbst.

Wer mit Gleichmut ausgestattet ist, bleibt jederzeit und in allen Lebenslagen gelassen. Er trägt Verluste mit Gleichmut.

Ein Jivanmukta[83] hat stets einen ausgeglichenen Geist[84] oder Gleichmut oder Gelassenheit. Er hat eine perfekte, unerschütterliche Balance des Geistes, die in Erkenntnis, Intuition oder Atman verwurzelt ist.

In dieser von Gegensatzpaaren geprägten Welt wird der Mensch von verschiedenen Wogen an Gefühlen hin und hergeworfen. Jetzt bekommt er Gewinn, Erfolg, Ehre und Ruhm. Im nächsten Moment bekommt er Scheitern, Verlust, Schande, Tadel und Enttäuschung. Wer einen ausgeglichenen Geist oder Gelassenheit hat, kann auf dieser Welt freudig und friedlich zurechtkommen.

Verwurzele Dich in Deinem eigenen unveränderlichen, wonnevollen Atman im Inneren durch Disziplinierung des Geistes und der Sinne. Nur dann wirst Du für immer friedlich ruhen. Keine weltliche Welle kann Dich aus der Fassung bringen. Du wirst still im Grundgestein Deines innersten Selbst im Inneren ruhen, das ein Ozean von Frieden ist.

Samatvam[85] oder Gleichmut ist Yoga[86]. Diesen Zustand zu erlangen erfordert ständige Wachsamkeit, Durchhaltevermögen, Geduld und vollkommene Disziplin des Körpers, der Geistes und der Sinne. Dieses Bestreben ist nicht in einem Tag, einer Woche oder einem Monat zu schaffen.

---

83 Zu Lebzeiten Befreiter.
84 Diese Formulierung ist eine Anspielung auf „Samatvam" aus der Bhagavad Gita (II. 48).
85 Ausgeglichenheit des Geistes. Gleichmut, Gelassenheit, innere Stabilität, die durch äußere Einflüsse nicht beeinflusst werden kann.
86 Fast wörtlich der Schluss des 48. Verses in Kap. II der Bhagavad Gita.

Denke ohne Unterlass an den „Samam Brahman"[87], der allen Lebewesen gleichermaßen innewohnt. Dann wirst Du allmählich Gleichmut entwickeln.

Merze Wünsche, Begierden, Anhaftungen, Mögen und Nicht-mögen[88] aus. Entwickle Unterscheidungskraft, Gelassenheit, Leidenschaftslosigkeit, Selbstbeherrschung, Selbstkontrolle und Selbstverleugnung. So wird sich langsam Gleichmut in Dir einnisten.

GROSSMUT

Großmut ist Größe der Seele. Sie bedeutet, den Geist zu Würde zu erheben. Sie ist die Eigenschaft des Geistes, die eine Person über alles erhebt, was gemein oder ungerecht ist. Sie ist Großzügigkeit. Sie ist Vornehmheit.

Großmut ist Großzügigkeit im Empfinden oder Verhalten anderer gegenüber. Sie ist das Emporheben über neidische, feige, nachtragende oder selbstsüchtige Motive. Sie ist Erhabenheit des Charakters oder Handelns. Sie ist Großherzigkeit.

Großmut ist diejenige Erhebung oder Würde der Seele, die Gefahren und Schwierigkeiten mit Gelassenheit und Festigkeit begegnet, die denjenigen, der sie besitzt, über Rache erhebt und ihn sich an Taten des Wohlwollens erfreuen lässt, die ihn Ungerechtigkeit und Gemeinheit verachten lässt und ihn dazu veranlasst, persönliche Bequemlichkeit, Interesse und Sicherheit für das Erreichen nützlicher und vornehmer Dinge zu opfern.

Ein Mensch mit Großmut ist von erhabener Empfindung. Er ist tapfer und uneigennützig. Er verachtet Versuchungen, alles was gemein und niedrig ist und schätzt irdischen Prunk und Herrlichkeit gering.

Von allen Tugenden ist Großmut die seltenste.

Mächtiges Herz, mächtiger Geist – großmütig bedeutet wirklich, zu Lebzeiten großartig zu sein.

Großzügigkeit, hohe Gesinnung, Galanterie, Großherzigkeit, Vornehmheit der Seele sind Synonyme von Großmut.

---

87 Höchste Gelassenheit (vgl. Bhagavad Gita V. 19).
88 = Raga-Dvesha

GROSSZÜGIGKEIT

Großzügigkeit ist Vornehmheit oder Freizügigkeit des Naturells. Das Wesen von Großzügigkeit ist Selbstaufopferung. Ein großzügiger Mensch ist freigebig.

Großzügigkeit ist eine Veranlagung freizügig zu geben oder Gefallen herzlich zu erweisen. Sie ist die Handlung oder Praxis frei und freundlich zu geben. Sie ist Wohltätigkeit und Freigebigkeit. Ein großzügiger Mensch hat ein großes und edelmütiges Herz. Seine Nächstenliebe ist überströmend.

Ein großzügiger Mensch ist mit einer vornehmen Veranlagung ausgestattet. Er ist höchst nachgiebig und höflich in seinem Verhalten seinen Untergebenen gegenüber.

Großzügigkeit ist die Begleiterscheinung einer hohen Geburt. Ein großzügiger Mensch gibt und gibt. Sein Herz ist erfüllt von Mitleid. Mitleid und Wohlwollen sind die Begleiter der Großzügigkeit.

Großzügigkeit während des Lebens unterscheidet sich von Großzügigkeit im Zeitpunkt des Todes. Erstere resultiert aus Freizügigkeit und Wollwollen, letztere aus Stolz oder Angst.

Freizügigkeit, Freigebigkeit, Großmut, Wohltätigkeit, Fülle sind Synonyme von Großzügigkeit.

Großzügig bezieht sich auf aufopfernde Herzlichkeit des Gebers, freizügig auf die Menge der Gabe. Man ist großzügig aufgrund einer Liebenswürdigkeit des Herzens, die sich eher an der Fürsorge erfreut als an der Bestrafung eines Beleidigers. Ein Kind mag sich im Geschenk eines Apfels großzügig erweisen, ein Millionär macht eine freigebige Spende. Eine freigebige Gabe ist ungeheuer groß, was immer das Motiv des Gebers auch sein mag. "Uneigennützig" bezieht sich auf den Gedanken der eigenen Selbstverleugnung. Man ist großmütig aufgrund einer Größe der Seele, die sich über Verletzung und Beleidigung erhebt.

Unwürdiges, engstirniges, gemeines, geiziges, knausriges, knickeriges, kleinliches Wesen ist das Gegenteil eines großzügigen Wesens.

GÜTE

Höchste Güte ist Gott.

Güte ist Tugend, Vortrefflichkeit, Wohlwollen.

Güte ist der Zustand oder die Eigenschaft, gut zu sein in jedem Sinne dieses Wortes, insbesondere im Sinne von Liebenswürdigkeit, Wohlwollen, Sittlichkeit, Tugend. Sie ist eine Handlung oder ein Ausdruck, der Güte zeigt. Sie ist ein Akt des Wohlwollens, des Mitgefühls, der Barmherzigkeit. „Sei gut, tue Gutes." Dieser Satz enthält die gesamte Ethik und richtiges Benehmen. Wenn du das praktizierst, wirst du bald Gottesverwirklichung erlangen.

Wenn du der Menschheit Gutes tust, näherst du dich beinahe den Göttern an.

Ein guter Mensch lebt immer mit Gott. Er lebt in Gott. Er hat Göttlichkeit in sich.

Eine gute Tat ist nie vergebens. Sie reinigt das Herz und führt dazu, dass das göttliche Licht auf uns herabsteigt und uns göttliche Gnade dämmert.

Wer Höflichkeit sät, erntet Freundschaft. Wer Lebenswürdigkeit pflanzt, erntet Liebe.

Güte ist Liebe in Aktion. Es ist edel, gut zu sein.

Güte ist die größte aller Tugenden. Jede gute Tat ist ein Samenkorn für Unsterblichkeit oder ewiges Leben. Fördere das Wohlergehen der ganzen Welt. Arbeite für die Solidarität der Welt.

Tue alles Gute, das du kannst, auf jede Art und Weise du kannst, allen Menschen gegenüber du kannst, an jedem Ort du kannst, zu allen Zeiten du kannst, mit allem Eifer, Stärke, Liebe und Herz und Interesse du kannst, so lange du kannst.

Erwidere Böses mit Gutem. Das ist ein Zeichen des wahren Menschen. Liebe erzeugt Liebe, Hass erzeugt Hass.

Gutes zu tun und anderen Glück zu bringen, bringt dir Güte und Glück.

Güte ist die Überwindung des Bösen. Sie ist nicht die Abwesenheit des Bösen.

Güte macht aus dem Leben einen Segen. Güte wird sicheren Erfolg und Wohlstand im Leben bringen.

Gutes zu tun ist menschlich. Gut zu sein ist Göttlich.

Ein wenig Selbstverleugnung, ehrlicher Dienst, kleine aufmunternde Worte, Ermutigung, Mitgefühl und Liebenswürdigkeit, kleine Handlungen der Liebenswürdigkeit, kleine tugendhafte Taten, kleine stillschweigend Siege über Versuchungen – das wird den langen Weg zur Erlangung von ewiger Wonne, beständiger Freude und immerwährendem Frieden und Unsterblichkeit ebnen.

Menschen und Nationen befolgen die Gesetze der Güte nicht. Deshalb ist die gegenwärtige Welt mit Übeln unterschiedlichster Art behaftet.

Das Gesetz von Ursache und Wirkung[89] ist unaufhaltsam und unbeugsam. Du erntest Leiden, Armut, Schmerz und Sorgen, weil du in der Vergangenheit Samen des Bösen ausgesät hast. Du erntest Fülle und Wonne, weil du Samen des Guten ausgesät hast. Versuche dieses Gesetz zu verstehen. Dann wirst du beginnen, nur noch Samen des Guten auszusäen.

Hege gute, erhabene, göttliche Gedanken. Verschließe deinen Geist genauso vor bösen Gedanken, wie du die Haustüre gegen das Eindringen von Feinden, Dieben und zwielichtigen Gestalten verschließt.

Pflege gute Gewohnheiten. Güte ist eine Gewohnheit. Güte des Wesens ist eine Neigung. Ohne Güte ist der Mensch ein Grobian oder Abschaum. Er ist ein verderbtes, erbärmliches, jämmerliches Ding auf dieser Erde. Er ist eine Last auf dieser Erde.

Auch nur ein wenig gutes Denken und ein wenig Gutes zu tun ist sehr wohltuend und wird zu ewiger Wonne führen. Warum sollte man also nicht probieren, ein wenig Gutes zu denken und ein wenig Gutes zu tun?

HINWEISE FÜR DIE ENTWICKLUNG VON GÜTE, REINHEIT UND WAHRHAFTIGKEIT

Eine edle Seele, die der Welt Gutes tut und erhabene, göttliche Gedanken hegt, ist ein Segen für die ganze Welt.

Eine Person, die gute Taten vollbringt und eine gute, erfreuliche, liebliche Sprache pflegt, hat keine Feinde. Wenn du wirklich spirituelles Wachstum und Erlösung erlangen willst, tue den Menschen Gutes, die dich zu vergiften und zu verletzen versuchen.

89 = Karma

Reinheit führt zu Weisheit und Unsterblichkeit. Reinheit ist von zweierlei Art, entweder innerlich und geistig oder äußerlich und physisch. Geistige Reinheit ist wichtiger. Physische Reinheit ist auch notwendig. Durch die Schaffung innerer, geistiger Reinheit werden ein heiteres Gemüt, ein einpünktiger Geist, Überwindung von Indriyas[90] und Eignung zur Selbstverwirklichung erlangt.

Reinheit ist die größte Zierde eines Yogis. Sie ist der beste und größte Schatz eines Weisen. Sie ist der größte Reichtum eines Frömmigen.

Die Praxis von Mitgefühl, wohltätigen Taten und gütigen Diensten reinigt und erweicht das Herz, öffnet das Herz-Chakra und bereitet den spirituell Suchenden darauf vor, das göttliche Licht zu empfangen.

Japa, Kirtan, Meditation, Wohltätigkeit und Pranayama verbrennen alle Sünden und reinigen das Herz schnell.

Wahrheit ist die höchste Weisheit. Die Wahrheit gilt auch dann, wenn sie keine öffentliche Unterstützung bekommt. Wahrheit ist ewig. Wahrheit ist der höchste Herrscher. Diejenigen, die wahrheitsliebend und rein sind, sterben nicht. Diejenigen, die verlogen und lüstern sind, sind so als wären sie bereits tot.

Du musst einen reinen Geist haben, wenn du das Selbst verwirklichen willst. Wenn der Geist nicht befreit wird und alle Sehnsüchte, Begierden, Sorgen, Täuschung, Stolz, Lust, Anhaftung, Mögen und Nicht-Mögen abwirft, kann er nicht in das Reich höchsten Friedens und der ungetrübter Glückseligkeit oder die unsterbliche Wohnstatt eingehen.

Der Geist wird mit einem Garten verglichen. Genauso, wie du gute Blumen und Früchte in einem Garten anbauen kannst, indem du den Boden pflügst und düngst, Unkraut und Dornen entfernst und die Pflanzen und Bäume gießt, kannst du auch die Blume der Hingabe in deinem Herzen anpflanzen, indem du Unreinheiten des Geistes wie Wollust, Wut, Gier, Täuschung, Stolz etc. entfernst und ihn mit göttlichen Gedanke wässerst. Unkraut und Dornen wachsen in der Regenzeit und verschwinden im Sommer; aber ihre Samen bleiben unter der Erdoberfläche. Sobald es regnet keimen die Samen wieder und treiben aus. Genauso erscheinen die Vrittis[91] oder Gedankenwellen an der Oberfläche des bewussten Geistes, dann verschwinden sie wieder und nehmen einen subtilen Samenzustand an, die Form von Samskaras[92], und dann werden sie wieder Vrittis, entweder durch äußere oder innere Auslöser. Wenn der Garten sauber ist, wenn

---

90 Sinnes- bzw. Wahrnehmungsfähigkeiten. Dazu gehören die 5 Sinnesorgane (Jnana Indriyas) und die 5 Handlungsorgane (Karma Indriyas). Gehören zu den 19 Elementen, aus denen der Astralkörper besteht.
91 Gedankenwellen, geistige Veränderungen.
92 Feinstoffliche Eindrücke vergangener Leben, geistige Muster oder Verhaltensweisen.

es kein Unkraut und keine Dornen gibt, dann kannst du gute Früchte bekommen. Genauso kannst Du, wenn Herz und Geist rein sind, die Frucht tiefer Meditation bekommen. Deshalb reinige zuerst den Geist von seinen Unreinheiten.

Wenn du einen Teller nicht täglich putzt, wird er seinen Glanz verlieren. Genauso ist es auch mit dem Geist. Der Geist wird unrein, wenn du ihn nicht durch regelmäßige Praxis von Meditation sauber hältst.

Die Wahrheit zu sagen befreit einen von Sorgen und verleiht Frieden und Stärke.

Die Wahrheit zu sagen ist die wichtigste Befähigung eines Yogis. Wenn die Wahrheit und tausend Ashwamedha Yajnas[93] gegeneinander abgewogen werden, wird die Wahrheit allein überwiegen.

Gott ist Wahrheit. Er kann verwirklicht werden, indem man die Wahrheit spricht und die Wahrheit in Gedanken, Worten und Taten befolgt.

Wahrhaftigkeit, Selbstkontrolle, Abwesenheit von neidischem Nacheifern, Verzeihung, Bescheidenheit, Duldungskraft, Abwesenheit von Eifersucht, Wohltätigkeit, Nachdenklichkeit, uneigennützige Philanthropie, Selbstbeherrschung und unaufhörliches Mitgefühl und Arglosigkeit sind die dreizehn Formen der Wahrheit.

Manche Personen halten es für eine Lüge, dass dasjenige, was dazu bestimmt ist unermesslich Gutes zu tun die Wahrheit sei. Stell Dir vor ein ungerechter König hat befohlen einen Heiligen ohne jeden Grund zu hängen. Wenn das Leben des Heiligen gerettet werden kann, indem man eine Unwahrheit äußert, dann wäre die Unwahrheit die Wahrheit.

Indem er immer und unter allen Umständen die Wahrheit sagt, erlangt der Yogi Vak Siddhi[94]. Was immer er auch denkt oder sagt, erweist sich als wahr. Er kann alles tun nur durch die bloße Kraft seiner Gedanken.

„Dieser Atman kann durch strikte Einhaltung der Wahrheit erlangt werden." „Es gibt nicht größeres als die Wahrheit" ist die eindringliche Aussage der Srutis[95].

---

93 Pferdeopfer, die nur von einem Großkönig verrichtet werden konnten. Die indischen Tempelrituale haben sich aus den vedischen Yajnas (Opfern) entwickelt.

94 Könnte man frei mit „Kraft der Sprache" übersetzen. Vak (oder Vac) heißt wörtlich „Sprache", auch Rede, Wort, Ton, Stimme. Gemeint ist in den vedischen Texten eine göttliche Kraft, als Trägerin der Offenbarung, als heilige Rede. Siddhis sind Fähigkeiten, die über die normal üblichen Fähigkeiten des Menschen hinausgehen und daher oft als übernatürlich beschrieben werden.

95 Wörtlich „das Gehörte". Sruti sind diejenigen Schriften, die als direkter Ausdruck göttlicher Offenbarung gelten und deshalb unbedingte Autorität besitzen. Sie gelten als Weisheiten, die von den Rishis (Weisen, Sehern) direkt vom Göttlichen „gehört" wurden.

Nimm das Leben von Yudhishthira[96] und Satyavrati Harischandra[97], die sich auch an kritischen Punkten nicht von der Wahrheit getrennt haben.

HELDENTUM

Heldentum ist Mut oder Kühnheit.

Ein Held zeichnet sich durch Tapferkeit, Standhaftigkeit oder wegemutige Unternehmungen aus. Er wird vergöttert oder als Halbgott angesehen. Der Heldentod verleiht ihm einen noch höheren Rang. Er wird auf örtlichen Festen verehrt.

Ein Held ist ein Mensch von hervorragender Tapferkeit. Er ist sehr wagemutig.

Heldentum ist der glänzende Triumph der Seele über die Angst, Angst zu leiden, Angst vor dem Tod usw.

Heldentum ist die Summe heldenhafter Eigenschaften wie hochgesteckte Ziele, Furchtlosigkeit, Entschlossenheit, Duldungskraft.

Mut ist allgemein und bezeichnet Furchtlosigkeit vor Gefahr. Standhaftigkeit ist passiver Mut, die Gewohnheit, Versuchungen, Gefahren und Leiden vornehm auszuhalten.

Tapferkeit und Heldenmut sind Mut in der Schlacht oder anderen Konflikten mit lebenden Gegnern.

Unerschrockenheit ist fester Mut, der auch unter entsetzlichen Gefahren nicht schwindet.

Todesmut ist abenteuerlicher Mut, der sich in den heftigsten Kampf stürzt.

Heldentum kann all diese Varianten von Mut auf den Plan rufen.

Die Welt hat in allen Zeitaltern ihre Helden verehrt, aber die Anforderungen an Heldentum sind stetig gestiegen. Heute sehen wir Heldentum weniger in dem, was jemand tut, als in den Motiven hinter der Handlung.

---

96 wörtl.: "fest in der Schlacht". In der Bhagavad Gita der älteste der fünf Pandava-Prinzen, Bruder von Arjuna. Gilt als Verkörperung der Rechtschaffenheit.
97 In der indischen Mythologie ein König von Ayodhya, der niemals log oder sein Wort brach, gleich was es ihn auch gekostet haben mag.

HÖFLICHKEIT

Höflichkeit ist Feinheit der Manieren. Sie ist eine gute Erziehung. Sie ist von geschliffener, sanfter und kultivierter Natur.

Höflichkeit ist Leichtigkeit und Anmut der Manieren. Sie ist Schliff oder Eleganz der Manieren. Sie ist vornehme Herkunft, eine gute Erziehung.

Höflichkeit mäßigt deine Empfindungen und macht sie weicher. Sie ist eine einfache Tugend, kostet wenig und hat große Macht.

Höflichkeit ist die Blume der Menschheit. Sie besteht darin, andere so zu behandeln, wie du selbst gerne behandelt werden möchtest.

Ein höflicher Mensch wird von allen geliebt und respektiert. Sie verhilft zu einem guten Ruf.

Höflichkeit ist eine Mischung aus Zuvorkommenheit, Diskretion, Anstand, Entgegenkommen und Umsicht.

Höflichkeit lässt sich nicht nur an den Manieren ablesen, sondern auch an Geist und Herz. Sie macht die Gefühle, Meinungen und Worte gemäßigt und sanft.

Höflichkeit ist Liebenswürdigkeit, die freundlich zum Ausdruck gebracht wird. Setze sie täglich in die Tat um. Sei höflich, dann werden alle von deinen Manieren entzückt sein.

Ein höflicher Mensch ist angenehm und erfreulich.

Höflichkeit ist das Ergebnis von gesundem Menschenverstand und Gutmütigkeit. Sie macht einen zu einem perfekten Gentleman.

Höflichkeit ist ein Spiegel, in dem jeder sein eigenes Bild sieht. Höflichkeit ist Gutmütigkeit, die durch gesunden Menschenverstand reguliert wird.

Höflichkeit erfordert Demut, gesunden Menschenverstand und Wohlwollen.

Höflichkeit ist ein freundliches Gefühl allen gegenüber. Sie ist das Ergebnis von gesundem Menschenverstand, etwas Gutmütigkeit und ein wenig Selbstverleugnung zum Wohle anderer.

Es gibt eine Höflichkeit des Herzens. Höflichkeit im Verhalten nach außen entspringt aus Höflichkeit des Herzens.

Ein höflicher Mensch bringt in Benehmen und Sprache freundliche Rücksichtnahme auf das Wohl oder Glück anderer zum Ausdruck. Sein Verhalten ist geschliffen und zuvorkommend. Seine Sprache ist geschliffen.

Höflichkeit ist des Schliff des Verhaltens, Zuvorkommenheit oder Gefälligkeit der Sprache.

Umgänglichkeit, Annehmlichkeit, Anstand, Zuvorkommenheit, Gefälligkeit, Artigkeit, Einvernehmen, ein guter Umgangston, Schicklichkeit, Eleganz, Vornehmheit, Schliff, Feinheit, Weltgewandtheit und Verbindlichkeit sind Synonyme von Höflichkeit

Arroganz, Grobheit, Unverschämtheit, Unhöflichkeit, Unverfrorenheit, Anstandslosigkeit, Anmaßung, Ungezogenheit, Frechheit, Rüpelhaftigkeit, Schroffheit, Tölpelhaftigkeit und Ungehobeltheit sind das Gegenteil von Höflichkeit.

Ein höflicher Mensch achtet auf eine solche Korrektheit seiner Rede und seines Verhaltens, dass er vermeidet, ungehobelt zu sein. Er hält mehr als nur die notwendige Korrektheit ein und passt sich an alles an, was im Umgang in einer besseren Gesellschaft ansprechend, schicklich und aufmerksam ist.

Ein Mensch kann auch ohne Rücksichtnahme auf andere zivilisiert sein, einfach weil die Selbstachtung ihm verbietet, ungezogen zu sein, aber jemand der höflich ist, zeigt zumindest eine gewisse Aufmerksamkeit für die Meinungen anderer. Wenn er im höchsten und wahrhaftigsten Sinne höflich ist, achtet er auch in den geringsten Angelegenheiten auf das Wohlergehen und das Glück anderer.

„Anständig" ist ein kälteres und distanzierteres Wort als höflich.

„Zuvorkommend" ist umfassender und reichhaltiger, es bezieht sich oft auf Angelegenheiten von einigem Gewicht und wird nur in einem positiven Sinn gebraucht.

„Vornehm" bezieht sich auf eine äußere Eleganz, die aber auch nur protzig und oberflächlich sein kann. Es ist deshalb geringerwertig gegenüber Höflichkeit und Zuvorkommenheit.

„Weltgewandt" bezieht sich auf eine Höflichkeit, die angenehm und erfolgreich darin ist, anderen ein Gefühl von Behaglichkeit und Fröhlichkeit zu geben.

„Geschliffen" bezieht sich auf äußere Eleganz von Rede und Benehmen, ohne Bezugnahme auf Sinn oder Absicht.

„Kultiviert" bezieht sich auf eine wirkliche und hohe Entwicklung des Geistes und der Seele, von der die äußere Erscheinungsform nur der kleinste Teil ist.

„Gefälligkeit" weist auf eine Veranlagung zu erfreuen und zu begünstigen hin, die über dasjenige hinausgeht, was die Höflichkeit zwangsläufig erfordert.

Höflichkeit bezeichnet Leichtigkeit und Anmut der Manieren und ein Verlangen, andere zu erfreuen, indem man ihre Bedürfnisse und Wünsche antizipiert und vermeidet, was ihnen Schmerz bereiten könnte.

Zuvorkommenheit drückt sich in Gewandtheit und Manieren aus. Sie wird spezieller dadurch gezeigt, wie man andere empfängt und unterhält und ist eine Mischung aus Gefälligkeit und Liebenswürdigkeit.

HOFFNUNG

Ein Verlangen nach etwas Gutem, mit der Erwartung es zu erlangen, oder ein Glauben an etwas, der erreichbar erscheint, ist Hoffnung. Hoffnung ist Vorfreude.

Hoffnung ist ein Ansporn. Hoffnung ist ein Stärkungsmittel. Der Mensch lebt hier allein aufgrund von Hoffnung. Er hofft besser zu werden. Er hofft etwas zu bekommen, das ihm Trost, Befriedigung, Annehmlichkeit, Frieden, Wonne und Unsterblichkeit verschaffen wird.

Große Dinge werden nie getan, auch kleine Erfolge werden nie erreicht, wenn es keine Hoffnung gibt.

Hoffnung ist der Balsam und der Lebenssaft der Seele. Hoffnung gibt dir Stärke. Hoffnung treibt dich dazu an und drängt dich dazu, zu kämpfen, zu streben, zu erreichen und zu erlangen.

Der Mensch hofft immer etwas zu erreichen und immer noch besser zu werden. Der natürliche Flug des Geistes geht von Hoffnung zu Hoffnung.

Nil desperandum. Verzweifle nie. Das Leben beginnt jeden Morgen von neuem. Schau nicht in die Vergangenheit. Sei immer hoffnungsvoll. Du wirst erfolgreich sein.

Hoffnung ist dein Gefährte. Hoffnung ist die Mutter des Erfolgs. Hoffnung ist die Stütze, die dich aufrecht hält und Hoffnung gibt dir Glück. Hoffnung treibt dich zu nie gekannten Höhen von Herrlichkeit und Ruhm. Hoffnung führt dich auf einem angenehmen Pfad durchs Leben. Hoffnung inspiriert und ermutigt. Sie führt dich auf eine leichtere und angenehmere Weise zum Ende deiner Reise.

Jeder Mann und jede Frau auf dieser Welt stützen sich auf Hoffnung. Ein Medizinstudent hofft, ein berühmter Arzt mit einer florierenden Praxis zu werden. Ein junges Mädchen hofft, einen schönen, intelligenten reichen Mann zu heiraten. Ein Geschäftsmann hofft Millionär zu werden. Ein Amtsrichter hofft Richter am Landgericht zu werden.

Das Herz ist das Organ, da als letztes aufhört zu funktionieren. Die Hoffnung ist das letzte, was im Menschen erstirbt.

Du lebst nicht von dem, was du hast, sondern von dem, was du dir erhoffst.

Hoffnung ist was uns willkommen ist. Erwartung ist entweder willkommen oder unwillkommen. Vertrauen und Zuversicht kennzeichnen Abhängigkeit von einer Person oder einer Sache, die das ersehnte herbeiführen soll.

Die Verheißungen der Hoffnung sind sehr süß.

Wer hofft, hilft sich selbst.

Gib vergebliche Hoffnungen auf. Hefte deine Hoffnung nicht auf etwas jenseits der Grenzen des Wahrscheinlichen.

Sei stark in der Hoffnung, oh Herz!

Oh glücksverheißende Hoffnung! In Deinem süßen Garten wachsen die Blumen des Erfolgs und des Glücks.

INITIATIVE

Initiative ist die Gewohnheit oder das Ritual anzufangen. Sie ist der einleitende Schritt oder Handlung. Sie bedeutet, einen Anfang zu machen. Sie ist die Aufführung des ersten Akts. Sie ist eine erste Bewegung, Beginn oder Start.

Wir sagen: „Rama ergriff bei dieser vornehmen Arbeit die Initiative."

Initiative ist die Antriebskraft, etwas hervorzubringen oder anzufangen. Sie ist die Eignung, neue Unternehmungen zu entwickeln oder zu durchzuführen. Sie ist die erste aktive Handlung bei jeder Unternehmung.

Sie ist die Fähigkeit anzufangen. Sie ist die Fähigkeit die Führung zu übernehmen oder etwas ins Leben zu rufen.

Vielen Leuten fehlt Initiative, weil sie zu furchtsam, schüchtern, faul und träge sind, weil es ihnen an Schneid, Taktgefühl, einem antreibenden Wesen, Willensstärke, Wachsamkeit, Sorgfalt, Durchhaltevermögen und Mut fehlt. Deshalb sind sie im Leben nicht erfolgreich.

Sei kühn. Sei fröhlich. Sei taktvoll. Sei geschickt. Sei wachsam. Sei beharrlich. Sei geduldig. Die Initiative wird kommen und du wirst in all deinen Unternehmungen spielerisch Erfolg erlangen.

INSPIRATION

Inspiration ist eine höhere, erhebende göttliche Einwirkung.

Sie ist die übernatürliche göttliche Einwirkung, die vom Geist Gottes auf die heiligen Lehrer und Schriftsteller ausgeübt wird, durch die ihren Schriften göttliche Autorität verliehen wird.

Sie ist die übernatürliche göttliche Einwirkung, durch die Propheten, Apostel, Heilige und heilige Schriftsteller in die Lage versetzt werden, göttliche Wahrheiten ohne Beimengung oder Irrtum darzulegen.

Sie ist die göttliche Kommunikation mit dem Verstand durch Eingebungen oder Eindrücke auf den Geist, die keinen Raum für Zweifel an der Wahrheit ihrer übernatürlichen Herkunft lassen.

Alle heiligen Schriften wurden von der Inspiration Gottes gegeben.

Inspiration ist das Einflößen oder die Kommunikation von Ideen oder poetischem Geist durch ein höheres Wesen oder eine herrschende Macht.

Inspiration ist unerschöpflicher spiritueller Wohlstand. Sie verleiht Freude, Frieden und ewige Wonne.

Eine inspirierte Schrift überzeugt und bekehrt Sünder, Atheisten, Skeptiker. Sie erbaut und tröstet Gläubige. Sie bereitet sie auf die Befreiung oder letzte Glückseligkeit vor. Sie ist ein sicherer, unfehlbarer, vertrauenswürdiger Führer auf dem Weg der Befreiung.

Sie ist majestätisch, rein, gewaltig, klar. Sie ist das Wort Gottes.

INTEGRITÄT

Integrität ist Rechtschaffenheit des Charakters, Redlichkeit, Reinheit. Integrität ist der erste Schritt zu wahrer Größe. Ein Mensch von Integrität wird von allen geehrt und respektiert. Alle bringen ihm Vertrauen entgegen.

Integrität zu erhalten kostet Selbstverleugnung. Sie fordert Widerstand heraus, aber am Ende ist sie ruhmreich. Die ganze Welt wird ihr huldigen.

Integrität erfasst den gesamten moralischen Charakter, hat aber einen speziellen Bezug zu Rechtschaffenheit im gegenseitigen Geschäftsverkehr, Eigentumsübertragungen und die Vertretung von anderen.

Die moralische Herrlichkeit von unabhängiger Integrität ist die erhabenste Sache auf der Welt.

INTUITION

Intuition ist direkte, transzendentale Erkenntnis von Atman durch direkte Selbstverwirklichung. Hier gibt es kein logisches Denken mehr. Hier hört der Verstand auf zu funktionieren. Hier gibt es keine Sinneseindrücke. Intuition ist jenseits von Relativität.

Das ist eine innere spirituelle Erfahrung, die mit Worten nicht angemessen beschrieben werden kann. Sprache ist unvollkommen; sie kann auch diese heile, unbeschreibliche, transzendentale Erfahrung nicht beschreiben. Worte sind eine bloße Konvention.

Du kannst Gott oder Atman nur durch Intuition verwirklichen.

In Intuition ist alles klar. Alle Zweifel verflüchtigen sich insgesamt.

Intuition ist unmittelbare Erkenntnis im Gegensatz zu nur mittelbarer Erkenntnis. Durch Intuition erfährt der spirituell Suchende die Wahrheit der Dinge ohne logisch zu denken oder zu analysieren.

Intuition ist Erkenntnis aus dem Inneren. Zuerst ist da ein Blitz von Intuition. Daraufhin ist der spirituell Suchende in seinem Atman oder Selbst verwurzelt.

Intuition ist unmittelbare Erkenntnis des Absoluten durch das Auge der Weisheit im Gegensatz zum Erkennen von Objekten durch die Sinne und den Verstand.

Intuition transzendiert den Verstand, steht dem Verstand aber nicht entgegen.

Intuition ist Wahrheit, die durch innerliches Verständnis erlangt wird, ohne Hilfe durch Wahrnehmung oder die Kräfte des Verstandes.

Intuition ist direkte Wahrnehmung und Verständnis der göttlichen Wirklichkeit, die dem manifestierten und dem unmanifestierten Universum zugrunde liegt.

Der Heilige in seinen Höhenflügen von Intuition steigt zu der trasnzendentalen Region auf, wo er die göttliche Wirklichkeit des Absoluten erfährt. Die überbewusste Erfahrung ist sehr lebendig, lebensnotwendig und pulsierend. Sie ist von intensiver Realität für den Heiligen. Er lebt in ihr, bewegt sich in ihr und atmet in ihr. Die intuitive Erfahrung ist zur Gänze großartig, erhaben und tiefgründig.

Die Erkenntnis Gottes wäre der Menschheit verloren gegangen ohne die Intuition und die Offenbarung von Sehern und Heiligen. Intuition ist der einzige Weg, auf dem das Absolute in seiner Gesamtheit und Ganzheitlichkeit verwirklicht und erfahren werden kann. Diese sterblichen, begrenzten Sinne und der endliche Verstand können die alldurchdringende Wirklichkeit nicht erfassen.

Der Geist und die Sinne benötigen Zeit und Raum, um zu funktionieren, aber die Wirklichkeit, die jenseits dieser zeitlichen, räumlichen und kausalen Ordnung der Dinge ist, kann nur durch Intuition erfasst und verstanden werden.

Der Verstand kann dir nur konzeptionelles Wissen geben und konzeptionelles Wissen gibt dir nicht das Wissen von der Wirklichkeit in ihrer Gänze, in ihrer Gesamtheit, sondern teilt, fragmentiert und zerbricht die Dinge in Stücke.

Die diesem materiellen Universum innewohnende Seele ist reines Bewusstsein. Indische Heilige und Seher haben diese Wirklichkeit in all ihrer Ganzheitlichkeit durch Intuition erkannt und haben der Menschheit die reiche und wertvolle Perle der Weisheit vom Selbst geschenkt.

KLUGHEIT

Klugheit ist eine universelle Tugend. Sie ist Bestandteil der Zusammensetzung aller übrigen Tugenden. Wo es keine Klugheit gibt, verliert Standhaftigkeit ihren Namen und ihre Tugend.

Klugheit ist ein notwendiger Bestandteil aller übrigen Tugenden. Sie der Dreh- und Angelpunkt, um die sich alle anderen Tugenden drehen. Klugheit wird dich schützen.

Klugheit ist die Gewohnheit, mit Überlegung und Besonnenheit zu handeln. Sie bezieht sich grundsätzlich auf Handlungen, die getan werden müssen, sowie die gebotenen Mittel, die Reihenfolge, den Zeitpunkt und die Methode des Vorgehens.

Klugheit unterscheidet sich von Weisheit nur um ein Grad. Weisheit ist die vervollkommnete Angewohnheit von Klugheit. Klugheit ist ein geringerer Grad oder die schwächere Angewohnheit von Weisheit.

Torheit, Wagemut, Tollkühnheit, Dummheit, Unachtsamkeit, Leichtsinn, Unbesonnenheit, Voreiligkeit, Rücksichtslosigkeit, Gedankenlosigkeit und Unvorsichtigkeit sind das Gegenteil von Klugheit.

Klugheit ist auf die Praxis angewandte Weisheit. Ein kluger Mensch ist vorsichtig und weise in seinem Verhalten. Er ist sorgfältig. Er ist diskret. Er wird von Voraussicht geleitet. Er ist genügsam.

Klugheit ist der beste Schutz. Verständige Menschen lernen oft von ihren Feinden. Derjenige ist ein kluger Mensch, der von den unsicheren Ereignissen in der Zukunft nichts erhofft, aber auch nichts fürchtet. Glücklich ist derjenige Mensch, der Klugheit von den Taten und Erfahrungen anderer lernt, da er sie sich nicht durch persönliches Leiden aneignen muss.

Ein kluger Mensch achtet darauf, praktische Fehler oder Verwicklungen zu vermeiden. Er ist vorsichtig. Er ist ausgestattet mit Umsicht. Er verfügt über ein gutes Urteilsvermögen und Weitblick in praktischen Dingen. Er ist wirtschaftlich. Er hat Überlegung. Er hat Weitblick, Voraussicht, Urteilsvermögen, Einsicht und Weisheit. Er beobachtet, beschützt und rettet. Da er über Voraussicht verfügt, denkt er in Übereinstimmung mit der weisen Betrachtung der Zukunft.

Ein kluger Mensch ist gewohnheitsmäßig vorsichtig darauf bedacht, praktische Fehler zu vermeiden und den erfolgversprechendsten Weg zu beschreiten. Er ist auch im wörtlichen Sinne weise. Er ist sehr bedacht auf seine eigenen Interessen. Er setzt sein sicheres Urteilsvermögen ein. Er ist wohlüberlegt und dabei weise. Er ist vorsichtig und vernünftig. Er sieht das Böse voraus und versteckt sich. Er hat praktische Weisheit. Er ist scharfsinnig.

Ein kluger Mensch ist vorsichtig oder zurückhaltend, sich für eine Handlungsweise oder Verhaltensweise zu entscheiden oder sie anzunehmen. Er ist vorsichtig auf die Folgen bedacht, die irgendwelche Maßnahmen, Handlungen oder ein eingegangenes Geschäft haben könnten.

Es wäre ultimative Klugheit, eine abschließende, unumstößliche Entscheidung so lange aufzuschieben, als man noch neue Informationen erhalten könnte.

Höre die Worte der Klugheit. Sie wird dich auf den richtigen Weg führen. Sie wird dir weisen Ratschlag geben. Befolge ihre Empfehlungen. Bewahre sie in deinem Herzen. Befolge sie umsichtig. Alle Tugenden beruhen auf ihr.

Lerne Weisheit von den Erfahrungen anderer. Korrigiere deine Fehler anhand ihrer Fehlschläge. Habe Weitblick. So wirst du nie in Not oder Schwierigkeiten sein. Verbrauche heute nicht, was du morgen vielleicht benötigst.

Entwickle Klugheit in höchstem Ausmaß.

LANGMUT

Langmut bedeutet Geduld zu üben. Langmut ist Beherrschung von Temperament oder Nachsicht. Er ist eine große göttliche Tugend.

Langmut ist das geduldiger Ertragen oder Duldung von Vergehen. Er ist Milde. Er ist die Zügelung von Leidenschaften. Langmut heißt, von etwas Abstand zu nehmen oder darauf zu verzichten, es absichtlich zu vermeiden. Er bedeutet, sich Gefühlen oder Ressentiments oder Vergeltungsmaßnahmen zu enthalten.

Langmut ist eine geheimnisvolle Mischung von Gnade, Anteilnahme, Mitleid, Mitgefühl, Geduld, Duldungskraft, Vergebung und starkem Willen.

Wer Langmut übt hält sich selbst in Schach. Er praktiziert Selbstbeherrschung oder Selbstkontrolle und Vergebung. Er erträgt Verletzungen, Beleidigungen und höhnischen Spott geduldig, andächtig und mit Selbstkontrolle und entwickelt dadurch starke Willenskraft.

Bedecke die Makel, Fehler und Schwächen anderer. Entschuldige ihre Mängel. Begrab ihre Schwäche in Stille. Verkünde ihre Tugenden vom Dach des Hauses.

Mache Gelegenheiten ausfindig, langmütig zu sein. Bedauere und vergib schwachen Menschen. Übe dich in Langmut, bis dein Herz eine erlesene Ernte daraus erzielt.

Jesus und Buddha waren Verkörperungen von Langmut. Ruhm sei diesen göttlichen Persönlichkeiten. Folge ihrem Beispiel und werde göttlich.

Oh Mensch! Sei langmütig! Habe Geduld auch unter der größten Provokation. Das wird dir eine reiche Ernte an Frieden und Wonne einbringen.

LEIDENSCHAFTSLOSIGKEIT

Leidenschaftslosigkeit ist Vairagya[98]. Leidenschaftslosigkeit ist Gleichgültigkeit gegenüber sinnlichen Vergnügungen, im Diesseits und im Jenseits. Leidenschaftslosigkeit ist Nicht-Verhaftung an sinnliche Objekte.

Das ist ein wichtiges Erfordernis für die Erlangung von Gottesverwirklichung.

Der Mensch ist an diese Welt durch Raga[99] oder Leidenschaft oder Verhaftung gebunden. Er wird befreit durch Vairagya.

Vairagya, hervorgegangen aus der Unterscheidung zwischen dem Wirklichen und dem Unwirklichen, allein wird von dauerhafter Natur sein. Dieses Vairagya allein wird dir helfen, spirituellen Fortschritt zu erlangen und Erleuchtung. Karana-Vairagya aufgrund eines Verlusts von Besitztümern oder den Tod deines Sohnes wird vorübergehend sein. Sie wird keinen Nutzen für dich haben. Sie ist so flüchtig wie Ammoniak.

Schaue in die Mängel des sinnlichen Lebens oder sinnlichen Vergnügens. So wirst du Leidenschaftslosigkeit entwickeln.

Sinnliches Vergnügen ist vorübergehend, irreführend, trügerisch und imaginär.

Vergnügen kann nicht die Befriedigung eines Verlangens herbeiführen. Ganz im Gegenteil macht es den Geist noch ruheloser durch intensives Verlangen nach Vergnügen.

Sinnliches Vergnügen ist die Ursache von Geburt und Tod. Sie ist ein Feind von Hingabe, Weisheit und Frieden.

---

98 Leidenschaftslosigkeit, Verhaftungslosigkeit
99 Leidenschaft, Bindung, das Gefühl etwas unbedingt besitzen zu wollen. Teil von Raga-Dvesha = Anziehung und Abstoßung, Zuneigung und Abneigung, Mögen und Nichtmögen.

LIEBE

Liebe ist die lebendige Quintessenz der göttlichen Natur, die voll von aller Güte erstrahlt. Liebe ist das goldene Bindeglied oder Verbindungsstück, das Herz mit Herz verbindet, Geist mit Geist und Seele mit Seele. Liebe ist die krönende Gnade der Menschheit.

Sie ist das heiligste Recht der Seele. Liebe ist der Hauptschlüssel, um die Türe zu Moksha oder ewiger Wonne zu öffnen.

Liebe ist das Beste auf dieser Welt. Sie kittet sogar gebrochene Herzen.

Das Leben ist eine süße Blume, deren Honig die Liebe ist. Das große Vergnügen des Lebens ist die Liebe. Liebe ist das Ganze, der eigentliche Odem[100] deines Herzens.

Liebe ist wirklich der Himmel auf Erden. Sie vertreibt alle Arten von Ängsten.

Diese Welt ist aus der Liebe hervorgegangen. Sie existiert in Liebe. Schließlich wird sie sich in Liebe auflösen.

Liebe inspiriert, erleuchtet, wählt aus und weist den Weg.

Liebe denkt nie verstandesmäßig, sondern gibt reichlich. Sie wird durch Angriff oder Beleidigung nicht beeinflusst. Sie sieht nicht mit den Augen, sondern mit dem Herzen. Sie schaut durch ein Teleskop.

Liebe bringt große Opfer. Liebe ist begierig zu helfen, anderen zu dienen und andere glücklich zu machen. Liebe vergibt. Liebe ist der Erlöser des Lebens. Liebe ist ein göttliches Elixier. Liebe verleiht Unsterblichkeit, erhabenen Frieden und immerwährende Freude.

Gott ist eine Verkörperung der Liebe. Er ist ein Ozean der Liebe. Wenn du Gottesverwirklichung erlangen willst, musst du auch eine Verkörperung der Liebe werden.

Die einzige Größe besteht in selbstloser, reiner Liebe. In reiner Liebe gibt es nicht einmal einen Hauch von Eigennutz.

---

100 Dieser Begriff (= Atem) steht in der Bibel für das, was Gott dem Menschen eingehaucht hat, nämlich Lebensenergie.

Die Liebe einer Mutter wird nie aufgebraucht. Sie verändert sich nie. Sie ermüdet nie. Mutterliebe hat für immer Bestand. Liebe nimmt nicht und handelt nicht, Liebe gibt. Liebe ist Güte, Ehre, Frieden und reines Leben.

Reine Liebe ist Wonne. Reine Liebe ist süß. Reine Liebe ist ohne selbstsüchtige Anhaftung. Reine Liebe ist unsterbliche, göttliche Essenz. Reine Liebe ist eine göttliche Flamme. Sie ist immer leuchtend. Sie wird nie aufgebraucht.

Es ist das eigentliche Wesen reiner Liebe, dass sie bereit ist, zum Wohle anderer zu leiden, ihr Glück in dem Glück anderer zu sehen.

Reine Liebe stärkt und veredelt den Charakter, verleiht jeder Handlung im Leben ein höheres, reineres Motiv und ein vornehmeres Ziel und macht einen Menschen stark, vornehm und mutig.

Wahre, reine Liebe oder göttliches Prema[101] ist unvergänglich, unveränderlich, unendlich. Sie nimmt selbstlosen Anteil am Wohlergehen anderer, interessiert sich mehr für das Leben anderer als für das eigene.

Körperliche Liebe ist Sinnesfreude. Sie ist überschwängliche Leidenschaft. Sie ist grob und sinnlich.

Liebe des Körpers oder der Haut ist Leidenschaft. Gottesliebe ist Prema oder Hingabe. Sie ist Liebe um der Liebe willen.

Jemand zu lieben, um ein eigennütziges Ziel zu erreichen, ist selbstsüchtige Liebe. Sie bindet dich an diese Erde.

Alle Lebewesen als Erscheinungsformen des Herrn mit Narayanabhava[102] zu lieben, ist reine Liebe. Sie ist göttliche Liebe. Sie führt zur Befreiung.

Reine Liebe erlöst, reinigt das Herz und wandelt dich in Göttlichkeit um.

Ein Ehemann liebt seine Frau nicht um seiner Frau willen, sondern er liebt sie um seiner selbst willen. Er ist selbstsüchtig. Er erwartete sinnliche Vergnügungen von ihr. Wenn Lepra oder Pocken ihre Schönheit zerstört, endet seine Liebe für sie.

Jede Liebe ist ganz einfach ein Trittstein zu der Liebe zu Gott.

---

101 Reine Liebe ohne den Makel einer Bindung; göttliche Liebe (zum Herrn).
102 Fühlen der Gegenwart Gottes in allem; Gott in den anderen sehen.

Entwickle langsam reine Liebe im Garten deines Herzens durch Japa[103], Gebet, Kirtan, Glauben, Hingabe, Dienst an Heiligen, der Menschheit und allen Lebewesen, Meditation und Gesellschaft von Heiligen[104] etc.

Liebe alle. Umarme alle. Schließe alle in die wärmende Umarmung deiner Liebe ein. Entwickle kosmische Liebe oder uneingeschränkte Liebe.

Liebe deinen Nachbarn wie deine eigenes Selbst. Liebe Gott mit all deinem Herz, Geist und Seele.

Hass erlischt nicht durch Hass. Hass erlischt durch Liebe. Erwidere Hass mit Liebe.

Liebe deine Feinde, liebe deine Untergebenen. Liebe alle Tiere. Liebe deinen Guru. Liebe alle Heiligen und Weisen.

Liebe ein bißchen, aber liebe lang. Liebe muss dauerhaft Bestand haben.

Sprich liebevoll. Handle liebevoll. Diene liebevoll. Du wirst bald in das Königreich des Himmels oder den höchsten Frieden eintreten.

Liebe nicht vergängliche, weltliche Objekte. Du wirst scheitern und zerstört werden, wenn du sie liebst.

Liebe Gott. Liebe dein eigenes unsterbliches Selbst oder Atman. Du wirst für immer wonnevoll sein. Du wirst unsterblich werden.

Iss in Liebe. Trinke in Liebe. Bade in Liebe. Sprich in Liebe. Schlaf in Liebe. Schreibe in Liebe. Denke in Liebe. Diene in Liebe. Gehe in Liebe. Werde eine Verkörperung von Liebe.

UNIVERSELLE LIEBE

Die einzige Sara Vastu[105] auf dieser Welt ist Prema[106] oder Liebe. Sie ist ewig, unendlich und unvergänglich. Physische Liebe ist Leidenschaft (Moha) oder Verdummkopftheit. Universelle Liebe ist die einzige göttliche Liebe. Kosmische Liebe und universelle Liebe sind Synonyme. Liebe ist Gott. Selbstsucht, Gier, Egoismus, Eitelkeit, Stolz und Hass engen das Herz ein und stehen der Entwicklung von universeller Liebe im Weg.

---

103 Fortgesetzte Wiederholung eines Mantras oder das Namens Gottes
104 Übliche Umschreibung für Satsang.
105 Sache von Wert.
106 Reine Liebe ohne den Makel einer Bindung; göttliche Liebe (zum Herrn).

Entwickle schrittweise universelle Liebe durch selbstlosen Dienst, Satsang mit großen Seelen, Gebet, Rezitation von Guru Mantras etc. Wenn das Herz anfangs durch Selbstsucht eingeengt ist, liebt der Mann nur seine Frau, Kinder, ein paar Freunde und Verwandte. Wenn er sich entfaltet liebt er die Leute in seinem eigenen Bezirk, dann die Leute in seiner eigenen Region. Noch später entwickelt er Liebe zu den Menschen in seinem Land. Auf lange Sicht fängt er an, alle zu lieben. Er entwickelt universelle Liebe. Alle Schranken sind nun durchbrochen. Das Herz ist unendlich geweitet. Es ist sehr leicht von universeller Liebe zu sprechen. Aber wenn du sie in die Tat umsetzen willst, wird sie extrem schwierig. Kleinlichkeit unterschiedlichster Art stellt sich dir in den Weg. Alte falsche Eindrücke, die du durch deine falsche Lebensweise in der Vergangenheit erzeugt hast, betätigen sich als Stolperfallen. Durch eiserne Entschlossenheit, starke Willenskraft, Geduld, Ausdauer und Vichara (rechtes Befragen) kannst du alle Hindernisse recht einfach überwinden. Die Gnade Gottes wird auf dich hinabsteigen, wenn du aufrichtig bist.

Universelle Liebe findet ihre Vollendung in advaitischer Einheit oder Einssein oder upanischadischer Bewusstheit von Heiligen oder Weisen. Reine Liebe ist ein großer Gleichmacher. Sie bringt Gleichheit und Gleichmut. Hafiz[107], Kabir[108], Mira[109], Gouranga[110], Tukaram[111], Ramdas[112] – alle haben diese universelle Liebe gekostet. Was andere erreicht haben kannst du auch erlangen.

Fühle, dass die ganze Welt dein Körper ist, dein eigenes Zuhause. Schmelze oder zerstöre alle Schranken, die Mensch von Mensch trennen. Die Vorstellung von Überlegenheit ist Unwissenheit und Täuschung. Entwickle Vishvaprema[113], allumfassende Liebe. Vereinige dich mit allen. Trennung ist Tod. Einheit ist ewiges Leben. Die ganze Welt ist Vishva-Brindavan[114]. Spüre, dass dieser Körper ein

107 Persischer Dichter, 1320 – 1389.

108 Indischer Mystiker, 1440 – 1518, der das Ideal einer einigen Menschheit vertrat. Er entwickelte eine monistische Philosophie von einem einzigen Ursprung aller Dinge und der liebevollen Demut zu Gott, in die Ideen sowohl aus dem Vedanta und dem Bhakti des Hinduismus, als auch aus dem Sufismus und der islamischen Mystik mit eingeflossen sind.

109 Nach einer hinduistischen Legende war Mira (auch Mirabai, Mira Bai oder Meera Bai) einer Prinzessin aus dem 16. Jahrhundert, die sich als Geliebte von Krishna betrachtete.

110 Anderer Name (der Goldfarbene) des indischen Mystikers Chaitanya, 1486 – 1533, der die Gaudiya-Vaishnava-Schule begründete, eine vishnuistische Lehre, die die Verehrung des göttlichen Paares Krishna- Radha sowie das Singen und Rezitieren ihrer Namen ins Zentrum der Verehrung stellt.

111 Indischer Dichter und hinduistischer Mystiker, 1608 – 1649, der als Heiliger gilt. Tukaram war ein reicher Kaufmann, der während einer großen Hungersnot seinen Besitz an Hungernde verschenkte, dadurch verarmte und schließlich in Konkurs ging. Er verließ seine Familie und lebte in Tempeln. Während einer Meditation soll er den göttlichen Auftrag erhalten haben, eine Million Gedichte über Gott zu schreiben.

112 1608 – 1682, gilt als einer der größten Heiligen Indiens, der sein Leben dem Studium des Sanskrit und der Verbreitung des Hinduismus gewidmet hat.

113 Sanskrit für „allumfassende Liebe" im Sinne von göttlicher, allumfassender, bedingungsloser kosmischer Liebe

114 Das Wort „Vishva" bedeutet alles, alle, jeder; ganz, vollständig, alldurchdringend, universell; das ganze Universum, die Schöpfung. Zusammen mit dem Pilgerort Brindavan also so viel wie „universeller heiliger Pilgerort"

mobiler Tempel Gottes ist. Wo immer du auch bist, zuhause, im Büro, auf dem Bahnhof oder dem Markt, fühle, dass du im Tempel bist. Weihe jede deiner Handlungen dem Herrn als ein Opfer. Verwandle jede Arbeit in Yoga, indem du ihre Früchte Gott darbringst. Habe Akarta Sakshi Bhava[115], wenn du ein Schüler der Vedanta bist. Habe Nimitta Bhava[116], wenn du ein Schüler von Bhakti Marga[117] bist. Fühle, dass alle Lebewesen ein Abbild Gottes sind. Isaavasyamidam Sarvam[118] – der Herr wohnt dieser Welt inne. Fühle, dass die Kraft Gottes durch alle Hände arbeitet, durch alle Augen sieht, durch alle Ohren hört. So wirst du ein verändertes Wesen. Du wirst den höchsten Frieden und Wonne genießen.

Möge Gott Hari[119] dich an seinen Busen nehmen und dich in Wassern süßer Liebe baden!

Möge dein Herz von kosmischer Liebe erfüllt sein!

KOSMISCHE LIEBE ALS AHIMSA

Über kosmische Liebe wurde viel geschrieben und gesagt. Eine Ermahnung, Selbstlosigkeit und kosmische Liebe zu entwickeln, ist Bestandteil jeder religiösen Predigt geworden. Es ist so wie es sein sollte. Denn Selbstlosigkeit und kosmische Liebe sind das Alpha und Beta[120] eines spirituellen Lebens. Sie bilden die Grundlage eines göttlichen Lebens, und ihr Einfluss ist in dem ganzen Aufbau spürbar, der auf diesem Fundament ruht. Es wäre ziemlich zutreffend zu sagen, dass diese beiden Zwillingstugenden die wesentlichsten Grundvoraussetzungen darstellen, die Fachgebiete, den Test für Fortschritt, die höchste Verwirklichung und ihre spätere Erscheinungsform darstellen. Selbstlosigkeit und kosmische Liebe sind das Sadhana[121] und das Siddhi[122]. Sie sind das Licht, das den Sadhaka[123] leitet, und die Aura von Siddha[124]. In keinem davon kann es abwesend sein. Daher ist es von höchster Wichtigkeit, die wahre Bedeutung von Selbstlosigkeit und kosmischer Liebe zu verstehen, denn bei genauer Betrachtung sind Selbstlosigkeit und kosmische Liebe in Wahrheit eins. Jemand, der wahrhaft selbstlos ist, die Liebe zu sich selbst aufgegeben hat, befindet sich in kosmischer Liebe. Einer, in

115 Klassische Meditationsform, bei der die innere Einstellung angestrebt wird, der nicht-handelnde Beobachter/ Zeuge zu sein. Sie ist das Gegenteil davon, sich zu identifizieren.
116 Bezieht sich auf die Bhagavad Gita XI. 33 „sei du nur ein Werkzeug". Haltung eines bloßen Zeugen oder Beobachters, also das Gegenteil davon, sich zu identifizieren und damit anzuhaften.
117 Pfad der Hingabe = Bhakti Yoga, einer der vier Yogawege.
118 Aus der Isavasya Upanishade, sinngemäß: „Hier ist alles vom Herrn durchdrungen."
119 Name von Vishnu und Krishna, auch Gott allgemein.
120 Die ersten beiden Buchstaben des griechischen Alphabets, auf Deutsch würde man „Alpha und Omega" sagen.
121 Spirituelle Praxis.
122 Psychische Kraft; Vollkommenheit.
123 Spirituell Suchender.
124 Verwirklicht; vollendet; ein Yogi, der das wahre Selbst erkannt oder Selbsterkenntnis erlangt hat.

dessen Herz die seltene Blume von kosmischer Liebe blüht, verschwendet kaum einen Gedanken an sich selbst, geschweige denn, dass er sich selbst liebt; er ist ganz und gar selbstlos.

Kosmische Liebe als Sadhana ist die goldene Mitte zwischen Raga (übermäßige Liebe oder Anhaftung) und Dvesha (Hass)[125]. Es ist sehr wichtig für den spirituell Suchenden daran zu denken, dass kosmische Liebe den Gegensatz von Liebe einer bestimmten Sache oder Lebewesens darstellt. Jemanden zu lieben ist Moha (Verblendung) und Raga (Anhaftung). Sie ist die Wurzel für die Bindung an Samsara[126]. Kosmische Liebe ist demgegenüber befreiend und muss von Raga unterschieden werden. Das ist der Grund, warum die Schriften und die Heiligen den spirituell Suchenden auffordern, Vairagya[127] (das Gegengift gegen das Gift von Raga) in höchstem Maße zu entwickeln.

Vairagya wiederum ist gut, soweit sie reicht. Aber sie sollte den Sadhaka nicht zu übertriebener Selbstbezogenheit verleiten, die auch nichts anderes als eine nur subtilere Form von Selbstsucht ist. Auch hier ist deshalb Vorsicht geboten. Der spirituell Suchende, der pflichteifrig Vairagya entwickelt, könnte sich von der Welt abwenden, Gesellschaft und Annehmlichkeiten scheuen; aber er könnte dabei extrem selbstsüchtig werden. Er könnte die ganze Zeit nur an sich selbst denken, sein Sadhana und sein Vairagya. So würde er naturgemäß dazu kommen, jedermann, der nicht mit seinen Ansichten, seinem Verhalten, seinen Verhaltensregeln und seinem Sadhana übereinstimmt, als ihm feindlich anzusehen. Das ist jedoch erneut ein Extrem. Vairagya ist nicht verächtliche Aversion, sondern die Abwesenheit von Raga[128] oder übermäßiger Liebe oder Anhaftung. Verächtliche Aversion ist demgegenüber auch nur eine subtile Form von Dvesha[129] (Abneigung oder Hass), subtiles Himsa[130] – die Verneinung von Ahimsa[131].

Vairagya sollte die logische Begleiterscheinung von Ahimsa sein. Verhaftung an irgendetwas anders als das Selbst oder Atman sollte aufgegeben werden. Sich selbst zu lieben, oder den Körper, oder die Moden der Gedanken, die die Form von Lieblingsdogmas oder -ideologien annehmen – alles andere als das Selbst sollte aufgegeben werden. Weil jemand, der diese kleinen Dinge, die Unwirklichkeiten, diese Gegenstände der Erscheinungen anbetet, dazu bestimmt

---

125 Raga-Dvesha = Anziehung und Abstoßung, Zuneigung und Abneigung, Mögen und Nichtmögen. Sie begründen den Kreislauf der erschaffenen Welt (Prakriti) und gelten als Hauptursache für die Unruhe des menschlichen Geistes und des Leidens. Raga-Dvesha kann durch Hingabe überwunden werden.
126 Der ewige Kreislauf von Geburt, Tod und Wiedergeburt.
127 Verhaftungs- bzw. Leidenschaftslosigkeit.
128 Leidenschaft, Bindung, das Gefühl etwas unbedingt besitzen zu wollen. Teil von Raga-Dvesha = Anziehung und Abstoßung, Zuneigung und Abneigung, Mögen und Nichtmögen.
129 Hass, Abneigung, Ablehnung, Bosheit.
130 Gewalt, Verletzung, Schädigung, das Gegenteil von Ahimsa.
131 Gewaltlosigkeit, Nichtverletzen in Gedanken, Wort und Tat, das erste der 5 Yamas.

ist, sich in den Dvandvas[132] von „Liebe" (Raga) und „Hass" (Dvesha) zu verheddern. Um es zu verdeutlichen: jemand mag keinerlei Anhaftung an seine Familie, an seinen Besitz, ja nicht einmal an den eigenen Körper haben – aber er könnte an seine Lieblingsideologie verhaftet sein. Äußerlich mag es den Anschein perfekter Vairagya haben, so als ob er vollkommen selbstlos wäre. Bei genauerer Betrachtung wirst du jedoch herausfinden, dass dem nicht so ist. Verehrung einer Lieblingsideologie bedeutet, wie subtil ihr Ausmaß auch immer sein mag, eine Abneigung (wenn nicht gar Hass) einer anderen, entgegenstehenden Ideologie; und, auch wenn man bestrebt sein mag, diese Abneigung nicht in eine persönliche Abneigung gegen diejenigen umschlagen zu lassen, die diesen abweichenden Ansichten anhängen, ist sie dennoch im Hintergrund des eigenen Geists vorhanden. Da ist Verhaftung (Raga) an diese Ideologie; und deshalb ist da kein Vairagya. Da ist Verehrung von etwas, das aus dem Selbst entstanden ist, wie subtil es auch immer sein mag – also gibt es da auch keine Selbstlosigkeit. Man stellt (durch denselben Test) fest, dass kosmische Liebe nicht vorhanden ist.

Nun müssen wir also Das finden, was weder Verhaftung, noch die eigene Einmaligkeit ist. Das ist ganz sicherlich kosmische Liebe, die keinen Hass kennt, in keinem noch so geringen Ausmaß und in keiner sublimierten Form. Es ist unmöglich, diese kosmische Liebe zu definieren – Anirvachaneeyam Prema-Svarupam[133]. Deshalb hat der Weise Patanjali Maharischi[134] den Sadhakas auferlegt, fest in Ahimsa gegründet zu sein. Man beachte die Weisheit, die ihn dazu veranlasst hat, einen verneinenden Begriff zu wählen, A-himsa. Hege keine bösen Gedanken, äußere keine bösen Worte, verletze niemand. Wenn ein Sadhaka so vorsichtig ist, dann vermeidet er weise und wirkungsvoll alle Extreme, jede Gelegenheit für Verfehlungen. Wenn sich der Sadhaka auf diese Weise fest in Ahimsa verwurzelt, dämmert ihm das Licht der Selbsterkenntnis. Er verwirklicht das Selbst, das ihm innewohnt, so wie es allen Lebewesen innewohnt. Der Zustand, in dem sich diese Erkenntnis ganz und gar manifestiert, ist kosmische Liebe.

So ein Heiliger (denn ein Heiliger ist jemand, dem kosmische Liebe innewohnt) scheut die Gesellschaft nicht; er hasst niemand. Er liebt alle, nicht als Akt gnädiger Herablassung, sondern als natürliche Verhaltensweise desjenigen, der sein eigenes Selbst nicht mehr liebt als irgendetwas anderes, der nichts und niemanden hasst und in dem nicht die geringste Spur von Hass oder Feindseligkeit vorhanden ist. Er liebt das Selbst, das alle Geschöpfe durchdringt. Da dieses Selbst alldurchdringend ist, ist er an nichts und niemanden verhaftet. Er identifiziert sich mit allein, da er frei von Selbstbewunderung ist. Selbstloser Dienst entspringt aus

---

132 Gegensatzpaare
133 Narada Bhakthi Suthra Nr. 51, sinngemäß: „Diese extreme Liebe der ‚Hingabe' ist undefinierbar."
134 Indischer Gelehrter und Weiser, der zwischen dem 2. und 4. Jh. n. Chr. gelebt haben soll. Verfasser der Yoga Sutren, einer der wichtigsten Schriften des klassischen Yoga, weshalb er auch als „Vater des Yoga" bezeichnet wird.

ihm so wie der Atem allen lebenden Wesen entspringt. Mit wem auch immer er im normalen Verlauf seines täglichen Lebens in Kontakt kommt, den verehrt er als Manifestation seines eigenen Selbst. Er wünscht ihm Gutes. Er ist erfüllt von Wohlwollen, da er Feindseligkeit aus einem Herzen verbannt hat. Gerade die Praxis von Ahimsa hat ihn in die Lage versetzt, seine Selbstsucht auszurotten. Ein selbstsüchtiger Mensch kann niemals wirklich Ahimsa praktizieren. Liebe oder selbst bedeutet immer, Nicht-Liebe für etwas anders; Begierde, etwas für sich selbst zu erlangen, bedeutet zwangsläufig das Bestreben, es jemand anderen zu entziehen. Der Heilige, der fest in Ahimsa oder kosmischer Liebe gegründet ist, erfreut sich andererseits genau am Vergnügen eines anderen wir an einem eigenen. Wenn er erfährt, dass jemand leidet, eilt er herbei, um ihm Erleichterung zu verschaffen. Nicht weil er diesen besonderen Menschen liebt, sondern weil er erkannt hat, dass sein eigenes Selbst die andere Person durchdringt, weil das Wohlwollen oder die kosmische Liebe naturgemäß zu dem anderen Menschen hinströmt und bestrebt ist, sein Leid zu beseitigen. Diesen Dienst erweist er ganz natürlich – Dienst um des Dienens willen. Liebe um der Liebe Willen, Dienst um des Dienens willen – diese Ausdrücke können man nur verstanden werden, wenn du das Verhalten von jemand beobachtest, dessen Herz mit kosmischer Liebe erfüllt ist. Es ist eine Liebe, die nicht nach Gegenseitigkeit zetert; es ist ein Dienst, der nicht nach Anerkennung oder Belohnung sucht. In dieser Liebe, in diesem Dienst macht der Heilige von kosmischer Liebe keinerlei Unterscheidung. Alle sind gleichwertig für ihn. Andernfalls wäre es nicht kosmische Liebe, wäre es nicht Ahimsa, wäre es nicht Selbstlosigkeit. Er ist abgeklärt und friedvoll, weil kosmische Liebe das Feuer von Selbstsucht, Begierde, Ärger und Gier gelöscht hat, das gewöhnlichen Menschen den Frieden raubt. Er ist für immer glücklich, weil er keine Sehnsüchte hat, und kosmische Liebe hält ihn immer glücklich-über-das-Glück-aller, und er lebt im Bewusstsein der Unsterblichkeit des Selbst, in der Unzerstörbarkeit der Seele des Menschen.

Ruhm, Ruhm dem Heiligen von kosmischer Liebe. Möge kosmische Liebe in den Herzen aller Menschen wohnen.

LIEBENSWÜRDIGKEIT

Liebenswürdigkeit ist die Eigenschaft liebenswert zu sein oder von anregender Zuneigung.

Ein liebenswerter Mensch ist von lieblichem Wesen. Er verströmt so viel seelischen Sonnenschein, Liebe und Freude, dass alle Herzen, die empfänglich dafür sind, ihn widerspiegeln.

Liebenswürdigkeit ist der dauernde Wunsch, andere zu erfreuen und sie zu lieben.

Liebenswürdigkeit bedeutet, von freundlicher und angenehmer Wesensart sowie liebenswert zu sein.

Ein liebenswürdiger Mensch hat eine angenehme Stimmungslage und soziale Qualitäten, die andere erfreuen und ihn leicht Freunde gewinnen lassen. Er hat ein freundliches oder einnehmendes Wesen. Er ist gutherzig, großzügig und heiter. Er hat eine gute Wesensart. Er ist frei von Ärger. Er besitzt ein liebes Wesen, Güte sowie ein vortreffliches, liebenswertes Gemüt.

Freundliches Lächeln und Höflichkeit bringen eine hohe Dividende.

Ein Mensch von liebenswürdigem Charakter hat immer Zuneigung und Freundlichkeit für andere zur Hand und verfügt über Eigenschaften, die dazu geeignet sind, ihre Zuneigung zu erringen. Liebenswürdig ist ein größerer und stärkerer Begriff als gutmütig oder angenehm.

„Liebenswürdig" weist auf eine Veranlagung hin zu jubeln, zu gefallen und glücklich zu machen. Ein wirklich liebenswürdiger Mensch vermeidet scharfe Worte und Unverschämtheit. Er hat eine Veranlagung, unter allen Umständen mit jedermann mühelos gut zurechtzukommen.

Sogar freundliche, gutmütige Menschen können zuweilen ungeschliffen und unverschämt sein.

Abscheulich, ungehobelt, grausam, unsympathisch, unausstehlich, übellaunig, garstig unliebenswürdig ist das Gegenteil von „liebenswürdig".

Entwickelt Liebenswürdigkeit. Lasst sie zum festen Bestandteil eurer Natur werden.

LIEBLICHKEIT

Wirklich liebliche Menschen findet man nur selten in diesem Universum. Obwohl Lieblichkeit eine weibliche Tugend ist, findet man sie trotzdem nicht nur bei Frauen. Die meisten Frauen sind streng und hartherzig, obwohl ihre Sprache momentan lieblich zu sein scheint. Ein Geschäftsmann, ein Rechtsanwalt, ein Arzt oder eine Schwester von zweifelhaftem Ruf[135] sind alle anscheinend lieblich, aber nur bis sie das Geld von ihren Kunden bekommen haben. Das ist keine natürliche, dauerhafte, gütige, erhebende Lieblichkeit. Sie ist geschäftsmäßig oder käuflich.

Ein wahrhaft lieblicher Mensch ist göttlich. Er erwartet nichts von anderen. Seine wahre Natur ist lieblich. Er bringt anderen Freude durch seine ihm innewohnende Lieblichkeit.

Lieblichkeit wird aus Sattva geboren. Sie ist der liebliche kraftvolle göttliche goldene Rückstand, der verbleibt, nachdem Rajas und Tamas durch lang anhaltendes Yoga-Sadhana herausgequetscht wurden. Sie ist die konzentrierte Quintessenz von Sattva. Sie ist der süße Duft, der von der erblühenden, seltenen, süßen Blume der vollkommenen Seele (Siddha-Purusha[136], Eingeweihter oder Arhat[137]) erstrebt wird durch langes und intensives Tapas, Disziplin, Yoga-praxis und Vereinigung erlangen, indem der Geist mit der Stille verschmilzt.

Lieblichkeit muss ein essentieller Wesenszug eines Menschen, der Spiritualität zu verbreiten versucht, sowie von öffentlich Arbeitenden sein. Ohne diese Eigenschaft zu besitzen kann niemand solide, effektive Arbeit leisten, der für eine bestimmte Sache zu werben versucht. Wer einen Mutt[138] oder Ashram oder eine spirituelle Einrichtung gründen will, muss diese veredelnde Tugend besitzen.

Das rajassige Ego sollte sich im Schmelztiegel des Yoga auflösen. Dann wird seine goldene Lieblichkeit in ihrem Glanz erstrahlen. Rajas muss ausgelöscht werden. Dann wird die Butter der Lieblichkeit auf dem sattvigen Geist schwimmen.

Sei lieblich in der Sprache. Sei lieblich im Benehmen. Sei lieblich in deinen Manieren. Sei lieblich beim Kirtan singen. Sei lieblich beim Halten eines Vortrags. Sei lieblich im Aussehen. Sei lieblich dabei, anderen zu dienen. Sei auch weich, sanft, zuvorkommend und höflich. Das wird deine Lieblichkeit steigern.

Entwickle diese Lieblichkeit durch Dienen, Selbstbeherrschung, Mouna[139], Gebet, Pranayama, Meditation, Selbstbeobachtung, Selbstanalyse, Kontrolle von Ärger.

---

135 Euphemismus für Prostituierte.
136 Vollendet, vollkommen, erlangt. Bezeichnung für jemand, der das wahre selbst erkannt und Selbstverwirklichung erlangt hat.
137 Edel, verehrungswürdig. Bezeichnung für jemand, der auf dem Weg zum Nirvana ist, für einen zukünftigen Buddha.
138 Auch Math = Einsiedelei.
139 Schweigen, Gelübde des Schweigens.

Lieblichkeit ist Radha Tattva[140]: Lieblichkeit ist der Stoff, aus dem das Herz von Radha geformt ist. Wahrhaftigkeit, Prema[141], Aufrichtigkeit, kosmische Liebe, Ahimsa, das sind alles Variationen von Lieblichkeit. Lieblichkeit ist eine seltene göttliche Mischung all dieser sattvigen Attribute. Sie ist eine Jahrhundertstärke.

Ein streitsüchtiger, intoleranter, ungeduldiger, stolzer, reizbarer, mäkelnder Mensch kann keine Lieblichkeit entwickeln.

Möget ihr alle mit der vornehmen Eigenschaft der Lieblichkeit ausgestattet sein, die euch dazu in die Lage versetzen wird, euch in Brahman zu verwurzeln, der Verkörperung von Rasa[142], göttlicher Wonne.

Ehre sei Brahman, der Lieblichkeit der Lieblichkeit.

MÄNNLICHKEIT

Männlichkeit ist Tapferkeit.

Männlichkeit ist nicht bloß Mut. Sie ist die Eigenschaft der Seele, die alle Verhältnisse im menschlichen Leben freimütig akzeptiert und für die es Ehrensache ist, sich von ihnen nicht erschrecken oder ermüden zu lassen.

Würde ist Männlichkeit.

Vornehmheit ist Männlichkeit.

Männlichkeit ist Freiheit von kindischem Gehabe, Jungenhaftigkeit oder weibischem Wesen.

Ein männlicher Mensch verfügt über alle Eigenschaften eines wahren Mannes wie Tapferkeit, Entschlossenheit usw.

Jede Tugend oder das höhere Niveau eines männlichen Charakters beginnt darin: in Wahrheit und Bescheidenheit im Angesicht aller Jungfrauen; in Wahrheit und Mitleid, oder Wahrheit und Verehrung gegenüber aller Weiblichkeit.

---

140 Wahrheit, Grundprinzip des Kosmos. Auch „Essenz von Radha". Radha ist in der hinduistischen Mythologie die Geliebte und Gefährtin Krishnas. Radha gilt als Sinnbild der reinen, bedingungslosen Liebe.
141 Reine Liebe ohne den Makel einer Bindung; göttliche Liebe (zum Herrn)
142 Essenz der Freude; ekstatische Vereinigung mit Gott; Erlebnis der Nähe zu Gott; Brahman.

Männlich bezieht sich auf alle Eigenschaften und Wesenszüge, die eines Mannes würdig sind.

Man spricht von einer männlicher Entscheidung, männlichem Sanftmut, männlicher Zärtlichkeit – so wie Festigkeit, Tapferkeit, unbeirrbarem Geist, würdevollem Wesen, Vornehmheit und Stattlichkeit.

MÄSSIGUNG

Mäßigung ist Freiheit von Exzessen. Sie ist das Verhalten, sich zurückzuhalten, zu mäßigen, sich zu zügeln oder etwas zu unterdrücken.

Ein Mensch mit Mäßigung hält sich in Maßen oder Schranken. Er reguliert sein Essen und andere Sachen. Er ist maßvoll. Er ist vernünftig.

Mäßigung ist der untrennbare Begleiter der Weisheit.

Mäßigung gibt dem Leben einen besonderen Zauber. Sie verleiht Langlebigkeit und gute Gesundheit.

Die erlesensten Freuden des Lebens liegen innerhalb des Kreises der Mäßigung.

Mäßigung oder Enthaltsamkeit bedeutet das richtige Maß zwischen Extremen zu halten und das Abmildern von Aufregung oder Leidenschaft. Sie ist nicht so sehr selbst eine Tugend als vielmehr ein Mittel, um Tugend zu erlangen.

Mäßigung ist eine wichtige Eigenschaft, die von einem Studenten der Ethik oder einen spirituell Suchenden entwickelt werden muss. Mäßigung ist Freiheit von Exzessen in allem. Mäßigung ist Gelassenheit des Geistes. Mäßigung ist Geschick beim Yoga. Ohne Mäßigung ist kein Erfolg weder beim Yoga, noch bei materiellem Streben möglich. Alle Koryphäen der Welt der Vergangenheit haben Mäßigung eingehalten.

Du solltest mäßig sein beim Essen, Trinken, Schlafen, Lesen, Lachen, Sprechen, Beischlaf, Sprechen, Leibesübungen etc. Krishna sagt: „Wahrlich, Yoga ist nichts für denjenigen, der zuviel isst, wie auch für den, der bis zum Exzess fastet; für den, der zu viel schläft, als auch den, der immer wacht; Yoga tötet alle Schmerzen in demjenigen, der mäßig ist beim Essen und beim Vergnügen, mäßig beim Schlafen und beim Wachen".[143] Wenn du zu viel isst, wirst du zu viel schlafen. So werden

143 Bhagavad Gita, VI. 16, 17

sich verschiedene Krankheiten des Magens, des Darms und der Leber entwickeln. Alle inneren Organe werden überfordert sein. Zuviel Beischlaf wird deine Energie ableiten und Schwäche, niedrige Vitalität und verschiedene Krankheiten verursachen. Zuviel zu sprechen wird den Seelenfrieden stören.

Buddha stürzte sich zu Beginn seiner spirituellen Übungen in extreme Entbehrungen. Er verzichtete vollständig auf Nahrung. Er praktizierte Tapas[144] rigoros. Er litt sehr. Sein Körper wurde ausgemergelt. Er machte kaum spirituellen Fortschritt. Dann wurde er ein Anhänger der goldenen Mitte. Er begann, mäßig Essen zu sich zu nehmen. Er regulierte seine spirituellen Übungen. Erst dann erlangte er Erleuchtung. Er lehrte seine Anhänger immer, sich an den mittleren Pfad zu halten. Er hatte diese Lektionen aus seinen eigenen Erfahrungen gelernt.

Manchen fällt es schwer, ihre Zunge zu kontrollieren. Wenn die Speisen schmackhaft sind, überschreiten sie die Grenzen der Mäßigung. Sie überladen den Magen. Studenten, die viel Geld dabei haben, gehen in ein Geschäft mit Süßigkeiten und essen Zuckerwerk für 5 Rupien auf einmal. Sie können nicht aufstehen, bevor ihr Magen nicht vollständig gefüllt ist. Den Magen vollständig zu füllen ist unhygienisch und unwissenschaftlich. Die Hälfte des Magen sollte mit fester Nahrung gefüllt werden, ein Viertel mit Wasser, ein Viertel des Magens muss frei bleiben für die Ausdehnung von Gas. Das ist Mitahara[145] oder Mäßigung in der Ernährung. Du kannst die Überlastung des Magens durch vollständiges Fasten überprüfen.

Steh immer vom Tisch auf, wenn die Neigung zu essen noch da ist. An zwei bis drei Tagen pro Woche auf Salz zu verzichten hilft dir, die Essensmenge zu reduzieren. Das Essen zu reduzieren wird dich nicht umbringen. Es wird dich vielmehr ziemlich gesund erhalten. Es wird dir helfen, Langlebigkeit zu erlangen.

Manche Studenten studieren anfangs hart, indem sie den Schlaf mit starkem Tee unterdrücken und unmittelbar vor dem Abschlussexamen lange Nachtschichten einlegen. Sie leben 10 Monate lang unbekümmert in den Tag hinein. Das ist ganz schlecht. Das ist der Grund, warum sie aufgrund übermäßiger Anstrengungen in der Zeit des Examens krank werden. Das Studium muss gut geregelt werden. Du musst deine Unterrichtsstunden jeden Tag gründlich vorbereiten.

Manche spirituell Suchende verzichten auf Essen und leben 40 Tagen nur von Neem-Blättern[146]. Das ist dummes Tapas. Sie werden krank und schwach und können kein Sadhana nicht mehr praktizieren. Krishna verurteilt das: „Wisse, dass diejenigen Menschen, die schwerwiegende Einschränkungen praktizieren,

144 Askese, eines der 5 Niyamas.
145 Maßvolle Speise, sparsame Ernährung.
146 Blätter des Niembaums, die seit 2000 Jahren im Ayurveda als Medizin sowie zur Zahn- und Mundhygiene verwendet werden.

die ihnen von den Schriften auferlegt werden, die mit Eitelkeit und Egoismus verheiratet sind, getrieben von ihren Sehnsüchten und Leidenschaften, unintelligent, die die Elemente, aus denen der Körper gebildet wird, und Mich, der ich im inneren Körper wohne, peinigen, wisse, dass diese dämonisch in ihren Entschließungen sind."[147] Ruiniere deine Gesundheit nicht im Namen von Tapascharya[148]. Gehe in nichts bis zum Äußersten.

Auch Sadhana muss wohlreguliert sein. Die Dauer der Meditation muss schrittweise gesteigert werden. Die Dauer des Sadhana muss schrittweise gesteigert werden. Die Verringerung des Schlafs muss schrittweise erfolgen. Wenn Sadhana stoßweise praktiziert wird gibt es keinen spirituellen Fortschritt.

Manche Menschen schließen schnell Freundschaft mit anderen, lieben sie für einige Zeit intensiv und beenden die Freundschaft dann aus nichtigen Gründen. Sie sind intensiv in den Erscheinungsformen ihrer Gefühle. Entweder sie lieben intensiv oder sie hassen intensiv. Die Gefühle müssen auch gut kontrolliert sein. Pflege mit niemandem zu sehr intensiven Umgang. Sei auch in dieser Hinsicht gemäßigt. Du kannst dauerhafte Freundschaft mit jedermann bewahren.

Sei gemäßigt in deinen Ausgaben. Reglementiere deine Ausgaben. Manche sind leichtsinnig. Sie geben in einem Monat gedankenlos zu viel Geld aus und leihen sich im nächsten Monat dann welches.

Sei gemäßigt beim Denken. Töte alle unwichtigen, unsinnigen und müßigen Gedanken. Denk nicht zu viel. Tritt ein in erhabene, göttliche Gedanken.

Sei gemäßigt in der Arbeit. Überarbeite dich nicht. Überarbeitung ist die Ursache für viele Krankheiten. Wenn du dich überarbeitest, kannst du nicht meditieren.

Derjenige, der in allem vollkommen gemäßigt ist, ist ein wahrer Yogi. Er genießt Glück sowohl in dieser, als auch der nächsten Welt. Er bewegt sich glücklich und ist immer gut gelaunt. Er bewahrt vollkommene Gesundheit und ein höheres Maß an Spannkraft, Elan und Vitalität. Er erlangt Langlebigkeit und Berühmtheit.

Halte dich deshalb an die goldene oder glückliche Mitte. Folge immer dem mittleren Pfad, Gib Extreme in allem auf und sei für immer glücklich.

Möge Mäßigung dein Motto und dein Ideal werden.

---

147 Anspielung auf Bhagavad Gita, XVII. 6.
148 Intensive Praxis von Tapas (Askese).

MANIEREN

Manieren sind gutes Benehmen oder respektvolles Betragen. Sie sind guter Charakter. Sie sind eine gute Erziehung.

Manieren sind Auftreten oder Gebaren, das charakteristisch für einen ist. Sie sind persönliche Haltung. Sie sind Miene. Sie kennzeichnen höfliches, zivilisiertes oder wohlerzogenes Benehmen.

Ein Mensch mit guten Manieren ist frei von Ungezogenheit. Er ist wohlerzogen. Er ist entgegenkommend, anständig, zuvorkommend und höflich.

Gute Manieren bilden gutes Benehmen. Sie bestehen aus Höflichkeit und Liebenswürdigkeit. Sie ist die Kunst, dass sich diejenigen Menschenwohl fühlen, mit denen du dich unterhältst. Sie verleihen dem Leben Farbe.

Manieren sind das Ergebnis von viel gesundem Menschenverstand, einiger Gutmütigkeit und ein wenig Entsagung zum Wohle anderer.

Ein Mensch mit guten Manieren ist immer umgänglich und entgegenkommend.

Gute Manieren sind das Beste auf der Welt, um sich einen guten Namen zu machen und Freundschaft zu schließen.

Ein Mensch mit guten Manieren isst ruhig, bewegt sich ruhig, lebt ruhig und verliert sogar sein Geld ruhig.

Gute Manieren sind stärker als Gesetze.

Gute Manieren machen die Straße des Lebens eben. Sie machen einen Vorgesetzten liebenswürdig, einen Gleichgestellten angenehm und einen Untergebenen akzeptabel. Sie glätten Unterschiede, versüßen die Konversation und führen dazu, dass sich jede in der Gesellschaft mit sich selbst wohlfühlt. Sie erzeugen Gutmütigkeit, wechselseitiges Wohlwollen, beruhigen die Unruhigen, ermutigen die Ängstlichen und machen die Grimmigen menschlich.

Manieren sind geringere Moralvorstellungen[149]. Sie sind ein Schatten der Tugend. Sie sind ein Ticket für Wertschätzung. Sie sind die Blüte von gesundem Menschenverstand und Feingefühl.

---

149 Das englische Original „minor morals" erinnert an die Schrift „Minima Moralia" von Theodor W. Adorno.

Stolz, Bösartigkeit, Mangel an Taktgefühl, Arroganz, Ungeduld sind die großen Quellen von schlechtem Benehmen.

Gute Manieren sind ein Teil einer guten Moral. Sie sind eine seltene Gabe. Sie reifen leicht und schnell zu einer Moral.

Sei still, wenn es um dich geht. Sag wenig oder nichts über dich selbst.

MITGEFÜHL

(KARUNA)

Mitgefühl ist das Mitleid oder der Kummer über die Leiden eines anderen.

Mitgefühl öffnet der Freiheit Tür und Tor und expandiert das Herz. Es bringt das von Sünden verhärtete Herz von weltlichen Menschen zum Schmelzen und macht sie so weich wie Butter.

Das Herz eines Heiligen, Weisen oder Yogis ist angefüllt mit Mitgefühl.

Mitgefühl führt zur Erlangung von Frieden oder Chitta-prasada[150].

Mitgefühl ist Kummer oder Mitleid verbunden mit einem Verlangen danach zu helfen oder jemandem etwas zu ersparen, ausgelöst durch das Leiden oder die Not eines anderen oder von anderen. Es ist Mitleid mit Schmerz oder Kummer, das einen dazu antreibt, den Schmerz oder den Kummer anderer lindern zu wollen.

Der Tau von Mitgefühl ist eine Träne.

Durch Mitgefühl machst Du das Elend eines anderen zu deinem eigenen und deshalb erleichterst Du auch dich selbst, indem du anderen Erleichterung verschaffst.

Mitleid, Beileid, Zusammengehörigkeitsgefühl, Anteilnahme, Liebenswürdigkeit, Güte und Nachsicht sind Synonyme für Mitgefühl.

Die meisten Menschen sind teilnahmslos. Sie haben kein Mitgefühl. Sie sind völlig selbstsüchtig. Es mag sein, dass sie ihrer Tochter ein Auto für 15.000 Rupien schenken. Es kann auch passieren, dass sie 3.000 Rupien für Benzin ausgeben.

---

150 Klarheit des Geistes.

Aber sie werden keine Rupie ausgeben, um das Leid der Armen zu lindern. Ihr Augen und Ohren sind verschlossen. Sie hören die Hilferufe der Menschen in Not nicht. Sie sehen die Flut der Tränen nicht, die ihre Nachbarn vergießen. Sie verschließen ihre Türen und essen Rasagulla, Kalakand und Parottas[151].

Die ganze Welt ist eine Familie. Alle sind Kinder Gottes. Die ganze Welt ist dein Wohnsitz. Teile mit anderen was du hast. Trockne die Tränen derer, die leiden. Gott wird dich segnen.

Entwickle Mitgefühl. Habe ein sanftes, weiches Herz. Erkenne und verstehe die Leiden anderer und sei allzeit dazu bereit, ihnen zu helfen.

Mitgefühl ist Stärke. Es verleiht Kraft und Freude. Es bereitet deinen Geist auf das Herabsteigen des göttlichen Lichts vor.

Möge Mitgefühl in deinem Herzen aufsteigen!

MITLEID

Mitleid ist ein Gefühl für die Leiden der anderen. Wo Mitleid wohnt, ist der Frieden Gottes zuhause.

Es ist das Gefühl von Kummer oder Schmerz, das durch Belastungen, Missgeschicke oder Notlagen anderer hervorgerufen wird, das einhergeht mit einem Verlangen zu helfen oder zu lindern. Es ist Mitgefühl mit anderen, das danach drängt zu helfen.

Mitgefühl (Fühlen oder Leiden mit) impliziert ein gewisses Maß an Gleichheit, Verwandtschaft oder Einheit. Mitleid hat man für etwas, das schwach oder bedauernswert und so weiter ist, jedenfalls uns selbst unterlegen; deshalb wird Mitleid oft übel genommen, während Mitgefühl willkommen wäre.

Wir haben Mitgefühl mit jemandem in Freude oder Kummer, in Vergnügen oder Schmerz, Mitleid jedoch nur mit denjenigen in Leiden oder Bedürftigkeit. Wir mögen Mitgefühl mit den Kämpfen und Triumphen eines Eroberers haben, werden aber vom Mitleid mit einem Gefangenen oder Sklaven bewegt.

Mitleid mag nur im Geist sein, aber Erbarmen tut etwas für diejenigen, die sein Gegenstand sind.

---

151 Indische Süßspeisen bzw. Kuchen.

Anteilnahme wird, wie Mitleid, nur mit Rücksicht auf die Leidenden oder Unglücklichen geübt, aber sie vereinigt in sich die Sanftheit von Mitleid, die Würde des Mitgefühls und die aktive Eigenschaft des Erbarmens.

Beileid ist so zart wie Anteilnahme, aber entfernter und hoffnungsloser. Wir haben Beileid mit Leidenden, die wir nicht erreichen und denen wir keine Erleichterung verschaffen können.

Kondolieren ist der Ausdruck von Mitgefühl.

Barbarei, Brutalität, Grausamkeit, Wildheit, Hartherzigkeit, Härte, Unmenschlichkeit, Unbarmherzigkeit, Erbarmungslosigkeit und Rücksichtslosigkeit sind das Gegenteil von Mitleid.

MUT

Mut ist Tapferkeit, ein unerschrockener Geist, Furchtlosigkeit, Kühnheit. Er ist die Fähigkeit, die es den Menschen ermöglicht, Gefahren ohne Angst zu begegnen.

Mut vergrößert deine Möglichkeiten, Feigheit verringert sie.

Abhaya[152] ist Mut oder Furchtlosigkeit. Im 16. Kapitel der Gita steht diese Tugend an erster Stelle[153]. Kein spiritueller Fortschritt ist möglich ohne Mut. Mut ist ein wesentlicher Bestandteil eines hohen Charakters.

Es kann keine Wahrheit geben ohne Mut, du kannst nichts auf der Welt tun ohne Mut. Er ist die höchste Tugend des Geistes.

Mut triumphiert. Mut ist erfolgreich. Mut siegt.

Mut ist die Eigenschaft des Geistes, die den Menschen in die Lage versetzt, Gefahren, Widerständen und Schwierigkeiten mit Entschlossenheit, Gelassenheit und Unerschrockenheit oder ohne Furcht oder Niedergeschlagenheit zu begegnen.

Körperlicher Mut und moralischer Mut sind nötig, um ein bedeutender Mensch zu sein. Moralischer Mut ist eine höherrangige Tugend als körperlicher Mut, er ist sehr erhebend.

---

152 Ohne Gefahr (Bhaya), sicher, furchtlos, Furchtlosigkeit bzw. "der Furchtlose", frei von Angst, Mut, mutig.
153 Der in Kap. XVI.1 genannten göttlichen Eigenschaften.

Physischer Mut beruht auf körperlicher Kraft und Unerschrockenheit. Moralischer Mut ist die Eigenschaft, die einen dazu in die Lage versetzt, einen Kurs beizubehalten, den man für richtig erachtet, auf dem einem aber Verachtung, Missbilligung oder Herabsetzung widerfahren kann.

Wahrer Mut ist nicht die brutale Kraft vulgärer Helden, sondern die bestimmte Entschlossenheit von Tugend und Vernunft. Der Mut eines Soldaten in der Schlacht ist rajaso-tamasig, aber der Mut eines spirituell Suchenden, Weisen oder Heiligen ist sattvig. Ersterer ist die Härte der Unbesonnenen und Törichten, Letzterer ist der Mut der Weisen.

Haben keinen angetrunkenen Mut, sondern sei wirklich mutig. Angetrunkener Mut ist falscher Mut, der durch Trinken erzeugt wird. Er verfliegt schnell, wenn die Wirkung des Alkohols nachlässt. Mut muss wesentlicher Bestandteil deiner wahren Natur werden.

Habe den Mut deiner Überzeugungen. Habe den Mut, deinen Ansichten und Meinungen zu folgen oder dich in Übereinstimmung mit ihnen zu verhalten.

Fasse Dir immer ein Herz, um dich auf etwas Wagemutiges vorzubereiten.

Mut ist das härtere Holz, aus dem Helden geschnitzt sind.

Wenn du Mut und Zuversicht hast, kannst Du alles auf dieser Welt erreichen. Mut ist der Ursprung allen Erfolgs. Unmögliche Dinge werden möglich, wenn du Mut und Zuversicht hast.

Deine Stärke entspricht direkt proportional deinem Mut. Deine Fähigkeit Taten auszuführen steht in Übereinstimmung mit deinem Mut und deiner Zuversicht.

Du magst Mut haben wenn alles gut läuft, aber es ist schwierig, in Zeiten von Panik und Gefahr Mut zu haben. Ein wirklich mutiger Mensch ist derjenige, der keine Furcht kennt, wenn ihm Gefahr auf den Fersen folgt, und anderen mit gelassener Geisteshaltung hilft.

Tapferkeit, Unerschrockenheit, Heldenmut, Kühnheit, Standhaftigkeit, Furchtlosigkeit, Wagemut, Heldentum, Edelmut, Verwegenheit, Eifer und Courage sind Synonyme von Mut.

Feigheit, Angst, Schrecken, Furchtsamkeit, Verzagtheit und Memmenhaftigkeit sind Gegenteile von Mut.

Meditiere ohne Unterlass auf den absolut furchtlosen Atman oder die unsterbliche Seele, die in den Kammern deines Herzens wohnt. Du wirst eine Verkörperung von Mut werden.

NACHEIFERN

Nacheifern ist der Versuch, mit anderen gleichzuziehen oder sie zu übertreffen. Es ist gesunder Wettbewerb. Es ist das Verlangen nach der gleichen Vortrefflichkeit, über die ein anderen verfügt.

Nacheifern ist eine vornehme Leidenschaft. Es ist das Streben, andere zu übertreffen, nicht sie zu erniedrigen. Es wahrt die Regeln der Ehre und macht den Wettbewerb nach Ruhm gerecht und großzügig.

Ohne Nacheifern kann nichts Großes oder Hervorragendes getan werden. Nacheifern ist lobenswerter Ehrgeiz. Es treibt dich an voranzukommen und Verbesserungen zu erreichen. Es bewundert große Taten und strebt danach, sie nachzumachen. Das Motiv von Neid hingegen ist nur Bosheit.

Nacheifern ist der Schatten von Streben. Es hält Ausschau nach Verdiensten, um sich durch einen Sieg zu erhöhen.

Durch Nacheifern erhöht man sich zu etwas lobenswertem. Er strengt sich an, bemüht sich und kämpft. Er führt keinen rücksichtslosen Wettbewerb gegen andere.

Er neidet anderen ihren Ruhm nicht, sondern verbessert seine eigenen Begabungen, Fähigkeiten und Eigenschaften. Er brüstet sich weder seiner selbst, noch macht er sich über andere lustig.

Wer nacheifert ringt seine Mitbewerber nicht mit unehrlichen oder unwürdigen Mitteln nieder. Er bemüht sich nur aufzusteigen, indem er sich selbst übertrifft. Der Geist des Menschen wird durch tugendhaftes Nacheifern erhöht. Er ist stets gewissenhaft, aufmerksam und ausdauernd. Er steigt immer höher und höher.

Er führt sich das Beispiel von erhabenen Menschen vor Augen und ist bestrebt ihnen zu folgen, er erreicht ihr Niveau schnell. Er schmiedet großartige Pläne und führt sie aus.

Das Herz eines neidischen Menschen hingegen ist wund und bitter. Sein Herz schmerzt beim Erfolg und Wohlstand anderer. Sein Herz ist erfüllt von Hass und

Bosheit. Er fügt anderen Schaden zu. Er verletzt und ruiniert andere. Er mag Menschen nicht, die ihn übertreffen.

In allen Aufgaben des aktiven und forschenden Lebens ist Nacheifern die stärkste Quelle der Bemühungen und Fortschritte der Menschheit.

Nacheifern bezieht sich auf das Abstrakte, Wettbewerb auf das Konkrete. Man spricht von Wettbewerb im Geschäftsleben, Nacheifern in Gelehrsamkeit, Rivalität in der Liebe, der Politik etc.; Nacheifern in Vortrefflichkeit, Erfolg, Errungenschaft; Wettbewerb um einen Preis; Rivalität zwischen Personen oder Ländern. Wettbewerb kann freundlich sein; Rivalität ist üblicherweise feindselig. In der Geschäftssprache wird Gegnerschaft zunehmend ein Ersatz für Wettbewerb. Das impliziert, dass der Wettbewerber ein Gegner und eine Behinderung ist.

Nachlässigkeit, Gleichgültigkeit und falsche Zufriedenheit sind das Gegenteil von Nacheifern.

NÄCHSTENLIEBE

I.

Nächstenliebe heißt, Almosen zu geben. Sie ist die Einstellung, positiv von anderen zu denken und ihnen Gutes zu tun. Nächstenliebe ist universelle Liebe. Sie ist Großzügigkeit den Armen gegenüber. Sie ist Wohlwollen. Das, was gegeben wird, um die Not der Bedürftigen zu lindern, ist Nächstenliebe.

In einem allgemeinen Sinn bedeutet Nächstenliebe Liebe, Güte und Wohlwollen. In einem theologischen Sinne ist sie universelles Wohlwollen zu den Menschen und höchste Gottesliebe. In einem spezielleren Sinn bedeutet sie Liebe, Zuneigung, Zärtlichkeit, die natürlichen Beziehungen entspringt, wie die Wohltaten des Vaters, des Sohnes oder des Bruders.

Wahre Nächstenliebe ist die Sehnsucht anderen nützlich zu sein, ohne an Entschädigung oder Belohnung zu denken[154].

Wer am wenigsten ungerecht ist, ist in seinem Urteil am freundlichsten.

Was Du aus Nächstenliebe getan hast, wird Dir auf ewig bleiben.

---

154 Anspielung auf Karma Yoga.

Gib freudig, schnell und ohne zu zögern.

Gib ein Zehntel Deines Einkommens oder eine Anna[155] pro Rupie für Wohltätigkeit.

Nächstenliebe befreit von einer Vielzahl von Sünden[156]. Nächstenliebe reinigt das Herz sehr.

Zu beten bringt Dich auf dem halben Weg zu Gott, zu fasten ist das Tor zu seiner höchsten Wohnstätte und Nächstenliebe verschafft Dir den Zutritt.

Nächstenliebe ist tätige Liebe.

Nächstenliebe beginnt zu Hause, sollte aber nach außen gehen. Die ganze Welt ist dein Zuhause. Du bist ein Bürger der Welt. Kultiviere ein großzügiges Gefühl für das Wohlergehen der ganzen Welt.

Die Nächstenliebe, die von sich reden macht, hört auf Nächstenliebe zu sein. Sie ist bloß Stolz und Prahlerei.

Jede gute Tat ist Nächstenliebe. Dem Durstigen Wasser zu geben ist Nächstenliebe. Ein aufmunterndes Wort zu einem Menschen in Not ist Nächstenliebe. Einem armen kranken Menschen etwas Arznei zu geben ist Nächstenliebe. Ein spitzes Stück Metall oder ein Stück Glas von der Straße wegzuräumen ist Nächstenliebe.

Ein kleiner guter Gedanke oder eine kleine Liebenswürdigkeit sind oft mehr wert als eine Menge Geld.

Schiebe Nächstenliebe nicht bis zum Tod auf. Praktiziere Nächstenliebe jeden Tag.

Wenn Du einem Hungrigen zu essen gibst, will er wieder Essen, wenn er hungrig wird. Die beste Art von Nächstenliebe ist deshalb „Vidya-Dana[157]", Weisheit zu vermitteln. Weisheit beseitigt Unwissenheit, die Ursache, sich einen Körper zu nehmen, und zerstört im Gesamten alle Arten von Nöten und Leiden für immer.

Die zweitbeste Art von Nächstenliebe ist einem kranken Menschen Medizin zu geben. Die drittbeste Art von Nächstenliebe ist „anna-Dana"[158] oder den Hungrigen Essen zu geben.

---

155 Frühere indische Münze. Eine Anna entsprach 1/16 Rupie. Eine Rupie bestand aus 16 Annas, was 64 Paisas entsprach. Ein Anna entsprach 4 Paisas.
156 Sprüche 28, 13
157 Vermitteln von Wissen, Weisheit, Erkenntnis.
158 Den Armen, Bedürftigen und Gästen Essen zu geben.

Übe Nächstenliebe lautlos. Mache keine Reklame für Dich; was deine rechte Hand tut, sollte deine linke Hand nicht wissen.

Die erste Tochter der Liebe Gottes ist Nächstenliebe gegenüber dem Armen.

Unterscheide anfänglich bei der Nächstenliebe. Später in Deiner Praxis übe Nächstenliebe unterschiedslos. Wenn man spürt, dass jedes Lebewesen eine Erscheinungsform Gottes ist, ist es schwierig Unterschiede zu machen. Wer ist gut? Wer ist schlecht?

Widerwillig geübte Nächstenliebe ist keine Nächstenliebe.

Nächstenliebe ist nicht darauf beschränkt zu geben in Form von Dollars, Schillingen oder Rupien. Denke gut von leidenden Menschen. Bete für Ihr Wohlergehen. Dadurch wirst du mehr Gutes bewirken als mit viel Geld.

II.

Prof. X, Y, Z, M.A., Dr. med., gab einem armen Mann aus Nächstenliebe eine Decke. Danach dachte er: „Ich hätte ihm die Decke nicht geben sollen." Sein Herz war in einem Zustand von Erregung und Qual. Er wollte die Decke von dem armen Mann zurückbekommen. Wenn du auf diese Art und Weise Nächstenliebe übst, wirst du keinen Nutzen davon haben. Du wirst dadurch keine Reinheit des Herzens erlangen. Viele weltlich eingestellte Menschen führen Akte der Nächstenliebe nur auf diese Art und Weise aus. Solche Wohltäter sind auf dieser Welt im Überfluss vorhanden.

Nächstenliebe muss spontan und ungezügelt sein. Geben muss zur Gewohnheit werden. Du sollst beim Geben extreme Freude erleben. Du darfst nicht denken: „Ich habe einen Akt der Nächstenliebe vollbracht. Ich werde Glück im Himmel erleben. Ich werde im nächsten Leben als reicher Mann geboren werden. Der Akt der Nächstenliebe wird mich von meinen Sünden reinwaschen. Es gibt keinen so wohltätigen Menschen wie mich in meiner Stadt oder meinem Bezirk. Die Leute wissen, dass ich ein sehr wohltätiger Mensch bin." Betteln ist armselig und jämmerlich.

Manche Leute üben Nächstenliebe und sind begierig darauf, dass ihr Namen mit Bild in der Zeitung veröffentlicht wird. Das ist eine rajassige Form von Nächstenliebe. Das ist überhaupt keine Nächstenliebe.

Jesus sagt: „Wenn Du aber Almosen gibst, so lass deine linke Hand nicht wissen, was die rechte tut."[159] Du solltest mit Deiner Nächstenliebe und deiner wohltätigen Natur nicht hausieren gehen. Es darf kein Hochgefühl in Deinem Herzen geben, wenn die Menschen dich für deine wohltätige Natur preisen.

Es sollte dich danach dürsten, täglich Akte der Nächstenliebe zu verüben. Du solltest Gelegenheiten dazu schaffen. Kein Yoga oder Yajna[160] ist größer als sattvige Nächstenliebe der spontanen Art. Karna[161], Raja und Bhoja[162] haben zahllose Akte der Nächstenliebe verübt. Deshalb leben sie in unserem Herzen fort.

Gib den Armen, den Kranken, den Hilflosen und den Verlassenen. Gib den Weisen, den Altersschwachen, den Blinden, den hilflosen Witwen. Gib den Sadhus[163], Sannyasins[164], religiösen und sozialen Institutionen. Danke dem Menschen, der dir eine Gelegenheit gibt, ihm zu dienen, indem du Nächstenliebe an ihm übst. Gib mit der richtigen geistigen Einstellung und verwirkliche Gott durch wohltätige Handlungen. Ruhm sei denjenigen, die Nächstenliebe im rechten Geist üben.

OPTIMISMUS

Optimismus ist die Lehre, dass alles zum Besten bestellt ist. Er ist die Veranlagung, einen heiteren, hoffnungsvollen Blick auf die Dinge zu haben.

Optimismus ist die Lehre oder die Auffassung, dass alles in der Natur und der Geschichte der Menschheit zum Besten bestellt und die Ordnung der Dinge im Universum darauf zugeschnitten ist, das höchste Gute hervorzubringen.

Optimismus ist die Lehre, dass das Universum zu einem besseren Zustand tendiert. Er ist die Veranlagung zu glauben, dass – mögen die Dinge auch gegenteilig erscheinen – was immer geschieht richtig und gut ist. Er ist ein heiteres Naturell im Gegensatz zu Pessimismus.

---

159 Mattäus 6, 3.
160 Opfer, Ritual, Gottesdienst, Verehrung, Hingabe, Gebet, Lobpreisung. Im konkreteren Sinn hinduistisches Opferritual, das seinen Ursprung in den Veden hat, mit dem der Segen der Götter für das Leben der Gemeinschaft und des Einzelnen herbeigerufen wird. Die Opfergabe (zumeist Reis oder Ghee) wird als Mikrokosmos verstanden, der den Menschen in Einklang mit dem Makrokosmos bringen soll.
161 Eine der zentralen und zugleich tragischen Figuren des Epos Mahabrarata. Er war König von Anga und am 15. und 16. Tag der Schlacht von Kurukshetra Heerführer der Kauravas. Er unterliegt im Kampf gegen Arjuna und wird von diesem getötet.
162 Indischer König von Malva in der ersten Hälfte des 11. Jahrhunderts, der als großer Förderer der Literatur galt.
163 Fromme oder heilige Menschen (oft Mönche), die sich einem asketischen Leben verschrieben haben.
164 Mönche.

Pessimismus ist das Gegenteil von Optimismus.

Ein Optimist sieht in jeder Schwierigkeit eine Chance; ein Pessimist sieht in jeder Chance eine Schwierigkeit.

Jede Situation hat eine positive Seite. Nimm eine hoffnungsvolle, zuversichtliche Geisteshaltung an. Dann ist die Schwierigkeit schon halb bewältigt, bevor du überhaupt anfängst, dich mit ihr zu befassen.

Ein Optimist bekommt das Beste vom Leben. Er hofft das Beste und macht das Beste aus Menschen und Umständen und denkt das Beste von den Menschen.

Optimismus ist Hoffnung. Er ist ein gutes Leben. Er rettet Menschen.

Wie kann die Existenz des Bösen mit der Güte Gottes in Einklang gebracht werden? Optimismus beantwortet die Frage indem er bekräftigt, dass das Böse der notwendige Vorläufer des Guten ist.

Optimismus wird dich glücklich und heiter machen. Der Unfall ist nicht so schlimm wie befürchtet. Der Hügel ist nicht so steil, wie du gemeint hast, bevor du begonnen hast ihn zu besteigen. Die Schwierigkeit ist nicht so groß wie erwartet. Die Dinge erweisen sich besser als erhofft.

PATRIOTISMUS

Patriotismus ist Liebe und Hingabe an das eigene Land.

Patriotismus ist die Leidenschaft, die einen dazu bewegt, dem eigenen Land zu dienen, entweder indem man es gegen eine Invasion verteidigt oder indem man seine Rechte schützt und seine Gesetze und Institutionen in Kraft und Reinheit erhält.

Es ist der Geist, der einen aus der Liebe zu seinem Land dazu anspornt, seine Gesetze zu befolgen, seine Existenz, seine Rechte und seine Institutionen zu unterstützen und zu verteidigen und sein Wohlergehen zu fördern.

Derjenige, der sein Mutterland wahrhaft liebt und ihm dient, ist ein Patriot.

Liebe zum eigenen Land ist eine der erhabensten Tugenden.

Das Wohlergehen deines Landes sei dein erstes Anliegen. Wer das am besten fördert, erfüllt seine Pflicht am besten.

Das vornehmste Motiv ist das öffentliche Wohl.

Derjenige Patriotismus, der zu Handlungen von Selbstaufopferung, von Tapferkeit, von Hingabe und sogar des Todes selbst anregt und anspornt – das ist öffentliche Tugend, das ist die überragendste der öffentlichen Tugenden.

Erst Patriotismus. Dann kommt Vedanta.

PFLICHT

Pflicht ist, was man aufgrund irgendeiner Verpflichtung verpflichtet ist zu tun.

Erfülle deine Pflicht und überlasse den Rest dem Herrn.

Derjenige, der weiß, was seine Pflicht ist, ihr aber nicht nachkommt, ist der schlechteste Mensch auf dieser Welt.

Du bist nicht auf dieser Welt um zu tun, was du willst. Du musst wollen das zu tun, was zu tun deine Pflicht ist.

Betrachte Pflichten als heilig. Erfülle deine Pflicht selbstlos. Dann hört die Pflicht auf, belastend zu sein. Sie wird freudebringend.

Erfülle deine Pflicht in deinem Laden, in deiner Küche, im Büro, in der Schule, zuhause, sehr gewissenhaft. Lege dein ganzes Herz hinein, auch wenn du Kleinigkeiten machst wie deine Papiere zu ordnen, das Zimmer putzen, deine Kleider aufräumen etc.

Deine täglichen Pflichten sind Teil deines religiösen Lebens.

Pflicht heißt, die Aufgaben umgehend und gewissenhaft auszuführen, die jetzt vor dir liegen.

Pflicht ist die erhabenste aller Vorstellungen, da sie die Vorstellung von Gott, der Seele, von Freiheit, von Verantwortung und von Unsterblichkeit mit einschließt.

Die würdige Erfüllung der Pflichten in jeder Phase des Lebens verleiht einem Menschen Ehre.

Sei genau in dem was du tust, auch wenn es sich nur um kleine Pflichten handelt. Daraus wirst du viel Freude und Glück beziehen.

Es gibt keine niedrige Arbeit. Arbeit ist Anbetung. Alle Tätigkeiten sind heilig. Pflichterfüllung ist religiöse Praxis.

Eine erfüllte Pflicht ist ein moralisches Stärkungsmittel. Sie stärkt das Herz und den Geist.

Menschliches Glück und moralische Pflicht sind untrennbar miteinander verbunden.

Was du nicht willst, das man dir tut, das füge auch keinem anderen zu. Behandle andere so, wie du selbst behandelt werden möchtest[165]. Das ist das große moralische Gesetz.

Du wurdest nicht geboren, um die großen Probleme des Universums zu lösen. Du wurdest geboren herauszufinden, was du zu tun hast.

Diese Lebensspanne ist dir für erhabene Pflichten gegeben, nicht für Selbstsucht, nicht um sie wertlos auf müßigen Tratsch, Essen, Trinken und Schlafen zu verschwenden, sondern um dich zu vervollkommnen, um Tugenden zu entwickeln, der Menschheit selbstlos zu dienen und Gottesverwirklichung zu erlangen.

PHILANTHROPIE

Philanthropie ist Wohlwollen allen Menschen gegenüber. Sie ist Liebe zur Menschheit, wie sie in guten Taten und Dienst an anderen zum Ausdruck kommt.

Philanthropie ist die Veranlagung oder das Bemühen, das Glück oder die gesellschaftliche Erhebung entweder des einzelnen Menschen oder der Menschheit in einem größeren Maßstab zu fördern.

Philanthropie ist die Sehnsucht oder das Bestreben, soziale Mißstände zu lindern und sozialen Annehmlichkeiten zu steigern und zu vermehren, basierend auf einem breiten und tiefen Verständnis der Natur und Lage des Menschen. Sie ist umfassendes Wohlwollen, aber oft nicht spezifisch in ihren Objekten. Sie

---

165 Sog. „goldene Regel" der praktischen Ethik. In der Mahabharata heißt es dazu: „Man soll niemals einem anderen antun, was man für das eigene Selbst als verletzend betrachtet. Dies, im Kern, ist die Regel aller Rechtschaffenheit (Dharma)." (Mahabharata 13, 113, 8)

ist aktive Humanität. Sie ist Liebe der gesamten Menschheit. Sie ist Wohlwollen allen Menschen gegenüber, die durch freundliche Handlungen zum Ausdruck gebracht wird.

Wer versucht, der Menschheit Gutes zu tun, ist ein Philanthrop.

Ein wahrer Philanthrop lebt nicht um seiner selbst willen, sondern für die Welt. Er hat ein großzügiges Gefühl für das Wohlergehen der ganzen Welt.

Ein Philanthrop wird durch Liebenswürdigkeit zu den eigenen Mitmenschen gekennzeichnet. Er arbeitet zum Wohle der Menschheit. Er ist wohlwollend. Er ist ein Humanist.

PÜNKTLICHKEIT

Pünktlichkeit bedeutet, immer die exakte Zeit einer Verabredung einzuhalten.

Ein pünktlicher Mensch hält die Zeit, Verpflichtungen und Vereinbarungen peinlich genau ein.

Pünktlichkeit ist Genauigkeit einer zugesagten Zeit.

Ein Mensch von Pünktlichkeit ist aufmerksam und genau in Fragen der Zeit, so wie bei Arbeitszeiten und Verabredungen und ähnlichem. Er erscheint bei Anlässen genau zu der festgesetzten Zeit.

Pünktlichkeit ist die Kardinaltugend von Geschäftsleuten und großartigen Menschen.

Ein Mensch von Pünktlichkeit ist im Leben immer erfolgreich.

Sei lieber zwei Stunden zu früh als einen Moment zu spät.

Als ein Minister von George Washington sich für seine Verspätung damit entschuldigte, dass seine Uhr nachging, sagte Washington: „Sie müssen sich eine neue Uhr besorgen oder ich mir einen neuen Minister."

Die unverzichtbarste Befähigung eines Arztes, eines Kochs, eines Offiziers und eines Professors ist Pünktlichkeit.

Ich war immer eine halbe Stunde zu früh. Das ist das Geheimnis meines Erfolgs.

Strikte Pünktlichkeit ist die preiswerteste Tugend. Mangel an Pünktlichkeit ist Mangel an Tugend.

Die breite Mehrheit der Menschen ist von Natur aus sowie aus Gewohnheit träge. Es ist sehr schwer, einen Menschen von wahrhaftiger, unbeirrbarer Pünktlichkeit zu finden.

Die Vorgehensweise ist der besondere Dreh- und Angelpunkt des Geschäftslebens und aller Arbeiten. Es gibt keine Vorgehensweise ohne Pünktlichkeit.

„Lieber spät als nie" ist als Maxime nicht halb so gut wie „Besser nie zu spät".

Sei pünktlich. Du wirst Erfolg in allen Unternehmungen haben.

RECHTES VERHALTEN

Die Sittenlehre oder Wissenschaft der Ethik handelt von Sadachara[166] oder rechtem Verhalten oder Moral oder Pflicht. Ethik ist die Wissenschaft der Moralvorstellungen, dejenige Zweig der Philosophie, der sich dem menschlichen Charakter und Verhalten befasst.

Verhalten ist Benehmen. Anstand, Haltung, Gebaren, Verhalten und Benehmen sind synonyme Begriffe. Die Wissenschaft der Ethik oder Moralvorstellungen beschäftigt sich mit der Art und Weise, auf die vernunftbegabte Wesen sich zueinander sowie anderen Wesen gegenüber verhalten sollten.

Die Wahrheit zu sagen, Ahimsa[167] zu praktizieren, die Gefühle anderer in Gedanken, Worten und Taten nicht zu verletzen; keine harschen Worte zu irgendjemandem zu sagen; keinen Ärger über irgendjemanden zu zeigen; andere nicht zu missbrauchen, nicht schlecht von anderen zu sprechen und Gott in allen Wesen zu sehen, das ist Sadachara. Wenn du irgendjemanden missbrauchst oder die Gefühle anderer verletzt, missbrauchst du dich in Wahrheit nur selbst und verletzt damit nur die Gefühle Gottes. Himsa[168] ist ein tödlicher Feind von Bhakti[169]

---

166 Sanskrit für richtiges Verhalten, moralisches Handeln. Zusammengesetzt aus Sat (gut, moralisch, verantwortungsbewusst) und Achara (Verhalten).
167 Gewaltlosigkeit, Nichtverletzen in Gedanken, Wort und Tat, das erste der 5 Yamas
168 Gewalt, Verletzung, Schädigung, das Gegenteil von Ahimsa.
169 Hingabe, Liebe zu Gott.

und Jnana[170]. Sie trennt und teilt. Sie steht der Verwirklichung der Einheit oder des Einsseins des Selbst [171]im Weg.

Die Handlung oder Betätigung, die anderen nicht gut tut, oder die Handlung, für die man sich schämt, sollte nie begangen werden. Auf der anderen Seite sollte diejenige Handlung ausgeführt werden, für die man in Gesellschaft gelobt wird. Das ist eine kurze Beschreibung dessen was rechtes Verhalten ist.

Gott Manu[172] sagt in seiner Smriti: „Achara[173] (gutes Verhalten) ist das höchste Dharma[174], wie es von den Smriti[175] und den Sruti[176] vorgegeben wird. Deshalb lass den zweimal Geborenen[177], der das Selbst kennt, sich immer sorgfältig dafür einsetzen. Derart den Pfad des Dharma einhaltend, der von Achara vorgegeben wird, umarmen die Weisen Achara als die Wurzel von allem Tapas[178]."

Rechtschaffenheit, Wahrheit, gute Taten, Stärke und Wohlstand haben ihren Ursprung alle im Verhalten. In der Mahabharata steht geschrieben: „Das Kennzeichen von Dharma ist Achara (gutes Verhalten). Achara ist das Kennzeichen von allem Guten. Achara ist größer als alle Lehren. Aus Achara wird Dharma geboren; Dharma erhöht das Leben. Durch Achara erlangt der Mensch Leben; durch Achara erlangt er Wohlstand und durch Achara erlangt er einen guten Ruf, sowohl hier als auch im Jenseits. Derjenige, der ein Freund aller Lebewesen ist, der in Taten, Gedanken und Worten auf das Wohl aller bedacht ist – nur derjenige weiß um Dharma!"

Dharma ist extrem subtil (Ati Sukshma[179]), vielschichtig und schwierig. Sogar die Weisen sind verwirrt. Dharma verleiht schließlich Reichtum, Erfüllung und Befreiung. Dharma steht an der Spitze der Liste der vier Purusharthas[180], näm-

---

170 Weisheit, Verständnis, Erkenntnis, spirituelle Einsicht, Wissen um Brahman, das Absolute.
171 = Samadhi.
172 Eine Inkarnation von Vishnu, die im Hinduismus als Stammvater der Menschen gilt. Gilt als mythischer Verfasser des indischen Gesetzbuchs Manusmriti.
173 Verhalten, Benehmen, Brauch, Vorschrift. Richtiges Verhalten, gutes Benehmen. Auch Regeln und Gebräuche von Kasten, Orden oder Religionen.
174 Rechte Lebensweise, wie sie die heiligen Schriften vorsehen; Verhaltensregeln; Rechtschaffenheit, Tugendhaftigkeit.
175 Die vedische Tradition unterteilt ihre heiligen Schriften in Smriti und Sruti. Smriti haben als Verfasser Menschen, werden aber auch als heilig angesehen.
176 Wörtlich „das Gehörte". Sruti sind diejenigen Schriften, die direkter Ausdruck göttlicher Offenbarung sind und deshalb unbedingte Autorität besitzen. Sie gelten als Weisheiten, die von den Rishis (Weisen, Sehern) direkt vom Göttlichen „gehört" wurden.
177 Sanskrit: Dvija. Angehöriger der drei höheren Stände, dem es gestattet ist, bestimmte heilige Zeremonien durchzuführen.
178 Askese, eines der 5 Niyamas.
179 Sanskrit: ati = sehr, viel, übermäßig, sukshma = fein, klein; exakt, präzise; feinsinnig, feinstofflich.
180 Wörtlich: Ziel des Menschen. Auch „eigene Anstrengung". Bezieht sich auf die vier Bestrebungen bzw. Ziele, auf die das Leben des Menschen gerichtet sein kann, nämlich Kama (Wunscherfüllung), Artha (Wohlstand, der durch rechtschaffenes Handeln erworben wird), Dharma (Rechtschaffenheit) und Moksha (Befreiung).

lich Dharma, Artha, Kama und Moksha. Dharma wird gewöhnlich als „Pflicht",
„Rechtschaffenheit" etc. bezeichnet. Jede Handlung, die bestmöglich darauf aus-
gerichtet ist, Sreya (= Moksha[181]) zu erlangen, ist Dharma. Das, was den Menschen
Wohlergehen bringt, ist Dharma.

Alles, was frei von jeglicher Absicht ist, irgendein Wesen zu verletzen, ist ganz
sicher Sittlichkeit. Denn in der Tat sind alle moralischen Grundsätze dazu geschaffen wurden, um alle Lebewesen von Verletzungen zu befreien. Dharma
wird deshalb so genannt, weil es alle beschützt. Tatsächlich rettet Sittlichkeit
alle Geschöpfe.

Das Verhalten ist die Wurzel des Wohlstands. Rechtes Verhalten mehrt den
Ruhm. Es ist das Verhalten, das das Leben verlängert. Es ist das Verhalten, das
all Schicksalsschläge und alles Übel zerstört. Es wurde gesagt, dass das Verhalten
allen anderen Wissensbereichen überlegen ist. Wissen ist Stärke, aber Charakter
ist die bessere Stärke.

Es ist durch das Verhalten, durch das man ein langes Leben erlangt, und es ist
durch das Verhalten, durch das man Reichtümer und Wohlstand erwirbt. Es ist ein
Mittel, um im Leben ein Ziel zu erreichen. Gutes Verhalten bringt einem einen gu-
ten Ruf, Langlebigkeit, Wohlstand und Glück ein. Es führt schließlich zu Moksha.
Es ist das Verhalten, das Tugend erzeugt, und es ist Tugend, die das Leben ver-
längert. Verhalten verleiht einem Ruhm, ein langes Leben und den Himmel.
Verhalten ist das wirksamste Ritual, um die Himmlischen versöhnlich zu stimmen.
Sogar der selbsterschaffene Brahma höchstpersönlich hat gesagt: „Dieser sollte
Erbarmen gegenüber allen Menschen gleich welchen Ranges zeigen."

Tugend wird durch rechtes Verhalten hervorgehoben. Die Guten und die
Tugendhaften sind dies wegen ihres Verhaltens, das sie an den Tag legen. Die
Kennzeichen von gutem Verhalten werden durch die Taten derjenigen geprägt,
die gut und rechtschaffen sind. Und in der Tat ist es das Verhalten, durch das
man Ruhm erwirbt, der auf großen Taten beruht, sowohl in dieser, wie auch
der nächsten Welt. Fürwahr, alleine durch dieses Verhalten kann man alle drei
Welten[182] erobern. Es gibt nichts, das tugendhafte Personen nicht erreichen
könnten. Niemand ist einer Person von guten Taten und guter, angenehmer,
lieblicher Rede ebenbürtig. Die Leute haben großen Respekt vor demjenigen,
der sich rechtschaffen verhält und gute Taten vollbringt, selbst wenn sie nur von
ihm hören, ohne ihm jedoch selbst zu begegnen.

181 Befreiung
182 Vgl. Fn. 15.

Der Mensch, dessen Verhalten unangebracht oder gemein ist, erlangt nie ein langes Leben. Alle Lebewesen fürchten so einen Menschen und werden von ihm unterdrückt. Wenn man Fortschritt und Wohlstand für sich erhofft, sollte man deshalb in dieser Welt den Pfad der Rechtschaffenheit befolgen und sich selbst rechtschaffen verhalten. Gutes Verhalten ist erfolgreich darin, das Unheil und das Elend selbst desjenigen zu beseitigen, der sündhaft ist.

Der Mensch von rechtem Verhalten hat Ideale, Prinzipien und Leitsätze. Er befolgt sie konsequent, beseitigt seine Schwäche und seine Fehler, entwickelt richtiges Verhaltes und wird ein sattviger Mensch. Er ist sehr umsichtig im Umgang mit älteren Menschen, seinen Eltern, Lehrern, Acharyas, Schwestern, Brüdern, Freunden, Verwandten, Fremden und anderen Geschöpfen. Er versucht zu wissen, was richtig und was falsch ist, indem er auf Sadhus[183] und Mahatmas[184] zugeht und die Schriften sehr sorgfältig studiert und dann freudig den Pfad der Rechtschaffenheit oder des Dharma beschreitet.

Ein Mensch von rechtem Verhalten kümmert sich stets um das Wohlergehen aller Lebewesen. Er lebt in Einvernehmen mit seinen Nachbarn und allen Leuten. Er verletzt nie die Gefühle anderer und spricht keine Lügen. Er praktiziert Brahmacharya[185]. Er erkennt die schlechten Neigungen des Geistes und bereitet sich durch darauf vor, die Wonne der Vereinigung mit Paramatma[186] oder dem Selbst zu erlangen.

Ein spirituell Suchender ging zu Veda Vyasa[187] und sagte: „Oh Maharishi[188], Avatar[189] von Vishnu, ich bin in einem Dilemma. Ich kann die genaue Bedeutung des Begriffs „Dharma" nicht richtig verstehen. Manche sagen, es sei rechtes Verhalten. Andere sagen, das, was zu Sarya (Moksha[190]) und Glück führt sei Dharma. Alles, jedes Verhalten, das dich herunterzieht, sei Adharma[191]. Gott Krishna sagt: ‚Sogar Weise sind verwirrt genau zu verstehen, was Dharma ist? Was ist Adharma? Gahana Karmano Gatihi[192] – mysteriös ist der Pfad des Handels.' Ich bin verunsichert, oh Maharishi, bitte gib mir eine ganz einfach Definition von Dharma, um mich in die Lage zu versetzen, Dharma in all meinen Handlungen zu befolgen." Maharishi Vyasa sagte: „Oh spirituell Suchender, höre mich, ich werde

---

183 Frommer oder heiliger Mensch (oft Mönch), der sich einem asketischen Leben verschrieben hat.
184 wörtlich „große Seele", Heiliger, Weiser, Ehrenbezeichnung für spirituelle Lehrer und Führer.
185 (Sexuelle) Enthaltsamkeit, die sich jedoch auf alle Aktivitäten der Sinne beziehen sollte. Eines der 5 Yamas.
186 Das höchste Selbst.
187 Veda Vyasa (wörtlich „Ordner der Veden") war ein mythischer Weiser, der als Ordner und Redakteur wichtiger altindischer Schriften und Begründer des Vedanta gilt.
188 Ein großer Seher (vgl. „Rishi").
189 Wörtlich „Herabkunft", Erscheinen Gottes auf Erden in einer frei von ihm gewählten Form, Inkarnation eines Gottes in einem Menschen.
190 Befreiung.
191 Das Gegenteil von Dharma, Fehlen von Rechtschaffenheit und Tugend, Ungerechtigkeit, Unredlichkeit, Fehler.
192 Bhagavad Gita IV. 17.

dir eine einfache Methode vorschlagen. Befolge die folgenden Aussprüche genau, wenn du irgendeine Handlung ausführst. Verhalte dich so, wie auch du behandelt werden willst. Halte dich gründlich daran. Du wirst von allen Schwierigkeiten erlöst werden. Wenn du diesen weisen Leitspruch befolgst, kannst du anderen nie Schmerz zufügen. Praktiziere dies in deinem täglichen Leben. Auch wenn du hundert Mal fehl gehst, macht das nichts. Deine alten Samskaras[193], Asubha Vasanas[194], sind deine wahren Feinde. Sie werden dir als Stolpersteine in den Weg stehen. Aber halte durch. Du wirst Erfolg darin haben, das Ziel zu erreichen." Der spirituell Suchende befolgte Vyasas Instruktionen strikt und erlangte Befreiung.

Das ist eine sehr gute Maxime. Darin ist die ganze Quintessenz von Sadachara oder rechtem Verhalten enthalten. Wenn man das ganz gründlich praktiziert, kann man keine falsche Handlung begehen. In Übereinstimmung mit dem göttlichen Willen zu handeln ist recht; im Widerspruch zum göttlichen Willen zu handeln ist falsch.

Gott, Religion und Dharma können nicht voneinander getrennt werden. Alle menschlichen Wesen werden durch Rechtschaffenheit gekennzeichnet und sie erlangen im Verlauf ihrer natürlichen Entwicklung und ihres Fortschreitens die Gnade Gottes. Der Mensch entwickelt sich durch die Praxis von Dharma entsprechend seinem Geschmack und seiner Lebensweise und erlangt schließlich Selbstverwirklichung, das höchste Ziel des Lebens, das unendliche Wonne, höchsten Frieden, unzerbrechliche Freude, höchstes Wissen, ewige Zufriedenheit und Unsterblichkeit mit sich bringt. Ethische Vollkommenheit ist die Vorbedingung für Selbstverwirklichung.

Metaphysik beruht auf Sittlichkeit, Sittlichkeit beruht auf Metaphysik. Sittlichkeit hat Vedanta als Grundlage. Die Upanishaden sagen: „In Wahrheit ist dein Nachbar dein eigentliches Selbst, und was dich von ihm trennt ist reine Illusion." Sadachara ist die Grundlage für die Verwirklichung der atmischen Einheit oder des Einsseins des Lebens oder advaitischem Gefühl des Einsseins überall. Ethische Kultur bereitet dich vor auf die vedantische Verwirklichung von „Sarvam Khalvidam Brahma[195] – alles ist wahrhaftig Gott. So etwas wie Getrenntsein existiert nicht."

---

193 „Eindrücke", d.h. Tendenzen des Geistes, die durch Handlungen und Gedanken in früheren Zeiten oder Geburten entstanden sind, geistige Muster oder Verhaltensweisen.
194 Unreine Wünsche oder Neigungen.
195 Eines der Mahavakyas, der Essenz der Upanishaden in Form von vier großen Verkündigungen.

DIE HERRLICHKEIT VON RECHTEM VERHALTEN

Ein Mensch, der durch die fortgesetzte Praxis von rechtem Verhalten oder Yama[196] und Niyama[197] ethische Vollkommenheit erlangt hat, hat eine magnetische Persönlichkeit. Er kann Millionen beeinflussen. Charakter verleiht dem Menschen eine starke Persönlichkeit. Die Leute respektieren einen Menschen, der einen guten Charakter hat. Moralische Leute heischen überall Respekt. Derjenige, der ehrenhaft, aufrichtig, wahrhaftig, liebenswürdig und großherzig ist, gebietet über Respekt und Einfluss bei allen Menschen, sattvige Tugenden machen einen Menschen göttlich. Derjenige, der die Wahrheit spricht und Brahmacharya praktiziert, wird eine großartige, dynamische Persönlichkeit. Auch wenn er nur ein Wort spricht liegt Stärke darin und die Menschen sind magnetisiert. Den Charakter zu schulen ist von überragender Bedeutung, wenn jemand seine Persönlichkeit entwickeln will. Die Entwicklung einer starken Persönlichkeit ist ohne Zölibat nicht möglich.

Der Mensch mag sterben, aber sein Charakter bleibt bestehen. Seine Gedanken bleiben bestehen. Es ist der Charakter, der dem Menschen wahre Kraft und Stärke verleiht. Charakter ist Stärke. Ohne Charakter ist es nicht möglich, Wissen zu erwerben. Derjenige Mensch, der keinen Charakter hat, ist praktisch ein toter Mensch in dieser Welt, er wird von der Gesellschaft ignoriert und verachtet. Wenn Du Erfolg im Leben haben willst, wenn du andere beeinflussen möchtest, wenn du auf dem spirituellen Weg gute Fortschritte machen willst, wenn du Gottesverwirklichung haben willst, musst du einen makellosen und einwandfreien Charakter besitzen. Der Charakter eines Menschen überlebt und überdauert ihn. Man erinnert sich sogar noch heute an Sri Sankara[198], Buddha, Jesus und andere Rishis[199] von damals, weil sie einen wunderbaren Charakter hatten. Charakter ist eine mächtige Seelenkraft. Er ist wie eine süße Blume, die ihren Duft weit und fern verströmt. Ein Mensch mit vornehmen Eigenschaften und einem guten Charakter verfügt über eine immense Persönlichkeit. Persönlichkeit ist nichts anderes als Charakter. Ein Mensch mag ein begabter Künstler sein, ein geschickter Sänger, ein fähiger Dichter oder ein großer Wissenschaftler, aber wenn er keinen Charakter hat, hat er keinen wirklichen Platz in der Gesellschaft.

Du musst höflich, anständig und freundlich sein. Du musst andere mit Respekt und Rücksicht behandeln. „Gute Manieren und sanfte Worte haben vielen dabei

---

196 Das erste Glied des Raja Yoga. Yama manifestiert sich in richtigem Handeln und ist eine spirituelle Praxis, die das Innenleben verwandelt und sich in 5 Eigenschaften zeigt (Ahimsa, Satya, Brahmacharya, Asteya, Aparigraha).

197 Das zweite Glied des Raja Yoga. Ethische Gebote bzw. Verhaltensregeln, nämlich Saucha, Santosha, Tapas, Swadhyaya und Ishwarapranidhana.

198 Adi Shankara, genannt Shankaracharya, ca. 788 – 820, der große Philosoph des Advaita Vedanta.

199 Seher.

geholfen, eine schwierige Sache zu bewältigen."[200] Wer anderen Respekt erweist wird respektiert. Bescheidenheit verschafft einem von alleine Respekt. Bescheidenheit ist eine Tugend, die die Herzen anderer gewinnt. Ein bescheidener Mensch ist ein kraftvoller Magnet oder Magneteisenstein[201].

Beachte sorgfältig, wie die Rishis[202] von einst ihren Studenten Anweisungen erteilt haben, wenn sie ihren Studiengang abgeschlossen haben. „Sprich die Wahrheit. Erfülle deine Pflicht. Vernachlässige das Studium der Veden nicht. Weiche nicht von der Wahrheit und der Pflicht ab. Vernachlässige dein Wohlergehen und deinen Wohlstand nicht. Vernachlässige es nicht, die Veden zu lernen und zu lehren. Vernachlässige die Pflichten gegenüber Gott und Vorfahren nicht. Möge die Mutter dein Gott sein (Matru Devo Bhava). Möge der Vater dein Gott sein (Pitru Devo Bhava). Möge der Lehrer dein Gott sein (Acharya devo Bhava).[203] Begehe nur solche Taten, die unschuldig sind. Die Brahmanen[204], die höhergestellt sind als wir, sollten von dir verwöhnt werden, indem du ihnen den Sitzplatz überlässt etc. Gib mit Glauben. Gib nicht ohne Glauben. Gib mit Freude, mit Bescheidenheit, mit Furcht und mit Liebenswürdigkeit."

Rechtschaffenheit ist ewig. Verlasse den Pfad der Rechtschaffenheit nicht, selbst wenn dein Leben in Gefahr ist. Gib Rechtschaffenheit nicht für irgendeinen materiellen Gewinn auf. Ein tugendhaftes Leben und ein reines Gewissen geben dem Menschen reichlich Trost, sowohl im Leben als auch im Zeitpunkt des Todes. Ein heiliger Mensch mit Frömmigkeit ist selbst einem mächtigen Potentaten überlegen. Gott ist sehr erfreut über frommen Mensch. Gott Krishna sagt: „Wenn der sündigste Mensch mich von ganzem Herzen anbetet, muss auch er als rechtschaffen anerkannt werden, da er sich richtig entschieden hat."[205] Es besteht große Hoffnung, selbst für einen Halsabschneider, wenn er fest entschlossen ist und sich auf den spirituellen Pfad begibt.

Liebe Freunde: Erfülle deine Pflichten auf zufriedenstellende Art und Weise in Übereinstimmung mit Sadachara. Widme dich sämtlichen täglichen Pflichten sorgfältig. Befrage die Sadacharis und Mahatmas, wenn du Zweifel hast. Baue deinen Charakter auf. Das wird dir Erfolg im Leben verleihen. Streng dich sehr an, alte böse Gewohnheiten abzulegen. Führe tägliche tugendhafte gesunde Gewohnheiten ein. Charakter wird dir dabei behilflich sein, das Ziel des Lebens zu erreichen. Charakter ist dein wahres Wesen. Streng dich sehr an Sadachara

---

200 Zitat aus der Komödie „Aesop" (4. Akt) von Sir John Vanbrugh (1697)
201 = Magnetit.
202 Seher.
203 Vers aus der Taittiriya Upanishad, auf der die traditionelle Puja basiert, bei der Kinder ihren Eltern zeremoniell die Füße waschen.
204 Angehöriger der höchsten indische Kaste der Gelehrten.
205 Bhagavad Gita IX. 30.

zu praktizieren. Halte Sadachara mit der Hartnäckigkeit eines Blutegels ein. Praktiziere es und verwirkliche den Zustand von Satchidananda[206] jetzt in dieser Sekunde. Möge Dir Charakter die atmische Wonne und Selbstverwirklichung verleihen. Mögen Freude, Wonne, Unsterblichkeit und Frieden für immer in dir wohnen.

RECHTSCHAFFENHEIT – DER ATEM DES LEBENS

Rechtschaffenheit ist der Kalpa-Vriksha[207], auf dem die Früchte von Frieden, Glück und Wohnstand im Überfluss wachsen. Die rechtschaffenen Menschen sind dort glücklich. Sie genießen dort die Zufriedenheit, ein Leben in Übereinstimmung mit dem göttlichen Gesetz des Dharma gelebt zu haben. Rechtschaffenheit ist das Feuer, das den Holzstapel des Samsara[208] im Handumdrehen zu Asche verbrennt. Der rechtschaffene Mensch ist hier und jetzt befreit.

Sei rechtschaffen. Du wirst sowohl Bhukti (Wohlstand, Glück)[209], als auch Mukti[210] (Befreiung) genießen. Rechtschaffenheit bringt dich näher zu Gott. Wenn du ein Leben strikter Rechtschaffenheit führst lebst du in ständiger Kommunion mit Gott, denn Gott ist Rechtschaffenheit.

Ein verworfener[211] Mensch kennt weder Frieden noch Glück. Satyameva Jayate Na Anritam[212]. Ein verworfener Mensch ist zu Scheitern und tiefstem Elend verdammt. Sein Schicksal ist wahrlich bedauernswert. Sein Leben ist voller Ängstlichkeit, Gewissensbissen und Bedauern. Er kann hier niemals Glück finden, da sein Glück hier auf illusorischen Objekten beruht. Glück ist die andere Hälfte der Rechtschaffenheit, wo es Rechtschaffenheit gibt ist auch das Glück zuhause.

Steige die Leiter der Wahrheit hinauf und erreiche den Gipfel der absoluten Wahrheit. Zünde die Kerze der Liebe an und erschaue den höchsten Herrn der Liebe, der in jedem Herzen wohnt. Trage das Kleidungsstück der Reinheit und tritt ein in das Königreich des immer reinen Atman. Atme die Luft der Einheit und erlange Vereinigung mit dem Höchsten, dem alles durchdringenden Brahman.

---

206 Absolutes Sein, absolutes Wissen, absolute Wonne, Umschreibung der drei Wesensformen von Brahman, dem reinen Selbst.
207 In der indischen Mythologie ein wunscherfüllender Baum, von dem man sagt, dass er jedes Verlangen stillt.
208 Ewiger Kreislauf von Tod und (Wieder-) Geburt
209 Eigentlich Genießen, Essen, sich Erfreuen, Bequemlichkeit, luxuriöser Konsum.
210 Dasselbe wie Moksha
211 Im Sinne des Gegenteils von „rechtschaffen".
212 Zitat aus der Mundaka-Upanishad: „Allein die Wahrheit wird siegen, nicht die Unwahrheit", ist als Wahlspruch auf dem Wappen Indiens enthalten.

Das ist der Sinn deines Lebens auf Erden. Das ist der Sinn, wegen dem du als Mensch wiedergeboren wurdest; nicht zu essen, zu trinken und zu feiern. Jeder Moment ist wertvoll. Jeder Moment zieht lautlos vorüber und fällt in den Ozean der Ewigkeit, du kannst ihn nicht zurückholen. Lebe gut. Liebe alle.

Universelle Liebe ist das eigentliche Fundament der Rechtschaffenheit. Selbstloses Dienen ist ihr Eckpfeiler. Leidenschaftslosigkeit, Unterscheidungskraft, Entwicklung von Tugenden und ein starkes Verlangen nach Befreiung sind die Stützpfeiler. Der Aufbau ist ewiges Glück, Friede, Wohlstand und Unsterblichkeit. In diesem Tempel wird der höchste Gott verehrt. Bete Ihn dort an. Du wirst Ihn bald erreichen.

Nur wenn du davon überzeugt bist, dass wahres Glück nur in Gott und nicht in den Objekten dieser Welt erfahren werden kann, kannst du wahrhaft rechtschaffen sein. Das ist nicht Pessimismus. Das ist herrlicher Optimismus. Manchmal bekommst du die ersehnten Objekte des Vergnügens; später wirst du sie verlieren und oft mag es sein, dass du nicht alle bekommst. Mit Gott ist das nicht so. Er ist dein eigentliches Selbst. Er ist dir näher zu als deine Halsschlagader. Du kannst nie ohne Ihn sein. Wenn du erkennst, dass Glück nur in Ihm gefunden werden kann, und wenn du nach ständiger Kommunion mit Ihm trachtest, wirst du stets in Wonne eingetaucht sein. Ist das nicht Optimismus höchsten Grades?

Was du tun musst, um dieses Glück zu bekommen? Du musst gleichgültig gegenüber den Objekten dieser Welt sein. Das ist kein Verlust für dich. Ist es ein Verlust, eine Wanze aus deinem Bett zu werfen? Ist es ein Verlust, einen Dorn zu entfernen, der sich in deinen Fuß gebohrt hat und ihn wegzuwerfen? Dem Verlangen nach sinnlichen Vergnügungen zu entsagen ist selbst eine große Freude. Aus solcher Entsagung entspringt Rechtschaffenheit.

Ein rechtschaffener Kaufmann wird nicht gierig sein. Er wird das Geschäft nicht abschließen. Er wird nicht der Falschheit, Schwarzmarktgeschäften und Produktfälschungen frönen. Er wird Gott in seinen Kunden erblicken. Er wird sein Geschäft im Geiste der Verehrung Gottes führen. Ehre, Ehre sei so einem Geschäftsmann. Die Welt braucht sie heutzutage.

Ein rechtschaffener Arbeitgeber wird seine Angestellten als Mitpilger auf dem Pfad zu Gott ansehen. Er wird sie mit Liebe und Liebenswürdigkeit behandeln. Er wird sich so um sie kümmern, wie er sich um sich selbst kümmert. Er wird Gott in allen erblicken.

Ein rechtschaffener Angestellter wird seinen Arbeitgeber als einen Teil von Gott selbst ansehen. Er wird den Arbeitgeber mit Vertrauen und Hingabe behandeln.

Jeder rechtschaffene Mensch wird Tag und Nacht bestrebt sein, das Ziel seines Lebens zu erreichen, nämlich Gottesverwirklichung, und wird so zum Frieden und Wohlergehen der ganzen Welt beitragen. Er wird Frieden ausstrahlen. Er wird für das Wohlergehen der Menschheit arbeiten. So einem Menschen zollen sogar die Devas[213] Respekt. Er ist wahrhaftig ein Gott auf Erden. Er ist würdig von allen verehrt zu werden.

Möget ihr alle rechtschaffen werden, fromm, edel und weise! Möget ihr als Jivanmuktas[214] und Yogis noch in dieser Geburt scheinen! Möge Gott Euch alle mit Gesundheit, langem Leben, Frieden, Wohlstand und Kaivalya Moksha[215] segnen!

REGELMÄSSIGKEIT UND PÜNKTLICHKEIT

Kein Mensch kann ernsthaft Erfolg im Leben und in der Gottesverwirklichung erwarten, wenn er diese zwei Fähigkeiten nicht besitzt. Perfekte Disziplin kann nur durch Regelmäßigkeit und Pünktlichkeit aufrechterhalten werden. Es kann keinerlei Erfolg ohne Disziplin geben. Disziplin ist der Feind des Geistes. Der Geist hat schrecklich Angst, wenn er die Begriffe Disziplin, Regelmäßigkeit, Tapas[216], Vairagya[217], Sadhana etc. hört. Diese Praktiken führen zum Tod des Geistes oder Manonasa[218].

Der Mensch entwickelt sich schnell durch regelmäßige Praxis. Wer regelmäßig meditiert erlangt schnell Samadhi[219]. Er gleitet ohne Anstrengung in die meditative Stimmung. Wer regelmäßig körperliche Übungen ausführt, entwickelt seinen Körper schnell. Derjenige Mensch, der unregelmäßig ist und seine Handlungen nur ruckweise ausführt, kann die Früchte seiner Bemühungen nicht ernten.

Lerne deine Lektionen von der Natur. Beachte, wie die Jahreszeiten regelmäßig wechseln. Beachte, wie die Sonne aufgeht und untergeht, wie der Monsun kommt, wie die Blumen blühen, wie die Früchte und Gemüse auftauchen, wie sich der Mond um die Erde dreht, wie die Tage und Nächte, Wochen und Monate und Jahre verfliegen. Die Natur ist dein Guru und Führer. Die fünf Elemente[220]

---

213 Göttliche Wesenheit, Gott, Gottheit. Als Beifügung: Erleuchteter.
214 Zu Lebzeiten Befreiter.
215 Zerstörung des Geistes. Damit ist nicht die Zerstörung des Selbst gemeint, sondern die Zerstörung des niederen Geistes, vor allem durch Zerstörung von Egoismus, Raga-Dvesha und allen Vasanas.
216 Askese, eines der 5 Niyamas
217 Leidenschaftslosigkeit, Verhaftungslosigkeit
218 Zerstörung, Aufhebung, Überwindung des Geistes.
219 Überbewusster Zustand.
220 Anders als im Westen geht man im Hinduismus und Buddhismus von 5 Elementen aus. Zu Feuer, Wasser, Luft und Erde kommt noch Äther (manchmal auch: Raum) hinzu.

sind dein Lehrer und Erzieher. Öffne deine Augen, empfange Anleitungen und befolge sie.

Regelmäßigkeit und Pünktlichkeit und Disziplin gehen Hand in Hand. Sie sind untrennbar. Schüler und Studenten in Indien imitieren den Westen in Bezug auf Mode, Stil, Haarschnitt etc. Das sind alles wertlose Nachahmungen. Hast du von ihnen wichtige Tugenden wie Pünktlichkeit und Regelmäßigkeit übernommen? Sieh wie sich ein Engländer die Zeit sekundengenau einteilt! Wie sehr er pünktlich ist! Die Anzahl an Wissenschaftlern und Forschungsstipendiaten ist im Westen größer als in Indien. Es mag in Indien ein paar Genies geben wie z.B. Tagore[221], Bose[222], Aurobindo[223] sowie einige wenige Weise und Yogis. Aber im Westen gibt es unzählige Fachleute und Gelehrte. Sie sind lernbegieriger, regelmäßiger und pünktlicher als die Inder. Sie sind bekannt für diese eine Befähigung, nämlich Pünktlichkeit. Ein europäischer Manager mag seine Angestellten nicht, wenn sie unpünktlich sind. Er wird demjenigen sofort die Kündigung aussprechen, der unpünktlich ist. Derjenige Mensch, der regelmäßig und pünktlich ist, wird ganz sicher Erfolg in allen Bereichen des Lebens haben. Daran gibt es keinen Zweifel.

Die Inder sind demgegenüber berühmt für ihre „indische Pünktlichkeit". Wenn in der Zeitung eine Ankündigung steht, dass um 16.00 Uhr ein Treffen im Rathaus stattfindet, werden sich die Inder erst um 17.30 Uhr langsam versammeln. Das ist als indische Pünktlichkeit bekannt. Wenn auf einem Plakat angekündigt wird, dass um 20.00 Uhr ein Kirtan[224] stattfindet, werden die Leute erst um 21.30 Uhr kommen. Ein Unterschied von ein paar Minuten macht nichts aus. Ich habe das oft genug in meinen Sankirtan[225] und Vortragsreisen erlebt. Die Inder sollten sich über diesen Fehler schämen und versuchen, ihn sofort zu beheben. Wacht auf Inder, wacht auf!

Die einzige wichtige Befähigung, die mir in meinem Leben zum Erfolg verholfen hat, ist diese eine wichtige Tugend, Pünktlichkeit. Ich war stets sehr pünktlich, wo immer ein Termin gesetzt war. Ich habe damit viel Eindruck gemacht. Ich habe nie einen Zug verpasst. Ich war immer pünktlich am Bahnhof. Ein unpünktlicher Mensch versäumt immer seine Züge. Er scheitert im Geschäftsleben. Er verliert all seine Kunden. Der Professor kann Studenten, die unpünktlich sind, nicht leiden. Wenn ein Mensch es versäumt, pünktlich vor Gericht zu erscheinen, verliert er natürlich zwangsläufig seinen Prozess.

---

221 Rabindranath Tagore, bengalischer Dichter, Philosoph, Maler und Komponist, dem 1913 als erstem Asiaten der Literaturnobelpreis verliehen wurde.
222 Sir Jagadish Chandra Bose, 1858 – 1937, indischer Naturwissenschaftler, der u.a. ein Pionier des Radios war.
223 Sri Aurobindo Ghosh, 1872 – 1950, bedeutender indischer Politiker, Philosoph, Hindu-Mystiker, Yogi und Guru.
224 Singen von Gottes Namen mit Hingabe (Bhava), Liebe (Prem) und Glaube (Shraddha).
225 Gemeinsames Kirtansingen, gemeinsames Singen von Mantras

Habe in allen Lebenslagen regelmäßige Gewohnheiten. Sei regelmäßig darin, zu Bett zu gehen und am morgen früh aufzustehen. „Früh im Bett und früh wieder auf macht einen Menschen gesund, wohlhabend und weise." Sei sehr regelmäßig mit deinen Mahlzeiten. Sei regelmäßig mit deinen Studien, in deinen körperlichen Übungen, in deiner Meditation etc., und du wirst ein sehr erfolgreiches Leben haben und ein glückliches noch dazu. Regelmäßigkeit sollte deine Parole sein.

REINHEIT

Reinheit ist Freiheit von Sünde oder Verunreinigung. Reinheit ist Keuschheit in Gedanken, Worten und Taten. Reinheit ist Freiheit von lüsternen, sexuellen Gedanken. Sie ist moralische Sauberkeit.

Reinheit (Saucha[226]) ist von zweierlei Natur – innere und äußerliche Reinheit. Freiheit von Raga-Dvesha[227], Reinheit der Absichten, Reinheit der Motive und Reinheit von Bhava[228], daraus setzt sich innere Reinheit zusammen. Reinheit des Körpers durch Baden etc., Reinheit der Kleider, Reinheit der Umgebung wie das Haus oder die Nachbarschaft, daraus setzt sich äußere Reinheit zusammen.

Reinheit ist der Hauptteil der Tugend. Reinheit lebt von und leitet ihr Leben hauptsächlich von der Gesinnung oder der Seele ab.

Deine Seele ist Nitya Suddha (ewig rein). Durch den Kontakt mit dem Geist und den Sinnen bist du unrein geworden. Gewinne deine ursprüngliche Reinheit wieder zurück durch Japa, Kirtan, Gebet, Meditation, Untersuchung der Frage „Wer bin ich?", die Praxis von Pranayama, Studium, Satsang und sattviges Essen.

Ohne Reinheit ist kein spiritueller Fortschritt möglich. Atman ist Reinheit. Du sollst den ewig-reinen Atman durch Praktizieren von Reinheit, durch die Tugend Reinheit und Brahmacharya[229] in Gedanken, Worten und Taten erlangen.

Ich bete: „Oh anbetungswürdiger Herr! Mache meinen Geist rein. Befreie mich von allen unreinen Gedanken. Mache meinen Geist so klar wie einen Kristall, rein wie den Schnee im Himalaya, so strahlend wie einen glänzenden Spiegel."

---

226 (Innere und äußere) Reinheit, eines der 5 Niyamas.
227 Anziehung und Abstoßung, Zuneigung und Abneigung, Mögen und Nichtmögen. Sie begründen den Kreislauf der erschaffenen Welt (Prakriti) und gelten als Hauptursache für die Unruhe des menschlichen Geistes und des Leidens. Raga-Dvesha kann durch Hingabe überwunden werden.
228 Innere Haltung oder Einstellung, subjektiver Seinszustand, Geisteshaltung.
229 (Sexuelle) Enthaltsamkeit, die sich jedoch auf alle Aktivitäten der Sinne beziehen sollte. Eines der 5 Yamas.

Was für eine größere Unternehmung liegt vor dir als dein Leben von Feindschaft, Unreinheit, Hass und Lust zu reinigen und es mit Liebe, Reinheit, Frieden und Güte anzufüllen?

REUE

Reue ist Zerknirschung für Sünde, die neues Leben erzeugt. Sie ist schlechtes Gewissen für vergangenes, sündiges Benehmen.

Reue bedeutet, sich mit Betrübnis vom bisherigen Kurs abzuwenden. Sie ist Bedauern für etwas, das man im Bestreben, das richtige zu tun, getan hat, indem man das falsche ungeschehen macht und das richtige tut.

Reue ist der Zerstörer der Sünden. Sie reinigt das Herz. Jede Träne hat eine reinigende Wirkung.

Reue erzeugt eine Hinwendung zu einem neuen, besseren Leben. Sie hat eine enorme reinigende Kraft.

Wahre Reue ist aufzuhören zu sündigen.

Reue ist Betrübnis oder Kummer wegen falscher Handlungen oder vergangener Missetaten.

Reue ist schwerer Kummer wegen vergangener böser Handlungen gepaart mit ernsthafter Entschlossenheit und dem Bestreben, mit unserer äußersten Kraft all unsere Handlungen in Übereinstimmung mit dem Gesetz Gottes auszuführen.

Reue ohne eine Änderung des Herzens oder des Verhaltens, ohne Besserung, hat keinerlei Wert.

Reue erst auf dem Totenbett wird keinen greifbaren Nutzen erzeugen.

Es bedarf der Reue mit einem zerknirschten oder reumütigen Herzen.

Es bedarf einer ernsthaften und gründlichen Veränderung des Geistes und der Veranlagung zu sündigen. Andernfalls ist sie vergeblich.

Reue ist Betrübnis über Sünde mit Selbstverurteilung und vollständiger Abkehr von der Sünde.

Buße ist nur vorübergehend und beinhaltet möglicherweise keine Änderung des Charakters oder des Verhaltens.

Schlechtes Gewissen ist nur, die Schuld, die auf dem Herzen lastet, zurückzudrängen oder sie wegzubeißen, ohne die Vorstellung von göttlicher Vergebung.

Bedauern ist Betrübnis über jedwede schmerzliche oder ärgerliche Angelegenheit. Man wird von Buße für Fehlverhalten bewegt.

Es kann Betrübnis ohne Reue geben, zum Beispiel nur über die Folgen, aber keine Reue ohne Betrübnis.

Zerknirschung ist überwältigende Betrübnis für Sünden, vor allem gegen göttliche Heiligkeit und die Liebe.

Selbstbeweihräucherung, Selbstzufriedenheit, Selbstgefälligkeit und Ungeduld sind das Gegenteil von Reue.

SANFTHEIT

Sanftheit ist der Zustand oder die Eigenschaft, von mildem und kultivierten Benehmen und milder Veranlagung zu sein.

Sanftheit ist Zartheit des Gefühls. Sie ist Liebe und Rücksichtnahme. Sie ist Mitleid.

Sanftheit ist eine weiche und anmutige Veranlagung. Sie ist Milde. Sie ist Fügsamkeit. Sie ist Abwesenheit von Grobheit.

Ein sanfter Mensch ist liebenswürdig, wohltuend und zuvorkommend. Sein Benehmen ist höflich. Er ist frei von Unhöflichkeit und Härte. Er ist wonnig und weich.

Sanftheit bereinigt, was immer an deinem Benehmen anstößig ist.

Wenn jemand sanft ist heißt das nicht, dass er schwach und unfähig wäre. Nur die Starken können wirklich sanft sein. Nichts ist so stark wie Sanftheit. Ungezogenheit oder Härte ist ein Zeichen von Schwäche, Unwissenheit, Unhöflichkeit und Unerfahrenheit

Sanftheit ist Stärke.

Sanft beschreibt die natürliche Veranlagung; zahm was durch Ausbildung unterworfen wurde; mild impliziert ein Gemüt, das von Natur aus nicht leicht provoziert wird; sanftmütig einen Geist, der durch Disziplin oder Leiden zu Milde erzogen wurde.

SANFTMUT

Sanftmut ist der Zustand oder die Eigenschaft, von milder oder sanfter Wesensart zu sein. Sie ist Unterwürfigkeit. Sie ist Bescheidenheit. Sie ist Sanftheit der Veranlagung. Sie ist Unterwerfung unter den göttlichen Willen. Sie ist die tiefe, süße Wurzel, der alle Tugenden entspringen.

Gesegnet sind die Sanftmütigen, weil sie bald ewigen Frieden erlangen werden.

Sanftmut ist in Wohlwollen überreichlich vorhanden. Sie schließt Rache, Reizbarkeit und krankhafte Empfindlichkeit aus.

Ein sanftmütiger Mensch erträgt die Ressentiments anderer geduldig.

Sanftmut ist vornehmste Selbstverleugnung. Sie ist Abwesenheit von Eigenliebe und Eingebildetheit.

Sanftmut ist ein solides Fundament von all den Tugenden.

Sanftmut ist die Essenz von wahrer Religion. Sie ist eine grundlegende Tugend eines Heiligen. Sie ist nicht eine schwache und ängstliche Eigenschaft. Sie ist eine Stärke. Sanftmut ist Vornehmheit. Sie ist immer Gnade. Die Blume des Sanftmuts wächst auf einem Stiel von Gnade.

Gott erfreut sich daran, in den Herzen der Sanftmütigen zu wohnen.

Die erste, die zweite und die dritte Sache in der Religion ist Sanftmut. Sanftmut ist die Prachtstraße zu spiritueller Herrlichkeit. Sie macht den Menschen göttlich.

Sanftmut ist die Wurzel, Mutter, Pflegerin aller Tugenden.

Sanftmut ist die eine Straße, die dich zu Gott führt.

Sanftmut, Zuvorkommenheit, Wohlwollen, Höflichkeit, Anmut sind alles Tugenden vom selben Stamm.

Der erste Test eines Heiligen oder eines wahrhaft großen Menschen ist seine Sanftmut.

Sanftmut offenbart das göttliche Licht.

Gott geht mit den Sanftmütigen. Er offenbart sich den Sanftmütigen.

SCHICKSAL

Mut ist dein Geburtsrecht, nicht Angst; Frieden ist dein göttliches Erbe, nicht Ruhelosigkeit. Unsterblichkeit ist dein Geburtsrecht, nicht Sterblichkeit; Kraft, nicht Schwäche; Gesundheit, nicht Krankheit; Glückseligkeit, nicht Sorge; Wissen, nicht Unwissenheit.

Schmerz, Sorge und Unwissenheit sind alle unwirklich; sie können nicht leben. Glückseligkeit, Freude, Wissen sind wahr; sie können nicht sterben.

Du bist der Architekt deiner eigenen Bestimmung. Du bist der Gebieter deines eigenen Schicksals. Du kannst Dinge tun und Dinge ungeschehen machen. Du säst eine Handlung und erntest eine Tendenz. Du säst eine Tendenz und erntest eine Gewohnheit. Die säst eine Gewohnheit und erntest deinen Charakter. Du säst deinen Charakter und erntest deine Bestimmung. Deshalb ist das Schicksal deine eigene Schöpfung. Du kannst sie ungeschehen machen, wenn du willst. Schicksal ist nur ein Bündel von Gewohnheiten.

Purushartha[230] ist rechtes Bemühen. Purushartha kann dir alles geben. Ändere deine Gewohnheiten. Ändere die Art zu denken. Du kannst das Schicksal besiegen. Jetzt denkst du: „Ich bin dieser Körper." Starte die spirituelle Gegenströmung und denke: „Ich bin der unsterbliche, geschlechtslose Atman, der frei von Krankheiten ist." Denke: „Ich bin Akarta (der Nicht-Handelnde) und Abhokta (der Nicht-Genießende)." Du kannst den Tod besiegen und den unsterblichen Sitz höchster Herrlichkeit erlangen.

Durch rechtschaffene Taten und richtige Gedanken kannst du das Schicksal entwaffnen. Du hast einen freien Willen zu handeln. Durch Anstrengung wurde Ratnakar zu Valmiki[231]. Durch Anstrengung besiegte Markandeya[232] den Tod.

---

230 „Eigene Anstrengung" im Gegensatz zu Schicksal (= Prarabdha).
231 Rishi aus dem Ramananya.
232 Indischer Heiliger und Rishi.

Durch Anstrengung brachte Savitri ihren Ehemann Satyavan zurück ins Leben[233]. Nur durch Anstrengung erlangt Uddalaka[234] Nirvikalpa Samadhi.

Deshalb widme dich beharrlich der atmischen Erforschung und Meditation. Sei wachsam und gewissenhaft. Töte Gedanken und Begierden. Überwinde das Übel von morgen durch rechte Anstrengung heute. Zerstöre unheilige Begierden (Asubha Vasanas) durch heilige Begierden (Subha Vasanas). Erschlage unheilige Gedanken mit heiligen Gedanken und erringe den Sieg über dein Schicksal. Erliege nicht dem Fatalismus. Werde nicht kraftlos. Richte dich auf wie ein Löwe. Strenge dich an und erlange Unabhängigkeit oder Atma Svarajya[235]. In dir liegt ein unermesslicher Ozean des Wissens. Alle Fähigkeiten sind latent in dir vorhanden. Entfalte sie und werde ein Jivanmukta (befreite Seele).

Das Positive überwindet das Negative. Das ist ein unabänderliches Naturgesetz. Purusharta (Selbst-Bemühen) ist eine mächtige Kraft. Purusharta ist der Löwe oder der Elefant, Prarabdha (Schicksal) ist die Ameise oder der Schakal. Gott hilft denen, sie sich selbst helfen. Vashishtha bat Rama, Purushartha zu machen. Fatalismus wird Trägheit und Faulheit hervorrufen. Deshalb gürte deine Lenden und strenge dich bis zum Äußersten an.

Möget ihr alle Selbstverwirklichung oder Brahmajnana[236] in dieser Geburt erlangen. Möget ihr alle eingetaucht in einen Ozean der Glückseligkeit in einem erleuchteten Zustand leben. Möget ihr alle als befreite Weise erstrahlen.

SCHNEID

Schneid ist Mut. Schneid ist Elan. Schneid ist Zuversicht und Tatkraft im Angesicht von Schwierigkeiten. Schneid ist unverzagte Energie und Entschlossenheit.

Schneid ist Durchhaltevermögen. Schneid ist Entschlossenheit im Angesicht von Schwierigkeiten.

Ein Mensch mit Schneid kann große Ergebnisse erzielen.

---

233 Anspielung auf eine Erzählung aus dem dritten Buch der Mahabharata.
234 Weiser aus den Upanishaden.
235 Svarajya = Herrschaft über sich selbst, Selbstbeherrschung. Freiheit des Geistes, Freiheit von Verhaftung. Eine Eigenschaft, die nur dem Selbst zukommt, denn nur dieses ist wahrhaft unabhängig und frei.
236 Erkenntnis von Brahman, der göttlichen Wirklichkeit. Gemeint ist die existentielle Verwirklichung von Brahman, nicht nur die Verstanduelle Erkenntnis. Aufhebung der Trennung in Subjekt und Objekt.

Wenn dein Glück zu Ende ist, setze ein „P" davor[237]. Du kannst jetzt ein neues Leben beginnen und erreichen, was immer du willst.

Präsident Chadbourne hat Schneid an die Stelle seiner verlorenen Lunge gesetzt und noch 35 Jahre gearbeitet, nachdem sein Begräbnis arrangiert worden war.

SCHNEID ODER GESCHICK

Diese Eigenschaft ist am wesentlichsten sowohl für einen Geschäftsmann, als auch für jeden anderen Menschen. Geschick ist Geschicklichkeit oder Gewandtheit. Wenn das Geschäft eines Menschen floriert sagen die Leute: „Mr. Banerjee hat Geschick fürs Geschäftliche. Und er hat Schneid." Begabung ist ein anderer Begriff, der gleichbedeutend mit Schneid oder Geschick ist. Höflichkeit, Zuvorkommenheit, gutes Benehmen sind alle in der Eigenschaft Schneid enthalten. Wenn irgendein Mensch ein Geschäft betritt um etwas zu kaufen, muss der Händler mit großer Freundlichkeit auf ihn zugehen und ihn höflich ansprechen: „Nun mein Herr, könnte ich etwas für Sie tun? Nehmen Sie doch hier Platz. Möchten Sie einen Tee oder etwas Kaltes zu trinken?" Ein grober und unverschämter Mensch kann im Geschäftsleben nicht erfolgreich sein.

Ein Mensch mit Geschick fürs Geschäft ist sehr vorsichtig mit seinen Konten. Er hat ein gutes Gedächtnis. Er kennt den Marktpreis aller Waren. Er versteht es effizient zu wirtschaften. Er kennt die Plätze, an denen er günstig einkaufen kann. Er versteht es Werbung zu machen. Es verfügt über Geistesgegenwart. Er fürchtet sich nicht vor Misserfolg oder Verlust. Er wird es schnell wieder wettmachen, indem er einen anderen Nebenerwerb aufnimmt. Der Geist eines Geschäftsmannes, der Schneid hat, ist immer sehr erfinderisch. Ein Mensch mit Schneid ist sehr intelligent.

Ärzte und Anwälte erhoffen sich diesen Schneid, wenn sie erfolgreiche Fachleute werden wollen. Manchen Leuten ist Schneid angeboren. Du kannst ihn auch in kürzester Zeit entwickeln, wenn du das wirklich willst. Ein Mensch mit Schneid oder einem überschwänglichen Wesen kann Wunder wirken in der Welt. Sogar religiöse Prediger benötigen Geschick. Nur dann können sie die Leute beeinflussen und ihre Lehren nah und fern verbreiten. Sri Sankara[238] war sehr aggressiv. Er stellte eine Armee von Naga Sadhus[239] auf, um gegen die Buddhisten zu kämpfen. Guru Govind Singhji[240] hatte großen Schneid und eine bemerkenswerte rührige Natur. Obwohl er ein spiritueller Mensch war, hatte er einen materiellen Geist.

237 Glück heißt auf Englisch „luck" und Schneid „pluck",
238 Adi Shankara, genannt Shankaracharya, ca. 788 – 820, der große Philosoph des Advaita Vedanta.
239 Kriegerische Untergruppe des Vaishnava-Ordens.
240 1666 – 1708, Zehnter und letzter menschlicher Guru des Sikhismus, galt als Krieger, Dichter und Philosoph.

Religiöse Lehrer müssen verschiedene Arbeitsweisen aneignen, entsprechend der der jeweiligen Zeit, den Umständen und Bedürfnissen.

SELBSTANALYSE

Selbstanalyse ist Selbstbetrachtung. Sie ist Selbstsicherheit durch Introspektion. Es ist gut jeden Tag deine Gedanken, Worte und Taten zu kontrollieren. Rekapituliere jeden Abend, was du tagsüber gemacht hast und jeden Morgen, was du zu tun hast.

Halte Wache über deine Gedanken, Worte und Taten. Sei wachsam. Sei in Alarmbereitschaft. Sei sorgfältig. Sei umsichtig.

Beende deine tägliche Bestandsaufnahme deiner Gedanken, Worte und Taten abends unmittelbar bevor du zu Bett gehst.

Tägliche Selbstanalyse oder Selbstbetrachtung ist ein unabdingbares Erfordernis. Nur dann kannst du deine Fehler beseitigen und spirituell schnell wachsen. Ein Gärtner beobachtet die jungen Pflanzen aufmerksam. Er entfernt täglich das Unkraut. Er stellt einen starken Zaun um sie herum auf. Er gießt sie zur richtigen Zeit. Nur dann erblühen sie zu voller Schönheit und tragen schnell Früchte. Genauso solltest du deine Fehler durch tägliche Introspektion und Selbstanalyse herausfinden und sie dann durch die passenden Methoden überwinden. Wenn eine Methode nicht zum Erfolg führt, musst du eine kombinierte Methode anwenden. Wenn das Gebet versagt, greife zurück auf Satsanga oder Gesellschaft mit Weisen, Pranayama, Meditation, Anpassung der Nahrung, Nachforschungen etc. Du solltest nicht nur die großen Wellen von Stolz, Heuchelei, Begierde, Zorn etc. zerstören, die sich an der Oberfläche des bewussten Geistes zeigen, sondern auch ihre subtilen Eindrücke, die in den Ecken des unterbewussten Geistes lauern. Nur dann bist du vollkommen sicher.

Diese subtilen Eindrücke sind sehr gefährlich. Sie liegen wir Diebe auf der Lauer und greifen dich dann an, wenn du schlummerst, wenn du nicht wachsam bist, wenn deine Leidenschaftslosigkeit abnimmt, wenn du deine tägliche Praxis ein bißchen lockerst, und wenn du herausgefordert bist. Wenn diese Fehler sich trotz großer Herausforderung bei mehreren Gelegenheiten nicht manifestieren, selbst wenn du nicht täglich Introspektion und Selbstanalyse praktizierst, kannst du versichert sein, dass auch die subtilen Eindrücke getilgt sind. Die Praxis von Introspektion und Selbstanalyse erfordert Geduld, Duldungskraft, Beharrlichkeit, Hartnäckigkeit wie ein Blutegel, Einsatz, eisernen Willen, eiserne Bestimmtheit, einen feinen Verstand, Mut etc. Aber du wirst eine Frucht von unschätzbarem

Wert ernten. Diese wertvolle Frucht ist Unsterblichkeit, höchster Friede und unendliche Wolle. Du musst einen hohen Preis dafür bezahlen. Deshalb solltest du nicht murren, wenn du deine tägliche Praxis ausführst. Du solltest deinen ganzen Geist, Herz, Verstand und Seele auf deine spirituelle Praxis verwenden. Nur dann ist schneller Erfolg möglich.

Führe täglich ein spirituelles Tagebuch und praktiziere nachts Selbstanalyse (Selbstbetrachtung). Schreib auf, wie viele gute Taten du getan hast und welche Fehler du im Lauf des Tages begangen hast. Beschließe dann am Morgen: „Ich werde heute nicht nachgeben. Ich werde heute das Zölibat praktizieren. Ich werde heute die Wahrheit sagen".

SELBSTAUFOPFERUNG

Selbstaufopferung ist die Handlung, das eigene Leben, die eigenen Interessen etc. für andere aufzugeben.

Selbsterhaltung ist das erste Gesetz der Natur. Selbstaufopferung ist die oberste Regel der Gnade.

Selbstaufopferung ist Selbstverleugnung. Sie ist die Opferung, Aufgabe oder Unterordnung des eigen Selbst oder des eigenen Glücks oder die eigene Bequemlichkeit um der Pflicht willen oder um die Interessen anderer zu fördern.

Selbstaufopferung töte Egoismus ab und führt zum Herabsteigen göttlicher Gnade und göttlichem Licht. Ein Karma-Yogi löscht dieses Ego durch Selbstaufopferung aus.

Selbstaufopferung ist die Aufopferung von sich selbst oder von Eigennutz zum Wohle anderer.

SELBSTBEHERRSCHUNG

Selbstbeherrschung ist die Beherrschung der niederen Natur oder der Leidenschaften oder der Sinne durch die Stärke des eigenen Willens. Selbstbeherrschung ist die Beherrschung der eigenen Neigungen und Sehnsüchte. Selbstbeherrschung ist Selbstkontrolle.

SELBSTDISZIPLIN

Selbstdisziplin ist die Disziplin über den Körper, die Sinne und den Geist. Durch Selbstdisziplin werden Körper, Sinne und Geist unter die eigene Kontrolle gebracht. Asanas, Pranayama, Pratyahara, Yama, Niyama sind Hilfsmittel für die Praxis von Selbstdisziplin. Die Gefühle und Handlungsanreize werden unter vollkommener Kontrolle gehalten.

SELBSTHILFE

Selbsthilfe ist der Gebrauch der eigenen Kräfte und Fähigkeiten dazu, um seine Ziele zu erreichen.

SELBSTKONTROLLE

Selbstkontrolle ist Kontrolle oder Zurückhaltung, die über das eigene Selbst ausgeübt wird.

Selbstkontrolle ist die Kraft oder Gewohnheit, seine Neigungen und Gefühle, Sehnsüchte und Begierden, Sinne und den Geist unter Kontrolle zu haben.

Kontrolliere als erstes dich selbst. Nur dann kannst du Kontrolle über andere haben.

Selbstkontrolle klärt den Geist, stärkt das Urteilsvermögen und erhebt deinen Charakter. Sie verleiht dir Freiheit, Frieden, Wonne und Freude. Sie stärkt deine Willenskraft.

Derjenige, der sich selbst bezwingt, ist größer als ein Oberbefehlshaber, der ein Land erobert.

Selbstkontrolle ist der Hauptschlüssel, der das Tor zum Reich ewiger Wonne und Unsterblichkeit öffnet.

Kein Triumph ist ruhmreicher als der Sieg über dein eigenes Selbst.

Kontrolliere deine Sinne und den Geist. Du wirst Selbstverwirklichung erlangen.

Erlange Selbstbeherrschung. Bezwinge dich selbst. Solange du das nicht getan hast, bist du nur ein Sklave der Sinne.

Derjenige, der seinen Leidenschaften ausgeliefert ist, ist der ärgste Sklave auf der Erdoberfläche. Derjenige, der über seine Leidenschaften, Sehnsüchte, Gelüste und Sinne gebietet, ist der wirkliche König der Könige. Er ist der höchste Herrscher oder Präsident der Autonomie. Kronen und Zepter bedeuten ihm nichts. Seine Regierung ist die beste.

Jede Versuchung, der man widersteht, jeder böse Gedanke, der unterdrückt wird, jede Sehnsucht oder Begierde, die zerstört wird, jedes bittere Wort, das zurückgehalten wird, jede falsche Handlung, die überprüft wird, pflastern den langen Weg zum Erreichen immerwährenden Friedens und Wonne.

Derjenige, der sich selbst beherrschen und regieren kann, regiert und beherrscht andere.

Selbstkontrolle verleiht dir die Kraft, Versuchungen zu widerstehen, Leiden zu besiegen und Gefahren zu begegnen.

Selbstkontrolle führt zu höchstem Verdienst. Selbstkontrolle ist die ewige Pflicht des Menschen. Selbstkontrolle übertrifft an Verdiensten Wohltätigkeit und das Studium der Veden.

Selbstkontrolle erhöht deine Energie. Selbstkontrolle ist sehr heilig. Durch Selbstkontrolle wirst du von allen Sünden gereinigt werden und werden dir Energie und Charakter zuteilwerden. Du wirst höchste Glückseligkeit erlangen.

Keine andere Pflicht ist der Selbstkontrolle ebenbürtig. Selbstkontrolle ist die höchste Tugend auf der Welt. Durch Selbstkontrolle kannst du höchstes Glück sowohl auf dieser Welt, als auch in der nächsten genießen. Mit Selbstkontrolle begabt wirst du große Tugend erlangen.

Der Mensch, der sich selbst unter Kontrolle hat, schläft glücklich, wacht glücklich auf und wandelt glücklich auf der Welt. Er ist stets gut gelaunt. Selbstkontrolle ist das beste aller Gelübde.

Der Mensch, der keine Selbstkontrolle hat, leidet immer Elend. Er bringt sich immer in viele Schwierigkeiten, die alle durch seine eigenen Fehler verursacht werden.

Verzeihung, Geduld, sich Verletzungen zu enthalten, Unparteilichkeit, Wahrheit, Aufrichtigkeit, Kontrolle der Sinne, Schläue, Milde, Bescheidenheit, Festigkeit,

Großzügigkeit, Freiheit von Ärger, Zufriedenheit, Lieblichkeit der Worte, Wohlwollen, Freiheit von Bosheit – all diese machen zusammen Selbstkontrolle aus.

Sie enthält auch Respekt für den Lehrer und Mitgefühl für alle. Der Mensch mit Selbstkontrolle vermeidet sowohl Schmeichelei, als auch Verleumdung. Verderbtheit, Ehrlosigkeit, Falschheit, Selbstgerechtigkeit, Begehrlichkeit, Stolz, Arroganz, Furcht, Neid und Respektlosigkeit werden von dem Menschen mit Selbstkontrolle sämtlich gemieden.

Er zieht nie Verleumdung auf sich. Er ist frei von Neid.

Das ewige Gebiet in Brahman, das von vedischer Buße stammt und das in einer Höhle verborgen ist, kann nur durch Selbstkontrolle erreicht werden.

Der selbstkontrollierter Mensch wird nie von den Anhaftungen gefesselt, die von irdischen Verbindungen und Gefühlen stammen.

Das ist ein Wald, wo der Mensch mit Selbstkontrolle lebt. Das ist immer ein heiliger Ort. Was für einen Nutzen hat ein Wald für einen Menschen ohne Selbstkontrolle? Was für einen Nutzen hat ein Wald für denjenigen, der nicht über Selbstkontrolle verfügt?

Der Mensch mit Selbstkontrolle erwirbt in der nächsten Welt große Belohnung. Er erlangt große Wertschätzung in dieser Welt und erreicht ein hohes Ziel im Jenseits. Er erlangt den Zustand von Brahman. Er erlangt Befreiung.

SELBSTPRÜFUNG

Selbstprüfung ist eine Untersuchung oder Erforschung des eigenen Zustands, Verhaltens, Motive, geistigen und moralischen Zustands und Gedanken etc., insbesondere mit Bezug auf die eigenen religiösen Gefühle und Pflichten.

Selbstprüfung besteht aus Selbstbetrachtung und Selbstanalyse.

Selbstprüfung führt dich zur Erkenntnis deines wahren Wesens. Sie wird dein Herz verbessern und all deine, Schwächen, Irrtümer und Fehler korrigieren. Sie verleiht dir Weisheit.

Wenn du alleine bist, beobachte deine Gedanken. Überprüfe dein Herz. Entdecke deine Mängel und Schwächen.

Bevor du zu Bett gehst, mach eine Bestandsaufnahme deiner Gedanken, Reden und Taten dieses Tages. Finde heraus: „Welche böse Eigenschaft habe ich heute bewältigt?" „Welchen Versuchungen habe ich widerstanden?" „Welche Tugend habe ich heute entwickelt?" „Welches Indriya[241] habe ich heute kontrolliert?" Du wirst dich rasch entwickeln.

SELBSTSICHERHEIT

Selbstsicherheit heißt, auf die eigenen Fähigkeiten, Stärke, Mittel und Urteilsvermögen zu vertrauen. Selbstsicherheit ist Unabhängigkeit, sie ist Charakter.

Verlass dich auf dich selbst. Hilf dir selbst, dann wird Gott dir helfen.

Ohne deinen Fleiß und deine Arbeit wirst du immer arm sein.

Gott hilft denen, die sich selbst helfen.

Derjenige, der von sich selbst anhängig ist, lebt glücklich. Er ist ein Mensch von männlichem Charakter und Weisheit.

Selbstsicherheit macht die wahre Quelle deines Erfolgs, Elans, deiner Stärke und deines Wachstums aus. Sie belebt dich und hält dich aufrecht.

Abhängigkeit von anderen schwächt dich und führt zu Scheitern. Du kannst nie gedeihen.

Derjenige, der kein Vertrauen in sich selbst und seine Stärken hat, ist der schwächste Mensch.

Dir wohnt ein gewaltiger Vorrat an Stärke und Weisheit inne. Verlass dich auf dich selbst und zapf ihn an.

Derjenige erobert, der es sich zutraut. Derjenige hat Erfolg, der daran glaubt, dass er Erfolg haben kann.

Denke eigenständig. Erlange Wissen, wo immer dies möglich ist. Höre die Meinungen derjenigen, die erfahrener sind als du selbst, aber erlaube niemandem, für dich zu denken.

241 Handlungs- oder Wahrnehmungsorgan

Selbstsicherheit ist eine sehr wichtige Tugend. Selbstsicherheit verleiht enorme innere Stärke. Das ist eine wichtige Befähigung für nennenswerten spirituellen Erfolg. Die breite Mehrheit der Menschen hat eine Geisteshaltung, sich an andere anzulehnen. Sie haben die Kräfte der Selbstsicherheit verloren. Luxuriöse Gewohnheiten haben die Menschen weich gemacht. Ein Arzt und ein Rechtsanwalt wollen einen Diener, der ihnen die Schuhe und Strümpfe anzieht. Sie können keinen Krug Wasser vom Brunnen schöpfen. Sie können nicht einmal eine Achtelmeile gehen.

In alten Zeiten haben unsere Vorväter ihre Kleidung selbst gewaschen und alle möglichen Arbeiten am Haus verrichtet. Sie konnten sich sogar das Benzin teilen. Sie konnten gemeinsam stundenlang Wasser vom Brunnen schöpfen. Sie konnten täglich 40 Meilen gehen. Sie hatten eine wunderbare Konstitution und Vitalität. Pyorrhea[242], Appendicitis[243] und Blutdruck waren Fremdwörter für sie in jenen Tagen.

Heutzutage ist der Mensch in allem von anderen abhängig. Er hat die Tugend der Selbstsicherheit verloren. Er hat alles über die atmische Shakti[244] vergessen. Er hat keine Ahnung von dem gewaltigen Vorrat an Kraft und Wissen, der dem Atman innewohnt. Sein Geist ist nach außen gerichtet. Er hat kein inneres Leben.

Du musst dir dein Essen selbst zubereiten können. Du musst deine Diener aufgeben. Du musst deine Kleidung selbst waschen. Du musst täglich in dein Büro gehen. Gib die falsche Vorstellung von Ansehen und Stellung auf. Der verstorbene Sir T. Muthuswami Iyer, Richter am Obersten Gerichtshof von Madras, ging zu Fuß zum Gericht. Man gedenkt seiner immer noch wegen seiner Tugend der Selbstsicherheit.

Haushälter verlangen heutzutage eine magische Pille aus den Händen der Sannyasins[245] für ihre spirituelle Erhebung. Sie wollen keinerlei Sadhana praktizieren. Jeder von euch sollte jeden Schritt auf der spirituellen Leiter selbst setzen. Du bist dein eigener Erlöser. Du bist dein eigener Retter. Denke gut daran. Niemand kann einen anderen retten. Steh auf deinen eigenen Beinen und erlange Erfolg in der Welt und auf dem spirituellen Pfad. Zapfe die Quelle an, indem du die Augen schließt und Kraft schöpfst.

---

242 Zahnfleischeiterung
243 Blinddarmentzündung
244 Kraft, Energie, Macht; die göttliche Kraft des Werdens; die absolute Kraft oder kosmische Energie.
245 Mönche.

SELBSTVERLEUGNUNG

Selbstverleugnung ist die Verleugnung des eigenen Selbst. Sie ist das Nichtbefriedigen der eigenen Gelüste oder Sehnsüchte zum Wohle des eigenen höheren Wohlergehens oder dem Wohlergehen von anderen. Sie bedeutet es sich zu versagen, sich selbst zu belohnen, wenn es aus einem moralischen oder religiösen Motiv erfolgt.

Je mehr du dir versagst, umso mehr wirst du von Gott erhalten, umso mehr wirst du spirituell wachsen.

Die erste Lektion in der Yoga-Vedanta-Schule ist Selbstverleugnung.

Selbstverleugnung ist erforderlich, um einen starken und vornehmen Charakter auszubilden. Selbstverleugnung ist ein hervorragender Wächter der Tugend.

Oh adyatmischer[246] Held! Oh tapferer Eroberer! Praktiziere Selbstverleugnung. Bekämpfe deine niederen Gelüste, Triebe und Sehnsüchte, tritt ein in den unermesslichen Bereich von ewiger Wonne und werde ein Atma-Samrat (Selbst-König).

Die Strafe dafür, sich der Selbstverleugnung zu entziehen, ist dass du nur das kleinere anstatt das größere Heil erlangst.

Praktiziere Selbstverleugnung. Lehre Selbstverleugnung. Du kannst ein besseres Schicksal für die Welt erschaffen.

Die Praxis von Selbstverleugnung ist die höchste Erziehung. Ohne sie ist jede andere Erziehung nur bloßer Spreu oder Stroh.

Wisse, wie du dich selbst verleugnest. Das ist das Geheimnis allen Erfolgs.

Derjenige, der einen erfolgreichen Feldzug gegen seine Gelüste, Leidenschaften und Sehnsüchte führt und sie unter dauerhafter Kontrolle hält, ist der größte Eroberer oder Held.

Enthaltsamkeit oder Entsagung sind Synonyme für Selbstverleugnung.

---

246 Adhyatma bedeutet auf das Selbst bezogen, das höchste Selbst, spirituell.

SELBSTVERTRAUEN

Selbstvertrauen ist der Zustand oder die Eigenschaft, Vertrauen in sich selbst oder – ohne fremde Unterstützung – die eigenen Kräfte, Urteilsvermögen und Auffassungen zu haben. Selbstvertrauen ist Selbstständigkeit. Selbstvertrauen ist das Attribut von Größe. Ein Mensch mit Selbstvertrauen wird immer Erfolg haben und siegreich sein.

SELBSTVERVOLLKOMMNUNG

Übe dich selbst. Verbessere dich selbst. Kenne dich selbst. Stärke dein Herz mit tugendhaften Prinzipien. Diszipliniere deinen Körper, Sinne und Geist. Wachse täglich und entwickle dich schnell weiter.

Erleuchte den Geist mit nützlichen Kenntnissen. Lösche böse Angewohnheiten aus, böse Gedanken, böse Sprache und entwickle gute Gewohnheiten, gute Gedanken und gute Sprache.

Sprich nur wenig. Höre viel. Denke selbst nach. Hör den weisen Rat von Weisen, Heiligen und Yogis.

Fasse gute Entschlüsse. Halte beharrlich an ihnen fest. Stärke sie.

Verschwende keine Zeit. Zeit ist äußerst wertvoll. Ergreife freie Augenblicke und mache zu deinem Vorteil den besten Gebrauch von Ihnen. Praktiziere Japa[247]. Meditiere. Studiere religiöse Bücher. Entwickle Tugenden. Steigere deine Erwerbsfähigkeit. Diene der Gesellschaft. Diene älteren Menschen. Diene Lehrern. Diene deinen Eltern. Diene den Kranken und den Armen. Dein Herz wird schnell gereinigt werden.

Prüfe deinen Charakter und dein Verhalten. Lies in deinem eigenen Herzen.

Bewahre das Bild von großen Menschen und Weisen vor deinem geistigen Auge. Folge ihren Idealen. Gedenke ihrer Lehren und ihrer Aussprüche. Praktiziere ihr Unterweisungen.

Leg jeden Monat eine lasterhafte Gewohnheit ab und entwickle eine Tugend pro Monat. Du wirst schnell Selbstvervollkommnung erlangen.

---

247 Fortgesetzte Wiederholung eines Mantras oder das Namens Gottes.

Sei bereit von jedweder möglichen Quelle zu lernen. Habe ein offenes Herz.

Was immer du an anderen Menschen nicht magst, ändere es bei dir selbst ab.

Versuche heute eine Sache besser zu machen. Der einzige Weg, morgen zu einem besseren Tag zu machen ist, heute das zu denken und zu tun, was dazu geeignet ist eine bessere Zukunft heraufzubeschwören.

Diene. Bete. Überlege. Denk nach. Meditiere. Singe den Ruhm und den Namen des Herrn. Denke richtig. Spricht sanft und lieblich. Wachse, entwickle dich und verbessere dich auf diese Art und Weise.

STANDHAFTIGKEIT

I.

Standhaftigkeit ist die geistige Fähigkeit der Ausdauer. Sie ist Festigkeit, mit der man einer Gefahr begegnet. Sie ist Stärke, die Kraft von Widerstand oder Angriff.

Standhaftigkeit heißt auf Lateinisch fortitudo, was von „fortis" kommt – stark, kraftvoll.

Standhaftigkeit ist Stärke oder Festigkeit des Geistes, Schmerz oder Widrigkeiten geduldig zu ertragen, ohne zu murren, ohne Niedergeschlagenheit oder Verzagtheit, oder Gefahr unverzagt zu begegnen, mit kühlem Kopf und Mut. Sie ist geduldiger und dauerhafter Mut.

Standhaftigkeit ist die Kraft zu widerstehen oder anzugreifen.

Standhaftigkeit ist passiver Mut oder ruhiger, ausdauernder Mut. Sie ist die Eigenschaft, die nicht nur in der Lage ist Schmerz zu ertragen oder Versuchung, sondern Gefahren stetig entgegenzutreten, gleich ob man ihnen wirkungsvoll begegnen kann oder ob keine hinreichende Verteidigung gegen sie möglich ist. Standhaftigkeit ist nötig, um eine Batterie[248] anzugreifen oder unter feindlichem Feuer stillzustehen. Entschlossenheit ist eine Eigenschaft des Geistes. Durchhaltevermögen ist teilweise physisch. Entschlossenheit ist nötig um einer Versuchung zu widerstehen, Durchhaltevermögen um Kälte und Hunger auszuhalten.

---

248 Militärisch für Stellungen oder der Artillerie, die mit schweren Geschützen ausgerüstet sind.

Aktive Standhaftigkeit ist erforderlich, um Übeln entgegenzutreten und sie zu überwinden. Sie umfasst Entschlossenheit oder Beständigkeit und Furchtlosigkeit oder Mut. Passive ist Standhaftigkeit erforderlich, wenn Übeln begegnet und sie ertragen werden müssen. Sie umfasst Geduld, Bescheidenheit, Sanftmut etc.

Sie ist eine unerlässliche Tugend für sich. Sie ist ein Schutz für jede anderen Tugenden.

Das ist eine Welt voller Schmerz, Elend, Leid, Gefahren, Missgeschicken, Entbehrungen, Verletzungen und Krankheiten. Jeder Mensch hat seinen Teil an Schmerz und Schwierigkeiten zu tragen. Feiglinge krümmen sich unter ihrer Last, Menschen mit Stärke ertragen jedoch ohne zu klagen.

Derjenige, der seine niedere Natur bekämpft und sie überwindet, den schmückt beste aller Tugenden – Standhaftigkeit.

Geduld, Mut, Duldungskraft, Heldentum, Entschlossenheit und Geistesgegenwart sind Bestandteile von Standhaftigkeit.

Standhaftigkeit wird dich durch alle Gefahren, Widrigkeiten und Missgeschicke hindurch aufrechterhalten. So wie das Anbranden der Wellen einen Felsen nicht stören kann, so werden alle Kümmernisse des weltlichen Lebens dich nicht stören.

Befestige deinen Geist mit Standhaftigkeit, Mut und Geduld. Du kannst alle Schwierigkeiten des weltlichen Lebens mutig überwinden und immer ruhig und friedvoll bleiben. In der Stunde der Gefahr wirst du nicht verlegen und verwirrt sein. In Tagen des Unglücks wirst du nicht in Verzweiflung oder Mutlosigkeit versinken.

Standhaftigkeit wird dich stützen und die Festigkeit deines Geistes wird dich bekräftigen. Du wirst mit Sieg und Freude hervorgehen.

Prahlada[249], Sita[250], Damayanti[251], Nalayini und Savitri[252] waren Verkörperungen von Standhaftigkeit.

II.

Standhaftigkeit ist Dhriti[253]. Standhaftigkeit ist die geistige Kraft des Erduldens. Sie ist Festigkeit darin, Gefahr zu begegnen. Sie ist Stärke, Widerstandskraft oder der passive, negative Aspekt von Angriff.

Die Geburt des Menschen ist das Ergebnis seiner verschiedenen Karmas, eine Mischung von Gut und Böse. Jeder Mensch wird in irgendeiner Phase seines Lebens Gefahren, Unglücksfällen, Widrigkeiten, Katastrophen, Entbehrung, Schmerz und Verletzung begegnen. Derjenige, der mit Standhaftigkeit ausgestattet ist, wird sie ruhig und mit großer Geistesgegenwart ertragen und sie mit einem lächelnden Gesicht überbrücken.

Standhaftigkeit ist eine süße mysteriöse spirituelle Mischung aus Mut, Ruhe, Geduld, Geistesgegenwart und Duldungskraft. Sie ist eine Tugend, die aus Sattva geboren wurde. Sie verleiht Sadhakas[254], die den Pfad der Wahrheit beschreiten, und sogar denjenigen, die in dieser Welt leben und den Pfad von Pravritti[255] beschreiten, große Geistesstärke.

Derjenige Sadhaka, der nicht mit Standhaftigkeit ausgestattet ist, gibt sein Sadhana in Zeiten von Gefahr, Entbehrung oder Krankheit auf. Er wird ohnmächtig, ächzt und lässt den Mut sinken. Aber die Standhaftigkeit eines Menschen lässt ihn alle Gefahren, Unglücksfälle, Entbehrungen und Krankheiten ertragen. Es war Standhaftigkeit, die Gott Rama und Sita, Nala und Damayanti[256], Yudhishthira[257] und seine Brüder während ihres Lebens im Walde aufrechterhielt,

---

249 In der indischen Mythologie ein König aus dem Dämonenherrschergeschlecht der Daitya. Frommer Verehrer Vishnus, der ihn in Gestalt eines Mensch-Löwen (Avatara Narasimha) vor den Mordanschlägen seines Vaters rettete.

250 Göttin der Landwirtschaft, Tochter der Erdgöttin Bhumi Gemahlin von Rama, dem Helden des Epos Ramayana. Gilt als Avatar der Göttin Lakshmi.

251 In der Mahabharata Frau des Königs Nala. Nala verliert beim Würfeln sein Königreich und muss mit seiner treuen Gattin in die Verbannung in den Wald ziehen, wo Damayanti von Nala verlassen wird. Voneinander getrennt erleiden die beiden vielfältige Abenteuer, ehe sie schließlich glücklich vereint werden und Nala sein Königreich wiedererlangt.

252 Geschichte aus dem dritten Buch des Mahabharata, in der die Königstochter Savitri das Leben ihres todgeweihten Ehemannes Stayavan durch eine einjährige strenge Askese und einen klugen Disput mit dem Totengott Yama gerettet hat.

253 Festigkeit, Dauerhaftigkeit, Entschluss, Willenskraft.

254 Spirituell Suchende.

255 Fortschritt, Beginn, Fluss. Tat, Handlung, äußere Tätigkeit, Verhalten.

256 Siehe Fn. 251.

257 Wörtlich: "fest in der Schlacht". In der Bhagavad Gita ältester der fünf Pandava-Prinzen, Bruder Arjunas, Verkörperung der Rechtschaffenheit, von dem es heißt, dass Yudhishthira drei wichtige Tests zu bestehen hatte.

als sie in großer Not waren. Sri Harishchandra[258], Jesus Christus, Rana Pratap[259] und Abdul Baba waren Beispiele von Helden, die über immense Standhaftigkeit verfügten.

Standhaftigkeit ist ein Freund in der Not. Sie ist eine nährende Amme. Sie ist ein geistiges Stärkungsmittel und ein Allheilmittel. Sie ist ein Panzer und ein Schutzschild, um einen vor Hunger, Durst, Hitze und Kälte zu beschützen. Sie ist eine unfehlbare Injektion, um in Zeiten von drohendem Zusammenbruch und Herzversagen innere Stärke einzuträufeln. Sie ist eine mächtige Waffe, um schwierige Bedingungen und ungünstige Verhältnisse zu bekämpfen.

Ein Mensch von Standhaftigkeit steht unter widrigen Umständen fest wie der Himalaya. Er behält in allen Lebenslagen einen ausgeglichenen Geist. Er wird durch schwere Sorgen nicht erschüttert. Wie ein Fels an der Küste steht er fest und wird durch die anbrandenden Wellen nicht beeinträchtigt, deshalb bleibt er sogar mitten in den Stürmen und Wechselfällen seines trostlosen Samsaras[260] standhaft.

So wie ein Mensch auf dem Schlachtfeld Nase, Augen und andere Körperteile mit speziellen Vorrichtungen vor den verheerenden Wirkungen explosiver Bomben schützt, so schützt sich auch der Sadhaka und der weise Mensch durch Standhaftigkeit vor den explosiven Gasen weltlicher Widrigkeiten und geht siegreich daraus hervor.

Der ängstliche, schwache Mensch mit einem heimtückischen Geist hingegen, dem es an Standhaftigkeit gebricht, erzittert in der Stunde der Gefahr, schrumpft, fällt in Ohnmacht und fällt in große Schande. Er weiß nicht was er tun soll. Er ist wie das Schilfrohr, das schon durch den leisesten Hauch einer Brise erschüttert wird. Er verliert seine Geistesgegenwart. Angst, Mutlosigkeit und Unvermögen überwältigen ihn. Er begegnet Scheitern und Sorgen mit Hoffnungslosigkeit. In Zeiten von Widrigkeiten und Missgeschicken bricht er zusammen und ergibt sich.

Entwickle allmählich Standhaftigkeit und stehe fest so wie jener Meru[261] oder Himavan[262]. Pflege diese Tugend immer wieder geduldig.

---

258 In der indischen Mythologie ein König von Ayodhya, der niemals log oder sein Wort brach, gleich was es ihn auch gekostet haben mag.
259 1540 – 1597. Bedeutender Herrscher des indischen Fürstenstaates Mewar. Wie schon sein Vater Udai Singh II. kämpfte er zeit seines Lebens gegen den Mogulherrscher Akbar.
260 Ewiger Kreislauf von Tod und (Wieder-) Geburt
261 Berg, der nach der hinduistischen Kosmologie das Zentrum des Universums bildet.
262 König der Berge in der indischen Mythologie.

Standhaftigkeit zeugt von Charakterstärke. So wie für einen Menschen, der ein hohes Amt bekleidet, seine Autorität seine Stärke ist, für einen adligen Menschen sein Stammbaum, für einen großen Anführer sein Rang und für einen wohlhabenden Menschen sein Geld, genauso ist für einen Menschen mit Charakter Standhaftigkeit seine Stärke. Sie ist das, was ihn aufrechterhält. Sie ist das Merkmal von Selbstvertrauen und Eigenständigkeit. Wo Standhaftigkeit ist, wagen Entmutigung und Pessimismus keinen Annäherungsversuch. Deshalb ist Standhaftigkeit die einzige dauerhafte Stärke, da hohes Amt, Geburt, Führerschaft und Geld alle dahinscheiden. Charakter ist beständiger Wohlstand, Standhaftigkeit dauerhafte Macht.

Möget ihr alle durch Standhaftigkeit Erfolg im weltlichen Leben und Gottesverwirklichung erlangen.

STILLE

Stille ist der Zustand, still zu sein. Sie ist Abwesenheit von Ton oder Sprache. Sie ist Ruhe.

Stille ist Brahman oder das Absolute.

Stille ist wie Schlaf. Sie spart Energie und erfrischt dich.

Stille ist eine mächtige Waffe. Nur sehr wenige von uns sind stark genug, sie zu schwingen.

Stille ist der Tod für einen redseligen Menschen. Sie ist aber Nektar für einen spirituell Suchenden oder einen Muni.[263]

Wahre Stille ist Erholung für den Geist. Alle Gedanken verebben. Da ist vollkommener Friede.

Stille ist eine große Tugend. Sie vermeidet Auseinandersetzungen und unnötige Diskussionen und verhindert Sünde.

Stille ist Beredsamkeit. Stille ist größer als Sprechen.

Sei still und höhere die innere Stille der Seele.

---

263 Frommer, Gelehrter, Heiliger, der durch spirituelle Praxis einen höheren Bewusstseinszustand erreicht und dabei übersinnliche Kräfte erlangt hat. Ehrentitel für Rischis und Verfasser bedeutender Schriften.

Stille von Worten ist gut; aber Stille von Sehnsüchten und Leidenschaften ist besser, da sie Ruhe des Geists begünstigt. Am allerbesten aber ist Stille von allen Gedanken, da sie zu Selbstverwirklichung führt.

In der Stille liegt eine große Kraft. Stille verleiht Frieden und Stärke. Viele erhabene Errungenschaften werden in der Stille bewirkt.

Sei still und erkenne dich selbst.

STREBEN

Streben ist das brennende Verlangen danach, Gottesverwirklichung zu erlangen.

Streben heißt, begierig nach höheren Dingen zu verlangen oder sie anzuvisieren. Gott ist das einzige wahre Ziel allen menschlichen Bestrebens.

Streben ist ein ernstes Verlangen oder ein ernster Wunsch nach dem, was jenseits der eigenen gegenwärtigen Reichweite oder Erreichbarkeit liegt, insbesondere danach, was vornehm, rein und spirituell ist.

Zu streben heißt emporzusteigen oder sich nach oben zu strecken. Zu streben heißt eine ernsthafte Sehnsucht, Wunsch oder Verlangen nach etwas Hohem und Gutem zu haben, was man noch nicht erlangt hat, normalerweise einhergehend mit dem Bemühen es zu erreichen.

TAKTGEFÜHL

Taktgefühl ist Gewandtheit oder Geschicklichkeit darin, mit den Gefühlen anderer umzugehen. Es ist eine neue Wahrnehmung, genau das zu sehen und zu tun, was unter den jeweiligen Umständen das Beste ist. Es ersetzt viele Begabungen, die einem nicht zu Gebote stehen.

Taktgefühl ist die schnelle oder intuitive Wahrnehmung dessen, was passend, angemessen oder richtig ist. Es ist feine, jederzeit verfügbare geistige Einsicht, die sich darin zeigt, das Angemessene zu sagen oder zu tun, oder insbesondere auch darin zu vermeiden, was verletzend oder störend wäre. Es ist das Können oder die Fähigkeit, mit Menschen oder Notfällen umzugehen.

Taktgefühl enthält Selbstbeherrschung, ein gutes Wesen sowie schnelle und liebenswürdige Anteilnahme mit den Gefühlen anderer. Ein taktvoller Mensch hat immer Erfolg im Leben. Taktgefühl beseitigt alle Hindernisse und überwindet alle Schwierigkeiten.

Feingefühl erfordert ein schnelles und sicheres Urteilsvermögen, gesunden Menschenverstand, freundliches Gefühl und eine instinktive Einschätzung des Charakters.

Begabung ist Kraft, Taktgefühl ist Können; Begabung ist Wohlstand, Taktgefühl ist Bargeld.

Ein taktvoller Mensch sagt zur richtigen Zeit das Richtige zu der richtigen Person.

Taktgefühl ist das offene Auge, das schnelle Ohr, der feine Geruch, die lebhafte Berührung und der beurteilende Geschmack.

Taktgefühl verliert keine Zeit; lässt keine Gelegenheit aus. Es geht allen Hinweisen nach. Es ist stets aufgeweckt, wendig und wachsam. Es macht keinen Fehltritt.

Die wesentlichen Bestandteile von Taktgefühl als einer gewissermaßen moralischen Angelegenheit wären: 1. Empfindsamkeit des Gefühls, 2. Einsicht in die Beweggründe anderer, 3. Erfahrungen mit den Konsequenzen des Verhaltens, und 4. Subtilität des Denkens, insbesondere in Bezug auf Einzelheiten.

TATKRÄFTIGES WESEN

Ein tatkräftiges Wesen wird auch ein überschwängliches Wesen genannt. Das ist das Gegenteil von Schüchternheit. Der Mensch ist aggressiv. Er versucht alle Orte zu durchdringen wie Äther. Manche Ärzte und Rechtsanwälte verhungern. Warum ist das so? Weil sie nicht dieses tatkräftige Wesen haben. Sie sind sehr intelligent und schlau, aber leider sind sie so unverbesserlich schüchtern. Sie können andere Menschen nicht beeinflussen. Ein Mensch von überschwänglicher Natur kann lieblich reden und ist sehr abenteuerlustig. Er ist sehr wagemutig.

Ein Mensch von tatkräftigem Wesen ist sehr aktiv. Er weiß anderen Menschen zu gefallen und das Herz anderer zu gewinnen. Er versteht es, Menschen zu dienen und ihr Vertrauen zu gewinnen. Er erschafft Arbeit für sich selbst. Er kann nicht untätig bleiben. Er plant, entwirft und grübelt immer. Er möchte auf der Leiter des Erfolgs und in der Wertschätzung der Welt hinaufsteigen. Er hat eine sehr freudige Natur. Sehr jovial, kann sich mit allen gemein machen. Er weiß, wie er sich an Leute mit unterschiedlichem Temperament anpasst. Ein tatkräftiges Wesen ist notwendig für Erfolg im Leben und für Gottesverwirklichung. Du musst es in höchstem Ausmaß entwickeln. Wünsche dir glühend, diese Gewohnheit zu auszubilden und gib dein Bestes, um sie zu deinem Busenfreund zu machen. Dann werden dein anderer Busenfreund, dein unterbewusster Geist, und dein Wille die Arbeit für dich machen. Habe ein klares Bild davon, was du willst. Das ist alles, was nötig ist.

Europäer haben diese Natur in hohem Maße. Die Engländer sind ursprünglich als reine Händler nach Indien gekommen und haben die Ostindien-Kompanie[264] gegründet. Dann wurden sie nach und nach nur durch ihr tatkräftiges Wesen zu Herrschern dieser Erde. Die Menschen aus Malabar[265] haben dieses tatkräftige Wesen. Man kann Malabaris in jedem Winkel und jeder Ecke dieser schönen Erde finden. Vasco da Gama[266] hatte ein tatkräftiges Wesen. Er entdeckte den Seeweg nach Indien. Dasselbe gilt für Kolumbus, der Amerika entdeckte. Das Volk von Japan ist bemerkenswert wegen seines tatkräftigen Wesens. Das ist der Grund, warum es in so kurzer Zeit Bedeutung erlangt hat. Japan ist ein kleines Land. Seine Industrie und seine Wirtschaft stehen dennoch im Wettbewerb mit fast jedem anderen Land der Welt.

Ein tatkräftiges Wesen hält den Menschen aktiv und ist auch für den religiösen spirituell Suchenden nützlich. Geschäftsleute sollten diese Eigenschaft in größtmöglichem Ausmaß haben. Das ist für alle eine wichtige Befähigung.

TOLERANZ

Toleranz bedeutet, verletzende Menschen oder Meinungen zu ertragen.

Toleranz ist Freiheit von Fanatismus. Sie ist ein Geist von milder Nachsicht.

Toleranz ist eine Veranlagung zu tolerieren oder nicht zu beurteilen oder bei unterschiedlichen Meinungen, Verhalten oder ähnlichem nicht hart und rigoros damit umzugehen.

Du hast die Weisheit nicht gepachtet. Kritisiere nicht herabsetzend. Die Wege und Meinungen deines Nachbarn mögen nicht deine sein. Sie können jedoch nichtsdestotrotz genauso gut sein.

---

264 Entstanden durch einen Freibrief von Königin Elisabeth I. mit dem Recht, 15 Jahre lang sämtlichen Handel zwischen dem Kap der Guten Hoffnung und der Magellanstraße abzuwickeln.
265 Region an der Südwestküste Indiens, entspricht etwa dem Norden des heutigen Kerala.
266 Portugiesischer Seefahrer, der den Seeweg um das Kap der guten Hoffnung nach Indien entdeckt hat.

Verurteile nie hart, sondern urteile gerecht. Seid freundlich und liebenswürdig zueinander. Sei tolerant.

Religiöse Toleranz ist notwendig. Sie wird religiöse Harmonie im Land etablieren.

Selbst unter den besten Menschen gibt es die verschiedensten Meinungen. Das sollte jedoch keinen Hass hervorrufen. In der Natur gleicht kein Geist dem anderen.

Intoleranz ist ein Verbrechen.

Habe eine weite Sicht. Habe eine breite Perspektive. Gib jedermann Raum in deinem Herzen, den Anhängern aller Religionen. Sei so weit wie der Himmel.

Toleranz in der Religion ist absolut die beste Frucht aller Bemühungen und Anstrengungen.

Toleranz führt zu Wonne

Da es Menschen mit verschiedenen Temperamenten, Fähigkeiten und Geschmäckern gibt, sind unterschiedlicher Denkschulen, Kulte und Vereinigungen notwendig. Die Anhänger von Kulten oder Sekten sollten ein weites Herz haben und andere Sekten auch einzubeziehen. Die grundlegenden Prinzipien oder wesentlichen Elemente aller Religionen sind gleich. Man sollte vollkommene Toleranz gegenüber anderen Glaubensrichtungen haben. Kulte und religiöse Gruppierungen helfen dem Schüler zu wachsen, aber letzten Endes gipfeln sie in Vedanta.

Während der Lebenszeit ihrer Gründer funktionieren nur manche Kulte, religiöse Gruppierungen, Sekten, Vereinigungen und Institutionen gut. Wenn sie gestorben sind erhalten die Anhänger den Wesenskern der Institution jedoch nicht intakt. Gurutum schleicht sich ein. Selbstsucht ergreift und überwältigt die Leiter der Institution. Sie werden zu geldgierigen Konzernen. Der ursprüngliche süße spirituelle Duft verblasst und verschwindet schrittweise. Die Anhänger verunsichern den Geist anderer, indem sie deren Glauben verächtlich machen und ihren eigenen Kult oder Vereinigung preisen und fügen der Bevölkerung dadurch viel Schaden zu.

Die Leute beginnen mit Handel im Namen der Religion. Das ist der Grund, warum manche Kulte, Sekten, religiöse Gruppierungen und Vereinigungen anstatt dynamische spirituelle Zentren zu sein letztendlich zu wahren Kampfzentren werden.

Die Anhänger betreiben kein ernsthaftes Tapas[267] und Meditation. Sie ziehen sich nicht in die Abgeschiedenheit zurück, um rigoros Tapas und Sadhana zu praktizieren. Sie sind nicht mit Leidenschaftslosigkeit, Verzicht und Unterscheidungskraft gesegnet. Sie haben eine großsprecherische Sprache. Sie reden von der vierten Religion, dem fünften Ort, der siebten Sphäre etc. Die Institution, die während der Lebenszeit ihrer Gründer einmal deren spirituellen Ruhm und Ehre genoss, verkommt aufgrund Mangels an dynamischem, spirituellem Personal, das sie führen könnte, zu einer bloßen gesellschaftlichen Einrichtung. Rein Verstanduelles Verständnis von Wahrheiten oder Eloquenz oder große Reden machen niemanden zu einem Yogi oder Weisen.

Wer sagt, Gott Krishna oder Gott Rama wären nur niedere Persönlichkeiten, versteht nichts von Religion und Philosophie.

Ein berühmter Arzt, ein Dr. med., aus dem Punjab begab sich an einen bestimmten Ort, um den Leiter einer speziellen Glaubensrichtung zu treffen. Er hörte ihn sagen. „Gott Krishna ist nur eine niedere Persönlichkeit." Er verließ den Ort sofort und glaubte ihm nicht. Er hat mir später erzählt, dass er vollstes Vertrauen in folgendes Sloka[268] aus der Gita hat: „Es gibt nichts Höheres als mich, oh Arjuna. All das ist auf mir aufgefädelt wie eine Reihe von Perlen auf einer Schnur" (Kap. VII. 7).

Zu sagen, Krishna sei nur auf einer untergeordneten Bühne und dass man Shanti[269] nur durch diesen Glauben allein erlangen könne, ist höchst bedauernswert. Manche sagen: „Tritt unserem Kult, Glauben oder Vereinigung bei, dann wirst du Darshan[270] des Herrn in 15 Tagen erlangen. Wenn du unserem Glauben oder Kult beitrittst, wirst du auch über Para Brahman[271] hinausgehen. Du kannst Frieden und Mukti[272] nur durch unseren Glauben und Kult erlangen." Das ist vollkommene Intoleranz und Beschränktheit.

Höre auf das, was Gott Krishna selbst in der Gita sagt: „In der Weise, wie die Menschen zu Mir kommen, werden sie von Mir belohnt; auf jede Weise beschreiten die Menschen meinen Weg, oh Arjuna"[273].

---

267 Askese, eines der 5 Niyamas.
268 Vers.
269 Frieden, innere Stille, das Ruhen der Sinne. Gemeint ist der Friede, den man durch die Erkenntnis erlangt, dass man nicht der sterbliche Körper, sondern unvergängliches Bewusstsein ist, und der durch äußere Einflüsse nicht mehr gestört werden kann.
270 Sehen, Schauen, Zeigen, Lehren. Damit ist das Sehen einer heiligen Persönlichkeit, also Gottesschau gemeint.
271 Das höchste Brahman, das frei von allem Relativen ist, das universelle Absolute in seiner reinsten Form.
272 Befreiung, dasselbe wie Moksha.
273 Kap. IV. 11.

Möge der Herr dich mit umfassender Toleranz und einem großen Herzen und segnen. Mögest du frei von Nörgeln und Mäkelei sein. Mögest du das Einssein oder die Einheit von Atman erkennen. Mögest du andere mit göttlicher Liebe umarmen. Möget ihr alle die Einheit aller Religionen verwirklichen. Mögest du nicht in religiösen Auseinandersetzungen und Debatten schwelgen. Möget ihr alle still in eurem eigenen wonnevollen und stillen Selbst ruhen und die ewige Wonne darin durch tiefe Meditation genießen.

Om Shanti! Shanti! Shanti!

TREUE

Treue ist die gewissenhafte und sorgfältige Erfüllung von Pflicht, oder die Erfüllung von Verpflichtungen. Sie ist Treue einem Ehemann oder einer Ehefrau gegenüber. Sie ist Ehrlichkeit. Sie ist standfestes Befolgen.

Treue ist herzliche Gefolgschaft denjenigen gegenüber, denen man in Zuneigung oder Ehre verbunden ist. Sie ist Loyalität, Hingabe, so wie die Treue eines Offiziers, mütterliche Treue, Treue gegenüber dem Vater oder einem Freund, die Treue von Untertanen ihrem König gegenüber, die Treue eines Dieners seinem Herrn gegenüber.

Treue findet ihre Belohnung und ihre Stärke in einer erhabenen Aufgabe.

Geschäftlicher Erfolg besteht zu 90 Prozent aus Treue.

Treue ist die Freundin der Gerechtigkeit.

Nichts ist vornehmer, nichts verehrungswürdiger als Treue. Sie ist eine grundlegende Tugend des Geistes.

Treue ist strikte Einhaltung der Wahrheit oder Tatsache; Zuverlässigkeit, Wahrhaftigkeit, Ehrlichkeit; so wie die Treue eines Berichts oder Zeugen, die Treue eines Porträts.

Gefolgschaft, Konstanz, Hingabe, Glaube, Ergebenheit, Ehrlichkeit, Integrität, Loyalität, Wahrheit, und Wahrhaftigkeit sind synonyme Begriffe.

Illoyalität, Untreue, Heimtücke und Verrat sind das Gegenteil von Treue.

Sei so konstant wie der Polarstern. Sei treu und hingebungsvoll.

ÜBERLEGUNG

Überlegung ist eine wirklich schöne Tugend. Ein Mensch mit Überlegung ist bei all seinen Unternehmungen immer erfolgreich.

Überlegung ist der Nährboden, auf dem Weisheit gedeiht. Entwickle deshalb die Tugend der Überlegung im größtmöglichen Ausmaß.

Außer Acht lassen, übergehen, übersehen, vernachlässigen, ignorieren und etwas auf die leichte Schulter nehmen sind die Gegenteile von Überlegung.

Ein gedankenloser und geschwätziger Mensch, der wahllos drauflosredet, verstrickt sich in dem Netz der Dummheit seiner Worte.

In Überlegung liegt reifes Denken, sie enthält ernsthafte Erwägung. Zuerst überlegst du eine Angelegenheit gründlich, dann erst entscheidest du dich.

Bei Überlegung bedenkst du eine Angelegenheit gründlich, bevor du dich entscheidest. Du denkst darüber nach, reflektierst darüber, wägst ab, du widmest ihr gründliche Aufmerksamkeit, sinnst darüber nach, du untersuchst, wägst ab, du beobachtest gründlich und genau.

Die Kunst, etwas in Betracht zu ziehen und zu untersuchen ist Überlegung.

Moralische Angelegenheiten werden in demselben Ausmaß überlegt, je größer der Fortschritt an Erkenntnis ist. Gläubige Menschen halten Gewissen für wichtiger als Wissen.

Überlege die Konsequenzen deiner voreiligen Entscheidungen.

Denke mit Überlegung.

Handle mit Überlegung.

Habe Überlegung, Achtung oder Rücksicht für die Gefühle anderer. Überlege die Tugenden anderer.

Wäge deine Worte bevor du sie aussprichst.

Überlege dir jeden Schritt gut, den du machst.

Stürze dich nicht Hals über Kopf in eine Handlung. Überlege die Konsequenzen gut und handle erst dann. Nur dann wirst du nicht bereuen, wird es dir nicht leid tun.

Ein gedankenloser Mensch, der seine Sprachorgane nicht unter Kontrolle hat, spricht aufs Geratewohl und vergießt am Ende Tränen über seine Dummheit. Er ist Schimpf und Schande ausgesetzt. Sei deshalb immer überlegt, bei jeder Gelegenheit.

Oh Mensch! Lausche der Stimme der Überlegung und werde weise. Sie wird dich leiten und dir den Weg zu Sicherheit, Schutz, Weisheit, Wahrheit, Frieden, Unsterblichkeit und Wonne weisen.

UNTERSCHEIDUNGSKRAFT

Unterscheidungskraft oder Viveka ist die Fähigkeit oder Kraft des sattvigen Geistes, zwischen dem Wirklichen und dem Unwirklichen, dem Beständigen und dem Unbeständigen, dem Atman[274] und dem Anatman[275] zu unterscheiden.

Unterscheidungskraft dämmert herauf durch die Gnade des Herrn in einem Menschen, der in seinen früheren Geburten tugendhafte Taten vollbracht oder dem Herrn Opfergaben dargebracht hat, ohne Früchte zu erwarten und ohne Egoismus.

Viveka oder Unterscheidungskraft wird gestärkt durch das Studium der Schriften und Satsang[276].

Wenn Du Unterscheidungskraft hast, wirst du sicher auch dauerhafte Leidenschaftslosigkeit haben.

Das Gebäude der Weisheit ist gegründet auf dem starken Fundament der Unterscheidungskraft.

Brahman oder das Absolute allein ist die wirkliche, unvergängliche Sache. Alle anderen Dinge außer Brahman sind vorübergehend und vergänglich.

---

274 Individuelle Seele, das Selbst.
275 Nicht-Selbst
276 Gemeinschaft mit Weisen (= dem Guten)

UNVERZÜGLICHKEIT

Unverzüglichkeit ist Bereitschaft und Schnelligkeit der Entscheidung und Handlung. Sie ist Bereitwilligkeit.

Unverzüglichkeit ist vorteilhaft für das Schicksal, den Ruf, den Einfluss und den Nutzen.

Unverzüglichkeit ist die Seele des Geschäfts.

Ein Mensch mit Unverzüglichkeit plant, löst, führt aus und ist erfolgreich zugleich.

Unverzüglichkeit ist deine Pflicht. Sie ist ein Teil von guten Manieren.

Zeit ist höchst wertvoll. Kenne den wahren Wert der Zeit. Schnappe, ergreife und genieße jeden Moment von ihr. Nütze jede Sekunde vorteilhaft und sinnvoll. Keine Faulheit, keine Verzögerung, kein Aufschieben. Verschiebe nie auf morgen, was du heute kannst besorgen.

Sei unverzüglich beim Beantworten deiner Briefe. Das wird einen tiefen und guten Eindruck auf diejenigen machen, die deine Antwort bekommen.

VERZEIHUNG

(KSHAMA)

Verzeihung heißt zu vergeben. Verzeihung ist, über eine Beleidigung oder eine Schuld hinwegzusehen. Sie ist die Veranlagung oder Neigung zu vergeben oder zu entschuldigen.

Ein Mensch, der mit Verzeihung ausgestattet ist, ist barmherzig und mitfühlend.

Irren ist menschlich, vergeben ist göttlich.

Es ist gebräuchlich Verzeihung vorzutäuschen. Echte Verzeihung ist selten.

Wenn du Verzeihung praktizierst, wirst du stark und edel. Du kannst Ärger leicht kontrollieren.

Verzeihung erspart die Ausgaben von Ärger, die Kosten von Hass und die Verschwendung von guter Laune.

Verzeihung sollte wie ein annullierter Schuldschein sein, entzwei gerissen und verbrannt, so dass er einem nie mehr entgegengehalten werden kann.

Wer Verzeihung praktiziert hört auf, Unmut oder Groll gegenüber einem Menschen zu hegen, der ihn verletzt hat.

Kshama[277] oder Verzeihung ist das Gegengift gegen Ärger.

„Verzeihen" bezieht sich auf das innere Gefühl und unterstellt entfremdete Freundschaft. Wenn wir um Verzeihung bitten, wollen wir in erster Linie den Ärger beseitigen.

„Entschuldigen" bezieht sich mehr auf äußere Dinge oder Konsequenzen und wird oft für Bagatellen verwendet, so wie wir um Entschuldigung für eine Unterbrechung bitten. Der Friedensrichter gewährt Entschuldigung, nicht Verzeihung.

VERZICHT

Unsterblichkeit oder Selbstverwirklichung erlangt man allein durch Tyaga[278] oder Verzicht.

Tyaga stärkt den Geist und den Willen und verleiht Frieden.

Verzichte auf Objekte. Das ist Vishaya-Tyaga. Verzichte auf Anhaftung an Objekte. Das ist Sanga-Tyaga. Das ist geistige Disziplin.

Ohne Tyaga ist kein Jota an spirituellem Fortschritt möglich.

Das Geheimnis des Verzichts ist der Verzicht auf Egoismus, Mein-heit, Vasanas[279] und Trishnas[280], subtile Wünsche und Begierden, den Bheda-Buddhi[281], der

---

277 Tugend der Geduld, Fähigkeit des Ertragenkönnens, Vergebung, Nachsicht.
278 Verzicht (auf Ichdenken, Vasanas und die Welt), Opfer, Entsagung, Loslösung, Aufgeben aller Bindungen. Verminderung und Loslassen von Wünschen und Begierden.
279 Subtile Wünsche; Tendenzen, die sich im Menschen durch das Ausführen von Handlungen und durch Erfahrungen entwickeln und ihn dazu verleiten, die Handlungen zu wiederholen bzw. die Wiederholung der Erfahrung zu suchen.
280 Dürsten (nach Objekten), inneres Sehnen (nach Sinneseindrücken).
281 Der Verstand, der unterscheidet.

unterscheidet, und Kartritva-Abhimana[282], die Vorstellung, der Handelnde oder das ausführende Organ zu sein[283].

Vollständiger Verzicht kommt nicht in einem Tag. Er braucht lange Zeit.

Satsang mit Weisen und Heiligen, Studium von Büchern, die Vairagya[284] und Tyaga behandeln wie „Necessity for Sannyasa"[285] etc., sind Hilfsmittel beim Praktizieren von Verzicht.

Derjenige, der über Verzicht verfügt, ist der wahre König der Könige, der Kaiser der Kaiser.

Verzicht ist die stärkste Kraft dieser Welt.

VORNEHMHEIT

Vornehmheit ist die Eigenschaft vornehm zu sein. Sie ist Größe des Geistes oder des Charakters. Sie ist Würde, Vortrefflichkeit, Großzügigkeit.

Vornehmheit ist der Zustand oder die Eigenschaft, einen vornehmen Charakter zu haben im Gegensatz zu Selbstsucht, Feigheit und Bosheit. Sie ist Würde und Anmut des Charakters. Sie ist Großmut, Größe, edle Gesinnung.

Vornehmheit ist die Erhebung der Seele, die Tapferkeit, Großzügigkeit, Großmut, Furchtlosigkeit und Geringschätzung von allem, was die Seele entehrt, umfasst.

Es ist nicht Reichtum oder Herkunft, sondern ehrenhaftes Verhalten und eine vornehme Veranlagung, die dich groß macht.

Vornehmheit ohne Tugend ist wie eine schöne Fassung ohne einen Edelstein. Tugend ist der Vorname der Vornehmheit.

Wenn du mit einem großzügigen Geist ausgestattet bist, ist das die beste Art von Vornehmheit.

---

282 Begriff aus der Karmalehre, zusammengesetzt aus Kartritva (die Tatsache, ein Handelnder zu sein, das Tätersein) und Abhimana (Stolz, Überheblichkeit, Hochmut, Selbstsucht), was so viel wie persönliche Eitelkeit, ich-zentrierter Anhaftung bedeutet.
283 Das Konzept, dass der Mensch aus Unwissenheit meint, er sei der Handelnde, kommt in der Bhagavad Gita mehrfach zum Ausdruck, vgl. etwa III.27 und II.19.
284 Leidenschaftslosigkeit, Verhaftungslosigkeit.
285 Ein anderes Buch von Swami Sivananda.

Vornehmheit ist eine anmutige Zierde für einen Mann oder eine Frau. Wahre Vornehmheit stammt von Tugend ab, nicht von der Geburt.

Der wahre Maßstab für Vornehmheit ist der Geist. Wer vornehm denkt ist wirklich vornehm.

Vornehmheit ist der feinere Anteil des Geistes und des Herzens, der mit Göttlichkeit verbunden ist.

Das Wesen wahrer Vornehmheit ist es, sich selbst hintanzustellen.

Süße Barmherzigkeit ist das wahre Anzeichen von Vornehmheit.

WAHRHEIT ALLEIN TRIUMPHIERT

(SATYAMEVA JAYATA[286])

Wahrheit ist einfach; nur der verwirrte Verstand lässt sie komplex erscheinen. Die erhabensten Dinge sind stets die einfachsten.

Die Wahrheit kann nie von der Unwahrheit besiegt werden. Die Wahrheit wird immer den Sieg über die Unwahrheit erringen. Wenn man den Pfad der Wahrheit beschreitet, ist alles andere auch getan. Wenn die Wurzel gewässert wird, werden automatisch auch alle Zweige gewässert.

Der Pfad der Wahrheit ist ein steiler. Er ist rutschig und so scharfgratig wie eine Rasierklinge. Hart ist er zu beschreiten, es ist ein schwieriger Pfad. Giganten unter den spirituellen Menschen gehen auf ihm zur Stadt der Vollkommenheit.

Das Absolute ist Alles. Wahrheit ist Absolut. Du bist das[287]. Das ist die Essenz von spirituellem Lehren.

Wahrheit ist vollkommen öffentlich. Sie kann nicht verborgen werden, selbst wenn man das versuchen wollte. Wahrheit bleibt bestehen und kommt sogar im Extrem der Unwahrheit zum Ausdruck. Die äußerste Wahrheit ist das Absolute. Unwahrheit ist ein Schatten der Wahrheit. Die Welt ist Unwahrheit

---

286 Wörtlich: „Allein die Wahrheit siegt". Zitat aus der Mundaka-Upanishade, das als Motto in dem Wappen Indiens enthalten ist.
287 Sanskrit: Tat Twam Asi, eines der vier Mahavakyas (Essenz der Upanishaden in Form von großen Verkündungen).

und das Absolute ist Wahrheit. Die Welt wird repräsentiert durch Sex und Ego; das Absolute wird durch das noumenale[288], gnostische[289] Wesen repräsentiert.

Die Wahrheit wird nicht einmal durch Existenz-Bewusstsein-Freude[290] zum Ausdruck gebracht. Das ist nur die nächste Verwandte der Wahrheit. Die Wahrheit ist noch größer, großartiger, mächtiger, wahrer!

Bei demjenigen steht alles zum Guten, dessen Herz auf die Wahrheit ausgerichtet ist. Keine Krankheit, weder körperlich, noch geistig, kann ihn angreifen.

Wer sich auf die Wahrheit zubewegt ist mächtig, lebt lang, weiß alles und ist immer froh, da er sich dem Allmächtigen nähert.

Wahrheit ist; Unwahrheit ist nicht; deshalb ist es nicht einmal ganz richtig zusagen, dass die Wahrheit eins ist, denn Wahrheit ist die Existenz selbst und ist weder eins, noch nicht-eins. Die Wahrheit ist ungeteilt.

Das Absolute verwirrt selbst den Geist der größten Gelehrten. Es entzieht sich dem Verständnis auch des mächtigsten Verstands. Es wird als reines Bewusstsein erfahren, wo der Verstand stirbt, die Gelehrsamkeit zugrunde geht und sich das gesamte Wesen selbst in ihm auflöst. Alles ist verloren, und alles ist gefunden!

Das Absolute ist vollkommen wissenschaftlich, logisch, symmetrisch, ausgeglichen, angemessen, vernünftig! Es ist nicht unregelmäßig oder willkürlich. Es ist kein übernatürliches Mysterium, sondern die natürliche Tatsache des Lebens. Die unendliche und unteilbare Natur der Existenz ist kein Wunder; sie ist der tatsächliche Zustand des Seins an sich, so wie die Helligkeit von Feuer, die Flüssigkeit von Wasser, das Gewicht von Blei. Sie ist die höchste Vollkommenheit des ewigen, unsterblichen, wirklichen Lebens.

Alles, was sich ändert, ist Unwahrheit. Deshalb ist Wahrheit unendlich. Die Wahrheit alleine hat Bestand, während alles andere vergeht. Alles, von Brahma selbst bis hinab zu einem Grashalm, bewegt sich auf die Wahrheit hin, manches bewusst, manches unbewusst. Sie unterscheiden sich nur in dem Grad der Bewusstheit oder in dem Ausmaß der geistigen Reinigung oder der Feinheit des Seinszustands. Jedes Blatt, das durch die Luft fliegt, jeder Atem, der aus uns herausfließt, in anderen Worten jede Handlung des universellen Lebens ist ein Schritt näher zur Wahrheit; denn Wahrheit ist, wo aller Lebewesen auf ewig zuhause sind. Sie alle treten in sie ein und finden dauerhafte Zufriedenheit und

288 Von Noumenon, das „Ding an sich". Mit diesem Begriff bezeichnet Immanuel Kant das Seiende, das unabhängig davon existiert, dass es von einem Subjekt wahr genommen und damit zu einem Objekt wird.
289 Wissend, erkennend.
290 Sat-chid-ananda

Frieden in ihr. Es ist Wahrheit, die über Falschheit triumphiert, nicht Falschheit über die Wahrheit, wie immer die scheinbare und unmittelbare Erfahrungen auch sein mag.

WAHRHEIT

Wahrheit stellt den Wesenskern der Veden dar. Kontrolle der Leidenschaften stellt den Wesenskern der Wahrheit dar. Selbstverleugnung oder Verzicht auf weltliche Vergnügungen bildet den Wesenskern von Selbstkontrolle. Diese Eigenschaften sind in einem tugendhaften Menschen immer vorhanden.

Wahrheit ist ein ewiges Brahman. Wahrheit ist die eine unvergängliche Buße. Wahrheit ist das eine unvergängliche Swarupa[291]. Wahrheit ist die eine unvergängliche Veda[292]. Die Früchte, die an der Wahrheit hängen, wurden als die höchsten beschrieben. Von der Wahrheit stammen Rechtschaffenheit und Selbstkontrolle ab. Alles hängt von der Wahrheit ab.

Es gibt keine Buße wie Wahrheit. Wahrheit erschafft alle Geschöpfe. Wahrheit erhält das gesamte Universum. Mit der Hilfe von Wahrheit gelangt man in den Himmel. Das, was in der Vergangenheit, Gegenwart und Zukunft existiert, ist Wahrheit.

Wahrheit ist der Ursprung aller Geschöpfe. Wahrheit ist ihre Nachkommenschaft. Durch Wahrheit dreht sich die Welt. Durch Wahrheit strahlt die Sonne Hitze ab. Durch Wahrheit brennt das Feuer. Durch Wahrheit ruht der Himmel. Wahrheit ist das Opfer, die Buße, Veden, die Verse von Sama[293], Mantra und Saraswati.

Wahrheit ist Wissen. Wahrheit ist die Fügung. Wahrheit ist das Einhalten von Gelübden und Fasten. Wahrheit ist die erste Silbe, Om. Wo Wahrhaftigkeit ist, ist auch Wahrheit. Alles vervielfältigt sich durch Wahrheit.

Wahrheit ist Rechtschaffenheit. Rechtschaffenheit ist Licht und Licht ist Wonne. Ahimsa[294], Brahmacharya[295], Reinheit, Gerechtigkeit, Harmonie, Vergebung und Frieden sind alles Formen von Wahrheit.

291 Essenz; das eigene Wesen; Wesensidentität. Zusammengesetzt aus den beiden Wörtern Sva und Rupa. Sva heißt eigen, eigene, eigenes. Rupa heißt Form und Natur.
292 Wissen; spirituelle Erkenntnis; Bezeichnung für die Gesamtheit der Veden, der ältesten Texte der indischen Literatur, die nicht als von Menschen geschaffen gelten, sondern denen eine ewige Wirklichkeit zugeschrieben wird.
293 Samaveda, heilige Schrift in Indien, eine der vier Veden.
294 Gewaltlosigkeit, Nichtverletzen in Gedanken, Wort und Tat, das erste der 5 Yamas.
295 (Sexuelle) Enthaltsamkeit, die sich jedoch auf alle Aktivitäten der Sinne beziehen sollte. Eines der 5 Yamas.

Wahrheit ist Pflicht. Wahrheit ist Yoga. Wahrheit ist ein großes Opfer. Alles hängt von Wahrheit ab.

Unparteilichkeit, Selbstkontrolle, Bescheidenheit, Duldungskraft, Güte, Verzicht, Meditation, Würde, Standhaftigkeit, Erbarmen und Enthaltung sind verschiedene Formen von Wahrheit.

Wahrheit ist unwandelbar, ewig und unveränderlich. Sie wird durch Yoga gewonnen. Sie wird durch Praktiken gewonnen, die nicht in Widerspruch zu irgendeiner anderen Tugend stehen. Durch beständige Hingabe an die Wahrheit wirst Du allgemeines Wohlwollen gewinnen.

Die Eigenschaft, durch die ein angesehener und guter Mensch sich mit allem abfindet, was angenehm und unangenehm ist, ist Verzeihung. Diese kannst du durch die Praxis von Wahrhaftigkeit entwickeln.

Du solltest immer Verzeihung praktizieren. Du solltest dich immer der Wahrheit hingeben. Der weise Mensch, der Freude, Furcht und Ärger entsagt, entwickelt Duldungskraft.

Sich Verletzungen aller Geschöpfe in Gedanken, Worten und Taten zu enthalten sowie Liebenswürdigkeit sind die ständigen Pflichten der Guten.

Alle oben dargestellten Tugenden haben, obwohl sie verschieden zu sein scheinen, ein und dieselben Form, nämlich Wahrheit. Sie alle halten die Wahrheit aufrecht und stärken sie.

Es ist unmöglich, die Verdienste der Wahrheit aufzubrauchen. Das ist der Grund, warum die Brahmanas[296] und die Götter positiv von der Wahrheit sprechen.

Es gibt keine höhere Pflicht als die Wahrheit und keine Sünde, die schrecklicher wäre als die Unwahrheit.

Von der Wahrheit stammen Begabungen, Opferbereitschaft, die dreifachen Agnihotras[297], die Veden und alles andere ab, was zu Rechtschaffenheit führt.

Vor langer, langer Zeit wurden einmal die Wahrheit und alle religiösen Regeln einschließlich tausend Tugenden auf einer Hängewaage gewogen. Als sie

---

296 Ritual- und Opfertexte des frühen Hinduismus, die Bestandteil der Veden, der heiligen Schriften des Hinduismus sind.
297 Feueropfer

gewogen wurden stellte sich heraus, dass die Seite, auf der sich die Wahrheit befand, schwerer wog.

Harishchandra[298] praktizierte die Wahrheit. Er hielt sich an die Wahrheit, auch auf die Gefahr hin, dass es ihn das Leben kosten könnte, und erlangte Unsterblichkeit, ewige Wonne und unsterblichen Ruhm. Deshalb verbeuge dich respektvoll vor der Wahrheit.

Brahman ist Wahrheit. Du kannst Wahrheit nur erlangen, indem du die Wahrheit praktizierst. Sei deshalb unerschütterlich in der Wahrheit. Erlange Wahrheit, indem du Wahrheit praktizierst.

WAHRHAFTIGKEIT

Die Shrutis[299] erklären nachdrücklich: „Satyam Vada[300] – sprich die Wahrheit. Satyameva Jayate Nanrutam – Die Wahrheit allein triumphiert, nicht die Unwahrheit[301]. Gott ist Wahrheit und die Wahrheit muss verwirklicht werden, indem man die Wahrheit spricht. Ein wahrhaftiger Mensch ist vollkommen frei von Sorgen und Ängsten. Er verfügt über einen ruhigen Geist. Er wird von der Gesellschaft respektiert. Wenn Du es 12 Jahre lang einhältst, die Wahrheit zu sprechen, wirst du Vak Siddhi[302] erlangen. Es wird Macht in deiner Sprache liegen. Dann kannst du Tausende beeinflussen.

Dein Gedanke sollte mit deinen Worten übereinstimmen und deine Worte sollten mit deinen Handlungen übereinstimmen. In der Welt denken die Menschen eine Sache, sagen eine andere und tun eine dritte. Das ist schrecklich. Das ist nichts anderes als Verworfenheit. Du musst sorgfältig auf deine Gedanken, Reden und Handlungen achten. Der kleine Vorteil, den du dir dadurch verschaffst zu lügen, ist überhaupt kein Vorteil. Du verschmutzt dein Bewusstsein und infizierst dein Unterbewusstsein. Die Gewohnheit zu lügen wird in die nächste Geburt mitgenommen und du wirst von Geburt zu Geburt Leiden durchmachen. Hast ja darüber nachgedacht? Sei ernsthaft und beende die schlechte Angewohnheit zu lügen von diesem Augenblick an.

---

298 In der indischen Mythologie ein König von Ayodhya aus der Suryavamsha-Dynastie. Er gilt als beispielhaft frommer Mensch, der niemals log und ungeachtet der Konsequenzen für sich niemals sein Wort brach.

299 Die Veden; die offenbarten Schriften der Hindus; das Gehörte.

300 Der Aphorismus lautet vollständig: „Satyam Vada, Dharmam Chada" = Sprich die Wahrheit, praktiziere den Dharma (d.h.: führe ein rechtschaffenes Leben).

301 Wörtlich: „Allein die Wahrheit siegt". Zitat aus der Mundaka-Upanishade, das als Motto im Wappen Indiens enthalten ist.

302 Vgl. Fn. 94.

Der Name Harishchandra[303] ist auch heute noch geläufig, da er ein wahrhaftiger Mensch war. Er hielt sich strikt an seinen Grundsatz die Wahrheit zu sagen, was immer es auch kosten möge. Er kümmerte sich nie um seine Frau oder sein Herrschaftsgebiet. Er unterzog sich allen möglichen Leiden. Er war bis zuletzt wahrhaftig. Visvamitra[304] tat sein Bestes um ihn zu einem Lügner zu machen, scheitert aber mit all seinen unterschiedlichen Plänen. Die Wahrheit allein hat letzten Endes triumphiert.

Schreib „SPRICH DIE WAHRHEIT" in Großbuchstaben auf Zettel und hänge diese an verschiedenen Stellen in deinem Haus auf. Das wird dich erinnern, wenn du drauf und dran sein solltest zu lügen. Du wirst dich sofort selbst überprüfen. Es wird eine Zeit kommen, wenn du gefestigt darin sein wirst die Wahrheit zu sagen. Bestrafe dich selbst mit Fasten, wenn du eine Lüge aussprichst und notiere dir die Lügen in einem Tagebuch. Die Zahl der Lügen wird schrittweise abnehmen und du wirst zu einem wahrhaftigen Menschen werden.

SPRICH DIE WAHRHEIT

Wahrheit ist ein gebräuchliches Wort, das von Allen und Jedem in jedem Moment unseres Lebens, von Generation zu Generation, von Zeit zu Zeit und von Tag zu Tag gepriesen wird. Sie ist ein Ideal zum Verehren und Befolgen. Es ist wichtig, dass der Mensch um jeden Preis bei der Wahrheit bleibt. Gott ist Wahrheit und Wahrheit ist Gott. Du erweist der Wahrheit all deine Verehrung, so wie du sie dem Allmächtigen zuteilwerden lässt. Das ist ein wesentlicher Bestandteil des Lebens. Das ist ein Segen an sich. Das hat den gleißenden Glanz der Sonne. Das hat den Segen des Herrn. Das ist vollständig in sich selbst. Die Wahrheit hat ein starkes Fundament in sich selbst. Sie ist kühn, sie kennt keine Furcht. Sie ist weder durch Raum noch Zeit begrenzt. Sie ist ein furchtloser freier Vogel am Himmel. Die gesellschaftliche Stellung ist ihr gleichgültig. Sie ist Wohlstand an sich.

Wahrheit kann mit einer Straße zu einer Weide verglichen werden, während Unwahrheit mit einem Dornenbusch verglichen werden kann. In einem Menschen, der falschen Gedanken nachhängt, ist jederzeit eine nagende Angst, ein Unbehagen, eine Angst des Selbst, ein Mangel an Zuversicht und ein Gefühl, dass irgendetwas Schlimmes geschehen wird. Wahrheit ist der Pfad der Rechtschaffenheit, der sicherlich nur auf lange Sicht zum Erfolg führt. Sie ist eine

---

303 Vgl. Fn. 91.

304 Vishwamitra wurde als König geboren und wurde durch intensives Tapas zu einem Rishi. Er gilt als einer der Lehrer von Rama, der siebten Inkarnation von Vishnu. Anspielung auf eine Geschichte, nach der Vishvamitra König Harishchandra unerbittlich verfolgt haben soll. Als Ergebnis dessen sollen sich Vasishtha und Vishvamitra gegenseitig verflucht und in Vögel verwandelt und so lange miteinander gekämpft haben, bis Brahma dem Treiben ein Ende setzte, ihnen ihre ursprünglichen Gestalten zurückgab und sie zwang, sich auszusöhnen.

gerade Straße ohne fragwürdige Abzweigungen. Wir haben in der Geschichte von Sri Harishchandra[305] gehört, wieviel Leiden der König dadurch durchgemacht hat, dass er die Tugend der Wahrheit eingeführt hat. In der Alltagswelt scheint es so, als ob es nicht zu verwirklichen sei, den Pfad der Wahrheit strikt zu befolgen, aber wenn er als dein Ideal und das Ziel deines Lebens befolgt wird, dann hast du deinen Weg gefunden. Alle Stolpersteine entlang deines Weges werden wegschmelzen, wenn du auf dem direkten Weg voranschreitest.

Es gibt bestimmte Fallstricke, wenn man den geraden Weg der Wahrheit befolgt. Es ist absolut kein Schaden für eine Mutter, die ihr Kind liebevoll in den Armen wiegt, wenn sie die Aufmerksamkeit des Kindes dadurch zerstreut, dass sie sagt, die Kuh hätte das Stück Zuckerwerk vor kurzem mitgenommen, und wenn sie so tut, als ob ihr das sehr leid täte, und wenn sie Gedanken des Kindes dadurch umstimmt zu sagen: „Papa, sei nicht traurig, ich werde dir am Abend einen noch größeren Kuchen bringen." Der Vater setzt aus lauter Zuneigung Hoffnung in seinen siebenjährigen Jungen, dass er die fünf Rechenaufgaben aus seinem schweren Arithmetikbuch bis zum Ende des Tages gelöst haben und dafür einen Preis von zwei Pennies bekommen wird. Aber es passiert unabsichtlich, dass sich der Vater in die Decke wickelt und vorgibt zu schlafen, als der Sohn die Rechenaufgabe gelöst hat und schnell zur Mutter läuft und sagt: „Mama, ich habe den Vertrag erfüllt, aber Vater ist zu Bett gegangen und ich möchte ihn nicht stören, da er sicher sehr müde ist." Es ist absolut keine Unwahrheit, wenn du andere nicht störst, ihre Gefühle nicht verletzt oder andere nicht schädigst oder ruinierst. Wenn du es ablehnst ein Darlehen zu gewähren, obwohl du sicherlich noch eine Rücklage hast, wenn du es ablehnst deinen Füller oder einen anderen Gegenstand herzuleihen, den du nicht verleihen möchtest, kann das nicht als Unwahrheit gelten.

Wenn deine Falschheit deinen inneren Frieden oder den Frieden anderer stört oder wenn deine Unwahrheit die Karriere anderer beeinträchtigt, dann gibt es keine größere Sünde auf der Welt als diese. Du wirst einige Zeit brauchen, um das deinem eigenen Selbst mit viel Reue in gleicher Münze heimzuzahlen. Du wirst sicherlich Fehler machen und vom Pfad der Tugend abweichen, der wiederum sicherlich von der Straße der Selbstverwirklichung abweicht. Wahrheit ist ein Ideal, das um jeden Preis verehrt, befolgt und eingehalten werden muss. Sie ist das Ein und Alles der menschlichen Existenz.

Wenn du nur ein Bootsmann ohne eigenen Rang bist, warum hältst du dann so viel von dir selbst und fütterst andere mit leeren Versprechungen? Kannst du es dir nicht leisten, einfach in deinen Beziehungen zu sein und deinen Freund auf den rechten Weg zu leiten? Deinen Freund länger im Ungewissen zu lassen,

---

305 vgl. Fn. 97.

anstatt ihm einfach den richtigen Weg zu erklären – hilft das dir oder ihm irgendwie?

Sei immer kühn, sei einfach, habe nie die Schüchternheit eines kraftlosen Menschen. Beschreite den geraden Weg. Diene anderen in dem kleinen, feststehenden Ausmaß, das dir möglich ist. Erwarte nicht zu viel von dir selbst. Sei immer einfach. Liebe deinen Nachbarn und gib ihm nur einen richtigen Rat oder gar keinen Rat. Führe ihn nicht in die Irre. Erwecke keine falschen Hoffnungen. Sage nicht: „Ich werde es versuchen, ich gebe dir in ein bis zwei Tagen Bescheid, was ich in dieser Angelegenheit machen kann." Solche ungenauen Worte kosten dich nichts, aber sie kosten deinen Nachbarn alles auf der Welt, weil er viel von seiner Zeit darauf verschwendet hat sich auf dich zu verlassen, aber durch fehlgeleiteten Rat praktisch die wichtigste Zeit seines Lebens versäumt hat, obwohl er es sich möglicherweise nicht leisten kann, seine Fehler wiedergutzumachen. Die Kunst ist lang und die Zeit ist kurz, sagt ein altes Sprichwort[306]. Die Zeit sollte nie totgeschlagen werden. Ein Mensch der Unwahrheit schlägt sicherlich Zeit tot, und zwar sowohl seine eigene Zeit, als auch die Zeit anderer. Wenn du einmal selbst spürst, dass du jemanden in die Irre geleitet hast, denke selbständig und du wirst erkennen, dass du vom richtigen Pfad abgekommen bist, und das wird dich für sehr lange Zeit wurmen.

Halte dich deshalb um jeden Preis an den Pfad der Wahrheit. Wahrheit hat einen ganz eigenen Glanz. Sie leuchtet aus sich selbst heraus und wirft ihr Licht auf andere. Wenn du dich an sie als deine einzige Religion hältst, wirst du von allen um dich herum gemocht werden. Es ist unmöglich, irgendjemanden nur dadurch zu verletzen, dass du an dem Pfad der Wahrheit festhältst. Nein, du wirst respektiert werden, du wirst gefürchtet werden, du wirst einen friedlichen und wonnevollen Himmel um dich herum haben. Kein Königreich hat eine größere Ausdehnung, keine Wonne ist wonnevoller, kein Vergnügen glücklicher, keine Freude macht dieses Leben lebenswerter als die gerade Straße der Wahrheit. Auf lange Sicht besteht zwischen dir und deinen Kollegen eine Welt des Friedens, welcher Gesellschaftsschicht sie auch angehören mögen, da ist eine Welt des Lächelns um dich herum, denn du hast keine Last zu tragen, keine Gedanken an die Vergangenheit und du bist vollkommen frei.

Die ganze Welt drängt nach allen möglichen Freiheiten, das Herz eines jeden Menschen strebt danach, frei von unnötigen Gedanken zu sein, die Leute um dich herum wollen offen mit dir reden, und wenn das das Ideal für euch alle ist – wieso kannst du dich dann nicht daran halten? Streng genommen gibt es keine unerfindlichen „Umstände", wie du es nennst, um die Unwahrheit zu

---

306 Eigentlich: „Die Kunst ist lang, das Leben ist kurz", die lateinische Übersetzung dieses berühmten Aphorismus des griechischen Arztes Hippokrates lautet „ars longa, vita brevis".

sagen. Unwahrheit ist nur ein Mittel, das zu keinem Ziel führt. Die Unwahrheit zu sagen ist nur etwas für die Kraftlosen, die Schwachen und die Ängstlichen. Es ist nur etwas für die Schüchternen und die Unentschlossenen, die Unwahrheit zu denken und zu sagen.

Ein Mensch, der den rechten Weg beschreitet, kann alles erreichen mit absoluter Kühnheit, mit freiem Willen und mit lächelnder Freude, weil er im Unterschied zu anderen all seine Gedanken loslässt und dem Selbst keine Wichtigkeit gibt. Für ihn zählt es alleine zu dienen, er ist ruhig und gelassen bei dem wenigen, was er tut, und er hat immer einen kühnen und sicheren nächsten Schritt vor sich. In ihm ist kein Ego. Er verliert sich selbst in der Liebe zu anderen. Dienen, dienen und dienen ist sein einziges Ideal.

Das Ergebnis des Dienens kommt überhaupt nicht in den Blick; denn er stellt sich keinerlei Ergebnis vor und gibt müßigen Phantasien keinen Raum. „Karmanyeva Adhikarasthe-ma Phaleshu Kadachana"[307] ist das Ziel des Lebens. Er wird durch schlechte Ergebnisse nicht missmutig. Die ganze Welt ist ein gleichgültiges Drama, das sich vor ihm entfaltet. Er wird überhaupt nie bewegt. Er beobachtet einfach das Drama und stirbt sehr gelassen. So eine stille Karriere ist die erfolgreichste Karriere in jeder Phase des Lebens. Möge der Allmächtige uns segnen auf dem Pfad von Wahrheit und Ahimsa.

WIDRIGKEITEN

I.

Widrigkeiten sind widrige Umstände. Sie sind Not oder Pech oder Unheil.

Widrigkeiten sind ein Zustand oder Umstand, der durch unpassende, belästigende Verhältnisse gekennzeichnet ist. Sie sind das Gegenteil von Gedeihen. Widrigkeiten sind ein Ereignis oder eine Reihe von Ereignissen, die Erfolg oder Wünschen entgegenstehen. Sie sind ein Zustand von Unglücklichsein.

Widrigkeiten sind ein verkleideter Segen. Süß sind die Nutzen von Widrigkeiten. Sie stärken die Willenskraft und das Durchhaltevermögen und richten den Geist mehr und mehr auf Gott aus. Sie flössen dem Herzen Leidenschaftslosigkeit oder Vairagya[308] ein. Sie sind der direkte Weg zu Wahrhaftigkeit.

---

307 Die erste Zeile von Vers II. 47 aus der Bhagavad Gita: „Dein einziges Recht ist es zu wirken, und keinen Anspruch hast du auf die Früchte deines Tuns."
308 Leidenschaftslosigkeit, Verhaftungslosigkeit

Widrigkeiten sind eine Tugend. Sie machen den Faulen fleißig. Sie holen aus einem Weisen dessen Fähigkeiten heraus. Sie zwingen den Menschen dazu, sein Geschick auszuprobieren. Sie haben die Wirkung, Talente hervorzulocken, Eigenschaften, die unter günstigen Umständen verborgen geblieben wären.

Es ist leicht, sich im Sonnenschein von Glück zu wärmen. Die entscheidende Prüfung ist dein Verhalten in Bedrängnis oder Widrigkeiten.

Setze keine traurige Miene auf, wenn du dich in widrigen Umständen befindest. Lächle. Lache. Freue dich. Ziehe Kraft und Stärke aus deinem Inneren. Singe Ram, Ram, Ram. Rezitiere Om, Om, Om. In deiner eigenen Seele oder deinem Atman[309] existiert ein Speicher von Kraft und Wissen und Seligkeit. Fühle das. Verwirkliche das.

Ein ruhiges Meer hat noch nie jemanden zum Kapitän eines Schiffes oder zu einem Admiral gemacht. Die Stürme von Widrigkeiten rufen die Fähigkeiten und Talente des Individuums hervor und erzeugen Umsicht, Geschicklichkeit, Stärke, Mut, Geduld und Beharrlichkeit. Widrigkeiten lassen einen denken, erfinden und entdecken.

Unter günstigen Zustand Verhältnissen wirst du zahllose Freunde haben, aber wenn du in Widrigkeiten steckst, werden sie dich verlassen. Widrigkeiten sind die einzige Waage um Freundschaft zu wiegen, günstige Lebensumstände sind kein exakter Maßstab.

Unter widrigen Umständen wirst du viele Lektionen lernen. Widrigkeiten werden dich richtig formen, sie sind dein großer Lehrer. Sie sind der beste und strenge Ausbilder.

Widrigkeiten sind sehr segensreich. Weine nicht, wenn du dich in widrigen Umständen befindest. Widrigkeiten stärken deine Nerven und schärfen deine Geschicklichkeit.

Trauerfall, Unheil, Katastrophe, Elend, Bedrängnis, Missgeschick und Unglück sind Synonyme für Widrigkeiten.

Sowohl jede nennenswerte Enttäuschung, Fehlschlag, Unglücksfall, als auch ein Verlust an Vermögen, Arbeitsplatz und ähnlichem stellen widrige Umstände dar.

Für den Verlust von Freunden oder Verwandten durch einen Todesfall verwenden wir üblicherweise den Begriff Trauerfall.

309 Individuelle Seele, das Selbst.

Unheil und Katastrophe werden für plötzliche und schwerwiegende, oftmals überwältigende Unglücksfälle verwendet; Missgeschick und Pech für leichtere Schwierigkeiten und Misserfolge.

Wir sprechen von dem Elend der Armen und der Mühsal der Soldaten.

Segen, Wohltat, Glück, Wohlstand und Erfolg sind das Gegenteil von widrigen Umständen.

II.

In dem Werk Shakespeares findet sich folgendes: „Süß sind die Verwendungen von Widrigkeiten, welche, wie die Kröte, hässlich und giftig, trägt noch ein kostbares Juwel in seinem Kopf"[310]. Das Beste in dieser Welt ist Schmerz oder widrige Umstände. Nur wenn er Schmerz erleidet erinnert der Mensch sich an Gott. Schmerz öffnet die Augen. Aller Anfang von Philosophie beginnt mit Schmerz. Würde es keinen Schmerz auf der Welt geben, hätte der Mensch nie versucht Befreiung (Moksha) zu erlangen. Er hätte sich mit einem rein weltlichen Leben zufrieden gegeben. Bei dem Versuch sich von Schmerz zu befreien stößt er auf die Wahrheit oder den Wohnsitz des Friedens, Parama-Dhama[311]. Er fängt an mit Gebet, Japa, Wohltätigkeit, selbstlosem Dienst, Studium religiöser Bücher etc. Bhaktas[312] beten immer zu Gott: „Oh Herr, gib uns immer Leiden, so dass wir Deiner immer gedenken!" Kunti Devi[313] betete zu Krishna: „He prabho (Oh Herr), lass mich immer Widrigkeiten erleiden, so dass mein Geist an Deine Lotusfüße geheftet bleibe." Widrigkeiten bilden Durchhaltevermögen und Willenskraft aus. Widrigkeiten entwickeln Stärke und Langmut. Widrigkeiten lassen ein negatives Herz schmelzen und flössen ihm Hingabe zu Gott ein. Widrigkeiten sind eine getarnter Segen. Fürchte Dich deshalb nicht davor, Dich in widrigen Umständen zu befinden. Widrigkeiten haben ihre ganz eigenen Tugenden. Es gibt Menschen, die aus widrigen Lebensumständen zu Macht und Stellung aufgestiegen sind. Widrigkeiten führen dazu, dass sich der Mensch hart anstrengt. T. Muthuswami Iyer, oberster Bundesrichter am Obersten Gerichtshofs von Madras, wuchs unter widrigen Umständen auf. Er studierte gewöhnlich nachts unter einer Straßenlaterne. Viele Premierminister von England sind aus widrigen Umständen

---

310 Wie es Euch gefällt, 2. Akt, 1. Szene, Vers 12–15.
311 „Die höchste Wohnstatt, das höchste Licht (vgl. Baghavad Gita X. 12; XV. 6). Synonym für Brahma Loka, das Reich von Brahma, in das nach Swami Sivananda (in seinem Buch „What becomes of the Soul after Death") nach dem Tod eingeht, wer den Götterweg geht, wer verdienstliche Taten ohne Erwartung auf Belohnung tut, ein Leben in Reinheit und Rechtschaffenheit führt und ein verwirklichter Bhakta ist."
312 Gläubige, Verehrer Gottes.
313 In dem Epos Mahabharata Mutter der älteren drei sowie die Ziehmutter der beiden jüngeren Pandavas und als solche eine zentrale Figur in dem Epos. Im Bhagavatapurana sind 26 Gebete enthalten, die Kunti an den Beschützer ihrer Familie Krishna richtet, weshalb sie vor allem im vishnuistischen Hinduismus als Vorbild für die Praktizierung des Bhakti-Yoga gilt.

aufgestiegen. Alle Propheten, Fakire, Bkaktas, Yogis von einst mußten sich unter widrigen Umständen abmühen. Sankara[314], Jnana Deva[315], Rama Tirtha[316] und Tukaram[317] wurden durch Widrigkeiten sehr begünstigt. Sie hätten nie Größe und ruhmreiche spirituelle Höhen erlangt, wenn ihnen luxuriöse Umständen zuteil geworden wären.

WILLENSKRAFT

Wille ist die Kraft auszuwählen oder zu entscheiden. Er ist willentliche Entscheidung.

Wille ist die Kraft, die eigenen Bewegungen, inneren Zustände, Gefühle und Gedanken durch bewusste und vor allem absichtliche Wahl zu kontrollieren. Er ist die Fähigkeit der Selbstbestimmung im Unterschied zu all den Aktivitäten des Geistes und des Körper, die völlig durch äußere Reize ausgelöst oder geleitet werden und die deshalb zwanghaft oder impulsiv sind, sowie im Unterschied zum Spiel des Verstanduellen und emotionalen Lebens, das völlig unter der Kontrolle von Instinkten, Assoziationen und der Gewohnheit steht. Es muss jedoch stets erkannt werden, dass das Element der Wahl oder willentlichen Entscheidung eine Angelegenheit ungewissen Ausmaßes ist, und dass die Kontrolle der Aufmerksamkeit das erste und charakteristische Anzeichen für das Vorhandensein des sogenannten Willens im geistigen Leben ist.

Für Aristoteles war der freie Wille ein verstandesmäßiges Verlangen, das eine Art von Kraft beinhaltet, die mit einem stürmischen Wind vergleichbar ist.

Wille ist die Fähigkeit oder Stärke des Geistes, durch die wir bestimmen, entweder etwas zu tun oder es nicht zu tun, von dem wir annehmen, dass es in unserer Macht steht. Er ist die Fähigkeit, die ausgeübt wird, wenn wir uns zwischen zwei oder mehreren Objekten entscheiden, die wir ergreifen oder nach denen wir streben sollen. Er ist die Verfügungsmacht, die der Geist über seine Abläufe besitzt.

---

314 Adi Shankara, genannt Shankaracharya, ca. 788 – 820, der große Philosoph des Advaita Vedanta.

315 Vishnuistischer Dichter und Heiliger, ca. 1270 – 1290.

316 Swami Rama Tirtha, auch Swami Ram genannt, 1873 – 1906, war ein indischer Lehrer des Vedanta, der als einer der ersten Vorträge über den Hinduismus in den USA gehalten hat.

317 Tukaram war ein reicher Kaufmann, der während einer großen Hungersnot seinen Besitz an Hungernde verschenkte, dadurch verarmte und schließlich in Konkurs ging. Er verließ seine Familie und lebte in Tempeln. In der Meditation soll er den göttlichen Auftrag erhalten haben, eine Million Gedichte über Gott zu schreiben. Tukaram war ein wichtiger Vertreter der Bhakti-Bewegung, deren höchstes Ziel die Gottesliebe ist. Er ging davon aus, dass nicht die Zugehörigkeit zu einer bestimmten Kaste, sondern allein die Hingabe an Gott den Menschen heiligt.

Die Kombination der beiden Elemente Gefühl und selbstbestimmender Kraft gegenüber der Befriedigung des Gefühls bestimmte die antike zweiteilige Zuordnung von Fähigkeiten entweder zum Verstand oder dem Willen.

Die moderne, dreiteilige Aufteilung in Verstand, Gefühl und Willen entstand aus einer weitreichenderen und gründlicheren Analyse der sozialisierten Fähigkeiten.

Nach dem aktuellen Konzept der Psychologie scheint „Wille" der passende Begriff für die gesamte aktive Seite des geistigen Lebens zu sein, sofern diese bewusste freiwillig ist und in einer willentlichen Entscheidung mündet.

Sehnsucht, Wunsch, Wille sind Zustände des Geistes, die jeder kennt und die keine Definition einfacher machen kann.

Wenn mit der Sehnsucht das Verständnis einhergeht, dass Verwirklichung nicht möglich ist, wünschen wir nur; wenn wir aber glauben, dass das Ende in unserer Macht steht, dann wollen wir, dass das ersehnte Gefühl, Haben oder Tun wirklich wird.

Diese selbstbestimmte Seite des geistigen Lebens und der Entwicklung des Menschen, als Grundlage ziviler und moralischer Verantwortung, wurde stets durch reflexives Denken und das Allgemeinverständnis erkannt, wenn auch auf unterschiedliche Art und Weise sowie mit Unterschieden bei ihrer Anwendung. In dem Konzept des Willens sind die beiden Elemente, nämlich die willentliche Absicht und die Fähigkeit, diese Absicht zu verwirklichen, verbunden.

Große Seelen haben einen Willen, schwache Seelen haben nur Wünsche.

Nach Vedanta ist Wille Atma-Bala[318] oder spirituelle Kraft, die aus Atman oder der Seele geboren wird.

Derjenige, der über einen festen, starken, reinen und unaufhaltsamen Willen verfügt, kann alles auf dieser Welt erreichen. Er kann die ganze Welt bewegen. Er kann die drei Welten[319] bewegen.

Wenn du frei von Sehnsüchten und Begierden bist, wird der Wille stärker und stärker. Letztendlich wirst du Freiheit vom Willen erlangen.

---

318 Innerer Wille, innere Lebenskraft.
319 Vgl. Fn. 15.

Unterwirf dich vollkommen Gott. Dann wird dein individueller Wille eins mit dem göttlichen Willen. Dann wird dir jede Last leicht und jede Pflicht wie eine Freude vorkommen.

Handle nach Gottes Willen, als ob es dein eigener Wille wäre, und Er wird dir deinen Wunsch erfüllen, als ob es Sein eigener Wunsch wäre.

Zu wollen, was Gott will ist der einzige Weg, der dir zu vollkommenem Frieden und Ruhe verhilft.

WIE MAN WILLENSKRAFT ENTWICKELT

Aufmerksamkeit, Durchhaltevermögen, Überwindung von Abneigung, Missfallen und Irritationen, Stärke Leiden zu erdulden, Tapas[320] wie auf einem Bein zu stehen oder in der heißen Sonne zu sitzen oder Panchagni[321] Tapas vor fünf Feuern, bei klirrender Kälte in kaltem Wasser zu stehen, die Arme zu heben und eine Stunde in dieser Stellung zu verharren, Fasten, Geduld, Beherrschung der eigenen Stimmungen, Duldungskraft, Nachsicht, geistiges Durchhaltevermögen, Festigkeit im Antlitz von Gefahr, Widerstands- oder Angriffskraft, Satyagraha[322], täglich Tagebuch zu führen – sie alle pflastern den langen Weg zur Entwicklung von Willenskraft. Man sollte den Worten anderer geduldig lauschen, auch wenn sie nicht interessant oder charmant sind. Er sollte nicht vor Wut schäumen. Geduldiges zuhören stärkt den Willen und gewinnt die Herzen der anderen. Man sollte auch Handlungen oder Aufgaben ausführen, die uninteressant sind. Auch das entwickelt Willenskraft. Die Handlungen, die nicht interessant sind, werden nach einiger Zeit interessant.

Beklage dich nie über schlechte Umstände. Erschaffe dir deine eigene geistige Welt, wo immer du auch bist und wo immer du auch hingehst. Wo immer du hingehst gibt es manche Schwierigkeiten und Nachteile. Wenn der Geist dich täuscht, versuche die Hindernisse und Schwierigkeiten in jedem Moment und bei jedem Schritt durch geeignete Mittel zu überwinden. Versuche nicht, vor schlechten, ungünstigen Umständen davonzulaufen. Gott hat dich dort hingestellt, damit du schnell wächst.

---

320 Askese
321 Wörtlich fünffaches Feuer. Pancha heißt fünf. Panchagni heißt, vier Feuer anzuzünden, sich in die Mitte zu setzen, und von oben noch die Sonne als fünftes Feuer auf sich scheinen zu lassen. Panchagni gilt als Tapas, also Askese, wird heute aber kaum noch geübt.
322 Eine von Mahatma Gandhi entwickelte Grundhaltung, durch die eigene Gewaltlosigkeit die Vernunft und das Gewissen des Gegners anzusprechen.

Wenn du alle Annehmlichkeiten an einem Ort bekommst wirst du nicht stark werden. Dein Geist wird an einem anderen Ort verwirrt sein, wenn er diese Annehmlichkeiten dort nicht bekommen kann. Mach deshalb den besten Gebrauch von allen Orten. Beklage dich nie über die Umgebung und die Nachbarschaft. Lebe in deiner eigenen geistigen Welt. Nichts kann deinen Geist aufregen. Du wirst Raga-Dvesha[323] sogar in den unvergänglichen schneebedeckten Regionen der Himalayas in der Nähe von Gangotri[324] finden. Du kannst nirgendwo auf der Welt einen idealen Ort und eine ideale Umgebung finden. In Kashmir ist es sehr kühl und die Landschaft ist sehr zauberhaft, aber Pissus (kleine Insekten wie Fliegen) plagen dich nachts und du kannst nicht schlafen. Varanasi[325] ist ein Zentrum des Studiums von Sanskrit, aber es ist berüchtigt für seine heißen Winde im Sommer. Uttarkashi in den Himalayas ist schön, aber es gibt dort kein Gemüse und kein Obst und im Winter ist es dort so klirrend kalt. Die Welt ist relativ ausgeglichen zwischen Gut und Böse. Denke zu immer an diesen Punkt. Versuche an jedem Ort und unter allen Umständen glücklich zu leben. Du wirst eine starke und dynamische Enklave werden und die elysischen Gefilde, die spirituellen Sphären und die unsterbliche Wohnstatt aufsperren. Du kannst in allen Unternehmungen leichtfüßig Erfolg erlangen. Du kannst jegliche Schwierigkeit überwinden.

Die Praxis von Konzentration ist eine große Hilfe, um die Willenskraft zu stärken. Du musst ein intelligentes Verständnis von den Gewohnheiten des Geists haben, wie er herumwandert und wie er funktioniert. Du musst einfache und effektive Methoden kennen, um das Herumwandern des Geistes zu kontrollieren. Die Praxis von Gedanken-Kultur, die Praxis von Konzentration, die Praxis von Kontrolle der Erinnerung sind verwandte Themen. Sie alle sind eine immense Hilfe bei der Praxis von Willens-Kultur. Du kannst keine Demarkationslinie ziehen, die anzeigen würde, wo die Praxis von Konzentration oder der Kontrolle der Erinnerung aufhört und die Praxis von Willens-Kultur beginnt. Es gibt keine klare und schnelle Regel. Für weitere Einzelheiten über die Praxis von Konzentration siehe bitte in meinem Buch „Übungen zu Konzentration und Meditation"[326] nach.

---

323 Anziehung und Abstoßung, Zuneigung und Abneigung, Mögen und Nichtmögen. Sie begründen den Kreislauf der erschaffenen Welt (Prakriti) und gelten als Hauptursache für die Unruhe des menschlichen Geistes und des Leidens. Raga-Dvesha kann durch Hingabe überwunden werden.

324 Ort auf 2.042 m im Distrikt Uttarkashi in indischen Bundesstaat Uttarkhand. Gilt (geographisch nicht ganz richtig) als Quelle des Ganges.

325 Stadt im indischen Bundesstaat Uttar Pradesh. Sie liegt am Ganges, ist eine der ältesten Städte Indiens und gilt als heiligste Stadt des Hinduismus.

326 Derzeit nicht verlegt.

Herr Gladstone[327] und Herr Balfour[328] konnten in dem Moment, im dem sie zu Bett gegangen sind, in tiefen Schlaf fallen – durch reinen Willen. Sie hatten einen derart starken Willen. Sogar Mahatma Gandhi hatte diese Angewohnheit. Sie konnten morgens auf die Minute genau zu der Zeit aufstehen, zu der sie dies wollten. Der unterbewusste Geist war ihr gehorsamer Diener. Es hat sie sekundengenau aufgeweckt. Jeder von euch sollte diese Gewohnheit durch Willenskraft entwickeln und ein Gandhi werden, ein Gladstone oder ein Balfour. Im Allgemeinen wälzt sich die breite Mehrheit der Menschen stundenlang in ihren Betten von Seite zu Seite und bekommt nicht einmal eine halbe Stunde von festem Schlaf. Es ist die Qualität des Schlafs, nicht seine Menge, die einen erfrischt. Eine Stunde fester Schlaf ist ausreichend, um den Körper zu erfrischen und den Geist zu neu zu beleben. In dem Moment, in dem du zu Bett gehst, entspanne einfach den Geist und gib dir die Autosuggestion „Ich werde jetzt gut schlafen." Denke an nichts. Napoleon hatte diese Angewohnheit. Selbst wenn das Signalhorn geblasen wurde und die Trommeln auf dem Schlachtfeld geschlagen wurden, schnarchte er. Sein unbewusster Geist weckte ihn genau in der Sekunde auf, zu der er aufstehen wollte. Mit kühlem Kopf wirkte Napoleon auf dem Schlachtfeld wie ein Löwe. Man sollte trainieren in fahrenden Autos und in Flugzeugen zu schlafen, auch in sitzender Haltung. Diese Praxis ist von unschätzbarem Wert für praktische Ärzte, Rechtsanwälte und Geschäftsleute, die täglich enorm viel Arbeit zu verrichten haben und auch viele Geschäftsreisen. Das Leben ist heutzutage so kompliziert geworden, dass vielbeschäftigte Menschen nicht genug Zeit finden um genug Schlaf zu bekommen. Wann immer sie ein wenig Muße finden, und sei es auch nur für fünf Minuten, sollten sie die Augen schließen und – wo immer sie auch sein mögen – für einen kurzen Moment einschlafen. Das würde ihnen eine großartige Ruhepause verschaffen. Danach können sie mit den nächsten Aktivitäten fortfahren. Diese Art von Praxis ist ein Segen für vielbeschäftigte Leute, denn ihre Nerven stehen unter großem Druck und Anspannung. Indem sie sich hin und wieder entspannen können sie sich erfrischen und recht fit für künftige Aktivitäten bleiben. Man sollte in der Lage sein, sogar auf den Bahnsteigen der Bahnhöfen von Howrah[329] und Mumbai[330] zu schlafen, während die Züge ein- und ausfahren. Das ist eine wunderbare Praxis, die enorme Stärke verleiht. Dr. Annie Besant[331] pflegte Leitartikel zu schreiben, während sie in Autos fuhr.

---

327 William Ewart Gladstone, 1809 – 1898, viermaliger britischer Premierminister und einer der bedeutendsten britischen Politiker in der zweiten Hälfte des 19. Jahrhunderts.

328 Arthur James Balfour, 1. Earl of Balfour, 1848 – 1930, britischer Politiker und Premierminister.

329 Heute Haora, Stadt im Bundesstaat Westbengalen. Howrah, auf der anderen Seite des Flusses Hugli gelegene Schwesterstadt von Kalkutta, wurde von den Engländern der englischen Ostindien-Kompanie als reine Arbeiterstadt gegründet. Der Bahnhof von Howrah ist der zweitälteste und mit 1 Million Passagieren pro Tag der verkehrsreichste Indiens.

330 Hauptstadt des Bundesstaats Maharashtra, wichtigster Hafen des Subkontinents.

331 Britische Theosophin, Freidenkerin, Freimaurerin, Frauenrechtlerin, Journalistin, Schriftstellerin und Politikerin, 1847 – 1933, die sich für die indische Unabhängigkeitsbewegung engagierte und dem Indischen Nationalkongress (INC) angehörte.

Es gibt einige vielbeschäftigte Ärzte, die sogar Zeitung lesen wenn sie auf der Toilette sind. Sie halten ihren Geist vollständig beschäftigt. Die Praxis, den Geist vollauf beschäftigt zu halten ist die beste aller Praktiken um physisches und geistiges Brahmacharya[332] einzuhalten. Diejenigen, die anziehende und dynamische Persönlichkeiten oder Wunderkinder werden wollen, sollten jede Sekunde so vorteilhaft wie möglich nützen und sollten versuchen, in jeder Sekunde geistig, moralisch und spirituell zu wachsen. Müßiges Geschwätz sollte vollständig aufgegeben werden. Jeder von uns sollte den Wert der Zeit erkennen. Der Wille ist dazu bestimmt dynamisch zu werden, wenn man die Zeit gewinnbringend nutzt. Einsatz und Beharrlichkeit, Interesse und Aufmerksamkeit, Geduld und Durchhaltevermögen, Glaube und Selbstvertrauen können einen Menschen zu einer wunderbaren Persönlichkeit von Welt machen.

WOHLBEHAGEN

(MUDITHA)

Wohlbehagen ist der Zustand, zufrieden mit sich oder anderen zu sein. Es ist Selbstzufriedenheit. Es ist Zufriedenheit mit den eigenen Handlungen und seiner Umgebung. Es ist ein angenehmes, gutes Wesen. Es ist die Manifestation von stiller Zufriedenheit.

Wohlbehagen ist eine Neigung oder Veranlagung, andere zu erfreuen. Es ist Zuvorkommenheit oder Liebenswürdigkeit. Ein Mensch mit Wohlbehagen gleicht sich an, passt sich an und kommt entgegen.

Wir sagen: „Purushottams Manieren sind so elegant, so dezent und so bescheiden, dass sie sofort Wertschätzung anziehen und Wohlbehagen verbreiten."

Chatterjee[333] sagt: „Jeder Moment von Bannerjees Leben gibt meinen Veranlagungen frische Beispiele seines Wohlbehagens."

Der Vater liebt den Sohn mit der Liebe des Wohlbehagens.

Die Veranlagung oder der Wunsch, anderen zu gefallen oder ihnen gefällig zu sein, ist Wohl-behagen.

---

332 (Sexuelle) Enthaltsamkeit, die sich jedoch auf alle Aktivitäten der Sinne beziehen sollte. Eines der 5 Yamas.
333 Bannerjee und Chatterjee sind zwei in Indien, vor allem in Bengalen, sehr gebräuchliche Nachnamen, so wie bei uns vielleicht Maier und Müller.

Wer über Wohlbehagen verfügt ist nicht eifersüchtig auf andere, die in einer besseren Lage sind. Er hat Chitta-prasada[334] oder inneren Frieden. Wohlbehagen merzt Eifersucht aus und erfüllt das Herz mit Liebe.

Die Menschen verbessern sich selten, wenn sie kein anderes Vorbild haben, dem sie nacheifern können, als sich selbst.

Die Mehrheit der Menschen scheitern im Leben, weil sie nie gelernt haben, acht auf ihre Schwachstellen zu geben und sie zu stärken.

Wohlbehagen macht einen Vorgesetzten liebenswert, einen Gleichgestellten angenehm und einen Untergebenen akzeptabel. Es erfreut alle, benachteiligt niemanden, stärkt Freundschaft und verdoppelt Liebe nochmals.

Wohlbehagen ist eine soziale Tugend. Sie verleiht jeder Gabe, über die ein Mensch verfügt, Feuer und Glanz.

Wenn Wohlbehagen mit Gerechtigkeit und Großzügigkeit einhergeht, macht sie den Menschen zum Zentrum von Aufmerksamkeit, Bewunderung, Liebe, Respekt und Ehre.

Wohlbehagen versüßt jede Konversation, gleicht Unterschiede aus und macht jeden in seiner Umgebung nett zu sich selbst. Es ist ein ausgleichender Faktor in der Gesellschaft.

Wohlbehagen erzeugt ein gutes Wesen und gegenseitiges Wohlwollen, beruhigt die Aufgewühlten und macht die Ungestümen menschlich.

WOHLWOLLEN

Wohlwollen heißt auf lateinische „benevolentia", gutes Gefühl; bene: gut, volens: wollen, wünschen.

Wohlwollen ist die Neigung, Gutes zu tun. Es ist eine milde Gabe, insbesondere zur Unter-stützung der Armen. Es ist ein Akt der Liebenswürdigkeit. Es ist Großzügigkeit.

334 Zufriedenheit.

Wohlwollen ist die Neigung, das Wohlergehen oder den Trost anderer anzustreben. Es ist die Sehnsucht Leiden zu lindern oder Glück zu begünstigen. Es ist Menschenliebe, Herzensgüte oder Mildtätigkeit.

Wohlwollen ist die allumfassende Tugend. Um Wohlwollen zu vervollkommnen erfordert das moralische Empfinden des Menschen alle anderen Kardinaltugenden, und zwar sowohl des Willens, als auch des Urteilsvermögens. Alle diese anderen Kardinaltugenden bilden Wohlwollen aus, so wie umgekehrt Wohlwollen diese anwendet, segnet und entwickelt.

Wohlwollen ist das natürliche Organ oder Neigung, das Liebenswürdigkeit und Großzügigkeit hervorruft.

Wohlwollen ist der Minister Gottes. Es ist eine seltene Tugend.

Stark für andere zu empfinden und wenig für uns selbst, unsere selbstsüchtigen Neigungen zu zügeln und die wohlwollenden Neigungen zu praktizieren, macht die Vervollkommnung der menschlichen Natur aus.

Niemand in dieser Welt ist vollständig unabhängig. Er braucht die Unterstützung anderer. Der Mensch ist in Gesellschaft gestellt, um gegenseitige Hilfe und wechselseitige Verbindlichkeiten zu empfangen und zu gewähren.

Deine Nahrung, deine Kleidung, deine Gesundheit, dein Schutz vor Verletzungen, dein Genuss der Annehmlichkeiten und Freuden des Lebens – all das verdankst Du der Unterstützung durch andere. Deshalb sei wohlwollend zu anderen. Sei ein kosmischer Wohltäter. Sei ein Freund der Menschheit.

Der Eroberer wird mit Ehrfurcht betrachtet; ein weiser Mensch nötigt uns Respekt ab, aber nur ein wohlwollender Mensch gewinnt unsere Zuneigung.

Ein wohlwollender Mensch genießt Frieden, Freude und Stille. Er erfreut sich an dem Glück und dem Wohlergehen seines Nachbarn und aller anderen Leuten.

Derjenige, der sein Vermögen, seinen Verstand, sein Denken und sein Sprechen dazu verwendet, das Wohl anderer zu mehren, ist ein ruhmreicher Mensch. Er ist ein wahrhaftiger Gott auf dieser Erde.

Er sucht stets nach Gelegenheiten, anderen auf vielfältige Art und Weise Gutes zu tun.

Die Regeln von sozialem Wohlwollen erfordern es, dass jeder Mensch bestrebt ist, andere zu unterstützen.

Barbarei, Brutalität, ungehobeltes Benehmen, Habsucht, Strenge, Kleinlichkeit, Groll, Unmenschlichkeit, Böswilligkeit, Bosheit, Knausrigkeit, Egoismus, Geiz und Lieblosigkeit sind die Gegenteile von Wohlwollen.

Almosen geben, Wohltätigkeit, Güte, Spende, Nächstenliebe, Großmut, Entgegenkommen, Menschlichkeit, Gutherzigkeit, Freundlichkeit, Liebenswürdigkeit, Großzügigkeit, Freigebigkeit, Menschenliebe, Mitgefühl und Zärtlichkeit sind alles Synonyme für Wohlwollen.

Liebenswürdigkeit und Zärtlichkeit sind persönlich. Wohlwollen und Nächstenliebe sind allgemein. Liebenswürdigkeit erstreckt sich auf alle fühlenden Wesen, gleich ob Mensch oder Tier, in Wohlstand oder Bedrängnis. Sanftheit wird den Jungen, Schwachen und Bedürftigen zuteil. Menschlichkeit ist Freundlichkeit und Güte gegenüber Mensch und Tier. Großmut ist selbstvergessene Freundlichkeit in Veranlagung oder Handlung. Er beinhaltet viel mehr als nur zu geben.

Spende wird verwendet für überreichliches Geben, das sich in einem größeren Maßstab durch Freigebigkeit ausdrückt.

Großzügigkeit deutet auf großzügige, geniale, freundliche Ansichten hin, gleich ob sie sich in Geschenken oder anders ausdrücken.

Wir sprechen von der Freigebigkeit eines großzügigen Gastgebers, der Großzügigkeit des Gründers einer Universität oder der Großzügigkeit eines Theologen gegenüber Anhängern eines anderen Glaubens.

Menschenliebe passt auf ganz unterschiedliche Arten menschlicher Fürsorge, die oft, aber nicht immer, große Ausgaben für Nächstenliebe oder Mildtätigkeit beinhalten.

Warte nicht auf besondere Umstände, um Gutes zu tun. Versuche, gewöhnliche Situationen dafür zu verwenden.

WÜRDE

Würde ist es, den Geist oder den Charakter zu erheben. Sie ist Erhabenheit des Gebarens. Sie ist ein gewisses Maß an Vortrefflichkeit.

Würde ist eine ernste und edle Haltung. Sie ist ein gelassenes Auftreten.

Würde ist der Zustand oder die Eigenschaft, die dazu gedacht ist, Ehrfurcht, Respekt oder Verehrung hervorzurufen. Sie ist Stattlichkeit.

Würde ist die einzige Waffe gegen Lügen, Verleumdungen etc.

Würde des Standpunkts ergänzt sowohl Würde des Charakters, als auch Würde der Haltung.

Die Würde eines Staatsmannes ist angeboren.

Würde ist der Zustand oder die Eigenschaft, ausgezeichnet, achtbar oder ehrenhaft zu sein, so wie die Würde der Arbeit.

Wenn du bloße Kopfschmerzen als Cephalgie bezeichnest, wirkt das sofort würdevoll, und der Patient wird ziemlich stolz darauf sein.

Auf der eigenen Würde zu bestehen heißt, eine überzogene Vorstellung von der eigenen Wichtigkeit zu haben oder einzunehmen, insbesondere wenn man beleidigt wird.

ZUFRIEDENHEIT

I.

Jetzt werde ich zu Euch über dieses höchst lebenswichtige Thema sprechen, Zufriedenheit. Ihr kennt alle die Maxime: „Ein zufriedener Geist ist ein immerwährendes Fest." Der Geist ist auf Grund von Gier immer ruhelos. Gier ist eine Art inneres Feuer, das den Menschen langsam verzehrt. Zufriedenheit ist ein kraftvolles Gegengift gegen das Gift der Gier. So wie ein Mensch, der nach einem langen Spaziergang in der Sonne von einem Bad im Ganges erfrischt wird, so findet auch ein gieriger Mensch, der vom Feuer der Lobha[335] verbrannt ist, Freude und Erleichterung von einem Eintauchen in das köstliche Wasser der Zufriedenheit. Es gibt vier Wächter, die die Sphäre von Moksha[336] bewachen. Sie sind Shanti[337], Santosha[338], Satsang[339] und Vichara[340]. Wenn du irgendeinen dieser Wächter erreichen kannst, kannst du auch der anderen drei habhaft werden.

335 Habgier, Besitztrieb, Gier, Begehrlichkeit.
336 Befreiung
337 Frieden
338 Zufriedenheit
339 Gemeinschaft mit Weisen (= dem Guten)
340 (= Vicharana). Rechtes Befragen, Fragen nach dem Wesen des Selbst, Brahmans, der Wahrheit.

Wenn Du Santosha, Zufriedenheit, erlangen kannst, kannst du leicht auch die anderen drei Wächter vor dir sehen.

Es gibt keinen größeren Gewinn als Zufriedenheit. Ein Mensch, der vollkommen mit dieser wichtigen Tugend ausgestattet ist, ist der reichste Mensch in allen drei Welten[341]. Der Friede, den er genießt, kann mit Worten nicht angemessen beschrieben werden. Er ist ein mächtiger Kaiser auf dieser Erde. Tayumana Swami, der bekannte Heilige aus Südindien, singt: „Sogar der reichste Mensch auf dieser Welt, der gleichgestellt mit Kubera[342] ist, der Chintamani[343], Kamadhenu[344], und Kalpataru[345] besitzt, hat das Verlangen nach einem Anwesen in Übersee. Er versucht Alchemie anzuwenden, um seinen Wohlstand zu vermehren. Ein Mensch, der 150 Jahre alt wird, versucht sein Leben zu verlängern, indem er Rasayanas[346] und Siddha Kalpas[347] nimmt. Wer 10 Milliarden Rupien besitzt, versucht alles daranzusetzen, um zwanzig Milliarden Rupien daraus zu machen. Der Geist ergreift eine Sache und verlässt sie im nächsten Moment wieder und versucht, eine andere zu erhaschen. Der Mensch wandert ruhelos durch diese Welt und sagt: „Dies gehört mir. Das gehört mir. Ich werde versuchen, dass jenes mir auch noch gehört." Oh ruheloser Geist! Ziehe mich nicht in diese unreinen Begierden und Objekte der Lust hinein. Ich kenne deine Wege bereits recht gut. Bleibe still. Oh höchstes Selbst! Gibt mir einen wunschlosen, reinen Geist. Lass meinen Geist immer auf die Wahrheit gerichtet sein. Lass mich frei vom Geist sein! Lass mich in Satchidananda Svarupa[348] verweilen. Oh allumfassende Wonne! Oh strahlende Seligkeit, die all Deine Namen und Formen durchdringt und erfüllt." Zufriedenheit ist eines der Niyamas[349] der Raja Yoga-Philosophie. Die Gita sagt auch: „Sei zufrieden mit dem, was du ohne Zutun bekommst und wende Dich der Meditation mit leidenschaftslosem Geist zu." Sokrates äußert sich sehr lobend über diese Tugend.

Obwohl die Menschen wissen, dass Zufriedenheit eine Tugend ist, die inneren Frieden verleiht, entwickeln sie diese Tugend trotzdem nicht. Warum? Weil sie die Unterscheidungskraft und die Kraft der atmischen Untersuchung oder Vichara

---

341 Vgl. Fn. 15.

342 Vedischer Gott des Reichtums, der Kaufleute, der Händler und der Schätze der Erde.

343 Legendärer Edelstein, dem die Macht zugesprochen wird, seinem Besitzer das zu geben, wonach er sich sehnt, der in der hinduistischen Tradition damit symbolisch für das Göttliche steht.

344 Heilige himmlische Kuh, die Wünsche erfüllt; sie wurde bei der Quirlung des Milchmeeres ("Kurma") erschaffen und gehörte dem Heiligen Vasishta.

345 In der Hindu-Mythologie ein göttlicher Baum, der Wünsche erfüllt.

346 Ayurvedische Heilmittel, die den Körper verjüngen und das Leben verlängern sollen.

347 Alchemistischen Bereich des Ayurveda, der hauptsächlich in Südindien praktiziert wird.

348 Svarupa = Eigene (sva) Gestalt (rupa); die eigene Natur, das eigentliche, wahre Wesen. Anspielung an den Ausspruch „Satchidananda Swarupoham" (meine wahre Natur ist Sein, Wissen und Glückseligkeit) von Shankaracharya.

349 Das zweite Glied des Raja Yoga. Ethische Gebote bzw. Verhaltensregeln, nämlich Saucha, Santosha, Tapas, Swadhyaya und Ishwarapranidhana.

Shakti durch Leidenschaft und Gier verloren haben. Gier ist der erste Offizier der Leidenschaft. Überall wo es Gier gibt, gibt es Leidenschaft, und überall wo es Leidenschaft gibt, gibt es ausnahmslos auch Gier. Durch Leidenschaft und Gier wird das Verständnis getrübt, der Verstand verdorben und das Gedächtnis verwirrt. Deshalb finden es die Menschen schwierig, diese Tugend der Zufriedenheit zu entwickeln.

Ein Kritiker sagt: „Nun, Swamiji, was Du sagst ist durchaus richtig. Ich erkenne durchaus, dass Zufriedenheit Frieden verleiht. Ich habe aber Zweifel. Wenn ich zufrieden werde, wird all mein Streben erlöschen. Ich werde lethargisch und faul werden. Aufgrund meiner verschiedenen Arten von Bestrebungen bewege ich mich hierhin und dorthin, strenge ich mich an und bin ich voller Energie. Sei so gut und nimm diesen Zweifel von mir. Ich bin ziemlich verwirrt." Meine Antwort ist ganz einfach folgendes: „Zufriedenheit kann dich niemals müßig werden lassen. Sie ist eine sattvige[350] Tugend, die den Menschen zu Gott hin treibt. Sie verleiht Gedankenkraft und Frieden. Sie hält unnötige und selbstsüchtige Anstrengungen in Schach. Sie öffnet das innere Auge des Menschen und bringt seinen Geist göttlicher Versenkung näher. Sie leitet seine Energie in innere, sattvige Kanäle. Sie wandelt die grausame Energie, nämlich Gier, die den Menschen zu selbstsüchtigen Bestrebungen treibt, in spirituelle Energie, Ojas[351], um. Ein zufriedener Mensch ist voller Sattva[352]. Er ist jetzt tatkräftiger. Er ist jetzt nach innen gerichtet. Er hat ein Seelenleben in Atman. Er ist immer friedvoll. Er führt mehr Arbeit gelassen und mit einem einpünktigen Geist aus. Die ganzen zerstreuten Strahlen seines Geists sind jetzt gebündelt. Verstehst Du den Punkt jetzt?" Der Kritiker antwortet: „Ja, Swamiji, die Angelegenheit ist jetzt ziemlich klar. Ich bin vollkommen zufriedengestellt."

Es beruht auf der Kraft von Zufriedenheit, dass die Weisen und Rishis von ehedem, die Fakire und Bhikshus[353] sorglos auf der Welt umherwandern, indem sie von Bhiksha[354] leben. Es ist Zufriedenheit, die einem spirituell Suchenden die Kraft verleiht, den Pfad der Selbstverwirklichung zu beschreiten und ihn ermutigt, den zerklüfteten und dornigen Pfad der Spiritualität furchtlos zu beschreiten. Es ist Zufriedenheit, die einen spirituell Suchenden die wertlosen, vergänglichen Dinge dieser Welt als Dung, Gift, Stroh oder Staub ansehen lässt. Zufriedenheit entwickelt Vairagya[355], Unterscheidungskraft und Vichara[356].

---

350 Rein, ausgeglichen, von „Sattva", einem der drei Gunas.
351 Kraft, spirituelle Energie, Vitalität. Die spirituelle Kraft, die durch die Schöpfungskraft von Enthaltsamkeit und Yoga Sadhana entwickelt wird. Im Ayurveda ist Ojas die Essenz der verdauten Nahrung, Eindrücke und Gedanken.
352 Reinheit, Ausgeglichenheit, eines der drei Gunas.
353 Bettelmönche, Wandermönche
354 Almosen, Bettelgaben (vor allem Essen)
355 Leidenschaftslosigkeit, Verhaftungslosigkeit.
356 Fragen nach dem Wesen des Selbst, Brahmans, der Wahrheit.

Mira[357] hatte vollkommene Zufriedenheit. Sie kümmerte sich niemals um die armseligen Dinge der Welt. Sie lebte von Bhiksha, obwohl sie die Rani[358] von Chitore war. Sie lebte von Brot, das sie durch Betteln bekommen hatte, und trug es zu den Ufern des Flusses Yamuna, und war ganz zufrieden mit diesem kargen Essen und dem puren Wasser, das ihr als Getränk diente. Was verlieh ihr diese Stärke? Es war Zufriedenheit. Zufriedenheit öffnet die Pforte von Moksha[359] und den Gefilden ewiger Wonne und Sonnenschein. Zufriedenheit ist eine göttliche Tugend. Wer vollkommene Zufriedenheit hat, birgt einen ausgeglichenen Geist in sich und vollkommene Ausgeglichenheit.

Pattinatu Swami, ein sehr großer Weiser Südindiens, war in seinem früheren Leben ein sehr gieriger Mann. Er war auch sehr reich. Trotzdem wollte er Wohlstand anhäufen. Shiva nahm die Form eines kleinen Jungen an und schenkte ihm eine Bündel von Nadeln ohne Nadelöhr mit einem Zettel in der Mitte, der folgende Botschaft enthielt: „Was ist der weltliche Nutzen aller Kostbarkeiten dieser Welt? Du wirst nicht einmal diese kaputte Nadel mitnehmen können, wenn du stirbst." Dies öffnete dem gierigen Kaufmann die Augen und flößte ihm Vairagya[360] und Zufriedenheit ein. Er verließ sein Heim, seinen Wohlstand, seine Frau und alles andere und lebte von Almosen, entwickelte vollkommene Zufriedenheit und verwirklichte sein Selbst.

Zufriedenheit ist Wonne. Zufriedenheit ist Nektar. Zufriedenheit verleiht Unsterblichkeit und grenzenlosen Frieden. Entwickle deshalb Zufriedenheit. Führe ein glückliches Leben. Ruhe in immerwährendem Frieden. Habe eine geistige Vorstellung von dieser Tugend. Wiederhole geistig: „OM Zufriedenheit." So wird sich die geistige Gewohnheit von Zufriedenheit entwickeln.

II.

Ein zufriedener Geist ist der größte Segen, dessen sich ein Mensch auf dieser Welt erfreuen kann. Er hat einen wohltuenden Einfluss auf die Seele des Menschen. Er zerstört alle über-mäßigen Begierden, jedes Grummeln, jedes Murren, und macht einen gelassen, glücklich und reich. Er ist eine Perle an unschätzbarer Tugend.

Zufriedenheit ist das beste Stärkungsmittel. Sie ist die beste Medizin. Sie verleiht beste Gesundheit und Seelenfrieden.

---

357 Nach einer hinduistischen Legende war Mira (auch Mirabai, Mira Bai oder Meera Bai) einer Prinzessin aus dem 16. Jahrhundert, die sich als Geliebte von Krishna betrachtete.
358 Weibliche Form der Herrschernamens „Raja".
359 Letztendliche Glückseligkeit, Befreiung.
360 Leidenschaftslosigkeit

Glück besteht nicht darin, viel zu besitzen, sondern mit dem zufrieden zu sein, was man hat. Wer wenig will hat immer genug.

Wohlstand oder Macht bringen spezielle Unannehmlichkeiten und Schwierigkeiten mit sich. Ein reicher Mensch ist immer unglücklich und unzufrieden. „Artha" (Wohlstand) ist „Anartha" (ein Übel).

Ein armer Mensch erlebt nicht die Ärgernisse und Besorgnisse der Reichen, nicht die Schwierigkeiten und Verworrenheit der Macht. Ein reicher Mensch und ein mächtiger Mensch haben ihren eigenen geheimen Kummer.

Wenn dein Geist beunruhigt ist, weil Du keine Schuhe hast, denke an den Menschen, der keine Füße hat und sei zufrieden.

Wenn Du unzufrieden damit bist, Menschen zu sehen, die dir überlegen sind, schau auf die, die dir unterlegen sind, und sei zufrieden.

Mangel an Begierde ist der größte Wohlstand. Ein wunschloser Mensch ist der wohlhabendste und zufriedenste Mensch auf der Welt. Ein zufriedener Mensch ist niemals arm. Ein unzufriedener Mensch ist niemals reich.

Sei immer zufrieden mit dem, was passiert. Wisse, dass das, was Gott auswählt, besser ist als das, was du auswählst.

Wenn Du mit dem, was du hast, nicht zufrieden bist, wirst du auch nicht mit dem zufrieden sein, was du gerne hättest.

Zufriedenheit ist natürlicher Wohlstand. Luxus ist künstliche Armut.

Gib alle Begierden auf. Begehre nur den Willen Gottes. Suche Ihn alleine. So wirst du vollkommene Zufriedenheit, Frieden und Seligkeit finden.

Wenn du deinen Wohlstand steigerst, steigerst du deine Sorgen, Probleme und Ängste. Aber ein zufriedener Geist ist ein verborgener höchster Schatz. Ein Mensch mit zufriedenem Geist kennt keine Sorgen und Ängste.

Ein zufriedener Mensch hat einen ruhigen Geist. Er murrt nicht. Er ist zufrieden mit den Dingen, wie sie sind. Er beklagt sich nie. Er ist schicksalsergeben, gesättigt und zufrieden.

Zufriedenheit ist himmlisches Ambrosia. Sie kühl das Feuer der Gier.

Oh Mensch! Lebe ein Leben in vollkommener Zufriedenheit und sei für immer glücklich. Lebe in Gott, der Nitya Tripti[361] oder höchste Erfüllung oder Zufriedenheit ist.

III.

Zufriedenheit ist die beste Tugend; Zufriedenheit wird der wahre Genuss genannt; und der zufriedene Mensch erlangt die beste Ruhe. Für einen zufriedenen Menschen ist Herrschaft über die Welt nichts Besseres als Firlefanz. Vergnügen an Dingen wird ihm wie Gift erscheinen. Sein Geist ist auf höhere spirituelle Dinge gerichtet und auf Atma Vichara[362]. Er bezieht Glück aus dem Inneren. Er ist nie beunruhigt durch widrige Umstände. Zufriedenheit ist das Heilmittel gegen alle Übel. Der Geist, der durch ruhige Zufriedenheit gekühlt wird, ist immer friedvoll. Das göttliche Licht kann nur auf einen spirituell Suchenden herabsteigen, der mit Zufriedenheit ausgestattet ist. Ein zufriedener Mensch ist, auch wenn er arm ist, der Kaiser der ganzen Welt. Ein zufriedener Mensch ist jemand, der sich nicht nach etwas sehnt, das er nicht besessen hat; und genießt was er auf rechte Weise besitzt. Er ist ziemlich befriedigt von dem, was immer er auch bekommt. Er ist großmütig und anmutig. Siddhis[363] und Riddhis[364] warten auf ihn, als ob sie seine Diener wären. Er ist frei von Sorgen und Ängsten. Der Anblick der gelassenen Haltung eines zufriedenen Menschen entzückt diejenigen, die in Kontakt mit ihm kommen. So eine Person wird von den Tapaswins[365] und allen großen Menschen verehrt.

ZUVORKOMMENHEIT

Zuvorkommenheit ist Gewandtheit der Umgangsformen. Sie ist ein Akt des Anstands und der Achtung.

Zuvorkommenheit ist gewähltes oder zuvorkommendes Benehmen. Sie ist Höflichkeit kombiniert mit Liebenswürdigkeit. Sie ist Entgegenkommen. Sie ist ein Akt der Liebens-würdigkeit oder der Gefälligkeit, die mit Höflichkeit ausgeführt wird.

---

361 Ewige Zufriedenheit.
362 Erforschung der Natur von Atman, Betrachtung über das Selbst.
363 Vollkommenheit, psychische Kraft. In den Yoga-Sutren: Fähigkeiten, die über die normal üblichen Fähigkeiten des Menschen hinausgehen und daher oft als übernatürlich beschrieben werden.
364 Gedeihen, Wohlstand
365 Menschen, die Tapas praktizieren.

Zuvorkommenheit ist Höflichkeit, die ihren Ursprung in Freundlichkeit hat und gewohnheits-mäßig ausgeübt wird. Sie ist Vornehmheit, Anstand, Gnade. Sie ist eine Geste des Anstands, der Ehrerbietung oder der Achtung.

Zuvorkommenheit kennzeichnet eine Handlung der Freundlichkeit oder der guten Erziehung.

Wer Zuvorkommenheit sät, wird Freundschaft ernten.

Süß und gütig ist das feine Gespür der Zuvorkommenheit.

Sei zuvorkommend auch in der Umgangssprache. Dann wirst Du von allen geliebt werden.

Zuvorkommenheit ist die Schwester der Nächstenliebe, die die Liebe am Leben erhält und das Feuer des Hasses erstickt.

Sei zu allen zuvorkommend. Lass deine Zuvorkommenheit ungekünstelt, beständig und gleichmäßig sein. Habe Zuvorkommenheit in deinem Herzen. Zeige Zuvorkommenheit in deinem Verhalten nach außen.

Erwidere einen Gruß freudig. Grüße die Person, die dich grüßt, mit einem noch besseren Gruß. Grüße alle immer als Erster.

Zuvorkommenheit versüßt und veredelt das Leben. Sie macht die Straße des Lebens eben, wie Gnade und Schönheit. Sie öffnet die Tür und lässt Fremde ins Haus. Sie erheitert das Herz von Gästen und Besuchern.

Sei freundlich und zuvorkommend in deinem Verhalten gegenüber Untergebenen und überhaupt allen Personen.

Mache Liebenswürdigkeit, kleine Zuvorkommenheiten und ein wenig Rücksicht zu einer Gewohnheit im gesellschaftlichen Umgang, sie verleihen deinem Charakter große Anziehungskraft.

Zuvorkommenheit entzückt auf den ersten Blick und führt zu großer Vertrautheit und Freundschaft.

Ein zuvorkommender Mensch ist ein Mensch mit feinen und geschliffenen Manieren. Alle Menschen lieben ihn.

Behandle keinen Menschen zu irgendeiner Zeit mit ungenügender Zuvorkommenheit. Sei großzügig mit Deiner Zuvorkommenheit.

Weltgewandtheit, Anstand, Entgegenkommen, Jovialität, Umgänglichkeit, Vornehmheit, Liebenswürdigkeit und gute Erziehung sind Synonyme für Zuvorkommenheit.

GERECHTIGKEIT

Gerechtigkeit ist Redlichkeit, Unparteilichkeit.

Ein Mensch von Gerechtigkeit ist gesetzestreu, aufrecht, genau, wahrhaftig und rechtschaffen, gerecht.

Gerechtigkeit regiert. Ungerechtigkeit ist vergänglich und unwirklich.

Derjenige, der an Gerechtigkeit glaubt, bleibt in allen Prüfungen und Schwierigkeiten gelassen.

Gerechtigkeit besteht darin, Menschen keine Verletzungen zuzufügen. Gerechtigkeit ist Anstand. Ein Mensch von Gerechtigkeit verärgert keinen anderen Menschen.

Der Frieden der Gesellschafft beruht auf Gerechtigkeit. Rechtsanwälte, Richter, Staatsanwälte, Polizisten und alle Regierungsbeamte sollten gerecht sein. Möge die Hand der Gerechtigkeit ihnen den rechten Weg weisen.

Wenn in der Regierung Gerechtigkeit vorherrscht, ist die Grundlage für soziale Sicherheit, allgemeines Glück der Menschheit und die Verbesserung und den Fortschritt des ganzen Landes gelegt.

In Regierungsangelegenheiten bedeutet Gerechtigkeit, jedem genau das zu geben was ihm zusteht. Gleichheit bedeutet, jedermann so viel Vorteile, Sonderrechte und Aufmerksamkeit zu gewähren wie jedem anderen auch. In persönlichen und gesellschaftlichen Angelegenheiten bedeutet Gerechtigkeit, jedem dasjenige zu gewähren, was ihm gebührt oder was er verdient, sei es in Gedanken oder Taten. In Angelegenheiten von schriftstellerischer Arbeit oder logischem Denken bedeutet Gerechtigkeit, sich strikt, gewissenhaft, unvoreingenommen und unparteiisch an die Wahrheit und die Fakten zu halten. Man spricht von Gerechtigkeit einer Aussage oder davon, jemandem Gerechtigkeit widerfahren zu lassen.

Gerechtigkeit ist das Brot der Nation. Gerechtigkeit allein ist siegreich.

Gerechtigkeit ist der größte und einfachste Grundsatz, der das Geheimnis des Erfolges einer Regierung ausmacht. Sie ist die erste Tugend von Beamten.

Unterschlage nichts. Sei nicht habsüchtig. Gib zurück, was man dir geliehen hat. Zahle deine Schulden zurück. Wirf kein Auge auf den Besitz von anderen. Lass dich von keiner Versuchung verlocken und von keiner Herausforderung aus der Ruhe bringen.

Wenn du dich ungerecht verhalten hast bete, sei reumütig und praktiziere Japa[366] auf den Namen des Herrn.

Gib Schwarzmarkthandel sofort auf. Betrüge andere nicht. Du wirst leiden. Du wirst in eine niedrigere Wiedergeburt zurückgeworfen werden. Du wirst in der Hölle hart bestraft werden. Du wirst unheilbare Krankheiten bekommen. Du wirst einen vorzeitigen Tod erleiden. Dein Gewissen wird dich quälen.

Verlange nicht zu viel, wenn du etwas verkaufst. Sei maßvoll. Begnüge dich mit einem kleinen Gewinn.

Unterdrücke die Armen nicht. Beute die Leichtgläubigen, die Unwissenden und die Schwachen nicht aus.

Betrüge nicht. Sei deinem Herrn treu ergeben. Enttäusche in dich gesetztes Vertrauen nicht. Betrüge keinen Menschen, der sich auf dich verlässt.

Sei stets unparteilich, redlich und gerecht in deinen Beziehungen zu anderen.

Lege gegen niemanden ein falsches Zeugnis ab.

Vollkommen gerecht zu sein ist ein Merkmal der göttlichen Natur. Ein gerechter Mensch ist ein ruhmreicher Mensch. Er ist ein wahrhaftiger Gott auf dieser Erde.

Unparteilichkeit ist das Leben der Gerechtigkeit. Gerechtigkeit ist das dauerhafte Verlangen und Bemühen, jedermann zukommen zu lassen was ihm gebührt.

Ein redlicher Mensch denkt immer gerecht.

Verstehe die Konsequenzen ganz genau, die Ungerechtigkeit nach sich zieht. Du wirst gerecht werden.

---

366 Fortgesetzte Wiederholung eines Mantras oder das Namens Gottes.

Sei gerecht und fürchte dich nicht[367].

Gerechtigkeit ohne Weisheit ist nicht möglich. Gerechtigkeit steht in Übereinstimmung mit den Gesetzen.

Wenn du Frieden genießen willst, sei gerecht.

Gerechtigkeit ist die Vorstellung von Gott. Gerechtigkeit ist das Ideal des Menschen. Sie ist die Verhaltensregel des Menschen. Deshalb sei gerecht. Praktiziere Gerechtigkeit.

Ein gerechter Mensch entspricht den Anforderungen von Recht und Gesetz. Er erbringt immer genau das, was geboten ist, sowohl bei Bestrafungen, als auch bei Belohnungen.

Gerechtigkeit bezieht sich entweder auf Ethik oder auf Recht und deutet auf etwas hin, was moralisch richtig und gerecht ist und manchmal auf etwas, das nach dem positiven Recht[368] richtig und gerecht ist.

Billigkeit, Fairness, Fairplay, Unparteilichkeit, Redlichkeit, Genauigkeit, Rechtmäßigkeit, Aufrichtigkeit, Rechtschaffenheit, Wahrheit und Aufrichtigkeit sind Synonyme von Gerechtigkeit.

Redlichkeit, Aufrichtigkeit, Rechtschaffenheit und Tugend weisen auf Übereinstimmung des persönlichen Verhaltens mit den Gesetzen der Moral hin und schließen dadurch Gerechtigkeit mit ein, was bedeutet anderen dasjenige zu geben, was ihnen zusteht.

Korruption, Unredlichkeit, Treulosigkeit, Einseitigkeit, Parteilichkeit, Verräterei, Ungerechtigkeit und Unbilligkeit sind das Gegenteil von Gerechtigkeit.

Oh Mensch! Sei immer gerecht. Untersuche dein Herz. Höre auf die Einflüsterungen des Gewissens. Das wird dir eine reiche Ernte von Frieden und Wonne einbringen.

---

367 Zitat aus Henry VIII. (3. Akt, 2. Szene) von William Shakespeare, das üblicherweise mit „Handle recht, nichts fürchte (...)" übersetzt wird.
368 das heißt den geschriebenen Gesetzen.

MEDITATION AUF 12 TUGENDEN

Meditiere täglich 10 Minuten über diese 12 Tugenden:

Bescheidenheit im Januar.
Gradlinigkeit (Arjava) im Februar.
Mut im März.
Geduld im April.
Mitgefühl (Karuna) im Mai.
Großmut im Juni.
Aufrichtigkeit im Juli.
Reine Liebe im August.
Großzügigkeit im September.
Verzeihung im Oktober.
Ausgeglichenheit im November.
Zufriedenheit im Dezember.

Meditiere auch auf Reinheit, Beharrlichkeit, Sorgfalt, Sahasa[369] und Utsaha[370]. Stell dir vor, dass du tatsächlich im Besitz dieser Tugenden bist. Sage zu dir selbst: „Ich bin geduldig. Von heute an werde ich nicht ärgerlich sein. Ich werde diese Tugend in meinem täglichen Leben sichtbar werden lassen. Ich mache Fortschritte." Denk an die Vorteile, die der Besitz dieser Tugend „Geduld" mit sich bringt, sowie an die Nachteile von Reizbarkeit.

Der spirituelle Weg ist schroff, dornig und steil. Er ist arg lang. Es kann sein, dass die Füße wund und müde werden. Es kann sein, dass das Herz keucht. Aber die Belohnung ist großartig. Du wirst unsterblich werden. Halte durch. Schreite eifrig voran. Sei auf der Hut. Sei so flink und wendig wie das Eichhörnchen. Es gibt keine Rastplätze auf dem spirituellen Weg. Höre auf die leise innere Stimme. Sie wird dich leiten, wenn du rein und aufrichtig bist.

---

369 Kraft, Stärke, Macht, Sieg, Herrschaft. Unabhängigkeit von Gefühlen der Freude und des Kummers im Auf und Ab des Lebens.
370 Bemühung, Enthusiasmus, Kraft, Vitalität, Ausdauer, Stärke, Willenskraft.

LISTE VON TUGENDEN, DIE ES ZU ENTWICKELN GILT

(Mach dir eine Kopie hiervon und hänge sie an einer deutlich sichtbaren Stelle in deiner Wohnung auf.)

HAUPTTUGENDEN

Almosen verteilen — Arbeit ohne Verhaftung

Ausgeglichenheit des Geists — Beharrlichkeit — Bescheidenheit

Brahmacharya[371] — Brahma Chintana[372] — Dienendes Wesen

Disziplin — Duldungskraft — Furchtlosigkeit

Geduld — Gehorsam allen gegenüber — Gelassenheit

Gleichmut — Großzügigkeit — Immer die Wahrheit sprechen

Langmut — Mouna[373] — Mut — Offenheit

Reinheit des Herzens — Ruhe des Geists — Ruhiges und heiteres Wesen

— Seine Gegenwart zu jeder Zeit und in allen Handlungen spüren —

Selbstkontrolle und Aufopferung — Sorgfalt — Starke Willenskraft

Toleranz — Unermüdliche Hingabe — Unerschütterliches Gottvertrauen

Vairagya[374] — Verzicht — Vornehmheit

Wahrheitssuche — Wunschlosigkeit

371 (Sexuelle) Enthaltsamkeit, die sich jedoch auf alle Aktivitäten der Sinne beziehen sollte. Eines der 5 Yamas.
372 Meditation oder Nachdenken über Brahman.
373 Schweigen, Gelübde des Schweigens
374 Leidenschaftslosigkeit, Verhaftungslosigkeit.

GERINGERE TUGENDEN

Abstinenz — Abwesenheit von Gier

Akzeptieren der eigenen Fehler und Schwächen — Andere loben

Aufopferung — Aufrichtigkeit — Bescheidenheit

Einfache Lebensweise — Einfallsreichtum — Elan — Erbarmen

Erhabene Gedanken — Ertragen von Beleidigungen und Verletzungen

Fasten an wesentlichen Tagen — Festigkeit — Freigebiges Wesen

Freiheit von Arglist und Überheblichkeit — Fröhliches Wesen

Genügsamkeit — Gewaltlosigkeit

Gleichgültigkeit gegenüber öffentlicher Kritik — Gleichheit

Großmut — Heldenhaftigkeit — Höflichkeit

Immer dein Ishta[375] Mantra rezitieren — Kontemplation

Kontrolle der Indriyas[376] — Kranke mit Bhava[377] pflegen

Liebenswürdigkeit allen gegenüber — Liebevolles Wesen

Mäßigung in allem — Mitgefühl mit allen Lebewesen

Mitleid mit allen haben — Nächstenliebe allen gegenüber

Nicht-Begehrlichkeit — Nicht-stehlen

Nicht-verletzen in Gedanken, Worten und Taten

Nur positiv über andere sprechen — Rechtschaffenheit

Ritterliches Wesen — Sanftheit — Satsang mit Mahatmas[378]

Sauberkeit — Schlaf verringern

Schnell und beweglich in jeder Handlung — Selbstloses Dienen

Standhaftigkeit — Stetigkeit — Studium der Schriften

Um jeden Preis zu seinem Wort stehen — Unerschrockenheit

Unerschütterlichkeit in Wissensaneignung, Hingabe und Aufopferung

Unschuld — Unternehmungsgeist

Vergeben und vergessen der schlechten Behandlung, die einem widerfährt

Verhaftungslosigkeit — Vermeiden schlechter Gesellschaft

Vornehme Manieren und Prinzipien beachten

Wenig und lieblich sprechen — Widerwille gegen Verleumdung

Zu allen liebenswürdig und großzügig sein — Zufriedenheit

Zuneigung — Zurückhaltung

---

375 Wunschobjekt; das gewählte Ideal; die spezielle Gestalt oder Erscheinungsform Gottes, die man verehrt.

376 Sinnes- bzw. Wahrnehmungsfähigkeiten. Dazu gehören die 5 Sinnesorgane (Jnana Indriyas) und die 5 Handlungsorgane (Karma Indriyas). Gehören zu den 19 Elementen, aus denen der Astralkörper besteht.

377 Innere Haltung oder Einstellung, subjektiver Seinszustand, Geisteshaltung.

378 wörtlich „große Seele", Heiliger, Weiser, Ehrenbezeichnung für spirituelle Lehrer und Führer.

SINNBILDER FÜR TUGENDEN

1. Enthaltsamkeit – Iss nicht bis zur Trägheit, trink nicht bis zum Erbrechen.

2. Stille – Sprich nicht, außer andere oder du selbst haben einen Nutzen davon; vermeide bedeutungslose Gespräche.

3. Ordnung – Lass all deine Sachen ihren eigenen Platz haben, lass jeden Teil deines Geschäfts seine eigene Zeit haben.

4. Entschlossenheit – entschließe dich zu tun, was du tun solltest; führe unbeirrbar aus, wozu du dich entschlossen hast.

5. Genügsamkeit – Tätige keine Ausgabe, sondern tue anderen oder dir selbst gutes; d.h. verschwende nichts.

6. Fleiß – Verliere keine Zeit; sei stets mit etwas sinnvollem beschäftigt; stoppe alle unnötigen Tätigkeiten.

7. Aufrichtigkeit – Gebrauche keine verletzende Täuschung; denke unschuldig und gerecht, und wenn du sprichst, sprich entsprechend.

8. Gerechtigkeit – Keine Verletzungen zuzufügen und keine Zuwendungen zu unterlassen, die deine Pflicht sind.

9. Mäßigung – Vermeide Extreme; ertrage so viele Verletzungen wie du meinst, dass sie es verdienen.

10. Sauberkeit – Dulde keine Unreinheit an Körper, Kleidung oder Wohnung.

11. Gelassenheit – Lass dich nicht durch Lappalien oder gewöhnliche oder unvermeidbare Störungen aus der Ruhe bringen.

12. Keuschheit – habe selten Geschlechtsverkehr außer aus gesundheitlichen Gründen oder um Nachwuchs zu zeugen, jedoch nie bis zu Abstumpfung, Schwäche oder der Verletzung deines oder eines anderen Friedens und guten Rufs.

13. Demut – eifere Jesus und Sokrates nach.

(Bilde dir ähnliche Sinnbilder für andere Tugenden, die du entwickeln möchtest.)

LIED VON DEN ACHTZEHN -HEITEN UND -KEITEN

Gelassenheit, Regelmäßigkeit, Fehlen von Eitelkeit,

Aufrichtigkeit, Einfachheit, Wahrhaftigkeit,

Gleichmut, Beständigkeit, Nichtreizbarkeit,

Anpassungsfähigkeit, Bescheidenheit, Beharrlichkeit,

Redlichkeit, Vornehmheit, Großmut,

Nächstenliebe, Großzügigkeit, Reinheit.

Über täglich diese achtzehn -heiten und -keiten,

bald erreichst du dann Unsterblichkeit,

Brahman ist die einzig wahre Wesenheit,

Herr So und So ist eine falsche Nicht-Wesenheit.

Dann weilst du in Ewigkeit und Unendlichkeit,

Dann siehst du Einheit in Verschiedenheit.

Das lehrt dich keine Universität,

Om Tat Sat Om Tat Sat Om Tat Sat Om

DIE ACHTZEHN -HEITEN UND -KEITEN

Für jedermanns Erfolg im Leben, und insbesondere für den Erfolg eines Sadhaka[379] im spirituellen Leben, ist es unbedingt erforderlich, dass er bestimmte Kardinaltugenden entwickelt. Tugend ist Stärke, Kraft und der Schlüssel zu Frieden. Ein tugendhafter Mensch ist stets glücklich, friedvoll und wohlhabend. Die Leute fragen mich danach, speziell die Tugenden zu benennen, die man entwickeln sollte. Das „Lied von den achtzehn -heiten und -keiten" zählt die Tugenden auf, die jedermann entwickeln sollte. Greife dir irgendeine dieser Tugenden heraus und entwickle sie zu einem sehr hohen Grad an Vollkommenheit; merze ihre gegenteilige schlechte Eigenschaft selbst in ihrer subtilste Erscheinungsform vollständig aus. Meditiere auf diese Tugenden, ihre Vorteile und die Methoden um sie zu entwickeln. Die achtzehn -heiten und -keiten sind:

1. Gelassenheit

Sei innerlich ruhig. Lass den inneren Frieden und die innere Freude durch einen gelassenen Gesichtsausdruck ausstrahlen. Ein gelassener Gesichtsausdruck ist friedlich, lächelnd, ernst und zeigt keine heftigen Gefühle. Er ist wie die Oberfläche eines stillen Sees.

2. Regelmäßigkeit

Sei regelmäßig in deinen täglichen Gewohnheiten, deiner Arbeit und deinem Sadhana. Steh täglich zu einer bestimmten Zeit auf; geh zu einer bestimmten Zeit schlafen. Sei in deinen täglichen Aktivitäten wie ein Uhrwerk. Du wirst frei von Sorge, Ängstlichkeit und von planloser und schäbiger Arbeit sein. Du wirst zu jeder Zeit das Richtige tun.

3. Fehlen von Eitelkeit

Prahle nicht mit deiner Geburt, Stellung, Qualifikationen und spirituellen Errungenschaften. Gedenke stets der Vergänglichkeit aller mit den Sinnen wahrnehmbarer Dinge. Lobe andere. Sieh in allen nur das Gute. Behandle auch die niedrigste Kreatur als dir ebenbürtig.

4. Aufrichtigkeit

Lass Deine Worte mit deinen Gedanken übereinstimmen und deine Handlungen mit deinen Worten. Lass deine Gedanken, Wort und Handlungen in Einklang sein.

---

379 Spirituell Suchender, jemand, der spirituelle Praktiken, d.h. ein Sadhana ausführt.

5. Einfachheit

Sei ungekünstelt. Sei einfach in deiner Sprache. Verdrehe weder Worte, noch Sachverhalte. Sei einfach, vermeide Diplomatie, Gerissenheit und Verworfenheit. Sei einfach gekleidet. Ernähre dich einfach. Entwickle ein kindliches Wesen.

6. Wahrhaftigkeit

Sei wahrhaftig. Halte deine Versprechen. Übertreibe nicht. Verdrehe die Tatsachen nicht. Denke zweimal nach bevor du sprichst. Sprich wahrhaftig, sprich lieblich; sei genau in dem was du sagst.

7. Gleichmut

Sei ruhig. Ertrage Beleidigungen, Verletzungen, Leiden, Scheitern und Respektlosigkeit geduldig. Sei nicht begeistert von Lob, Vergnügen, Erfolg und Ehre. Betrachte beides mit demselben Blick. Verhalte dich Freunden und Feinden gegenüber gleich. Lass nie irgendetwas deinen inneren Frieden stören.

8. Beständigkeit

Denke immer daran, dass du nichts erreichen kannst, wenn du wankelmütig bist. Praktiziere Vichara[380]. Wähle dein Ziel oder Ideal. Denke immer daran. Verliere es nicht auch nur für einen einzigen Augenblick aus dem Sinn.

9. Nicht-Reizbarkeit

Reizbarkeit ist der Vorläufer eines gewaltigen Ausbruchs von Ärger. Achte auf Störungen des geistigen Gleichgewichts. Achte auf Wellen von Ärger, die aus dem Geist-See aufsteigen könnten. Unterdrücke sie sogleich auf der Stelle. Erlaube ihnen nicht, ein größeres Ausmaß anzunehmen. Dann wirst du den nicht-reizbaren Zustand von Frieden und Liebe erlangen.

10. Anpassungsfähigkeit

Verstehe die Natur der Menschen, mit denen du in Kontakt kommst. Passe deine Annäherungsform, deinen Umgang mit ihnen so an sie an, dass sie ihnen gefallen. Ertrage die Macken anderer Menschen freudig. Reagiere immer auf eine

---

380 Fragen nach dem Wesen des Selbst, Brahmans, der Wahrheit.

harmonische Art und Weise. Diene allen und liebe alle. Habe das Bhavana[381], dass der Herr in allen als das Selbst von allen ist.

11. Bescheidenheit

Respektiere jedermann. Verbeuge dich mit gefalteten Händen[382] vor jedermann. Sprich nicht mit erhobener Stimme gegenüber älteren und ehrwürdigen Menschen. Schau beim Gehen auf deine Zehen. Sieh Gott in allen und fühle, dass du Sein Diener und damit der Diener aller bist. Halte niemanden für geringerwertig als dich.

12. Beharrlichkeit

Sie ist der natürliche Freund der Beständigkeit. Wenn du einmal dein Ziel ins Auge gefasst und den Weg ausgewählt hast, halte daran fest. Schwanke nicht. Sei standhaft. Schließe keine Kompromisse in Bezug auf deine grundlegenden Prinzipien. Habe die geistige Haltung: „Ich mag mein Leben aufgeben, aber ich werde nicht vom Weg abkommen, ich werde meine Gelübde nicht brechen."

13. Redlichkeit

Entwickle eine redliche Persönlichkeit. Kläre alle offenen Fragen deines Charakters. Werde ein Mensch mit hehren moralischen Prinzipien. Führe ein dharmisches[383] Leben. Versprühe den Duft von Rechtschaffenheit. Jedermann wird dir vertrauen, dir gehorchen, dich respektieren und dich ehren.

14. Vornehmheit

Scheue Kleinlichkeit, als wäre sie Mist oder Gift. Schau nie auf die Fehler anderer Menschen. Schätze an jedem seine guten Eigenschaften. Sei auch im Leiden würdevoll. Lasse dich nie zu niedrigen Gedanken, Worten oder Taten herab.

15. Großmut

Habe eine großzügige Betrachtungsweise der Dinge. Sieh über die Fehler der Menschen hinweg. Sei hervorragend und habe eine hohe Gesinnung in allem

---

381 Vorstellung, Vergegenwärtigung, Einbildung, Vermutung, Phantasie, Bewirken, Voraussetzung. Bhavana ist eine Methode der Meditation, Kontemplation oder Imagination, die im Yoga verwendet wird, bei der man bewusst ein bestimmtes spirituelles Ziel hervorzurufen versucht.

382 Anspielung auf den in Indien und Nepal gebräuchlichen Gruß Namasté, bei dem man sich mit vor der Brust aneinander gelegten Handflächen (= Anjali-Mudra) leicht vor dem Gegenüber verbeugt.

383 Von Dharma = rechte Lebensweise; Verhaltensregeln; Rechtschaffenheit; Tugendhaftigkeit.

was du tust. Vermeide dummes Gerede und kindisches Geschwätz. Lass den Geist nicht bei Kleinigkeiten und unbedeutenden Ereignissen verweilen.

16. Nächstenliebe

Gib, gib, gib. Sende Gedanken von Wohlwollen und Liebe aus. Vergib den Menschen ihre Fehler. Segne denjenigen, der dich verletzt. Teile mit anderen, was du hast. Speise alle und kleide sie ein. Verbreite spirituelles Wissen an Alle und Jeden. Verwende den materiellen Wohlstand, das Wissen und die spirituelle Weisheit, die dir zu Gebote stehen, als dir von Gott treuhänderisch anvertraut, um sie unter Seinen Kindern zu verteilen.

17. Großzügigkeit

Sei freigebig in allem, was du gibst. Habe ein großes Herz. Sei nicht knausrig. Finde Vergnügen an den Freuden anderer und daran, andere Menschen glücklich zu machen. Großzügigkeit ist die Schwester-Tugend von Nächstenliebe. Großzügigkeit ist die Verwirklichung von Nächstenliebe, Großmut und Vornehmheit.

18. Reinheit

Sei reinen Herzens. Merze Lust, Ärger, Gier und andere schlechte Tendenzen aus. Sei rein in deinen Gedanken; lass keinen bösen Gedanken in deinen Geist eindringen. Denke stets an Gott; denke an das Wohlergehen aller. Sei rein in deinen Worten; sprich nie ein vulgäres, harsches oder unfreundliches Wort.
Sei auch rein am Körper; halte ihn sauber, halte deine Kleidung und deine Umgebung sauber. Halte die Regeln der physischen, geistigen, moralischen und spirituellen Hygiene ein.

Diese 18 -heiten und -keiten werden den Weg pflastern, auf dem du in das Königreich Gottes marschierst. Sie werden das Tor zur Unsterblichkeit für dich öffnen. Auch in dem Leben auf dieser Erde wirst du großen Erfolg haben. Ein Mensch, der in großem Ausmaß über diese Eigenschaften verfügt, ist in der Tat ein Heiliger, der von jedem und allen respektiert, bewundert und verehrt wird. Möget ihr alle Jivanmuktas[384] und zu wahren Verkörperungen dieser Tugenden werden.

---

384 Zu Lebzeiten Befreite.

TEIL II
WIE MAN LASTER ÜBERWINDET

AFFEKTIERTHEIT

DAMBHA[385]

Affektiertheit bedeutet nach etwas zu streben oder den Versuch etwas anzunehmen, was nicht natürlich oder wirklich ist. Sie ist bloßer Schein.

Affektiertheit dient dazu, mit etwas zu protzen oder etwas vorzuspiegeln, einen Anschein zu erwecken, etwas nachzumachen oder vorzugeben.

Affektiertheit ist eine einstudierte Vortäuschung oder prahlerische Zurschaustellung.

Affektiertheit ist ein Versuch etwas anzunehmen oder zur Schau zu stellen, was nicht natürlich oder wirklich ist. Sie ist Vorspiegelung falscher Tatsachen, künstliches Erscheinungsbild oder Show.

Affektiertheit ist entweder die Folge von Eitelkeit oder von Heuchelei. Eitelkeit nimmt eine falsche Persönlichkeit an, um Applaus zu heischen. Heuchelei verbirgt Laster unter dem Anschein der entgegengesetzten Tugend, um Tadel zu vermeiden.

Affektiertheit ist eine Folge der Annahme, etwas Besseres zu sein als der Rest der Menschheit.

Affektiertheit ist ein Trick oder eine List, den die Eitelkeit anwendet. Sie verbirgt den wahren Charakter, indem sie andauernd einen falschen Eindruck erweckt.

Affektiertheit ist ein Anzeichen von Unwissenheit oder Dummheit.

---

385 Egoismus, Stolz, der Wunsch, dass über einen geredet wird. Menschen, die Yoga, Feuerzeremonien oder andere Rituale (Yajna) ausführen oder große Summen für wohltätige Zwecke spenden, dies aber nur zur Zurschaustellung einer bestimmten Attitüde tun, um den Beifall anderer zu heischen.

Ein affektierter Mensch kennt seine Fehler und versucht sie durch künstliche Vortrefflichkeit zu verbergen. Er wird von anderen jedoch leicht durchschaut. Er ist Gegenstand des Abscheus seiner Nachbarn.

Sei natürlich. Sei Du selbst. Ahme nichts nach. Äffe keine Großartigkeit nach. Gib alle Affektiertheit auf. Was natürlich ist, ist das Beste.

Entwickle Einfachheit, Bescheidenheit, Vornehmheit, Rechtschaffenheit, Großmut usw.

Ein Mensch ist nicht bescheiden, stellt aber Bescheidenheit zur Schau.

Affektiertheit ist armselige Heuchelei.

Vortäuschung bedeutet üblicherweise etwas anzubieten, was nicht ist.

Heuchelei ist die Vortäuschung moralischer Vortrefflichkeit, entweder um etwas Unrechtes zu verbergen oder um des Vorteils oder Verdienstes willen, den die Tugend mit sich bringt.

Scheinheiligkeit ist die Vortäuschung eines göttlichen Wesens, jedoch ohne göttlichen Charakter.

Kauderwelsch ist Heuchelei in dem, was man von sich gibt.

Scheinheiligkeit ist Heuchelei im Erscheinungsbild, also im Aussehen, den Tönen usw.

Heuchelei ist in Angelegenheiten des Verstands, des Geschmacks usw. das, was Heuchelei in der Moral und der Religion ist.

Täuschung ist ein Trick oder ein Mittel, das einem Schande macht oder das Erwartungen schändlich enttäuscht oder einen falschen Anschein schändlich widerlegt.

AHAMKARA

EGOISMUS

I.

Ahamkara oder Egoismus ist der selbst-anmaßende[386] Grundsatz des Menschen. Er ist ein Vritti[387] oder Gedankenwelle, die im Geist aufsteigt. Patanjali Maharishi[388] nennt das „Asmita"[389]. Derselbe Geist nimmt die Form von Egoismus an, wenn er sich selbst etwas anmaßt. Zuerst manifestiert sich Ahamkara und dann kommt „Mamata"[390].

Dieser unheilvolle Egoismus verursacht Handlungen, Begierden und Schmerz. Er ist die Quelle allen Übels. Er ist eine bloße Täuschung. Er führt die Menschen in die Irre. Obwohl er nichts ist, ist er für weltliche Menschen alles. Er geht mit Meinheit einher. Er ist die Frucht von Avidya oder Unwissenheit. Er entspringt falscher Einbildung. Er wird durch Eitelkeit begünstigt. Er ist der größte Feind. Wenn jemand diesem entsetzlichen Egoismus entsagt, wird er glücklich sein. Ahamkara hat seinen Sitz im Geist. Es ist der Einfluss des Egoismus, der den Menschen dazu verleitet, böse und falsche Taten zu begehen. Er ist tief in uns verwurzelt. Ängste und Schwierigkeiten gehen vom Egoismus aus. Ahamkara zerstört unsere Tugenden und unseren Seelenfrieden. Er legt die Falle der Leidenschaft aus, um uns darin zu fangen. Derjenige, der frei von Egoismus ist, ist wahrhaft glücklich und friedvoll. Begierden vervielfältigen sich und breiten sich aufgrund von Egoismus aus. Der tief in uns verwurzelte Feind des Egoismus hat die Bewunderung unserer Ehefrauen, Freunde, Kinder usw. über uns ausgebreitet, deren Bann nur schwer zu brechen ist. Es gibt keinen größeren Feind als Egoismus.

Derjenige, der weder etwas begehrt, noch ablehnt, und der jederzeit die Gelassenheit des Geistes bewahrt, wird durch das Gefühl des Egoismus nicht berührt. Es gibt drei unterschiedliche Arten von Egoismus auf der Welt. Die ersten beiden Arten sind nützlich und von höherer Natur, aber die dritte ist niederträchtig und muss von allen aufgegeben werden. Die erste ist das höhere und ungeteilte Ego, das ewig ist und die Welt durchdringt. Es ist die höchste Seele, neben

---

386 Altmodischer, aus der christlichen Theologie stammender Begriff, mit dem eine Einstellung bezeichnet wird, mit der sich der Mensch als selbstbestimmt und unabhängig vom schöpferischen Tun Gottes ansieht, etwa wie „Blasphemie".

387 Gedankenwelle, geistige Veränderung

388 Indischer Gelehrter und Weiser, der zwischen dem 2. und 4. Jh. n. Chr. gelebt haben soll. Verfasser der Yoga Sutren, einer der wichtigsten Schriften des klassischen Yoga, weshalb er auch als „Vater des Yoga" bezeichnet wird.

389 Egoismus, Ich-Gefühl.

390 Selbstsucht, Eigeninteresse, Stolz, die Gier zu besitzen, Besitzgefühl. Mamata gilt als eine Eigenschaft des Geistes, die es zu überwinden gilt. Mamata führt zu Unwissenheit und Leid.

der nichts in der Natur existiert. Meditiere über die Formel „Aham Brahma Asmi – ich bin Brahman"[391]. Identifiziere dich mit Brahman. Das ist sattviges Ahamkara. Das Wissen, das uns erkennen lässt, dass unser Selbst subtiler als das Hinterteil von Paddy[392] ist oder genauso winzig wie der hundertste Teil eines Haares und dass es immerwährend existiert, ist die zweite Art von Ahamkara. Diese beiden Arten von Egoismus findet man in Jivanmuktas oder befreiten Weisen. Sie führen zu der Befreiung des Menschen. Sie verursachen keine Anhaftung. Deshalb sind sie nützlich und von höherer Natur. Die dritte Art von Ahamkara ist das Wissen, das das „Ich" mit dem aus Händen, Füßen usw. bestehenden Körper identifiziert und das den Körper für die Seele oder das Selbst hält. Das ist die schlimmste und niedrigste Art von Egoismus. Man findet sie in allen weltlichen Menschen. Das ist die Ursache für das Wachstum des giftigen Baumes der Wiedergeburt. Diejenigen, die über diese Art von Egoismus verfügen, können niemals zu ihren richtigen Sinnen gelangen. Unzählige Leute wurden von dieser Form von Ahamkara in die Irre geführt. Sie haben ihren Verstand, ihre Unterscheidungskraft und ihre Fähigkeit der Untersuchung verloren. Diese Art von Egoismus hat nur schädliche Konsequenzen. Die Leute geraten dadurch unter den Einfluss von allen Übeln des Lebens. Diejenigen, die Sklaven dieser Form von Ahamkara sind, werden von verschiedensten Begierden geplagt, die sie zu falschen Handlungen verleiten. Sie reduziert sie auf das Niveau von Bestien. Diese Art von Ahamkara sollte durch die beiden anderen Arten zerstört werden. Je mehr du diesen Egoismus ausdünnst, umso mehr Wissen von Brahman oder dem Licht der Seele wirst du erlangen.

Es gibt wiederum drei Arten von Ahamkara, nämlich sattvigen Egoismus, rajassigen Egoismus und tamasigen Egoismus. Sattviger Egoismus bindet den Menschen nicht an Samsara[393]. Er wird dem spirituell Suchenden dazu verhelfen, die endgültige Befreiung zu erlangen. Wenn du versuchst „Aham Brahma Asmi – ich bin Brahman" zur Geltung zu verhelfen – dann ist das sattviger Egoismus. Sogar in einem Jivanmukta[394] existiert eine kleine Spur von sattvigem Egoismus. Er führt Handlungen aus sattvigem Egoismus aus. „Ich bin ein König, ich weiß alles. Ich bin sehr intelligent" – das ist rajassiger Egoismus. „Ich bin ein Dummkopf, ich weiß gar nichts" – das ist tamasiger Egoismus.

Die wörtliche Bedeutung oder Vachyartha von „Aham" Pada ist Aham Vritti, das im Geist entsteht, das kleine Ich, das sich mit dem physischen Körper identifiziert. Die eigentliche Bedeutung oder Lakshyartha von „Aham" Pada ist Atman oder Brahman, das große und unendliche Ich. Die Ursache des Egoismus ist reine Illusion. Wissen ist die Ursache von Egoismus. Wissen wird durch nur scheinbare Gegenstände wie Körper, Baum, Fluss, Berge, Kuh, Pferd verursacht. Wenn es

---

391 Eines der Mahavakyas, der Essenz der Upanishaden in Form von vier großen Verkündigungen.
392 Damit ist offenbar ein Hund gemeint.
393 Ewiger Kreislauf von Tod und (Wieder-) Geburt.
394 Zu Lebzeiten Befreiter.

212

aber keine Gegenstände wie Kuh, Pferd usw. gibt, dann haben wir auch keinerlei Wissen von Gegenständen. Dann wird der Egoismus, die Saat von Manas[395], aufgelöst werden.

Die Vorstellung vom „Ich", die das Nest ist, das alle Schwächen enthält, ist der Same des Baums des Geistes. Der Spross, der als erstes aus Ahamkara[396] keimt, ist Buddhi oder Verstand. In diesem Trieb haben alle sich verzweigenden Äste, die Sankalpa[397] genannt werden, ihren Ursprung. Bei so einer Unterscheidung sind der Geist, Chitta[398], und Buddhi nur unterschiedliche Namen oder Eigenschaften desselben Ahamkara. Die Zweige der Vasanas[399] werden unausweichlich unzählige Früchte von Karmas erzeugen, wenn du sie aber mit dem Schwert des Jnana[400] vom Stamm des Baumes abtrennst, werden sie zerstört. Schneide die Zweige vom Baum des Geistes ab und zerstöre so letztendlich den Baum vollständig an seiner Wurzel. Wenn Du durch tugendhafte Handlungen die Vorstellung des „Ich" an der Wurzel des Baumes (dem Geist) zerstörst, dann wird es nicht heranwachsen. Atma-Jnana[401] oder Erkenntnis des Selbst ist das Feuer, das die Vorstellung von Ahamkara zerstört, den Samen des Baums.

Es gibt eine weitere Einteilung des Egoismus, nämlich in grob (sthula[402]) und fein (sukshma[403]). Wenn du dich mit dem groben physischen Körper identifizierst, ist das grober Egoismus. Wenn du dich mit dem Geist und Karana Sharira (dem Samenkörper[404]) identifizierst, ist das feiner Egoismus. Wenn du Stolz, Begierden, Selbstsucht und Identifikation mit dem Körper zerstörst, wird der grobe Egoismus verschwinden, der feine Egoismus aber wird bestehen bleiben. Du musst den feinen Egoismus ebenfalls auslöschen. Der feine Egoismus ist gefährlicher und schwerer zu überwinden. „Ich bin ein reicher Mensch, ich bin ein König, ich bin ein Brahmane" – das ist grober Egoismus. „Ich bin ein großer Yogi, ich bin ein Jnani[405], ich bin ein guter Karma Yogi, ich bin ein moralischer Mensch, ich bin ein guter Sadhaka[406] oder Sadhu[407]" – das ist feiner Egoismus. Es gibt noch eine

---

395 Der Geist, das Denken.
396 Ego, Egoismus.
397 Gedanke, Wunsch, Vorstellung, Wille, Entschluss. Sankalpa ist das willentliche, beherrschte Denken, das den Gedanken in eine bestimmte Richtung lenkt. Wird auch im Sinne einer Affirmation verwendet, mit der die Gedankenmuster verändert werden sollen.
398 Im Raja Yoga des Patanjali „Geist", im Jnana Yoga und Vedanta „Unterbewusstsein".
399 Subtile Wünsche; Tendenzen, die sich im Menschen durch das Ausführen von Handlungen und durch Erfahrungen entwickeln und ihn dazu verleiten, die Handlungen zu wiederholen bzw. die Wiederholung der Erfahrung zu suchen.
400 Weisheit, Verständnis, Erkenntnis, spirituelle Einsicht, Wissen um Brahman, das Absolute.
401 Das Wissen vom Selbst und die Erkenntnis des Selbst.
402 Grob, massiv, materiell, fest.
403 Fein, klein, feinstofflich.
404 Gebräuchlicher: Kausalkörper.
405 Weiser, Befreiter, wahrhaft Gebildeter. Jemand, der in die Erkenntnis vom Brahman eingetaucht ist.
406 Spirituell Suchender, jemand, der spirituelle Praktiken, d.h. ein Sadhana ausführt.
407 Frommer oder heiliger Mensch (oft Mönch), der sich einem asketischen Leben verschrieben hat.

weitere Einteilung von Egoismus, nämlich in Samanya Ahamkara (gewöhnlicher Egoismus) und in Visesha Ahamkara (besonderer Egoismus). Gewöhnlicher Egoismus ist in Tieren vorhanden. Besonderer Egoismus ist in menschlichen Wesen vorhanden.

Man sagt: „Dieser Körper gehört mir." Geier, Schakale und Fische sagen auch „Dieser Körper gehört mir." Wenn Du die Schichten einer Zwiebel eine nach der anderen schälst, schrumpft die Zwiebel zu einem luftigen Nichts. So ist das auch mit dem „Ich". Dieser Körper, Prana, Geist, Sinne usw. sind alles eine Verbindung aus den fünf Elementen oder Tanmatras[408]. Sie alle sind nur Spielarten von Prakriti[409]. Wo ist dann aber das „Ich"? Der physische Körper gehört zu Virat[410], der Astralkörper gehört zu Hiranyagarbha[411] und der Kausalkörper zu Ischwara[412]. Wo ist dann aber das „Ich"? „Ich" ist nur ein unwirkliches Nichts, das von dem gauklerhaften Geist erzeugt wird. Von nichts kann man sagen, dass es existieren würde. Das, was durch die Karmas hervorgerufen wird, ist nicht selbst die Ursache. Das Wissen oder Bewusstsein, das wir davon haben, ist selbst nur unwirklich. Deshalb sind Ahamkara oder andere Eindrücke, die durch die trügerische Vorstellung von Wissen erzeugt werden, ebenfalls non-existent. Das wirklich „Ich" ist nur der Sat-Chid-Ananda Brahman allein.

So wie sich die Bewegung eines Zugs oder eines Boots offenkundig auf die Bäume überträgt, so wird auch das „Ich" durch die Gaukelei von Maya[413] auf den Körper, den Geist, das Prana und die Sinne übertragen. Wenn du sagst „ich" bin stämmig oder „ich" bin schlank, wird das „Ich" auf den Körper übertragen und du identifizierst dich mit dem Körper. Wenn du sagst „ich" bin hungrig oder „ich" bin durstig, wird das „Ich" auf das Prana übertragen und du identifizierst dich mit dem Prana. Wenn du sagst „ich" bin ärgerlich oder „ich" bin lüstern, wird das „Ich" auf den Geist übertragen. Wenn du dich jedoch mit dem Höchsten Selbst identifizierst, werden alle falschen Identifikationen verschwinden.

Wenn man den Kommandeur einer Armee tötet, kann man die Soldaten ganz leicht überwältigen. Wenn man den Kommandeur Egoismus auf dem Schlachtfeld von Ahamkara tötet, kann man die Soldaten genauso leicht unterwerfen, nämlich Lust, Ärger, Stolz, Eifersucht, Gier, Verblendung und Heuchelei, die für ihren Herrn kämpfen – den Egoismus.

---

408 Wörtlich: „Das Wesentliche von". Es gibt fünf grobe Elemente (Luft, Feuer, Wasser, Erde und Äther/Raum) und fünf Tanmatras (Klang, Berührung, Sehen/Gestalt, Geschmack und Geruch), aus denen sich die groben Elemente entwickeln.
409 Mutter Natur, Kausalmaterie, Shakti.
410 Universum.
411 Wörtlich: „Aus einem goldenen Ei geboren". Kosmischer Geist. Im Rigveda wird er als der Schöpfungskeim beschrieben, der Himmel und Erde in sich enthält.
412 Gott in einer personifizierten Form. Auf Sanskrit eine der allgemeinsten Bezeichnungen für Gott.
413 Täuschung, Illusion, Schein. Die verschleiernde und projizierende Kraft im Universum.

Versuche Brahman durch die beiden höheren Formen von Egoismus zu erlangen. Wenn du fest in dem makellosen Zustand gegründet bist, in dem selbst diese beiden Arten von höherem Egoismus nach und nach aufgegeben werden, dann ist so ein Zustand die unvergängliche Wohnstätte von Brahman. Identifiziere das „Ich" nicht mit dem physischen Körper. Identifiziere Dich mit dem höchsten Selbst oder Para Brahman[414].

Es mag sein, dass du deinen Egoismus weitegehend verringert oder ausgedünnt hast, aber wenn du noch empfänglich für Lob und Tadel bist, dann wisse, dass der subtile Egoismus immer noch in dir lauert.

Ein spirituell Suchender, der den Pfad der Hingabe beschreitet, zerstört seinen Egoismus durch Selbsthingabe oder Atma Nivedana[415] an den Herrn. Er sagt: „Ich bin Dein, mein Herr. Alles ist Dein. Dein Wille geschehe." Er spürt, dass er ein Instrument in den Händen des Herrn ist. Er widmet all seine Handlungen und die Früchte all seiner Handlungen dem Herrn. Er fühlt, dass es nichts anderes gibt außer dem Herrn, dass alles durch den Herrn geschieht, dass nicht einmal ein Atom sich ohne den Herrn bewegen kann und dass alle in Ihm allein leben, sich bewegen und ihr wahres Wesen haben.

Ein Karma-Yogi zerstört seinen Egoismus durch Selbstaufopferung. Ein Jnana-Yogi zerstört seinen Egoismus durch Selbstverleugnung oder Selbstverneinung, durch Viachara[416] und die Praxis von Neti-Neti[417] – ich bin nicht dieser Körper, ich bin nicht das Prana, ich bin nicht die Sinne", und durch Identifikation mit dem Höchsten Selbst durch Mediation auf die Formel: „Ich bin das alldurchdringende Selbst oder Brahman."

Mögest du in dem Großen unendlichen „Ich" ruhen, dem reinen Sat-Chid-Ananda Brahman und ewige Wonne genießen, indem du das kleine, trügerische „Ich", das Produkt von Maya[418], durch Selbstaufopferung oder Selbsthingabe vernichtest.

II.

Ein gewisser Brahmane ging einmal zu einem Vermieter, um ein Haus zu bekommen, um darin Sadhus in einem Bhandara[419] zu speisen. Der Vermieter überließ

---

414 Das höchste Brahman, das frei von allem Relativen ist, das universelle Absolute in seiner reinsten Form.
415 Vollständig dem Göttlichen hingegeben, Selbsthingabe.
416 Fragen nach dem Wesen des Selbst, Brahmans, der Wahrheit.
417 „Ich bin nicht dies, ich bin nicht das." Der analytische Vorgang des allmählichen Verneinens aller Namen und Formen, um zu der ewigen, grundlegenden Wahrheit zu gelangen.
418 Täuschung, Illusion, Schein. Die verschleiernde und projizierende Kraft im Universum.
419 Gemeinschaftlichen Festessen.

ihm das Haus. Der Brahmane verwendete das Haus für diesen Zweck. Er räumte das Haus am nächsten Tag jedoch nicht, sondern blieb mehrere Monate darin. Der Vermieter fragte den Brahmanen, wann er das Haus räumen würde. Der Brahmane sagt, er würde das Haus noch für ein paar Monate behalten, weil er die Hochzeit seines Sohnes darin feiern wolle. Der Vermieter erklärte sich damit einverstanden. Der gierige Brahmane räumte das Haus jedoch auch nach zwei Jahren immer noch nicht. Wieder fragte ihn der Vermieter, wann er denn ausziehen würde. Der Brahmane sagte, dass er seine Mutter verloren habe und dass er noch so lange bleiben werde, bis die Trauerfeierlichkeiten an ihrem ersten Todestag vorüber seien. Geduldig erlaubte ihm der Vermieter auch das noch. Drei Jahre gingen ins Land. Der begehrliche Brahmane dachte, dass er das Haus nun als sein eigenes für sich reklamieren könne, da er das Haus schon eine lange Zeit bewohnt hatte und alle Nachbarn ihn als den rechtmäßigen Bewohner und Besitzer kannten. Als der Eigentümer ihn wieder nach dem Haus fragte sagte dieser, dass das Haus ihm gehöre und weigerte sich es zu räumen. Der Fall ging bis zum obersten Gerichtshof. Der arme Brahmane konnte keine ordnungsgemäßen Unterlagen vorweisen, obwohl es ihm gelang, falsche Zeugenaussagen zu bekommen. Er musste das Haus dem Eigentümer zurückgeben.

Ganz ähnlich wie in dieser Geschichte wurdest du mit dem Haus, nämlich diesem Körper ausgestattet, um ein paar Jahre darin zu wohnen, um in diesem Zeitraum Sat-Chid-Ananda zu verwirklichen und den Körper während Videha-kaivalyam[420] wieder zu verlassen. Anstatt das zu tun benimmst du dich wegen Ahamkara jedoch wie der begehrliche Brahmane. Zerstöre Ahamkara und ruhe in Brahman.

ANGEBEREI

ATMASTUTI[421]

Angeberei ist prahlerische Zurschaustellung oder Prahlerei. Sie ist ein Ausdruck von Stolz.

Anzugeben heißt ruhmsüchtig zu reden, stolz zu reden, das eigene Selbst zu vergrößern oder zu verherrlichen.

Gibt nicht damit an, was du tun kannst oder würdest. Taten sprechen lauter als Worte. Handeln ist die einzige brauchbare Errungenschaft.

---

420 Befreiung im Zeitpunkt des Todes.
421 Eigenlob.

Bescheidenheit ist eine natürliche Eigenschaft der Weisheit. Angeberei ist eine natürliche Eigenschaft der Unwissenheit.

Der Angeber mag viel wissen, aber sicherlich weiß er nicht so viel, wie er zu wissen glaubt.

Die Sonne muss nicht mit ihrer Helligkeit angeben und der Mond nicht mit seinem Glanz. Ehrbare und mutige Menschen haben wenig über ihre Ehrlichkeit oder ihren Mut zu sagen.

Nur ein leeres Gefäß macht viel Lärm. Genauso ist ein Angeber. Er spricht laut von sich selbst. Seine Nachbarn mögen das nicht. Sie kennen seinen wahren Wert. Sie lachen ihn aus.

Wo die Angeberei endet, beginnt die Würde.

Normalerweise sind Angeber diejenigen, die am wenigsten arbeiten. Die tiefen Flüsse zollen dem Ozean mehr Tribut als flache Bäche und entleeren sich dennoch geräuschloser in den Ozean.

Derjenige ist nur ein Bettler, der seinen Wert zählen kann.

Ein Prahlhans sollte sich davor fürchten, er wird schnell als Dummkopf entlarvt werden.

Du verletzt deine Bescheidenheit und beschmutzt deine Verdienste, wenn du sie selbst veröffentlichst und Werbung für sie machst.

ANGST

Angst ist eine große Geißel des Menschen. Sie ist ein negativer Gedanke. Sie ist dein schlimmster Feind. Sie nimmt unterschiedliche Formen an, nämlich Angst vor Krankheiten, Angst vor dem Tod, Angst davor öffentlich kritisiert zu werden, Angst vor dem Verlust des Besitzes oder des Geldes usw.

Angst zerstört das Leben vieler, sie macht die Menschen unglücklich und erfolglos. Denke daran, dass du der unsterbliche furchtlose Atman (Amrita[422], Abhaya[423])

---

422 Unsterblich, Unsterblichkeit. In den Veden auch: Nektar der Unsterblichkeit, Unsterblichkeitstrank.
423 Ohne Gefahr (Bhaya), sicher, furchtlos, Furchtlosigkeit bzw. "der Furchtlose", frei von Angst, Mut, mutig.

bist. Die Angst wird langsam vergehen. Entwickle die positive Tugend, insbesondere Mut. Langsam wird die Angst verschwinden.

Die Vorstellungskraft des Geistes verstärkt die Angst. Anhaftung an den Körper (Moha[424], Dehadhyasa[425]) ist die Ursache aller Angst. Derjenige, der seine physische Hülle (Annamaya Kosha[426]) durch Yoga oder Jnana abwerfen kann, wird frei von Angst sein.

Derjenige, der die Angst besiegt hat, hat alles besiegt und Herrschaft über den Geist erlangt.

Manche Menschen können tapfer der Granate oder dem Schuss auf dem Schlachtfeld gegenübertreten. Sie haben aber Angst vor öffentlicher Kritik und vor der öffentlichen Meinung. Andere können dem Tiger im Urwald furchtlos ins Auge blicken, habe aber Angst vor dem Skalpell des Chirurgen. Du solltest dich von allen Ängsten jedweder Art befreien.

Allein die Vorstellung, dass du das unsterbliche Selbst (Atman) bist, zerstört wirkungsvoll Ängste aller Art. Das ist das einzige Elixier, das sichere Patentrezept gegen die entsetzliche Krankheit der Angst.

Angst ist ein sehr großes Hindernis auf dem Pfad der Gottesverwirklichung. Ein ängstlicher spirituell Suchender ist völlig untauglich für den spirituellen Weg. Nicht einmal in tausend Geburten kann er von der Selbstverwirklichung auch nur träumen. Man muss das Leben riskieren, wenn man Unsterblichkeit erlangen will.

Spiritueller Reichtum kann ohne Selbstaufopferung, Entsagung oder Selbstverleugnung nicht erlangt werden. Ein furchtloser Bandit, der kein Deha-Adhyasa[427] hat, ist geeignet für Gottesverwirklichung. Nur seine Richtung muss abgeändert werden.

Angst ist keine eingebildete Nichtwesenheit. Sie nimmt handfeste Formen an und plagt den spirituell Suchenden auf unterschiedliche Art und Weise. Wenn jemand die Angst bezwingt, dann ist er auf der Straße des Erfolges. Er hat das Ziel schon fast erreicht.

---

424 Verblendung.
425 Identifikation mit dem physischen Körper.
426 Im Modell der (in den drei Körpern enthaltenen) fünf Koshas die Nahrungshülle.
427 Identifikation mit dem physischen Körper.

Tantrisches Sadhana[428] macht den Schüler furchtlos. Das ist der eine große Vorteil dieses Weges. Er muss Praktiken auf dem Bestattungsplatz durchführen, bei denen er um Mitternacht über dem Leichnam sitzt. Diese Art von Sadhana ermutigt den Studierenden.

Angst nimmt unterschiedliche Formen an. Es gibt zum Beispiel Angst vor dem Tod, Angst vor Krankheiten, Spinnenphobie, Angst vor Einsamkeit, Angst vor Gesellschaft, Angst davor etwas zu verlieren, Angst vor öffentlicher Kritik in Form von „was werden die Leute von mir denken?" Manche fürchten sich jedoch nicht einmal vor dem Tiger im Urwald. Sie fürchten sich auch nicht vor Schüssen auf dem Schlachtfeld. Aber sie haben fürchterliche Angst vor öffentlicher Kritik. Angst vor öffentlicher Kritik steht dem spirituell Suchenden bei spirituellem Fortschritt im Weg. Er sollte seinen eigenen Prinzipien und Überzeugungen treu bleiben, selbst wenn er dafür verfolgt wird, selbst wenn er an dem Punkt ist, wo er vor der Mündung eines Maschinengewehrs in Stücke gerissen wird. Nur dann wird er wachsen und verwirklichen.

Alle spirituell Suchenden leiden an dieser entsetzlichen Krankheit, der Angst. Jedwede Angst sollte durch Atma-Chintana[429], Vichara[430], Hingabe und das Entwickeln der gegenteiligen Eigenschaft, nämlich Mut, überwunden werden[431]. Das Positive überwindet das Negative. Mut überwältigt Angst und Furchtsamkeit.

Angst ist ein schmerzhaftes Gefühl, das durch Gefahr hervorgerufen wird. Sie ist die Befürchtung von Gefahr oder Schmerz. Angst ist ein Gefühl, das durch ein drohendes Übel oder bevorstehenden Schmerz erzeugt und von der Sehnsucht begleitet wird, diesen zu vermeiden oder ihm zu entfliehen und sich in Sicherheit zu bringen.

Angst wird aus Unwissenheit geboren. Sie ist ein negatives Vritti oder Gedankenwelle. Sie hat keine reale Form oder Existenz. Sie ist nur ein Produkt der Vorstellungskraft.

Dauerhafte Angst schwächt deine Vitalität, erschüttert deine Zuversicht und zerstört dein Können. Sie macht dich kraftlos. Sie ist ein Feind deines Erfolges. Vermeide deshalb Angst und sei immer mutig.

---

428 Die Tantra Agamas gehören zum Shakta Kult. Sie verehren Shakti als die Mutter der Welt. Sie beschränken sich auf den Shakti (= Energie)-Aspekt Gottes und schreiben verschiedene Arten der Verehrung der göttlichen Mutter vor (vgl. Swami Sivananda, Göttliche Erkenntnis, im Kapitel „Devi").
429 Kontemplation über das Selbst (Atman).
430 Fragen nach dem Wesen des Selbst, Brahmans, der Wahrheit.
431 Anspielung auf die Praxis des „Pratipaksha-Bhavana", der Überwindung eines negativen Gedankens durch den gegenteiligen positiven Gedanken. Vgl. z.B Swami Sivananda, Die Überwindung der Furcht, Argenbühl 2009, S. 40 ff.

Unglück entsteht aus Angst. Die Ängste eines Feiglings setzen ihn Gefahren aus. Versetze dich nicht durch nutzlose Ängste in Angst und Schrecken. Sei stets kühn, Freund.

Angst ist eine Art von Glocke, die im Geist läutet, um ihn schnell und wachsam zu machen, um Gefahren zu vermeiden.

Angst ist der Anfang allen Übels. Besiege deshalb die Angst durch Meditation über den furchtlosen Brahman oder durch die Entwicklung der gegenteiligen Tugend, nämlich Mut.

Armut und Scheitern sind auf Gedanken der Angst zurückzuführen.

Wenn du Angst vor etwas hast, sieh ihm direkt ins Gesicht. So wird die Angst verschwinden.

Was Lähmung für den physischen Körper ist, ist die Angst für den Geist. Sie lähmt den Geist und macht dich kraftlos.

Angst ist das am meisten zerstörerische Gefühl. Sie lässt das Nervensystem zusammenbrechen und untergräbt deine Gesundheit. Sie erschafft Sorgen und macht Glück und inneren Frieden unmöglich. Wo immer Anhaftung an Gegenstände existiert, dort gibt es auch Angst und Ärger. Ärger und Sorge sind die langjährigen Weggefährten der Angst.

Angst nimmt unterschiedliche Formen an. Es gibt Angst vor Krankheiten, Angst vor dem Tod, Angst vor dem Verlust von Besitztümern, Angst vor Feinden, Angst vor öffentlicher Kritik, Angst vor Skorpionen, Angst vor Kobras und Angst vor wilden Tieren.

Angst in allen ihren unterschiedlichen Ausprägungen ist der größte Feind des Menschen. Sie hat das Glück und die Leistungsfähigkeit des Menschen zerstört. Sie hat viele Menschen zu Feiglingen gemacht und ist für das Scheitern vieler Menschen verantwortlich.

Gottesfurcht ist der Anfang von Weisheit. Das ist tugendhafte Angst, die Auswirkung von Glauben.

Durch Zweifel hervorgerufene Angst ist besonders schlimm.

Die Hälfte deiner Angst ist grundlos und eingebildet.

Angst tötet das Bemühen ab und gibt alle Anstrengungen der Lächerlichkeit preis.

Beunruhigung, Befürchtung, Ehrfurcht, Fassungslosigkeit, Entsetzen, Grauen, Schrecken, Bedenken, Furchtsamkeit und Bangen sind gleichbedeutend mit Angst.

Wagemut, Gewissheit, Tapferkeit, Zuversicht, Mut, Furchtlosigkeit, innere Stärke und Vertrauen sind das Gegenteil von Angst.

ÄRGER

KROHDA

Ärger ist ein negatives Vritti[432] oder ein Strudel im Geist-See. Er wird aus Unwissenheit. geboren.

Er ist ein starkes Gefühl, das durch eine wirkliche oder eine eingebildete Verletzung hervorgerufen wird und das ein starkes Verlangen nach Vergeltung beinhaltet.

Ärger ist die natürliche Leidenschaft oder das Gefühl von Missfallen und Gegensätzlichkeit, das durch Verletzung oder Kränkung erregt wird und sich gegen diese Ursache richtet. Ärger wird durch die Vorstellung hervorgerufen, etwas Böses zugefügt bekommen zu haben oder damit bedroht worden zu sein.

Ärger geht oft mit einem Verlangen einher, sich zu rächen oder Genugtuung von der angreifenden Partei zu erlangen.

Er beginnt in Rage und endet in Reue.

Das Feuer, das du gegen deinen Feind entfachst, verbrennt dich selbst.

Wenn Ärger in dir aufsteigt denke an die Konsequenzen, dann wird er rasch nachlassen.

Du denkst an Sinnesobjekte. Es entwickelt sich Verhaftung an diese Gegenstände. Aus Verhaftung entsteht Verlangen. Aus Verlangen geht Ärger hervor. Aus Ärger geht Täuschung hervor; aus Täuschung ein verwirrtes Gedächtnis; aus dem verwirrten Gedächtnis die Zerstörung des Verstandes; durch die Zerstörung des Verstandes gehst du zugrunde.

---

432 Gedankenwelle, geistige Veränderung.

Raga[433] oder Verhaftung ist ein ständiger Begleiter des Ärgers.

Kontrolliere Ärger durch Geduld, Untersuchung, Selbstbeherrschung, Liebe und Meditation. Das ist zugleich menschlich und göttlich. Das ist weise und ruhmreich.

Aus unbedeutenden Gründen ärgerlich zu werden ist niederträchtig, kindisch und brutal.

Wenn du ärgerlich wirst zähle bis zwanzig, bevor du sprichst. Wenn du sehr ärgerlich bist, zähle bis hundert.

Ein ärgerlicher Mensch ist ärgerlich über sich selbst, wenn er wieder zu Sinnen kommt.

Wenn Ärger regiert, nimmt der Verstand die Beine in die Hand.

Sei stets dazu bereit, anderen ihre Fehler zu verzeihen. Zerstöre den Rachedurst. Vergelte Böses mit Gutem.

Ärger beginnt mir Verrücktheit oder Schwäche. Er endet mit Bedauern und Reue. Handle nicht in rasender Leidenschaft.

Derjenige, der unter dem Einfluss von Ärger steht, ist wie jemand, der von einem starken Schnaps berauscht ist.

Raserei, Empörung, Gereiztheit, Ingrimm, Wut, Verärgerung, Rage, Groll und Zorn sind gleichbedeutend mit Ärger.

Missfallen ist der schwächste und allgemeinste Ausdruck. „Wut" wird in demselben Sinn gebraucht wie Ärger. Das ist umgangssprachlich. Man sagt: „Mr. Johnson ist ein Mann mit einem hitzigen Temperament, einem feurigen Temperament".

Ärger ist scharf, plötzlich und kurz. Groll ist anhaltend. Er ist verbittertes Brüten über Verletzungen. Verzweiflung, eine Verstärkung, ist eine heiße, oberflächliche Intensität von Ärger, die nach einem sofortigen Ausdruck verlangt.

Rage verleitet einen dazu, die Grenzen der Umsicht oder der Besonnenheit zu überschreiten. Raserei ist noch stärker und treibt einen in unkontrollierbare Gewalt hinein.

---

433 Leidenschaft, Bindung, das Gefühl etwas unbedingt besitzen zu wollen. Teil von Raga-Dvesha = Anziehung und Abstoßung, Zuneigung und Abneigung, Mögen und Nichtmögen.

Ärger ist persönlich und für gewöhnlich selbstsüchtig, hervorgerufen durch wirkliches oder vermeintliches Unrecht, das einem zugefügt wurde. Empörung ist unpersönliches und uneigennütziges Missfallen über unwürdige Handlungen. Auf reine Empörung folgt kein Bedauern und sie erfordert auch keine Buße. Sie ist also selbstbeherrschter als Ärger. Ärger wird gemeinhin als Sünde angesehen. Empörung ist jedoch oft sogar eine Pflicht. Demgemäß spricht man von „gerechter Empörung".

Zorn ist tiefes und rachsüchtiges Missfallen. In einem reinen Wesen ist Zorn einfach der Ausdruck einer Zuspitzung von gerechter Empörung, jedoch frei von Arglist.

Ärger ist ein stärkerer Ausdruck als nur Groll, aber auch wieder nicht so stark wie „Empörung", die durch etwas geweckt wird, das entweder im Charakter oder im Verhalten schändlich ist; auch nicht stärker als Zorn, Rage oder Raserei, in denen der Ärger im Verhältnis zwischen diesen Begriffen noch stärker kulminiert ist. Ärger ist ein plötzliches Gefühl von Missfallen; Groll ist fortgesetzter Ärger; Zorn ist ein gesteigertes Gefühl von Ärger.

KONTROLLE VON ÄRGER

Kontrolliere Ärger durch die Praxis von Kshama[434], Liebe, Dhairya[435], Geduld und Nirabhimanata (Abwesenheit von Egoismus).

Wenn Ärger kontrolliert wird, wird er in eine Energie umgewandelt, mit der du die ganze Welt bewegen kannst.

Ärger ist eine Abwandlung von Leidenschaft. Wenn du Begierde kontrollieren kannst, hast du Ärger ohnehin schon kontrolliert.

Trinke einen Schluck Wasser, wenn du ärgerlich wirst. Er wird dein Gehirn kühlen und die erregten, gereizten Nerven besänftigen.

Wiederhole „OM shanti" zehn Mal.

Zähle bis zwanzig. Bis du bis zwanzig gezählt hast, wird der Ärger abgeklungen sein.

---

434 Tugend der Geduld, Fähigkeit des Ertragenkönnens, Vergebung, Nachsicht.
435 Festigkeit, Ernst, Ruhe, Standhaftigkeit, Mut.

Versuche den Ärger herunterzuschlucken, wenn er versucht, aus dem unterbewussten Geist an die Oberfläche des bewussten Geistes hervorzutreten. Achte sorgfältig auf den kleinen Impuls oder die kleine Welle von Gereiztheit, dann wird dir das leichter fallen. Triff alle Vorsichtsmaßnahmen. Erlaube ihr nicht hervorzubrechen und eine wilde Form anzunehmen.

Wenn es dir sehr schwer fällt dich zu kontrollieren, verlasse den Ort auf der Stelle und mache eine halbe Stunde lang einen flotten Spaziergang.

Bete zu Gott. Praktiziere Japa[436]. Meditiere auf Gott. So wirst du ungeheure Stärke erlangen.

Sei vorsichtig bei der Wahl deiner Gesellschaft. Habe geistesverwandte Gesellschaft. Umgib dich mit Sannyasins[437], Bhaktas[438] und Mahatmas[439]. Lies die Gita und die Yoga Vasishta. Vergeude deinen Samen nicht. Nimm sattviges Essen, Milch, Obst etc. zu dir. Verzichte auf scharfe Curries und Chutneys, Fleisch, Alkohol und Rauchen. Tabak macht dein Herz erregbar (nervöses Herz[440]) und verursacht Nikotinvergiftung.

ARGWOHN

SANKHA

Argwohn heißt sich etwas ohne Nachweis oder aufgrund von Verleumdungen vorzustellen. Er ist Misstrauen.

Argwohn ist Mutmaßung aufgrund von ungenügenden, geringen oder gar keinen Anhaltspunkten dafür, dass etwas, vor allem etwas Schlimmes, existiert oder bevorsteht. Er ist Zweifel.

Argwohn umwölkt den Geist. Er führt zu Brüchen in Freundschaften. Er verliert Freunde. Er ist nicht etwa ein Fehler des Herzens, sondern des Geistes.

Argwohn ist das Merkmal einer boshaften Gesinnung und einer niederträchtigen Seele. Ein edler Mensch verdächtigt niemanden.

---

436 Fortgesetzte Wiederholung eines Mantras oder das Namens Gottes.
437 Mönche.
438 Gläubige, Verehrer Gottes, Praktizierende von Bhakti Yoga.
439 Wörtlich „große Seele", Heiliger, Weiser, Ehrenbezeichnung für spirituelle Lehrer und Führer.
440 = Kardioneurose.

Argwohn hemmt die Wirtschaft und verleitet Könige zu Tyrannei und Unentschlossenheit sowie Ehemänner zu Eifersucht und Hass.

Freiheit von Argwohn fördert das Glück im Menschen. Argwohn ist ein Feind des Glücks.

Unwissenheit ist die Mutter des Argwohns. Erwirb Wissen. Dann wird der Argwohn verschwinden.

Argwohn ist Gift für wahre Freundschaft.

Wenn Argwohn von deinem Geist Besitz ergreift, erlöschen Liebe und Zuversicht.

Verdächtigungen in den Gedanken sind wie Fledermäuse unter Vögeln. Sie fliegen immer im Zwielicht.

Argwohn ist ein Feind der Tugend. Ein argwöhnischer Mensch wird schnell korrupt werden. Wer korrupt ist, ist naturgemäß auch argwöhnisch.

Ein zu argwöhnisches Wesen ist sehr schlecht. Das ist das Gegenteil von Leichtgläubigkeit. Der Geist arbeitet immer in Extremen. Der Ehemann verdächtig die Ehefrau immer. Die Ehefrau verdächtigt den Ehemann. Im Haus herrschen immer Tauziehen und Schwierigkeiten. Der Ladeninhaber verdächtigt seine Angestellten immer. Wie kann das Geschäft da glatt verlaufen? Die Welt beruht auf Vertrauen. Die Vorstände der größten Eisenbahngesellschaften Indiens leben in England. Sie sind nicht im Detail über das informiert, was in Indien vor sich geht. Und doch läuft die Eisenbahn glatt. Die Vorstände haben vollstes Vertrauen in ihre Bevollmächtigten und Funktionäre. Diese Leute vertrauen im Gegenzug den Vorständen. Die Aktionäre der Kaffee-, Tee- und Gummiplantagen in Indien und Ceylon[441] sitzen in Amerika und England und das Geschäft läuft trotzdem gut. Das Wirtschaftsleben beruht auf Vertrauen. Wenn die Leute zu argwöhnisch sind, wird es immer Reibungen und Brüche geben. Stell den Menschen auf die Probe, indem du ihm einen Spielraum einräumst. Verfalle nicht in Extreme. Sei nicht leichtgläubig. Sei nicht übermäßig misstrauisch. Bewahre die goldene Mitte.

441 Das heutige Sri Lanka.

ARROGANZ

DARPA[442]

Arroganz ist ungebührliche Anmaßung von Wichtigkeit. Sie ist unvernünftig. Sie ist überbordender Stolz.

Ein arroganter Mensch ist ungebührlich oder übermäßig stolz, wie zum Beispiel auf Wohlstand, Status, Ausbildung etc. Er legt Stolz sowohl in der Geisteshaltung, als auch im Verhalten an den Tag. Er ist auf nicht zu rechtfertigende Art und Weise anmaßend, herrisch und hochmütig. Es ist diese besondere Art von Stolz, die aus maßlosen Forderungen an Rang, Würde, Wertschätzung oder Macht besteht, oder die den Wert oder die Wichtigkeit der eigenen Person in einem nicht gerechtfertigten Ausmaß überhöht. Sie ist Stolz gepaart mit Verachtung für andere.

Ein arroganter Mensch ist verworfen und gemein. Sein Kopf ist angeschwollen wie bei der durch Wassersucht verursachten Schwellung.

Überheblichkeit schätzt sich selbst hoch, andere dagegen gering.

Arroganz fordert viel für sich selbst und billigt anderen nur wenig zu.

Stolz ist ein Sinn, der sich an der eigenen Großartigkeit berauscht.

Überheblichkeit fühlt die eigene Überlegenheit anderen gegenüber.

Geringschätzung sieht verächtlich die Unterlegenheit anderer sich selbst gegenüber.

Anmaßung fordert Privilegien über dasjenige hinaus ein, was einem rechtmäßig zusteht.

Stolz erachtet nichts als zu hoch.

In der Gegenwart von Höhergestellten drückt sich eingebildeter Stolz in Anmaßung und Unverfrorenheit aus.

Stolz ist zu selbstzufrieden, um sich um Lob zu kümmern.

Eitelkeit dagegen gelüstet es nach Bewunderung und Beifall.

442 Stolz, Arroganz, Überheblichkeit.

Hochnäsigkeit, wie sie in einer hochgezogenen Augenbraue zum Ausdruck kommt, offenbart sich still in einer Mischung aus Überheblichkeit und Geringschätzung.

Unverfrorenheit ist der offene und ungezogene Ausdruck von Geringschätzung und Feindseligkeit, normalerweise von einem Untergebenen einem Vorgesetzten gegenüber, wie zum Beispiel von einem Diener seinem Herrn oder seiner Herrin gegenüber.

Anmaßung hält Überlegenheit und Privilegien schnell für selbstverständlich, die andere einem nur langsam zugestehen würden.

SPIEL DER ARROGANZ

Ya Devi Sarva Bhuteshu Darpa Rupena Samsthita;

Namastasyai, Namastasyai, Namastasyai, Namo Namah.[443]

Grüße, Grüße an die Devi[444], die in Form von Arroganz in allen Menschen wohnt.

Der Sanskrit-Ausdruck für Arroganz ist „Darpa". Arroganz ist die ungebührliche Anmaßung von Wichtigkeit. Arroganz fordert stolz und unangemessen. Sie ist eine Mischung aus rajassig-tamasigem Egoismus, Unverschämtheit, Ungezogenheit, anmaßendem Wesen und Impertinenz oder Unbesonnenheit. Sie ist eine Abart von Egoismus. Sie ist Ahamkara[445] selbst. Sie wird aus Unwissenheit geboren. Maya[446] hält ihr Lila[447] oder Spiel durch die Arroganz der getäuschten Seelen aufrecht.

Ein Mensch benimmt sich unverschämt gegenüber einem betagten Menschen, behandelt ihn mit Geringschätzung, belächelt ihn spöttisch und spricht respektlose Worte. Das ist Arroganz.

Ein anderer Mensch wirft einer Person ein Buch oder ein Notizbuch im Zorn vor die Füße und gibt ordinäre Worte von sich. Das ist Arroganz.

---

443 Vers aus dem Devi Mahatmyam, einer Schrift, die den Sieg der göttlichen Natur über die dämonische Natur beschreibt.
444 Weibliche Form von „deva", Göttin, göttliche Mutter. Ein Name für Durga. Hinter dem Namen einer Frau gesetzt Ausdruck der Achtung.
445 Ego, Egoismus.
446 Täuschung, Illusion, Schein. Die verschleiernde und projizierende Kraft im Universum.
447 Das kosmische Spiel Gottes, das Erschaffung, Erhaltung und Auflösung umfasst. Lila ist das Relative im Verhältnis zum Absoluten.

Eine andere Person sagt zu einem anderen Menschen im Zorn: „Weißt du denn nicht, wer ich bin? Ich werde dir den Kiefer brechen. Ich werde dir den Schädel brechen. Ich werde dir die Zähne ausschlagen. Ich werde dein Blut trinken." Das ist Arroganz.

Wieder ein anderer Mensch sagt: „Ich lasse mir von niemand anderem etwas vorschreiben. Ich gehe meiner eigenen Wege. Niemand kann mich in Frage stellen. Ich tanze nach niemandes Pfeife. Warum sollte ich ihm folgen? Warum sollte ich seine Anweisungen befolgen? Ist er gebildeter als ich? Und wer ist er denn überhaupt? Wer bist du, mir Befehle zu erteilen? Wer bist du, mich in Frage zu stellen?" Das ist Arroganz.

Im Allgemeinen sagt ein gedankenloser Mensch, der nicht Selbstbeobachtung und Selbstanalyse praktiziert: „An mir ist überhaupt keine Arroganz. Ich bin bescheiden, sanftmütig und lieb." Wenn dann aber die Prüfung kommt, scheitert er tausendundein Mal hoffnungslos und kläglich. So ist die Gewalt oder Stärke der Arroganz.

Ein Sadhaka[448] ist sehr gut. Er ist sehr intelligent. Er ist ein gebildeter Mensch. Er hält Vorträge. Er meditiert für Stunden am Stück still in einem einsamen Raum. Und dennoch ist er nicht frei von Arroganz. Wenn ein Mensch seinem sanften Willen oder Wunsch zuwiderhandelt, wenn ein Mensch schlecht von ihm spricht oder ihn kritisiert, wird er arrogant und benimmt sich sehr ungezogen.

Arroganz nimmt verschiedene Formen an. Ein Mensch mag aufgrund seiner körperlichen Stärke arrogant sein. Er mag sagen: „Ich werde dir den Hals umdrehen. Verschwinde gefälligst." Ein anderer Mensch mag aufgrund seines Wohlstands, seiner Stellung und seiner Macht arrogant sein. Wieder ein anderer Mensch ist vielleicht aufgrund seiner Bibelkenntnisse arrogant. Ein anderer Mensch kann aufgrund seiner psychischen Siddhis[449], seiner moralischen Tugenden, seines Mönchstums, seiner Mahantschaft[450] etc. arrogant sein.

Ein Mensch mag seiner Frau, Kindern, Besitz, Stellung, Wohlstand usw. entsagen. Er kann der Welt entsagen und für mehrere Jahre in einer Höhle in den Himalayas leben, Yoga praktizieren und es dennoch schwierig finden, der Arroganz entsagen. Wenn er unbesonnen ist, wird er von der Arroganz überwältigt. Er weiß nicht genau, was er eigentlich tut. Er bereut es hinterher. Unbesonnenheit ist eine Antriebskraft, die einen arrogant werden lässt.

---

448 Spirituell Stuchender, jemand, der spirituelle Praktiken, d.h. ein Sadhana ausführt.

449 Vollkommenheit, psychische Kraft. In den Yoga-Sutren: Fähigkeiten, die über die normal üblichen Fähigkeiten des Menschen hinausgehen und daher oft als übernatürlich beschrieben werden.

450 Mahant ist auf Hindi ein religiöser Vorgesetzter, insbesondere der Chefpriester eines Tempels oder der Vorsteher eines Klosters.

Achte sehr genau auf deine Gedanken, Worte und Handlungen. Wisse um die Kraft der Worte und benütze sie mit Bedacht. Respektiere alle. Sprich sanfte und wohl erwogene Worte. Sei lieb. Pflege Geduld, Liebe und Bescheidenheit. Forsche nach. Halte Mouna[451] oder das Schweigegelübde ein. Denke wieder und immer wieder: „Diese Welt ist unwirklich. Was werde ich davon haben, arrogant zu sein?" Denke an die ungeheuren Vorteile der gegenteiligen Tugend, BESCHEIDENHEIT.

Es kann passieren, dass du hundert Mal scheiterst. Aber steh wieder auf und stärke deine Entschlossenheit: „Gestern bin ich gescheitert. Heute werde ich bescheiden, lieb und geduldig sein." Deine Willenskraft wird sich schrittweise entwickeln und du wirst die Arroganz besiegen, die Feindin von Frieden, Hingabe und Weisheit.

Trotz all deiner Sorgfalt und Wachsamkeit wird die Arroganz mehrmals täglich fauchen und ihr Haupt erheben. Erhebe die Rute von Viveka, der Unterscheidungskraft, und das Schwert der Bescheidenheit und schlag ihr das Haupt ab. Arroganz ist wie ein Monster mit unzähligen Köpfen oder Asura[452] wie Raktabija[453], der die Devi bekämpft hat. Ihm wachsen immer noch weitere Köpfe nach. Setze die Schlacht mit noch mehr Elan, Kraft und Stärke fort. Wende kombinierte Methoden an, Gebet, Meditation, Untersuchung, Brahmabhyasa[454], Selbstbeschränkung, Japa, Kirtan und Pranayama. Nimm Zuflucht zum Yoga der Synthese. So wird sie insgesamt verbrannt und zu Asche verwandelt werden.

Wenn ein arroganter Mensch in seiner Höhle oder seinem Zimmer bleibt, hat er keinen Spielraum, in dem er dieses böse Vritti[455] überwinden könnte. Es wird in seinem Geist lauern und ihn drangsalieren. Ein spirituell Suchender muss sich mit Menschen von unterschiedlicher Mentalität und Temperament umgeben und seine Gedanken beobachten, wenn er schlecht behandelt, missachtet und verfolgt wird. Wenn er selbst unter den schwierigsten Bedingungen ruhig und gelassen und bescheiden bleibt, dann weißt du, dass er diesen furchtbaren Feind bezwungen hat.

Je höher die Bildung, umso größer die Arroganz. Je höher die Stellung, umso größer die Arroganz. Je größer der Wohlstand, umso größer die Arroganz.

---

451 Schweigen, Gelübde des Schweigens.
452 Dämon, böser Geist. Asuras sind im Hinduismus Dämonen, Gegenspieler der lichtvollen Devas oder Suras. Nach der Mythologie sind sie die machtvollen Kinder der Göttin Diti.
453 Ein böser Dämon in einer Geschichte aus den Veden.
454 Ständige Übung des sich Erinnerns an den grundlegenden Brahman im Universum. Studium der Veden, das gleichzeitig ein Studium des Selbst ist.
455 Gedankenwelle, geistige Veränderung.

Möget ihr alle frei von diesem bösen Charakterzug sein! Mögen ihr alle diesen Dämon durch Bescheidenheit, Geduld, Liebenswürdigkeit und Liebe besiegen und ewige Wonne und Unsterblichkeit genießen!

AUFSCHIEBERITIS

VILAMBANAM

Aufschieberitis ist das Aufschieben auf einen künftigen Zeitpunkt aufgrund von Trägheit oder Mangel an Entschlusskraft. Sie ist Zaudern. Sie ist ein Verschieben oder Verzögern. Sie ist schuldhaftes Zögern.

Aufschieberitis ist ein Zeitdieb. Sie ist der Zerstörer der Initiative. Sie verschließt der Weiterentwicklung die Türe.

Dieses „morgen" kommt niemals. Morgen ist es zu spät für irgendetwas. Derjenige, der Hilfe und seine Rettung im morgen sieht, wird im heute ständig scheitern und zu Fall kommen. Das morgen wird genauso faul sein wie das heute.

Der törichte Mensch sagt: „Morgen werde ich früh aufstehen und werde beten und meditieren. Morgen werde ich meine Vorsätze ausführen." Der weise Mensch aber steht heute früh auf, fängt heute an zu beten und zu meditieren, führt seine Vorsätze heute aus und erlangt heute Stärke, Frieden und Erfolg.

Was du heute früh besorgen kannst, verschiebe nicht auf den Abend. Verschiebe nichts auf morgen, was du heute besorgen kannst.

Morgen ist ein Zeitpunkt, der nur im Kalender eines Dummkopfs steht.

Sei heute weise. Verschiebe nichts auf morgen. Vielleicht geht morgen die Sonne nicht mehr auf.

„Nach und nach" ist eine gefährliche Sache. Über die Straßen des „nach und nach" kannst du leicht zu dem Haus von „niemals" gelangen.

BEGEHRLICHKEIT

LALASA[456]

Begehrlichkeit ist Gier oder Habsucht. Übermäßiges Verlangen nach Vermögen ist Begehrlichkeit.

Alle Tugenden, alle Ehrlichkeit und aller Frieden fliehen einen Menschen mit Begehrlichkeit.

Ein begehrlicher Mensch ist immer arm und unzufrieden. Ein begehrlicher Mensch ist ein Dummkopf. Er ist eine erbärmliche Kreatur. Er lebt in ständiger Sklaverei, Angst, Verdacht, Sorge und Unzufriedenheit. Er erfreut sich nie seines Lebens.

Ein begehrlicher Mensch häuft Reichtümer nicht an, um sie zu genießen, sondern nur um sie zu haben. In all der Fülle hungert er sich selbst zu Tode. Seine Söhne verschleudern sein Geld schnell.

Begehrlichkeit ist das erste Laster in einer korrupten Umwelt, das sich rührt und das letzte, das stirbt.

Ein begehrlicher Mensch erwirbt Geld mit ungerechten oder rechtswidrigen Mitteln. Er führt ein erbärmliches Leben. Sein Los ist kläglich und bedauernswert.

BESORGNIS

VYAKULATA

Besorgnis ist ein Unbehagen, das etwas Ungewisses betrifft.

Besorgnis ist ein Unbehagen oder eine Bedrängnis des Geistes, die ein unsicheres Ereignis betrifft, das Gefahr oder Unglück mit sich bringen kann.

Besorgnis ist ein angestrengtes oder beflissenes Verlangen, wie für einen bestimmten Gegenstand oder ein bestimmtes Ziel, oder ein Eifer, wie das eigene Bestreben allen zu gefallen.

Sie ist ein Zustand der Ruhelosigkeit und der geistigen Aufregung mit einem Gefühl von Enge und Bedrückung im Bereich des Herzens.

456 Verlangend, lüstern, gierig nach.

Besorgnis ist der Rost des Lebens. Er zerstört seinen Glanz und schwächt seine Kraft.

Besorgnis ist das Gift des menschlichen Lebens. Sieh keine Schwierigkeit oder Sorge voraus, die sich womöglich nie ereignen. Die Pflichten, die es zu erfüllen und die Prüfungen, die es zu erdulden gilt, sind genug für jeden Tag.

Vollkommenes Gottvertrauen macht ein Ende mit der Besorgnis. Ein kindliches und beständiges Vertrauen in Gott ist die beste Vorbeugung und das beste Heilmittel.

Die Sorgen von morgen drücken den Menschen nieder. Quäle dich nicht mit eingebildeten Gefahren oder Prüfungen oder Schicksalsschlägen. Sei stets glücklich und fröhlich. Vertraue in Gott und tue das Richtige. Überlasse Gott den Rest.

Gott kümmert sich um alle. Er ernährt sogar den Frosch, der zwischen Gesteinsschichten lebt. Sei deshalb nie besorgt und sage nie: „Was wird mir das Schicksal wohl im nächsten Jahr bescheren? Was werde ich morgen zu essen haben? Was soll ich tun, um mich kleiden und zudecken zu können? Wie kann ich für die Ausbildung meines Sohnes und die Hochzeit meiner Tochter aufkommen?" Gott weiß, dass Du all dieser Dinge bedarfst. Er wird alles für dich tun.

Mach Dich nicht selbst unglücklich, indem du dir ungeahnte Katastrophen in ferner Zukunft ausmalst. Sieh kein Missgeschick vorher.

Sei stets betriebsam. Halte dich immer beschäftigt. So wird sich Besorgnis aus dem Staub machen.

Derjenige, der Gott verehrt, der Seinen Ruhm singt, der Seinen Namen rezitiert, wird über Besorgnis über weltliche Dinge erhoben.

Du siehst Unglücksfälle, Gefahren und Schwierigkeiten vorher. Sie ereignen sich aber niemals. Warum sorgst du dich überflüssiger Weise und vergeudest deine Zeit, Energie und Stärke?

Sei guten Mutes. Beunruhige dich nicht wegen Schwierigkeiten, solange dir nicht tatsächlich Schwierigkeiten zu schaffen machen.

Besorgnis ist geistig. Sie bezieht sich auf das Unbekannte oder darauf, was passieren könnte. Sie weist auf ein zukünftiges Ereignis hin, deutet aber immer auch eine hoffnungsvolle Möglichkeit an.

Sorge ist eine geringfügigere, ruhelose und offenkundige Art von Besorgnis. Besorgnis kann ruhig und still sein. Sorge teilt sich allen rundherum mit.

Fürsorge ist eine mildere Art von Besorgnis.

Ratlosigkeit beinhaltet oft Besorgnis, kann aber auch völlig frei davon sein. Ein Student kann ratlos in Anbetracht einer Übersetzung sein, aber auch ganz und gar nicht bange, wenn er genügend Zeit hat.

Gewissheit, Gelassenheit, Sorglosigkeit, Zuversicht, Leichtigkeit, Unbeschwertheit, Zufriedenheit und Ruhe sind Gegenteile von Besorgnis.

BESTECHUNG

Die Gewohnheit Bestechungsgelder anzunehmen ist weit verbreitet. Wenn du jemanden fragst, der in einem Büro arbeitet: „Was ist Ihr Gehalt, Herr Jayadev?", wird er sagen: Nun, mein Gehalt sind nur 50 Rupien, aber mein Einkommen beläuft sich auf ungefähr 75 Rupien." Dieses Einkommen ist nichts anderes als Bestechung. Die Menschen sind so unwissend. Selbst die sogenannten gebildeten Leute haben keine Vorstellung von dem Gesetz von Aktion und Reaktion[457], Samskaras[458] und ihrer Macht. Wenn du Bestechungsgelder annimmst wirst du für diese unrechte Tat bestraft werden und das Samskara, Bestechungsgelder anzunehmen, wird dich dazu zwingen, auch noch in der nächsten Geburt Bestechungsgelder anzunehmen. Selbst in der nächsten Geburt wirst du noch ein unredlicher Mensch sein. Deine Gedanken und Handlungen werden im Unterbewusstsein gespeichert. Du trägst deine Unehrlichkeit von Geburt zu Geburt weiter und wirst gewaltige Leiden erdulden müssen. Verringere deine Bedürfnisse und lebe ehrenhaft im Rahmen der dir zur Verfügung stehenden Mittel. Du wirst ein reines Gewissen haben. Du wirst frei von Ängsten und Sorgen sein. Du wirst friedlich sterben. Ich nehme an, dass du den Ernst dieses Gesetzes verstehst. Werde ein ehrlicher Mensch und sei wahrhaftig von der Sekunde an, in der du diese Zeilen liest. Tritt nie, nie in eines dieser Büros ein, die empfänglich für Korruption und Versuchungen sind. Du wirst korrumpiert werden. Das Bildungswesen ist dagegen sehr gut geeignet. Es gibt wenige Gelegenheiten, Bestechungen anzunehmen oder Sünden zu begehen. Du kannst ein ruhiges Leben führen. Es gibt viele Feiertage für religiöse Studien, philosophische Lektüre und praktisches Sadhana. Es ist leicht, dich in spiritueller Hinsicht schnell zu entwickeln.

---

457 Das Gesetz von Aktion und Reaktion ist ein Aspekt von Karma.
458 „Eindrücke", d.h. Tendenzen des Geistes, die durch Handlungen und Gedanken in früheren Zeiten oder Geburten entstanden sind, geistige Muster oder Verhaltensweisen.

DICKKÖPFIGKEIT

HATHA[459]

Dickköpfigkeit ist tamasige Hartnäckigkeit oder Sturheit. Sie wird aus dem Guna Tamas oder Dunkelheit geboren. Ein dickköpfiger Mensch hält beharrlich an seinen eigenen dummen Ideen fest. Ich habe einmal einem jungen spirituell Suchenden folgende Anweisungen erteilt: „Besteige den Hügel nicht mit einem Teller in jeder Hand und mit angezogenen Schuhen[460], du wirst ausrutschen und Dir die Knochen brechen." Ich gab ihm das Beispiel einer europäischen Dame, die in der Nähe der Badri Hills[461] durch einen Sturz von einem Berggipfel auf der Stelle verstarb, als sie nach Kräften versuchte, Kräuter des Himalaya zu sammeln. Ich habe ihm noch ein weiteres Beispiel von einem Professor der Geologie an der Universität Lucknow, einem Magister der Naturwissenschaften, erzählt, der ebenfalls durch einen Sturz von einem Berg in Lakshman-Jhula (Rishikesh) starb, als er versuchte, die Natur eines Felsen zu bestimmen. Der junge spirituell Suchende hat nicht auf mich gehört. Trotz meiner klaren Anweisungen hat er versucht, die Tehri Hills[462] mit angezogenen Schuhen und Tellern in seinen Händen zu besteigen. Das ist ein klarer Fall von Dickköpfigkeit. Dickköpfige Schüler können keinerlei Fortschritt auf dem spirituellen Weg erzielen. Du solltest diese schlechte Veränderung des Geistes überwinden. Du solltest begierig darauf sein, Anweisungen von irgendeiner Quelle zu erhalten, von irgendeinem Weisen. Du solltest allzeit dazu bereit sein, die Wahrheit zu begreifen, aus welcher Ecke sie auch immer kommen mag.

EIFERSUCHT

Eifersucht ist ein weiteres Geschwür, das den Menschen auffrisst. Sie ist nichts anderes als Kleinkariertheit. Selbst gebildete Menschen und Sannyasins sind nicht frei von dieser schrecklichen Geißel. Alle Ruhelosigkeit und alle Kämpfe zwischen Gemeinschaften, Menschen oder Nationen sind auf diese schlechte Eigenschaft zurückzuführen. Das Herz eines eifersüchtigen Menschen brennt buchstäblich, wenn er seinen Nachbarn in glücklichen Umständen sieht. Dasselbe ist mit Ländern und Gemeinschaften der Fall. Eifersucht kann dadurch überwunden werden, dass man die gegenteilige Eigenschaft entwickelt, nämlich

---

459 Hier im Sinne von Hartnäckigkeit, Anstrengung, Stärke, Gewalt, Bemühung.
460 Das Bild, das Swami Sivananda hier verwendet, ist für uns Westeuropäer durchaus ungewohnt. Es ist im Himalaya aber bis zum heutigen Tag gebräuchlich, dass Träger und Guides nur in Badelatschen laufen, weil sie festes Schuhwerk nicht gewöhnt sind und mit festen Schuhen kein Gefühl für den Untergrund haben.
461 Gebirgszug zwischen Joshimath und Badrinath im Bundesstaat Uttarkhand.
462 Ein anderer Gebirgszug im „hill state" Uttarkhand.

Vornehmheit oder Großmut, genauso wie Stolz überwunden wird, indem man Offenheit und Einfachheit entwickelt, und genauso wie Ärger überwunden wird, indem man Kshama[463] entwickelt und einen Geist des Dienens.

Eifersucht ist ein großes Hindernis. Sogar Sadhus, die allem entsagt haben, die nur mit einem Kaupina[464] in den Höhlen von Gangotri und Uttarkashi im Himalaya leben, sind nicht frei von diesem schlimmen Vritti. Das Herz eines Sadhus brennt, wenn er einen anderen Sadhu in blühenden Umständen sieht, wenn sie feststellen, dass der Sadhu nebenan von der Öffentlichkeit geachtet und geehrt wird. Sie versuchen, diesen Nachbarn zu verunglimpfen und sich Methoden anzueignen, um ihn zu zerstören oder beseitigen. Was für ein trauriger Anblick! Was für ein entwürdigendes Schauspiel! Schrecklicher Gedanke! Entsetzliche Vorstellung! Wenn das Herz brennt, was willst du dann von dem Geist erwarten? Sogar hochgebildete Menschen sind sehr gemein und kleinkariert. Eifersucht ist der schlimmste Feind von Frieden und Jnana[465]. Sie ist die stärkste Waffe von Maya[466]. Spirituell Suchende sollten immer auf der Hut sein. Sie sollen nicht zu Sklaven von Rang und Namen und Eifersucht werden. Wenn Eifersucht in ihm ist, ist der Mensch nur ein kleines, geringes Wesen. Er ist weit von Gott entfernt. Man sollte Mudita[467] (Wohlbehagen) entwickeln, wenn man andere in gedeihenden Lebensumständen sieht. Er sollte Atma-Bhava[468] gegenüber allen Wesen empfinden. Eifersucht nimmt unterschiedliche Formen wie Irshya[469], Asuya[470], Matsarya[471] usw. an. Alle Formen von Eifersucht müssen vollständig überwunden werden. So wie Milch während des Überkochens immer und immer wieder Blasen schlägt, so bricht auch Eifersucht immer und immer wieder aus. Sie muss vollständig vernichtet werden.

Irshya ist der Sanskrit Ausdruck für Eifersucht. Irshya, Matsarya und Asuya sind alles synonyme Begriffe. Aber es gibt einen feinen Unterschied. Eifersucht ist

---

463 Tugend der Geduld, Fähigkeit des Ertragenkönnens, Vergebung, Nachsicht.
464 „Tuch um die Schamteile". Kaupina ist eine Unterwäsche, die indische Männer als Lendenschurz (ohne Überhose) oder Unterhose tragen. In früheren Zeiten haben die Asketen öfters vollkommen nackt gelebt, um zu zeigen, dass sie auf alles verzichten, also auch auf jedwede Kleidung. Dort, wo das als nicht züchtig galt, trugen sie nur ein Kaupina. Es wird auch von Ringern beim Kushti, einer traditionellen indischen Form des Ringens im Ring getragen.
465 Weisheit, Verständnis, Erkenntnis, spirituelle Einsicht, Wissen um Brahman, das Absolute.
466 Täuschung, Illusion, Schein. Die verschleiernde und projizierende Kraft im Universum.
467 Freude, Glück. Gemeint ist eine Freude, die man empfindet, wenn man Menschen trifft, die freigebig sind, anderen dienen oder in Not geratenen helfen. Eine der im Yoga-Sutra (I:33) erwähnten vier Haupttugenden („Brahmaviharas"). Im Buddhismus heißen sie eher „himmlische Verweilzustände" und sind Metta/Maitri (liebende Güte, Freundlichkeit oder Wohlwollen), Karuna (Mitgefühl), Mudita (Anteilnahme an der Freude anderer Wesen, Mit-Freude, die Gabe, freudvolle, leidfreie Momente mit anderen teilen zu können) und Upeksha (Gleichmut, Gelassenheit, Loslassen, Nicht-Anhaften, Nicht-Unterscheiden).
468 Atman im anderen sehen.
469 Neid, Missgunst.
470 Hass, Neid, Intoleranz, die Neigung, anderen Böses zu wollen.
471 Eifersucht, Hass, Bosheit.

eine besondere Art von Gefühl oder Vritti, das in einem rajassigen Geist entsteht, mit dem ihr Opfer den Wohlstand, den Erfolg oder die höheren tugendhaften Eigenschaften seines Nachbarn oder irgendeines anderen Menschen mit neidischem Blick betrachtet. Sein Herz brennt, wenn es einem anderen Mensch besser geht als ihm selbst. Hass und Ärger sind in Eifersucht versteckt. Böswilligkeit ist eine Abart von Eifersucht. Ein eifersüchtiger Mensch hasst andere Menschen, denen es besser geht als ihm selbst. Kummer befällt ihn beim Anblick des Erfolgs eines anderen. Er gibt sein Bestes, um einen erfolgreichen Menschen mit unterschiedlichen fiesen Mitteln schlecht zu machen und ihn zu schwächen, vor allem durch Verleumdung, Tratsch oder Verunglimpfung. Er versucht sogar, den anderen Menschen zu verletzen. Er versucht ihn zu vernichten. Unter seinen Freunden verursacht er Zwietracht und Parteinahme. Das sind die äußeren, physischen Merkmale eines eifersüchtigen Menschen.

Ein Mensch mit Irshya meint, dass er keinerlei Sorgen haben sollte, alle anderen aber von Kummer heimgesucht werden sollten. Ein Mensch mit Asuya regt sich auf, wenn ein anderer sich genauso gut amüsiert wie er selbst. Ein Mensch mit Matsarya kann den Anblick eines Menschen nicht ertragen, der erfolgreicher und wohlhabender ist als er selbst. Das ist der feine Unterschied zwischen Irshya, Asuya und Matsarya.

Eifersucht ist die Wurzel aller Übel. Sie ist tief verwurzelt. Maya richtet durch dieses Vritti Verheerungen an. Die Ruhelosigkeit dieser Welt, Asanti[472], ist auf Eifersucht zurückzuführen. Das ganze Spiel oder Lila von Maya wird alleine durch dieses Gefühl aufrechterhalten. Ärger, Hass, Bosheit existieren nebeneinander mit Eifersucht. Sie sind langjährige Partner oder Kameraden der Eifersucht. Wenn die Eifersucht stirbt, sterben Hass und Ärger ohne weitere Behandlung von alleine. Viele Morde sind aufgrund von Eifersucht auf Sex oder Eifersucht auf Geld begangen worden.

Niemand kann auch nur ein Quäntchen reinen Glücks genießen, wenn sein Geist von Eifersucht erfüllt ist. Auch Könige, Freiherren und Grafen können keinerlei Glück erleben, solange sie Sklaven dieses Gefühls sind. Was kann Geld schon ausrichten? Es kann die Unruhe des Geistes nur noch vergrößern. „Unruhig ruht der Kopf, der eine Krone trägt."[473]

---

472 (Auch Ashanti geschrieben). Unfrieden, Ruhelosigkeit. Das Gegenteil von innerem Frieden (= Shanti).
473 Aus König Heinrich IV. (Teil 2, 3. Akt, Szene 1) von William Shakespeare.

Es gibt sechs Arten, um dieses Gefühl zu überwinden:

Die Raja Yoga-Methode

Die vedantische Methode.

Die Methode des Baktha.

Die Methode des Karma Yogis.

Die Methode des Vichara[474] der Vivekins[475].

Die Methode des Theosophen.

Ein Raja Yogi zerstört dieses Vritti durch: „Yogas Chitta Vritti Nirodhah."[476] Er zerstört alle Sankalpas der Eifersucht durch Introspektion, genaues Beobachten und Meditation. Er wendet eine andere Methode von „Pratipaksha Bhavana"[477] an durch Entwicklung der gegenteiligen Tugenden von Eifersucht, nämlich Vornehmheit oder Großmut, „Udarata"[478]. Eifersucht ist das Ergebnis von Kleinkariertheit. Wenn sie durch Vornehmheit ersetzt wird, stirbt die Eifersucht von alleine.

EINGEBILDETHEIT

SVABHIMANA[479]

Eingebildetheit ist eine übermäßige Meinung von dem eigenen Selbst, den eigenen Verdiensten, Fähigkeiten, Errungenschaften usw. Eingebildetheit ist Eitelkeit.

Ein Dummkopf glaubt er wisse alles. Deshalb wird er nichts lernen.

Ein eingebildeter Mensch ist nicht dazu in der Lage seine Fehler, Mängel und Schwächen zu erkennen. Sein Verstand ist verhüllt und bewölkt. Sein Verstand ist trüb. Sein Verstand befindet sich in einem Zustand des Rausches. Eingebildetheit berauscht stärker als Alkohol, Opium und Cannabis.

---

474 Fragen nach dem Wesen des Selbst, Brahmans, der Wahrheit.
475 Jemand, der Viveka praktiziert.
476 Das Yoga Sutra I:2.
477 Überwindung eines negativen Gedankens durch den gegenteiligen positiven Gedanken.
478 Erhabenheit.
479 Selbst-Stolz.

Ein eingebildeter Mensch spricht immer nur von sich selbst.

Eingebildetheit und Affektiertheit sind Zwillinge. Sie sind nur unterschiedliche Nuancen desselben Gefühls.

Ein eingebildeter Mensch hört niemals auf eitel zu sein. Er ist eifrig damit beschäftigt sich zu winden, um Komplimente von anderen zu bekommen.

Je mehr du über dich selbst sprichst, umso wahrscheinlicher ist es, dass du die Unwahrheit sprichst.

Eingebildetheit ist die Zunge von Egoismus und Eitelkeit. Ein eingebildeter Mensch langweilt immer alle.

Wenn du möchtest, dass man gut über dich spricht, sprich niemals gut über dich selbst.

Ein eingebildeter Mensch spricht so viel über sich selbst, dass er den anderen gar keine Zeit zum Sprechen gibt.

Von einem eingebildeten Menschen kannst du niemals Gerechtigkeit erwarten.

Ein eingebildeter Mensch ist ein Sklave des Lobs. Er ist ein Sklave von allen, die ihm schmeicheln. Er ist jedermanns Dummkopf.

Eingebildetheit ist das Fundament der lächerlichsten und verachtenswertesten Laster.

Töte diese unwürdige Eingebildetheit schonungslos ab durch Bescheidenheit und Sanftmut und erfreue dich an Frieden.

EITELKEIT

DAMBHA[480]

Eitelkeit ist hohler Stolz oder Zurschaustellung. Sie ist eitle Demonstration oder nutzlose Vorführung.

Eitelkeit ist ein Gefühl von oberflächlichem Stolz. Sie ist übermäßiges Selbstwertgefühl. Sie ist Hochmut. Sie ist Leere.

Eitelkeit ist die Eigenschaft oder der Zustand, eitel oder berauscht von den eigenen Leistungen oder Errungenschaften zu sein. Sie ist hohler Stolz, der durch überwältigende Eingebildetheit auf die persönlichen Leistungen oder Auszeichnungen ausgelöst wird und seinen Besitzer dazu verleitet, krankhaft versessen auf die Aufmerksamkeit, die Bewunderung und den Beifall anderer zu sein.

Eitelkeit ist diejenige Art von Stolz, die, während sie einen bestimmten Grad an Überlegenheit in einigen besonderen Dingen annimmt, begierig den Applaus von jedermann im eigenen Wirkungskreis heischt und nach jeder Gelegenheit sucht, um ein paar Fähigkeiten oder vermeintliche Vortrefflichkeit zur Schau zu stellen.

Eitelkeit macht den Menschen zur Zielscheibe von Spott und Hohn und verdirbt seinen Charakter. Überall, wo er hinkommt, macht man sich über ihn lustig. Eitelkeit ist das Fundament der höchst lächerlichen und verachtenswerten Laster der Affektiertheit und des die Unwahrheit Sagens.

Ein eitler Mensch findet das allergrößte Vergnügen darin über sich selbst zu sprechen, aber er weiß nicht, dass die anderen ihm nicht zuhören möchten.

Ein eitler Mensch ist arrogant. Er ist aufgeblasen vor Stolz. Er hört nicht auf die weisen Ratschläge der Älteren. Er kümmert sich nicht um das Urteil und die Meinung anderer.

Er behandelt andere anmaßend. Er behandelt Untergebene mit Geringschätzung und Respektlosigkeit. Er zieht protzige Kleidung an und geht damit auf öffentlichen Straßen. Er lässt seine Augen umherschweifen und buhlt um Aufmerksamkeit.

---

480 Egoismus, Stolz, der Wunsch, dass über einen geredet wird. Menschen, die Yoga, Feuerzeremonien oder andere Rituale (Yajna) ausführen oder große Summen für wohltätige Zwecke spenden, dies aber nur zur Zurschaustellung einer bestimmten Attitüde tun, um den Beifall anderer zu heischen.

Seine größte Freude besteht darin, den ganzen Tag von sich selbst zu sprechen und von sich selbst reden zu hören. Er tratscht und vergeudet seine Zeit.

Eitelkeit ist die Mutter. Affektiertheit ist Lieblingstochter. Stolz und Eitelkeit sind nichts anders als unterschiedliche Schattierungen desselben Gefühls. Ein stolzer Mensch hat wenigstens etwas, aber ein eitler Mensch ist völlig leer.

Jemand weiß nichts von Yoga. Es mag sein, dass er ein paar Asanas kennt, aber er tut als wäre er ein großer Yogi der Nirvikalpa Samadhi[481] erlangt hat. Das ist eine Form von Eitelkeit.

Ein anderer weiß nichts über Vedanta. Es mag sein, dass er ein wenig über Vicharasagara und Panchadasi[482] gelernt hat, aber er tut als wäre er ein verwirklichter Weiser. Das ist eine andere Form von Eitelkeit.

Sogar ein Dummkopf, ein Träger und ein Holzfäller wollen jemand haben, der sie bewundert. So tief ist die Eitelkeit im Herzen eines jeden Menschen verwurzelt.

Während es der Eitelkeit um die Meinung der anderen geht, ist Hochmut vollkommen zufrieden mit seiner eigenen Meinung von sich selbst.

Jedermann hegt in tiefstem Herzen Eitelkeit. Sogar die Krähe, das Schwein und der entstellte Mensch glauben, dass sie gutaussehend und schön wären.

Diese Welt ist ein Jahrmarkt der Eitelkeiten. Sie ist eine Bühne der Eitelkeit und der Torheit. Sie ist eine Welt der Mode. Sie ist eine Ansammlung der verlockendsten Versuchungen der Welt.

Ein gebildeter Pandit[483], der in den Sastras[484] versiert und vergeblich stolz auf sein Wissen ist, weil er über kein spirituelles Anubhava[485] verfügt, ist in der Tat höchst bedauerlich. Er ist wie ein Pfau. Er ist vernarrt in Pedanterie und Auseinandersetzungen. Er betreibt sprachliche Kriegsführung und intellektuelle

---

481 Höchster transzendentaler Bewusstseinszustand, bei dem es kein Denken und keine Dualität Subjekt-Objekt mehr gibt.
482 Zwei vedantische Schriften.
483 Indischer religiöser Gelehrter.
484 Das Wort Sastra (auch: „Shastra") bezeichnet im allgemeinen Sinn eine Schrift, Lehre, Anweisung. Es kann sich dabei sowohl um Schriften religiöser, als auch technischer Natur handeln. Im Hinduismus bezieht es sich unter anderem auch auf die Veden, von denen es heißt, es gebe in ihnen 14 oder 18 Shastras. Das Wort Shastra wird auch kollektiv auf eine Ansammlung von Schriften verwendet, und bezieht sich dann auf ein Lehrgebäude, wie z. B. „Vedanta Shastra" (die Lehre des Vedanta), „Yoga Shastra" (Lehre des Yoga) oder „Dharma Shastra" (Gesetzbuch oder -bücher).
485 Würde; Glanz, Pracht; Macht, Autorität; Entschluss, Festigkeit des Willens; der äußere Ausdruck eines inneren Empfindens.

Gymnastik. Er ist ein „Dukrin Karane"[486] aus dem Lied „Bhaja Govinda" von Sri Sankara. Sicherlich können wohltönende Worte im Stil von Dr. Johnson[487] einen Menschen nicht fromm machen.

Selbst wenn du die Gita, die Upanischaden und die Brahma Sutras[488] auswendig kennst, was würde dir all das nützen, wenn du nicht die Gnade Gottes und von Anubhava[489] hättest? Du wärst wie ein Esel, der eine schwere Ladung Sandelholz auf seinem Rücken trägt. Hast du nicht die Geschichten von Bharadwaja[490] und Narada[491] gehört, die jeweils eine Fuhre religiöser Bücher zu Indra[492] beziehungsweise Sanat Kumara[493] brachten?

Was du gelernt hast, ist nur eine Handvoll. Was du noch nicht gelernt hast, ist so viel wie ein Ozean. Falsches Lernen macht einen stolz und von sich selbst eingenommen.

Habe keine hohe Meinung von dir selbst und deiner Bildung. Das ist reine Eingebildetheit.

Eitelkeit ist übertriebener Stolz. Ein stolzer Mensch besitzt wenigstens irgendetwas, sei es physisch oder geistig. Aber ein Mensch von Eitelkeit (Dambha) oder Heuchelei besitzt überhaupt nichts und trotzdem meint er, er wäre allen anderen überlegen.

Manche spirituell Suchende haben mehr Eitelkeit als Weltkinder. Sie sind stolz auf ihre moralischen Tugenden, irgendeine Art von Siddhis, ihre Spiritualität und Samadhi.

---

486 Anspielung auf eine Geschichte, nach der Sri Sankara in Kashi (alter Name von Varanasi) einen Jungen unermüdlich das Sutra „Dukrin karane" wiederholen hörte. Beeindruckt von der Ausdauer des Jungen dichtete Sri Sankara spontan des bekannte Lied „Bhaja Govinda", um die Nutzlosigkeit solchen Lernens für die Befreiung der Seele deutlich zu machen. Die Bedeutung dieses Lieds ist: „Verehre Govinda, verehre Govinda, verehre Govinda, oh Narr! Wenn Du im Sterben liegst, wird Dich die Wiederholung dieser Sanskrit Sutras nicht retten!"

487 Samuel Johnson (1709 – 1784), der wegen seiner Gelehrsamkeit „Dr. Johnson" genannt wurde, war ein englischer Gelehrter, Schriftsteller, Dichter und Kritiker. Er ist nach Shakespeare der am meisten zitierte englische Autor und war im 18. Jahrhundert die wichtigste Person im literarischen Leben Englands.

488 Auch „Vedanta Sutra" und „Badarayana Sutra" genannt, Name des Grundtextes der Philosophie des Vedanta. Um die maßgeblichen Schriftstellen aus den Upanischaden, der Bhagavad Gita sowie weiterer heiliger Schriften zu erfassen und in einen systematischen, philosophischen Zusammenhang bringen zu können, wurde ein Leitfaden in strenger Versform (Sutra) geschaffen. Er schloss die zerstreuten Einzeläußerungen der Texte zu einem System zusammen. Die Entstehung des Brahma Sutra ist unklar.

489 Hier im Sinne von „Verwirklichung" gemeint.

490 Einer der sieben großen Rishis. In dem Epos Ramayana suchen Rama und Sita Bharadwaja in seiner Einsiedelei bei Prayaga auf.

491 Mystischer Weiser, einer der sieben großen Rishis. Die Geschichten und Legenden über Narada handeln zumeist von dem Weg der sich immer vergrößernden Liebe zu Gott.

492 Name eines Gottes. In den Veden ist er der König der Götter.

493 Nach der Srimad Bhagavatam (3.12) einer der vier „Geist-geborenen" Söhne von Gott Brahma.

Moralischer und spiritueller Stolz sind gefährlicher als normaler Stolz auf Wohlstand und Macht. Sie sind auch schwerer zu überwinden. Spirituell Suchende sollten immer wachsam und vorsichtig sein. Sie sollten stets den Geist des Dienens und der Menschlichkeit aufrecht halten.

ENTSCHLUSSLOSIGKEIT

ANIRDHARA

Entschlusslosigkeit ist Mangel an Festigkeit der Absicht oder Mangel an Entschlossenheit oder Entscheidung.

Entschlusslosigkeit ist die Ursache von Fehlschlägen und Unglück. Sie ist ein großes Laster.

Einem entschlusslosen Menschen mangelt es an Entschiedenheit des Charakters. Er ist immer schwankend, wankelmütig und zögernd. Er hat keine Festigkeit des Geistes. Er ist ohne Entscheidung. Er hat einen schwankenden Geist so wie bei Zweifeln oder zwischen Hoffnung und Furcht.

Unentschlossenheit deutet auf einen Mangel an Überzeugung des Verstandes hin. Entschlusslosigkeit deutet auf einem Mangel oder Schwäche an Willenskraft hin.

Ein umsichtiger Mensch mag sich unschlüssig darüber sein, welchen Weg er unter verwirrenden Umständen einschlagen soll, wenn er sich aber einmal entschieden hat, dann handelt er unverzüglich. Einem unentschlossenen Mensch fehlt die Nervenstärke zum Handeln. Unentschlossenheit ist üblicherweise ein vorübergehender Zustand, Entschlusslosigkeit demgegenüber jedoch ein Charakterzug.

FANATISMUS

Fanatismus und wilder, exzessiver religiöser Enthusiasmus. Er ist übertriebener oder rasender Eifer.

Nichts hat die Religion mehr in Verruf gebracht oder die Wahrheit mehr verunglimpft als Fanatismus oder wilder oder unvernünftiger Eifer.

Hänge keinem Brauch so fanatisch an, dass du ihn um den Preis der Wahrheit willen anbetest.

Ernsthaftigkeit ist gut, aber Fanatismus übertreibt und ist demzufolge rückschrittlich.

Fanatismus ist ein Abkömmling von falschem Eifer und Aberglaube, er ist der Vater von Intoleranz und Verfolgung.

Fanatismus ist das falsche Brennen eines überhitzten Geistes.

Der blinde Fanatismus eines einzelnen Menschen verursacht mehr Übel als die gemeinsamen Anstrengungen von hundert Schurken.

Bigotterie ist eng; Fanatismus ist glühend; Aberglaube ist unwissend. Bigotterie ist unbeirrbares und unvernünftiges Festhalten an einer Sache oder einem Bekenntnis.

Fanatismus und Engstirnigkeit beinhalten meistens auch Intoleranz, die nicht dazu bereit ist, Überzeugungen oder Meinungen zu tolerieren, die im Gegensatz zu den eigenen stehen.

Aberglaube ist unwissender und unvernünftiger religiöser Glaube.

Leichtgläubigkeit ist nicht ausgesprochen religiös, ist aber die allgemeine Bereitschaft ohne ausreichende Beweise zu glauben, verbunden mit einer Neigung, das Wunderbare zu akzeptieren. Leichtgläubigkeit ist schwach, Intoleranz ist schwerwiegend.

Bigotterie hat nicht die Fähigkeit, fair zu argumentieren; Fanatismus verfügt nicht über die nötige Geduld; Aberglaube hat das Wissen und die geistige Disziplin nicht; Intoleranz hat nicht die Bereitschaft dazu.

Bigotterie, Fanatismus und Aberglaube sind Perversionen des religiösen Gefühls. Leichtgläubigkeit und Intoleranz sind oft Begleiterscheinungen von Skeptizismus oder Atheismus.

Zynismus[494], Gleichgültigkeit und Latitudinarismus[495] sind das Gegenteil von Fanatismus.

---

494 Damit ist hier die griechische Philosophie der Kyniker gemeint. Die Schwerpunkte des Kynismus lagen auf einem ethischen Skeptizismus sowie auf Bedürfnislosigkeit.
495 Der Begriff stammt von dem lateinischen Wort für Breite („latitudo") ab und umschreibt das Ethos der Kirche von England im 17. und 18 Jahrhundert. Der Latitudinarismus war eine tolerante Haltung, die die konfessionellen Gegensätze im Sinne der Aufklärung überwinden wollte und damit eine Abkehr von religiösem Fanatismus.

FAULHEIT

ALASYA[496]

Ein fauler Mensch ist sich selbst eine Last. Er vergeudet sein Leben.

Er ist kränklich, anämisch. Er hat keinen Einsatz. Er hat keine Entschlusskraft. Er hat kein Ziel im Leben. Er hat keine Bestimmung.

Sein Geist ist umwölkt. Seine Gedanken sind verwirrt. Er fristet ein tristes und freudloses Dasein.

Er hat sein Leben ruiniert. Er senkt sein Haupt in Schande und Reue.

FEIGHEIT

KATARYA[497]

Feigheit ist Mangel an Mut. Sie ist Furchtsamkeit.

Ein Feigling ist eine zaghafte Person. Er fürchtet sich vor Gefahr. Er katzbuckelt gegenüber denjenigen, die über ihm stehen. Er schwankt. Er erliegt der Angst. Er fürchtet sich übermäßig vor Schmerz und Verletzungen.

Ein Feigling ist eine Memme. Er ist ein kleinmütiger Mensch. Er ist ein niederträchtiger Kerl.

Ein Feigling stirbt schon vor seinem Tod mehrfach. Ein Feigling kann niemals Gottesverwirklichung erlangen.

Feigheit ist die einzige tödliche Sünde. Feigheit ist der Verlust von Ruhm.

Eine Lüge ist hauptsächlich deshalb verachtungswürdig, weil sie feige ist.

496 Trägheit, Faulheit.
497 Feigheit, Schüchternheit.

FLEISCH ESSEN

MAMSA-BHAKSHANAM[498]

Fleisch ist überhaupt nicht erforderlich, um die Gesundheit zu erhalten. Fleisch zu essen ist hochgradig schädlich für die Gesundheit. Es bringt eine Unzahl von Leiden mit sich wie zum Beispiel Bandwurm, Albuminurie[499] und andere Leiden der Nieren. Letzten Endes benötigt der Mensch nicht viel auf dieser Erde. Ein wenig Brot und etwas Dal[500] genügen völlig, um die Gesundheit, den Elan und die Vitalität aufrecht zu erhalten. Tiere für die Ernährung zu töten ist eine große Sünde. Anstatt den Egoismus und die Vorstellung von „Meinheit" abzutöten, töten unwissende Menschen unschuldige Tiere unter dem Vorwand, sie der Göttin zu opfern, aber in Wahrheit tun sie es, um ihre Zungen und ihren Gaumen zu befriedigen. Wie abscheulich! Höchst unmenschlich! Ahimsa ist die höchste aller Tugenden. „Ahimsa Paramo Dharma".[501] Ahimsa ist die erste Tugend, über die ein spirituell Suchender verfügen sollte. Wir sollten Ehrfurcht vor dem Leben haben. Der Herr Jesus sagt: „Selig sind die Barmherzigen, denn sie werden Barmherzigkeit erlangen."[502] Der Herr Jesus und Mahavira[503] riefen mit lauter Stimme: „Achte jedes Lebewesen wie dich selbst. Verletze niemanden."[504] Das Gesetz von Karma ist unaufhaltsam, unerbittlich und unabänderlich. Der Schmerz, den du einem anderen zufügst, wird auf dich zurückfallen, und das Glück, das du auf einen anderen ausstrahlst, wird zu dir zurückkommen und dein eigenes Glück vergrößern.

Dr. J. Oldfield, Oberarzt am Lady Margaret Krankenhaus, schreibt: „Heutzutage ist die chemische Tatsache allgemein bekannt und kann von niemandem geleugnet werde, dass die Produkte aus dem Reich der Gemüse alles enthalten, was für die vollständige Erhaltung des menschlichen Lebens erforderlich ist." Fleisch ist unnatürliche Nahrung und neigt deshalb dazu, funktionelle Störungen zu verursachen. So, wie es heute in der modernen Zivilisation verzehrt wird, ist es in einem ungeheuren Ausmaß mit schrecklichen Krankheiten wie Krebs, Schwindsucht,

---

498 Fleisch essen.
499 Ausscheidung von Eiweiß (Albumin ist ein körpereigenes Eiweiß) über den Urin, ein wichtiges Anzeichen für Diabetes.
500 Dal (auch Daal oder Dhal geschrieben) ist ein Gericht der indischen, nepalesischen und der pakistanischen Küche, das vorwiegend aus Hülsenfrüchten, meistens Linsen zubereitet wird, denen vor der Zubereitung die Hülse entfernt wurde (geschälte Hülsenfrüchte tragen alle des Zusatz „Dal" im Namen). Durch die lange Kochzeit zerkochen die Hülsenfrüchte zu einer Art Brei, der mit Gewürzen wie Kreuzkümmel, Koriandersamen, Chilis, Ingwer usw. kräftig gewürzt wird. Dal ist ein Grundnahrungsmittel in Indien und Nepal und wird sowohl als Hauptspeise (zum Beispiel beim nepalesischen „Dal Bhat"), als auch als Beilage gegessen.
501 Altes Sanskrit-Epigramm: „Nichtverletzen ist das höchste Prinzip", das von Mahatma Gandhi weithin bekannt gemacht wurde.
502 Aus der Bergpredigt, Matthäus 5, 7.
503 599 – 527 v. Chr., gilt als Begründer des Jainismus
504 Ausspruch von Mahavira, der durch Mahatma Ghandi weltweit bekannt wurde.

Fieber, Darmwürmer usw. (die sehr leicht auf den Menschen übertragbar sind) infiziert. Es ist kein Wunder, dass Fleisch zu essen eine der Hauptursachen der Erkrankungen ist, die 99 Prozent aller Menschen dahinraffen.

Fleisch essen und Alkoholismus sind eng miteinander verknüpft. Das Verlangen nach Alkohol stirbt von alleine ab, wenn der Verzehr von Fleisch aufgegeben wird. Schwangerschaftsverhütung ist bei denjenigen, die Fleisch essen, sehr schwierig. Es ist ihnen vollkommen unmöglich, den Geist zu kontrollieren. Sieh wie wild der fleischfressende Tiger ist und wie sanft und friedlich demgegenüber die Kuh und der Elefant sind, die sich von Gras ernähren. Fleisch hat einen unmittelbaren, schädlichen Einfluss auf die Areale des Gehirns. Der erste Schritt in der spirituellen Entwicklung ist es deshalb, den Verzehr von Fleisch aufzugeben. Das göttliche Licht wird nicht auf einen Magen herabsteigen, der mit fleischlicher Kost angefüllt ist. In Ländern, in denen viel Fleisch gegessen wird, ist die Sterblichkeitsrate an Krebs sehr hoch. Vegetarier erhalten sich bis ins hohe Alter eine gute Gesundheit. Heute setzen sogar im Westen die Ärzte in den Krankhäusern die Patienten auf eine vegetarische Diät. Sie genesen sehr schnell.

Pythagoras[505], der griechische Weise, predigte: „Töte oder verletze kein Lebewesen." Er verdammte eine Fleischkost als sündige Ernährung. Höre, was er sagt: „Hütet Euch, oh Sterbliche, davor, Eure Körper mit sündigem Essen zu schänden! Es gibt Getreide, es gibt Früchte, deren Zweige von ihrem Gewicht schwer herabhängen, und genussvolle Trauben an den Weinstöcken. Es gibt süße Gemüse und Kräuter, die das Feuer weich und wohlschmeckend macht. Auch sind Euch weder Milch, noch Honig versagt, wohlriechend nach dem Duft der Thymianblüten. Die freigiebige Erde bietet Euch reines Essen im Überfluss und sorgt für Mahlzeiten, die ohne Gemetzel und Blutvergießen erhältlich sind."

Wenn du es aufgeben möchtest, Lamm, Fisch usw. zu Dir zu nehmen, brauchst du nur mit eigenen Augen den bedauernswerten, kämpfenden Zustand zu sehen, wenn das Schaf getötet wird. Dann werden Erbarmen und Mitleid in deinem Herzen aufsteigen. Dann wirst du dich entschließen es aufzugeben, Fleisch zu essen. Wenn du bei diesem Versuch scheiterst, ändere einfach deine Umgebung und lebe in einem vegetarischen Hotel, in dem du kein Lamm und keinen Fisch bekommst, und begib dich in solche Gesellschaft, in der es nur vegetarische Ernährung gibt. Denke immer an die Übel des Fleischessens und die Wohltaten einer vegetarischen Ernährung. Wenn dir das noch immer nicht genug Stärke verleiht, um diese Gewohnheit aufzugeben, geh in ein Schlachthaus und eine Metzgerei und sieh mit eigenen Augen die ekelhaften verfaulten Muskeln, Gedärme, Nieren und anderen scheußlichen Teile des Tieres, die einen üblen

---

505 Pythagoras von Samos, 570 – 495 v. Chr., war ein antiker griechischer Philosoph (Vorsokratiker), Mathematiker und Gründer einer einflussreichen religiös-philosophischen Bewegung.

Geruch verströmen. Das wird dir sicherlich Vairagya eingeben und einen starken Ekel und Hass darauf, Fleisch zu essen.

GEIZ

KRIPANATA

Meine Erfahrung, die ich durch genaue Studien gewonnen habe, ist die, dass Geiz in vielen Menschen tief verwurzelt ist. Das ist der Grund, warum sie trotz ihrer Ernsthaftigkeit, Aufrichtigkeit und anderen Befähigungen sowie ihrer kontinuierlichen Praxis von Yoga keinen Fortschritt in spiritueller Hinsicht machen. Ein Geizhals ist sehr weit von Gott entfernt. Derjenige, der Samadhi[506] und Gottes-Darshan[507] erwartet, nur weil er Asanas, Kumbhaka[508] und ein wenig Japa praktiziert, dabei aber extremen Geiz und ein mitleidloses hartes Herz beibehält, lügt sich in die eigene Tasche. Tatsächlich ist er ein regelrechter Heuchler.

Geiz ist ein großer Fluch. Er ist ein Feind von Frieden und ein Freund von Selbstsucht. Geizige Menschen sind für den spirituellen Weg ziemlich ungeeignet. Menschen mit einem großzügigen Herzen sind sehr selten. Viele haben Macht, Beliebtheit, Frieden und Glück alleine durch ein großzügiges Herz erlangt. Geizige Personen können nicht einmal davon träumen, all das zu erreichen und Erfolg im Leben zu haben. Der Umgang mit ihnen ist für spirituell-gesinnte Menschen sehr gefährlich. Sie vergiften die gesamte Atmosphäre aufgrund ihrer sehr korrupten, zusammengezogenen Herzen.

Du solltest ein sehr großes Herz haben. Du solltest Geld wie Steine unter die armen Leute werfen. Nur dann allein kannst du ein advaitisches Empfinden, Samadhi und kosmische Liebe entwickeln. Die Mehrheit der Haushälter ist heutzutage absolut egoistisch. Geld ist ihr Blut. In ihren Gesichtern findest du nur Freudlosigkeit und Hässlichkeit. Sorge, Gier, Leidenschaft, Eifersucht, Hass, Depression und alle anderen schlimmen Eigenschaften haften einem Menschen an, der ein geiziges Wesen hat und sie verzehren das Innerste seines Herzens. Es

506 Überbewusster Zustand.
507 Gottesschau.
508 Methode der Atemregulierung, Atemanhalten, Stillstehen des Atems.

ist eine Schande, dass sogar Richter und Zamindare[509] mit den Trägern auf dem Bahnsteig um einer Anna[510] willen streiten.

Es mag sein, dass man drei Stunden lang auf dem Kopf stehen kann. Es mag sein, dass man zehn Minuten lang den Atem anhalten kann. Das ist jedoch überhaupt nichts, wenn der Betreffende kein großzügiges Herz hat. Sieh den Witz, der darin liegt: Madrasis[511] essen ihr Essen von Bananenblättern. Einige ihrer Frauen sind aber sehr geizig. Sie öffnen das Blätterbündel und nehmen nur die vermodernden hinaus, um die guten für den nächsten Tag aufzuheben. Wenn sie das Bündel am nächsten Tag wieder öffnen, sind auch die guten Blätter verfault. Auf diese Art und Weise verwenden sie Tag für Tag nur verfaulte Blätter. An keinem Tag können sie frische Blätter genießen. So ist ihre Knausrigkeit beschaffen. Ein Obstverkäufer isst jeden Tag nur verfaulte Früchte. Niemals würde er die guten Früchte essen. Er hebt sie auf, um Geld von den Leuten dafür zu bekommen. Wenn er diese verkauft hat, isst er selbst die verfaulten. Genauso ist es bei den Panshop-Wallas[512] der Fall. Geizhälse kennen kein Glück, weder hier, noch im Jenseits. Sie sind nicht mehr als Wächter ihres Geldes. Viele Geizhälse tragen keine neuen Kleider. Sie tragen vielmehr nur abgetragene Kleidungsstücke. Wenn sie dann aber ihren Kleiderschrank öffnen, sind die ganzen neuen Kleidungsstücke von Motten zerfressen. Solche geizigen Leute trennen sich niemals von eigenen Sachen, sondern geben im Namen der Großzügigkeit die Sachen anderer Leute zu Wohltätigkeitszwecken her.

Wenn ein geiziger Mensch 50.000 Rupien besitzt, wird er sich an dem Geld nicht erfreuen, sondern er sehnt sich nach einem Lakh[513] mehr. Einen Millionär verlangt es danach, Multimillionär zu werden. Es ist schrecklich herauszufinden, dass reiche Menschen so geizig und hartherzig sind, dass sie nicht dafür leben, um mit ihren Freunden einige der gehaltvollen Köstlichkeiten zu teilen. Sie bewahren die schönen Kuchen im Almirah[514] unter Verschluss und essen sie nur nachts, wenn alle anderen schlafen gegangen sind. Solche Leute geben niemals auch nur eine

---

509 Wörtlich: „Landbesitzer". Damit wurde ursprünglich in erster Linie eine Person bezeichnet, die im Mogulreich in Indien die Ehre hatte, für den Großmogul aus einer bestimmten Region die Steuern einzutreiben, um diese dann an ihn weiterzuleiten. Infolgedessen wurde das gesamte feudale System auch als Zamindar-System bezeichnet. Der Begriff wurde zur Mogulzeit, aber auch späteren auch als Synonym für Gutsbesitzer verwendet.

510 Frühere indische Münze. Eine Anna entsprach 1/16 Rupie. Eine Rupie bestand aus 16 Annas, was 64 Paisas entsprach. Eine Anna entsprach 4 Paisas.

511 Menschen aus Madras.

512 „Pan" (Betel, Betelpfeffer) ist eine Pflanze aus der Gattung der Pfeffergewächse, die in Indien mit gelöschten Kalk, Gewürzen und Betelnuss gefüllt gekaut wird. „Panshops" sind Läden bzw. Stände, an denen Pan verkauft wird. „Wallah" (auch Wala oder Walla geschrieben) ist ein Hindi-Wort mit der Bedeutung „Person, die eine Tätigkeit ausübt". Man kann es auch einfach als „-Mann" übersetzen und ist ein Suffix, das auf den Beruf einer Person hinweist. Am bekanntesten dürfte der Ausdruck Chai-Wallah für Teeverkäufer sein, der auf der Straße Marsala-Chai verkauft. Panshop-Walla ist also ein Mann, der einen Betel-Stand bzw. –Laden betreibt.

513 Südasiatisches Zahlwort für „einhunderttausend".

514 Aus dem 18. Jahrhundert stammender indischer Begriff für einen Kleiderschrank, Geschirrschrank, eine Vitrine oder Kommode.

Pastete im Namen der Wohltätigkeit her. Sie essen selbst leckeres Essen, aber sie haben kein Herz, um auch nur eine noch so kleine Portion davon herzugeben, nicht einmal an einen armen Menschen, der seit drei Tagen nichts mehr zu essen bekommen hat. Das ist die Natur ihres Herzens. Sie nehmen schöne frische Kuhmilch zu sich, bieten ihren Gästen aber nur mit Wasser verdünnte Milch an. Sie warten drei Tage lang auf eine gute Gelegenheit, altes, früher zubereitetes Essen noch einmal aufzuwärmen und es mit einer Leidensmiene ihren Diener vorzusetzen. Sie mögen es nicht einmal, sich von so alten, verfaulenden Sachen zu trennen. Du findest solche tragischen Exemplare in fast allen Häusern der reichen Menschen. Um das ihnen innewohnende geizige Wesen zu verbergen führen sie hochphilosophische Gespräche über die Wirtschaft. Sie würden niemals zugeben, dass ihr Verhalten auf ihrem geizigen Wesen beruht, sondern werden versuchen, es als wirtschaftlich vernünftig auszugeben.

Manche Offiziere scheiden aus dem Dienst aus, leben am Ufer des Ganges, des Narmada[515] oder des Yamuna[516]. Sie praktizieren ein bisschen Japa und Meditation und studieren die Yoga Vasishta[517] und die Upanischaden[518] und glauben, dass sie Jivanmuktas wären. Sie hegen immer noch intensives Moha[519] für ihre Kinder. Sie überweisen ihre Rente an ihre Söhne und Enkel. Sie sind die Verkörperung von Geiz. Sie sind hoffnungslose Seelen, die sich selbst etwas vormachen. Ein Geizkragen kann nicht einmal in tausend Geburten von Selbstverwirklichung träumen. Jesus sagt: „Eher geht ein Kamel durch ein Nadelöhr, als dass ein Reicher in das Reich Gottes gelangt."[520]

Wenn man dieses geizige Wesen zerstören kann, ist ein wesentlicher Teil des Sadhana vorbei. Man hat etwas wesentlicher erreicht. Sünden können durch Nächstenliebe zerstört werden. In der Gita steht geschrieben: „Yajno danam tapaschaiva pavanani manishinam – Yajna[521], Geben und Askese läutern den Weisen."[522]

---

515 Einer der heiligen Flüsse Indiens, der von Zentralindien in westlicher Richtung fließt und in das Arabische Meer mündet.
516 Wichtigste Nebenfluss des Ganges, der auf ganzer Länge südwestlich parallel zum oberen Ganges fließt.
517 Die Yoga Vasishta ist ein von zahlreichen Geschichten umrankter Dialog zwischen dem Weisen Vasishta und seinem Schüler Rama über Advaita, den Zustand der Nicht-Dualität. Das Yoga Vasishtha gehört zu den wichtigsten Standardwerken der vedischen Philosophie und wird dem legendären Valmiki, dem Verfasser des Ramayana, zugeschrieben.
518 Die Upanischaden sind die wichtigsten der uralten Schriften Indiens. Sie sind der Schluss des offenbarten Teils der Veden (= Sruti) und bilden die Grundlage des Vedanta.
519 Verblendete Anhänglichkeit.
520 Markus 10, 25.
521 Opfer, Ritual, Gottesdienst. Im konkreteren Sinne hinduistisches Opferritual, das seinen Ursprung in den Veden hat, mit dem der Segen der Götter für das Leben der Gemeinschaft und des Einzelnen herbeigerufen wird. Die Opfergabe (zumeist Reis oder Ghee) wird als Mikrokosmos verstanden, der den Menschen in Einklang mit dem Makrokosmos bringen soll.
522 Bhagavad Gita, XVIII. 5.

Spontan, uneingeschränkt und überreichlich Nächstenliebe zu üben, um die Schmerzen der leidenden Menschheit zu lindern ist ein wirkungsvolles Mittel, um dieses böse Wesen zu zerstören. Entwickle deshalb dieses Udaravritti[523]. Nur dann kannst du ein König der Könige werden. Denke niemals nur an deine Frau, deine Kinder und deine Angehörigen. Wann immer du armen Leuten begegnest, wo Leiden herrscht, gib Geld als wäre es Wasser. Wenn du gibst, gehört dir der ganze Reichtum der Welt. Geld wird zu dir kommen. Das ist ein unabänderliches, unaufhaltsames und unerbittliches Naturgesetz. Deshalb gib, gib. Sieh Gott überall. Teile mit allen. Das beste Stück muss anderen gegeben werden. Zerstöre den tiefsitzenden Geiz. Dein Herz wird sich weiten. Du wirst eine offene Einstellung zum Leben haben. Du wirst einen neuen, weiten Blick auf die Dinge haben. Du kannst die Hilfe des Bewohners deines Herzens fühlen. Du kannst einen unbeschreiblichen Schauer von göttlicher Verzückung und spiritueller Wonne erfahren. Das wird dir gewaltige innere Stärke verleihen. Du wirst fest auf dem spirituellen Pfad verwurzelt sein. Du wirst ein moderner Buddha werden!

GEMEINHEIT

KSHOUDRAM

Auf dieser Welt gibt es gemeine Menschen unterschiedlichster Art im Überfluss. Neunundneunzig Prozent aller Menschen sind auf die eine oder andere Art gemein. Das beruht auf dem Guna Tamas. Das Herz eines gemeinen Menschen brennt, wenn er andere in blühenden Verhältnissen sieht. Es brennt, wenn er von dem Fortschritt und den Errungenschaften oder tugendhaften Eigenschaften anderer hört. Er verunglimpft sie und strebt ihren Untergang an. Er ergeht sich in Klatsch und Tratsch sowie Verleumdung. Er ist äußerst eifersüchtig und neidisch. Gemeinheit ist eine Form von Eifersucht. Man mag verstandesmäßig ein Gigant sein. Man mag ein sehr großer Dichter sein. Seine Bücher mögen zur Pflichtlektüre des Studiums zum Magister Artium an der Universität gehören. Aber dennoch kann er ein sehr niederträchtiger Mensch ohne jede Skrupel und Prinzipien sein. Die ganze Gesellschaft mag seine Begabung als Dichter oder Gelehrter bewundern, aber gleichzeitig hassen sie ihn, weil er sehr gemein ist. Als wirklicher Mensch ist er gar nichts.

Ein gemeiner Mensch wird nicht zögern seinen Bruder zu vergiften, um sich seines Besitzes zu bemächtigen. Er wird nicht zögern eine falsche Unterschrift zu leisten, vorsätzlich zu lügen, Menschen zu betrügen, Ehebruch zu begehen und andere ihres Besitzes zu berauben. Er ist dazu bereit jede Art von niederträchtiger

523 Wörtlich: Ausdehnung des Herzens. Großzügiges Herz oder Wesen.

Tat zu begehen, um Vermögen anzuhäufen. Er hat kein reines Gewissen. Er ist sehr berechnend. Geiz und Gemeinheit gehen Hand in Hand. Es bereitet ihm Schmerz, sich auch nur von einer Paisa[524] trennen zu müssen. Wohltätigkeit ist ihm unbekannt. Er mag ein bedeutender Mensch in der Gesellschaft sein, aber auf dem Bahnsteig kann er sich schamlos mit einem Gepäckträger um 2 Paisa streiten. Es kann passieren, dass er Kerosin im Wert von zwei Annas[525] verbraucht, um eine fehlende Paisa in seiner Tagesabrechnung zu finden. Er isst Süßigkeiten, Früchte usw., aber sein Herzen brennt, wenn sein Diener dasselbe isst. Er wird seinen Diener bitten Kichererbsen und schwarzen Zucker zu essen. Er macht große Unterschiede darin, wen er mit Tee oder irgendetwas anderem bewirtet. Er behält die besten Sachen für sich selbst und verteilt an andere nur die verdorbenen Sachen. Er wird nicht auch nur einen Happen Essen hergeben, um einen sterbenden Menschen zu retten. Sein Herz ist so hart wie Stein.

Reiche Menschen sind gemeiner als arme Menschen. Ein niederträchtiger Mensch streitet mit anderen über jede Kleinigkeit. Er ist von streitbarem Wesen. Er ist stolz, egoistisch und reizbar. Er ist von höchst misstrauischer Natur. Er ist sehr schwermütig und deprimiert. Das angehäufte Geld niederträchtiger Menschen wird üblicherweise von ihren verschwenderischen Söhnen verprasst. Ein großer Teil dieses Geldes fließt in Arztrechnungen und Anwaltshonorare. Sie genießen das Leben nicht. Sie sind nicht mehr als Verwalter ihres Geldes.

Das Heilmittel für diese entsetzliche Krankheit ist die Entwicklung der gegenteiligen Tugend, nämlich Vornehmheit und Großmut. Ein wohltätiges Wesen, kosmische Liebe und der Geist des Dienens sollte entwickelt werden. Satsang ist höchst vorteilhaft. Regelmäßige Meditation auf die Tugend der Vornehmheit ist erforderlich. Sitze nachts sehr still in einem abgeschiedenen Zimmer und schließe deine Augen. Beobachte Dich selbst und finde heraus, was für gemeine Handlungen du im Lauf des Tages begangen hast. Schreibe diese täglich in deinem spirituellen Tagebuch auf. Achte auch auf die gemeinen Vrittis, die aus dem Geist-See aufsteigen und schneide sie direkt an ihrem Austrieb ab.

---

524 Untereinheit verschiedener asiatischer Währungen. 1 Rupie = 100 Paisa.
525 Frühere indische Münze. Eine Anna entsprach 1/16 Rupie. Eine Rupie bestand aus 16 Annas, was 64 Paisas entsprach. Eine Anna entsprach 4 Paisas.

GESCHWÄTZIGKEIT

Zuviel zu sprechen ist Geschwätzigkeit. Wenn ein Mensch zu viel spricht, leidet er an eine Diarrhoe[526] der Zunge. Stille Menschen können es nicht einmal eine Sekunde in der Gegenwart von solchen redseligen und geschwätzigen Leuten aushalten. Sie sprechen fünfhundert Worte pro Sekunde. Es ist, als ob sie einen elektrischen Sprechdynamo in ihren Zungen hätten. Sie sind unruhige Menschen. Wenn du solche Leute einen Tag in einem abgeschiedenen Zimmer einsperrst, sterben sie. Viel Energie wird dadurch verschwendet, zu viel zu sprechen. Die Energie, die darauf verwendet wird zu sprechen, muss für göttliche Kontemplation aufgespart werden. Das Vak Indriya[527] lenkt den Geist beträchtlich ab. Ein gesprächiger Mensch kann nicht einmal davon träumen, auch nur für kurze Zeit Frieden zu finden. Ein spirituell Suchender sollte nur wenige Worte sprechen, wenn es notwendig ist, und dann auch nur über spirituelle Themen. Ein gesprächiger Mensch ist ungeeignet für den spirituellen Weg. Praktiziere täglich zwei Stunden lang Mouna[528] und vor allem während der Mahlzeiten. Halte an Sonntagen 24 Stunden lang Mouna ein. Praktiziere viel Japa und Meditation während Mouna. Das Mouna, das während der Meditation eingehalten wird, kann nicht als Schweigegelübde gelten. Haushälter sollten Mouna zu solchen Zeiten einhalten, bei denen es Gelegenheiten zum Sprechen gibt und wenn Besuch vorbeikommt, um sie zu treffen. Nur dann kann der Impuls zu sprechen geprüft werden. Frauen sind sehr gesprächig. Sie verursachen zuhause viel Ärger durch leeres Geschwätz und Tratschen. Du solltest nur abgezählte Worte sprechen. Zuviel zu sprechen ist von rajassiger Natur. Man erlangt großen Frieden, indem man Mouna einhält. Verlängere die Dauer von Mouna durch schrittweises Praktizieren auf 6 Monate und dann auf bis zu 2 Jahren.

---

526 Durchfall.
527 Sprechorgan (vgl. auch Vak Siddhi).
528 Schweigen, Gelübde des Schweigens.

GIER

LOBHA

Als erstes kommt der Wunsch (Kama[529]). Dann kommt der Ärger. Dann kommt die Gier. Dann kommt die Verblendung (Moha[530]). Kama ist sehr mächtig. Deshalb wird ihr Bedeutung zugemessen. Es gibt eine innige Verbindung zwischen Kama und Krodha[531]. Es gibt eine vergleichbare enge Verwandtschaft zwischen Gier und Moha. Ein gieriger Mensch bekommt große Verblendung für sein Geld. Sein Geist ist immer auf die Sparbüchse und den Schlüsselbund gerichtet, den er an seinem Gürtel befestigt hat. Geld ist sein Blut und sein Leben. Er lebt dafür, um Geld zu erwerben. Der Genießer ist sein verlorener Sohn. Er saugt den armen Leuten das Blut aus, indem er horrende Zinsen (25%, 50% und manchmal sogar 100%) verlangt. Leute mit grausamem Herzen! Sie geben vor, eine wohltätige Veranlagung zu haben, indem sie solche Sachen machen wie Kshetras[532] oder Gebäude zu eröffnen.

Solche Taten können ihre abscheulichen Sünden und ihre erbarmungslosen Handlungen nicht neutralisieren. Arme Menschen werden von solchen Leuten ruiniert. Sie denken nicht daran, dass die Bungalows und Paläste, in denen sie leben, mit dem Blut dieser Menschen erbaut wurden. Die Gier zerstört ihren Verstand und macht sie vollkommen blind. Sie haben zwar Augen, sehen aber trotzdem nicht. Gier macht den Verstand ruhelos. Ein Mensch, der ein Lakh[533] Rupien besitzt, plant zehn Lakh zu bekommen. Ein Millionär schmiedet Pläne, um Multimillionär zu werden. Das hat kein Ende. Gier nimmt unterschiedliche subtile Formen an. Einen Menschen dürstet es nach Rang und Namen und Beifall. Das ist Gier. Einen Richter am Amtsgericht[534] dürstet es danach, Richter am Obersten Gerichtshof[535] zu werden; ein Richter erster Klasse möchte Richter dritter Klasse mit voller Amtsgewalt werden[536]. Das ist ebenfalls Gier. Es ist nur eine unterschiedliche Form von Gier. Einen Sadhu dürstet es danach mehrere Aschrams in verschiedenen Zentren zu eröffnen. Das ist ebenfalls Gier. Ein gieriger Mensch ist vollkommen ungeeignet für den spirituellen Weg. Zerstöre alle Arten von Gier durch Vichara, Rechtschaffenheit und Interesselosigkeit und genieße Frieden.

---

529 In diesem Zusammenhang: Wunsch, Begierde, Verlangen.
530 Verblendung.
531 Ärger, Zorn.
532 Küche, in der kostenlos Essen an Sadhus verteilt wird.
533 Südasiatisches Zahlwort für „einhunderttausend".
534 Unterste Ebene der indischen Gerichtsbarkeit: „subordinate court"
535 In Indien: „High court".
536 In Indien hing zumindest damals die Art und Höhe der Strafen, die Strafrichter verhängen durften, von ihrem Rang („class") ab.

GLÜCKSSPIEL

DYUTA[537]

Glücksspiel ist ein weiterer furchtbarer Fluch. Es ist ein Freund des Satans oder Gegengottes. Es ist die große Waffe von Maya[538]. Es hat viele Herzen gebrochen. Es peinigt, führt in Versuchung und täuscht. Ein kleiner Gewinn bei der ersten Wette kitzelt die Nerven der Spieler und verleitet sie dazu, eine große Summe zu setzen. Letzten Endes verlieren sie alles und kehren mit düsteren oder weinenden Gesichtern nach Hause zurück. Durch Glückspiel geht der Mensch Bankrott. Er weint bitterlich. Trotzdem lässt er nicht davon ab. Maya richtet durch schlechte Angewohnheiten, falsches Denken, falsche Samskaras, sowie durch schlechte Gesellschaft, Glücksspiel, Kinobesuche, Trinken, Rauchen und Fleischessen große Verwüstungen an. Der Verstand und die Unterscheidungsfähigkeit versagen. Der Verstand wird pervertiert. Enorm viel Geld wird durch Glücksspiel, Trinken usw. sinnlos vergeudet. Keine Tugend wohnt im Herzen desjenigen, der sich dem Glückspiel hingibt. Glücksspiel ist ein Netz, das Maya auswirft, um verirrte Seelen darin zu fangen. Es gibt kein größeres Übel als das Glücksspiel. Sämtliche Laster klammern sich an einen Spieler. Kein wirklicher Gewinn kommt zu einem Spieler. Er führt ein freudloses Leben von einem Tag auf den nächsten. Kartenspiel und Pferderennen sind nur Abarten des Glücksspiels.

Oh Mensch! Es ist sehr schwierig, eine Geburt als Mensch zu erlangen. Das Leben ist dazu gedacht, Gott zu verwirklichen. Immerwährende Freude und ewige Wonne liegen in Gott. Vergeude dieses wertvolle Leben nicht mit Trinken, Glücksspiel, Rauchen und Fleischessen. Was wirst du in der Stunde deines Todes zu dem Totengott sagen? Niemand wird dir helfen. Du wirst deine Gedanken und Handlungen mit dir nehmen. Gib Glücksspiel, Fleischessen, Trinken, Kinobesuche und Rauchen noch in dieser Sekunde auf. Gib mir jetzt ein festes Versprechen. Ich bin dein Freund und Gönner. Wache jetzt auf. Öffne die Augen. Werde ein tugendhafter Mensch. Vollbringe gute Taten. Singe Hari's Namen[539]. Gottes Namen ist ein kraftvolles Gegengift gegen alle schlechten Angewohnheiten. Studiere religiöse Bücher. Suche die Gesellschaft von Weisen und gottesfürchtigen Menschen. Alle schlechten Angewohnheiten werden ausgelöscht werden. Diene. Liebe. Gib. Reinige. Konzentriere dich. Meditiere. Verwirkliche noch in dieser Sekunde. Zeit ist die wertvollste Sache auf der Welt. Unwissende Menschen vergeuden ihre ganze Zeit auf Karten- und Glücksspiel. Was für ein schrecklicher Zustand. Höchst bedauernswert! Wie mächtig ist Avidya oder Unwissenheit! Die Leute sind in den Sumpf der Dunkelheit herabgesunken!

---

537 (Würfel-) Spiel, Glücksspiel.
538 Täuschung, Illusion, Schein. Die verschleiernde und projizierende Kraft im Universum.
539 Hari ist ein Name von Vishnu und Krishna, wird aber auch oft als generelle Bezeichnung für Gott (= Ishwara) verwendet.

Bemitleidenswerte Exemplare der Menschheit! Mörder von Atman! Möge Gott Krishna, Antaryamin[540], der Bewohner deines Herzens, dir die Stärke geben, all diese schlechte Angewohnheiten zu überwinden! Möge sein Segen auf euch allen ruhen!

GROBHEIT

DHRISHTATA[541]

Grobheit ist Derbheit, Schärfe, Wildheit.

Grobheit ist ein unhöfliches Wesen. Sie ist ein grausames Wesen. Sie ist ein wildes Wesen. Sie ist ein barbarisches Wesen.

Sie entsteht aus Unwissenheit. Sie ist ein Kind des Gunas Tamas.

Sie ist auf einen Mangel an Kultur, an guter Erziehung, an guten Manieren und an guter Ausbildung zurückzuführen.

Wer immer und wo immer man auch sein mag, man ist immer im Unrecht, wenn man grob ist.

Grobheit wird durch plötzliche oder rohe Unhöflichkeit des Verhaltens oder der Sprache gekennzeichnet.

Ein grober Mensch ist auf eine anstößige Art und Weise plump oder unhöflich. Er ist unfreundlich. Er ist unverschämt. Er ist ungestüm. Er ist anmaßend. Er ist übermütig.

Man sagt: „Herr Hans ist ein grober Kerl. Er bedient sich einer groben Sprache."

Grobheit wird durch einen Mangel an Schliff, Kultiviertheit oder Feingefühl gekennzeichnet, der durch mangelnde Ausbildung oder Vertrautheit mit einem höflichen oder zivilisierten Umgang entsteht.

---

540 Der innere Lenker, die Gegenwart Gottes im Herzen des Menschen. Er ist der innere Richtungslenker, er gibt die innere Motivation und ist derjenige, der den Körper belebt.
541 Kühnheit, Verwegenheit, Frechheit, Großspurigkeit.

Ein grober Mensch ist ein roher, primitiver Mensch. Er hat keine Anmut, Schliff oder Kultiviertheit. Er ist närrisch. Es gebricht ihm an gutem Geschmack, Schlichtheit, Anmut oder Eleganz.

Grobheit wird durch Gewalt, Strenge oder Grausamkeit gekennzeichnet.

Entwickle Höflichkeit, Zuvorkommenheit, gute Manieren, Gewandtheit, ein angenehmes Wesen, Sanftheit, Milde und Anmut. Dann wird Grobheit die Flucht ergreifen.

Sei sanft. Sei lieb. Sei milde. Sei höflich. Sei zuvorkommend. Dann wirst du Freunde gewinnen. Du wirst von jedermann gemocht werden. Du wirst geehrt und geachtet werden.

HABGIER

LOBHA

Habgier ist ein brennendes Verlangen nach Vermögen. Sie ist extreme Begehrlichkeit oder Gier.

Habgier ist die Leidenschaft, Reichtümer zu bekommen und zu behalten.

Habgier ist unersättlich. Sie verursacht extreme Unzufriedenheit und Ruhelosigkeit. Sie ist ein Feind von Frieden, Weisheit und Hingabe.

Habgier nimmt mit zunehmender Höhe des Stapels an Gold oder des Bankguthabens sogar noch zu.

Habgier ist von allen Lastern am meisten dazu geeignet, das Herz zu verderben und zu korrumpieren.

Ein habgieriger Mensch hat ein unmäßiges Verlangen danach Vermögen anzuhäufen. Er ist begierig darauf anzuhäufen und zu horten. Er ist gierig nach Profit. Er ist ständig raffgierig.

Habgierig und begehrlich beziehen sich speziell auf den Erwerb; geizig, knausrig, sparsam und dürftig dagegen auf Ausgaben. Der habgierige Mensch begehrt beides, zu bekommen und zu behalten, der begierige Mensch etwas seinem Besitzer wegzunehmen. Es kann sein, dass man wegen des Drucks großer Ausgaben habgierig ist.

Die Räuberischen haben den Räubertrieb und setzen ihn in irgendeiner Form in die Tat um, soweit sie sich das trauen. Die Habgierigen und die Räuberischen sind dazu bereit, nach Profit zu greifen.

Gierig ist man üblicherweise nicht nur nach Geld, sondern auch nach anderen Dingen wie zum Beispiel nach Essen usw. Das gierige Kind möchte alles selbst genießen; das knausrige Kind möchte andere davon fernhalten.

Habgier hat einen vernichtenden Einfluss auf die feinsten Neigungen und die süßesten Annehmlichkeiten der Menschheit.

Die Begehrlichen verlangt es sehnlich nach Vermögen, sogar auf Kosten anderer; die Habgierigen horten es; die Kargen, die Sparsamen und die Geizigen sparen es durch würdelose Selbstverleugnung und die Knausrigen durch Gemeinheit im Umgang mit anderen.

Geizige und knausrige Menschen verlangt es danach, durch gemeine und kleinliche Einsparungen hinzuzugewinnen; die Geizigen dadurch, dass sie sich selbst knapp halten; die Knausrigen dadurch, dass sie andere knapp halten.

Sparsam und karg können für jemandes Ausgaben entweder für sich selbst oder für andere gelten; in letzterem Sinne sind diese Begriffe weniger hart und vorwurfsvoll als knausrig.

Gütig, großmütig, großzügig und freigebig sind die Gegenteile eines habgierigen Wesens.

LIED VON DER BEGIERDE

(Genau wie das Lied von den achtzehn -heiten und -keiten eine Reihe von Tugenden vor dir ausbreitet, die es zu entwickeln gilt, breitet dieses Lied von der Habgier eine Reihe von schlechten Wesenszügen vor dir aus, vor denen du dich schützen solltest. Er zeigt dir auch die Methode, um sie zu überwinden.)

Habgier, Begierde, Dummheit,

Dreistigkeit, Trübheit, Instabilität,

Kantigkeit, Exzentrik, Reizbarkeit,

das sind die Hindernisse vor Samadhi,

das sind die Unreinheiten des Geistes.

Habgier ist Begehrlichkeit oder Gier.

Begierde ist Lust oder Leidenschaft.

Dummheit ist Täuschung oder Verblendung.

Dreistigkeit ist Arroganz oder Unverschämtheit.

Trübheit ist Verwirrung des Geistes.

Instabilität ist Herumwandern des Geistes.

Kantigkeit ist eine Art von Eitelkeit.

Exzentrik ist Sklaverei von Launen und Marotten.

Reizbarkeit ist Ärger in all seinen Formen.

Beseitige diese Unreinheiten durch die gegenteiligen Tugenden.

Habgier durch die Praxis von Großzügigkeit;

Begierde durch die Praxis von Reinheit;

Instabilität durch Tratak[542] und Pranayama[543], Upasana[544] und Japa[545];

Kantigkeit durch die Praxis von Bescheidenheit;

Exzentrik durch die Praxis von rechtem Verhalten;

Reizbarkeit durch die Praxis von Geduld, Nachsicht;

Du wirst in Samadhi[546] eintreten und Kaivalya[547] erlangen.

---

542 Wörtlich: festes Starren. Sowohl eine Reinigungs- (= Kriya), als auch eine Meditationstechnik.
543 Regulierung und Einschränken des Atems. Yogische Atemübungen.
544 Wörtlich: „Sitzen in unmittelbarer Nähe." Damit ist Verehrung, Dienst, Gottesdienst gemeint, jedoch nicht nur die äußere Verehrung, sondern letztlich ein konstanter Strom an Aufmerksamkeit, der sich Gott zuwendet. Es geht also mehr um die innere Hingabe, die stets in der Gegenwart Gottes, der Wahrheit und der Liebe verweilt.
545 Fortgesetzte Wiederholung eines Mantras oder das Namens Gottes.
546 Überbewusster Zustand.
547 Transzendentaler Zustand absoluter Unabhängigkeit. Befreiung, vollkommene Erlösung.

HASS

DVESHA[548]

Hass ist eine weitere schlechte Eigenschaft. Diese Welt ist voller Hass, es gibt keine wahre Liebe. Der Sohn kann den Vater nicht leiden und versucht ihn zu vergiften, um möglichst schnell in den Besitz der Erbschaft zu gelangen. Die Frau versucht ihren Mann zu vergiften, um einen jüngeren, vermögenden Mann mit einer guten Stellung zu heiraten. Brüder streiten sich vor Gericht. Guru Nanak[549] und Kabir[550] haben versucht, die beiden großen Gemeinschaften[551] in Indien zu einen, sind bei ihren Bemühungen aber kläglich gescheitert. Nur Vedanta alleine kann sie einen. Wie kann ein Mensch, der in allen dasselbe Selbst erblickt, einen anderen Mensch hassen oder nicht mögen? Die Grundsätze des Vedanta sollten in allen Schulen und Universitäten gelehrt werden. Das ist eine zwingende Notwendigkeit. Je eher dies geschieht, umso besser. Von frühester Kindheit an sollten gesunde Gedanken in dem Geist kleiner Jungen gesät werden. Alle Jungen sollten im Dienst an der Menschheit ausgebildet werden. Die Notwendigkeit universeller Liebe sollte deutlich hervorgehoben werden. Nur dann kann es eine Möglichkeit geben, reine Liebe zu entwickeln und Hass zu überwinden. Ihr alle solltet von heute an aufrichtig und ernsthaft versuchen, Hass zu entfernen. Besiege Hass mit Liebe, Eifersucht mit Liebe und Intoleranz mit Liebe und du wirst im Leben erfolgreich sein.

Hass ist der tödlichste Feind eines spirituell Suchenden. Er ist ein hartnäckiger Gegner. Er ist ein beständiger Verbündeter des Jiva[552]. Ghrina[553], Geringschätzung, Vorurteil, Verspotten, Verhöhnen, Hänseln, lächerlich machen, Stirnrunzeln und das Gesicht verziehen sind alles Formen von Hass. Hass sprudelt immer wieder heraus. Er ist genauso unersättlich wie Begierde oder Gier. Es kann sein, dass er sich vorübergehend für eine gewisse Zeit legt, aber er kann jederzeit wieder mit doppelter Kraft ausbrechen. Wenn der Vater einen Menschen nicht mag, fangen auch seine Söhne und Töchter an, diesen Menschen ohne Sinn und Verstand zu hassen, obwohl dieser Mensch ihnen keinerlei Übel oder Ungerechtigkeit zugefügt hat. Das ist die Macht des Hasses. Wenn jemand auch nur an die Gestalt von jemandem denkt, der ihm vor 40 Jahren ein schweres Unrecht zugefügt hat, schleicht sich sofort Hass in seinen Geist ein und sein Gesicht weist klare Anzeichen von Feindschaft und Hass auf.

---

548 Hass, Abneigung, Ablehnung, Bosheit.
549 1469 – 1539, indischer Heiliger und Religionsstifter des Sikhismus.
550 1440 – 1518, indischer Mystiker, der das Ideal einer einigen Menschheit vertrat.
551 Gemeint sind Hinduisten und Moslems.
552 Individuelle Seele mit Ego, Mensch, Individuum. Jiva ist Atman, der sich mit den Upadhis (den begrenzenden Hüllen) identifiziert.
553 Hass, Abscheu, Widerwille, Verachtung, Ekel.

Hass entsteht aus der Wiederholung des Hass-Vritti. Hass vergeht nicht durch Hass, sondern Hass vergeht nur durch Liebe. Hass braucht eine langwierige und intensive Behandlung, da sich seine Äste im Unterbewusstsein in unterschiedliche Richtungen verzweigen. Er lauert in verschiedenen Ecken. Dauerhaftes selbstloses Dienen in Verbindung mit Meditation für eine Dauer von zwölf Jahre ist erforderlich, um Hass zu überwinden. Ein Engländer hasst einen Iren und ein Ire hasst einen Engländer. Ein Katholik hasst einen Protestanten und ein Protestant hasst einen Katholiken. Das ist religiöser Hass. Es gibt Hass zwischen Gemeinschaften. Ein Mensch hasst einen anderen Menschen ohne jeden Grund schon auf den ersten Blick. Das ist svabhavig[554]. Auf dieser Welt ist reine Liebe unter weltlichen Menschen unbekannt. Selbstsucht, Eifersucht, Gier und Begierde sind das Gefolge von Hass. Im Kali-Yuga[555] nimmt die Macht des Hasses zu.

Der Sohn hasst seinen Vater und verklagt ihn vor Gericht. Die Ehefrau lässt sich von ihrem Ehemann scheiden. Das hat auch in Indien begonnen und wird so bleiben. Im Lauf der Zeit werden auch in Indien Scheidungsgerichte eingerichtet werden. Wo ist das Pativrata Dharma[556] der Hindu-Frauen geblieben? Ist es von der Erde Indiens verschwunden? In Indien ist die Ehe ein Sakrament. Sie ist ein heiliger Akt. Sie ist nicht wie im Westen nur ein reiner Vertrag. Der Ehemann hält die Hand seiner Ehefrau, beide schauen auf den Stern Arundhati[557] und geben sich vor dem heiligen Feuer[558] ein Versprechen. Der Ehemann sagt: „Ich werde so keusch wie Rama sein und verspreche, friedlich mit Dir zusammenzuleben und gesunde, intelligente Nachkommen mit Dir zu zeugen. Ich werde Dich lieben bis zu meinem Tod. Ich werde keine andere Frau anschauen. Ich werde mich nie von Dir trennen." Die Ehefrau sagt im Gegenzug: „Ich werde zu Dir sein wie Radha zu Krishna, wie Sita zu Rama. Ich werde Dir heiter dienen bis ans Ende meines Lebens. Du bist mein ganzes Leben – Du bist mein Prana Vallabha[559] – ich werde Gott verwirklichen, indem ich Dir als Gott diene." Sieh den schrecklichen Zustand der Lebensumstände heutzutage. Den Hindu-Frauen sollte keine vollkommene

---

554 Von Svabhava, die eigene Natur, Konstitution. Svabhava ist die eigene Wesensnatur.

555 Wörtlich „Zeitalter des Kali", also „Zeitalter des Streites". Das sogenannte „eiserne Zeitalter", in dem wir gegenwärtig leben, ist das letzte der vier Zeitalter (Yugas) nach der hinduistischen Kosmologie, es soll 432 000 Jahre dauern. Das Kali-Yuga gilt als Zeitalter des Verfalls und Verderbens, das soziale und geistige Leben befinden sich auf dem Tiefpunkt.

556 Pativrata ist das Gelübde, mit dem sich Eheleute bei der Hochzeit die Treue geloben. Pativrata Dharma ist im Hinduismus etwas sehr hoch Geschätztes: es heißt, dass man allein durch Pativrata Dharma, durch das Kümmern um den Ehepartner, das Höchste erreichen kann.

557 Arundhati war die Frau des Weisen Vasishta und gilt als vorbildliche Ehefrau. Sie wird mit dem Morgenstern gekennzeichnet und wird während den Hochzeitszeremonien der Hindus angerufen. Wer diesen Stern nicht mehr sieht, stirbt gemäß der Markandeya Purana (die nach den Veden entstandenen Puranas gehören zu den wichtigsten heiligen Schriften der Hindus) innerhalb eines Jahres.

558 In der indischen Hochzeitszeremonie umrunden die Eheleute ein Feuer sieben Mal.

559 Vallabha = Geliebter. Der Ausdruck versinnbildlicht, dass der andere gewissermaßen die Quelle des eigenen Prana ist.

Freiheit gewährt werden. Manu[560] sagt: „Hindu-Frauen sollten immer unter Kontrolle gehalten werden." Dieser beklagenswerte Stand der Dinge ist auf die sogenannte moderne Zivilisation und moderne Ausbildung zurückzuführen. Pativrata Dharma ist verschwunden. Die Frauen sind unabhängig geworden. Sie verlassen ihre Ehemänner und machen was sie wollen. Kultur besteht nicht darin, dass Mann und Frau Hand in Hand auf der Mount Road oder dem Marina Beach spazieren oder indem sie sich den Arm um die Schultern legen[561]. Das ist nicht wirkliche Freiheit. Das ist nur eine abscheuliche Imitation von Freiheit. Das geziemt sich nicht für Hindu-Frauen und zerstört die weibliche Anmut und Bescheidenheit, die ihre besonderen Eigenheiten sind und die sie schmücken.

Reine selbstlose Liebe sollte entwickelt werden. Man sollte Gottesfurcht haben. Salomo sagt: „Gottesfurcht ist der Anfang der Weisheit."[562] Dienst mit Atma Bhava[563] beseitigt den Hass vollständig und bringt dem Menschen advaitische Verwirklichung von Einheit ein. Ghrina[564], Vorurteile und Verachtung verschwinden durch selbstloses Dienen vollständig. Vedanta kann, wenn man es wirklich im täglichen Leben praktiziert, alle Formen von Hass überwinden. Ein und dasselbe Selbst ist in allen Wesen verborgen. Warum hasst du dann andere? Warum runzelst du dann über andere die Stirn? Warum behandelst du andere mit Geringschätzung? Warum teilst und trennst du? Verwirkliche die Einheit des Lebens und Bewusstheit. Fühle Atman überall. Sei glücklich und strahle überall Liebe und Frieden aus.

WIE MAN HASS ÜBERWINDET

Adveshta Sarvabhutanam Maitrah Kauna Evacha
Nirmamo Nirahamkarah, Samaduhkha Sukhah Kshami.[565] (Bhagavad Gita XII. 13.)

Ein Bhagavata[566] oder gottesfürchtiger Mensch, der Gottesverwirklichung erlangt hat, hat keinen Hass auf irgendein Lebewesen. Er ist freundlich und mitfühlend.

---

560 Eine Inkarnation von Vishnu, die im Hinduismus als Stammvater der Menschen gilt. Gilt als mythischer Verfasser des indischen Gesetzbuchs Manusmriti.
561 Zärtlichkeiten in der Öffentlichkeit gelten in Indien auch heute noch als unzüchtig.
562 „Die Furcht des Herrn ist der Anfang der Erkenntnis. Weisheit und Zucht verachten [nur] die Dummköpfe." (Sprüche 1, 7).
563 Atman in den anderen sehen.
564 Hass, Abscheu, Widerwille, Verachtung, Ekel.
565 „Wer kein Geschöpf hasst, wer zu allen freundlich und mitfühlend ist, wer frei ist von Verhaftung und Ich-Gedanken, ausgeglichen in Freude und Schmerz und nachsichtig."
566 Wörtlich: „zum Erhabenen gehörig." Jemand, der Vishnu oder Krishna verehrt und ihm nachfolgt. Ein Mensch, der sich Gott („Bhagavan", der Erhabene) verschreibt und die Gegenwart Gottes sucht. Bhagavatas sind die Gotterfüllten, Gotteigenen, die alles meiden, was von Gott wegführt. Ihre Form von Anbetung wird Bhakti (= grenzenlose Liebe) genannt.

Er ist ohne Verhaftung und Egoismus. Er ist ausgeglichen in Freude und Schmerz und ist verzeihend.

Hass kann durch die Entwicklung von Tugenden wie Freundlichkeit, Mitgefühl und Vergebung, sowie die Vernichtung von Egoismus und Mein-heit überwunden werden. Das Positive überwindet das Negative.

Ein egoistischer Mensch regt sich über jeden Pappenstiel auf. Weil sein Herz von Eitelkeit und Stolz erfüllt ist, bringen ihn schon eine kleine Respektlosigkeit, ein hartes Wort oder ein milder Vorwurf oder Tadel aus dem Gleichgewicht. Er hasst andere aus verletzter Eitelkeit. Deshalb pflastern die Beseitigung von Stolz und Egoismus den langen Weg zur Überwindung von Hass.

Hass wird aus Egoismus geboren. Den Egoismus mit Stumpf und Stiel zu überwinden führt zur Vernichtung von Hass.

Wenn du auch nur einer Sache verhaftet bist wirst du den Menschen hassen, der versucht, dir die Sache wegzunehmen, der du verhaftet bist. Wenn du mit der Gabe der Vergebung gesegnet bist wirst du dem Menschen verzeihen, der versucht dich zu verletzen oder der dir eine Verletzung zugefügt hat, und du wirst keinen Hass auf irgendjemanden hegen.

Göttliche Tugenden wie Mitleid, Liebe und Vergebung usw. zu entwickeln, werden den Hass ausdünnen oder abschwächen. Eine Vision von Gott oder Gottesverwirklichung oder das Wissen um das höchste Wesen zu haben kann den Hass vollständig überwinden oder verbrennen.

Möget ihr alle frei von Hass sein und Bhagavatas mit Gottesvision und Daivi Sampat[567] werden!

---

567 Spiritueller Reichtum.

HERUMTREIBEREI

(ZIELLOSES UMHERIRREN)

VRITHA PARIBHRAMANA[568]

Manche spirituell Suchende haben die Angewohnheit, ziellos umherzuschweifen. Sie halten es an keinem Ort auch nur eine Woche lang aus. Die Gewohnheit umherzuschweifen muss überprüft werden. Sie wollen neue Orte und neue Gesichter sehen und mit neuen Menschen sprechen. Ein rollender Stein setzt kein Moos an.[569] Ein Sadhaka sollte mindestens 12 Jahre (eine Tapas-Periode) an einem Ort verweilen. Wenn er von schwacher Gesundheit ist, kann er im Sommer und während der Regenzeit[570] 6 Monate an einem Ort bleiben und im Winter 6 Monate an einem anderen Ort. Im Winter kann er sich in Rajpur (Dehradun)[571] oder Rishikesh[572] aufhalten. Im Sommer kann er nach Badrinath[573] oder Uttarkashi[574] gehen. Das Sadhana leidet darunter, wenn man dauern umherzieht. Diejenigen, die strenges Tapas oder Sadhana praktizieren und ernsthafte Studien betreiben wollen, müssen an einem Ort bleiben. Zuviel Gehen verursacht Schwäche und Erschöpfung.

HOCHMUT

ALAMBUDDHI

Hochmut ist ein weiteres schlechtes Vritti im Geist-See. Er wird ebenfalls aus einer Mischung aus Rajas und Tamas geboren. Er hat die Funktion eines Stolpersteins auf dem spirituellen Pfad. Der Schüler, der ein Opfer dieses üblen Charakterzugs ist, meint törichterweise, dass er alles wisse. Er ist eigentlich ganz zufrieden

---

568 Vritha = nach Belieben, zufällig, umsonst, verkehrt, fälschlich, auch: zu Unrecht. Paribhramana = Umlauf, Umdrehung. Zusammengesetzt also etwa: „zielloses Umherirren".

569 Die deutsche Entsprechung „Wer rastet, der rostet" ist nicht korrekt. Das englische Sprichwort hat die entgegengesetzte Bedeutung. Moos wurde als etwas Wertvolles betrachtet. Die eigentliche Bedeutung ist also, dass jemand, der stets in Bewegung ist, keinerlei Verantwortung oder Verpflichtung übernimmt.

570 Gemeint ist die Zeit des Monsuns.

571 Dehradun ist die provisorische Hauptstadt des Bundesstaates Uttarkhand und liegt im Doon-Tal am Fuße des Himalaya.

572 Pilgerort im indischen Bundesstaat Uttarakhand am Rande des Himalayas in Nordindien. In Rishikesh gibt es eine Vielzahl von Tempeln und Ashrams sowie etliche Yoga-Zentren, weshalb Rishikesh als „Yoga-Hauptstadt" der Welt gilt.

573 Heiliger Tempelort im indischen Bundesstaat Uttarkhand, der am Fluss Alaknanda, einem der Quellflüsse des Ganges liegt.

574 Uttarkashi in Nordindien (Uttarakhand) liegt am Bhagirathi, dem Hauptquellfluss des Ganges, ist eine wichtige Pilgerstadt und die letzte, also nördlichste größere Siedlung am Ganges.

mit seinem begrenzten Wissen und seinen bescheidenen Erfolgen. Er gibt sein Sadhana auf. Er versucht niemals, mehr Wissen zu erwerben. Er bemüht sich niemals, das höchste Wissen von Bhuma[575] (Höchstes Selbst) zu erlangen. Er hat keine Ahnung davon, dass es jenseits noch ein riesiges Gefilde von Wissen gibt. Er ist wie eine Kröte im Brunnen, die keine Ahnung vom Meer hat und meint, dass der Brunnen die einzige grenzenlose Wasserfläche sei.

Ein hochmütiger Mensch denkt töricht und stellt sich vor: „Ich weiß alles. Es gibt nicht mehr zu wissen für mich." Maya breitet einen dichten Schleier in seinem Geist aus. Der hochmütige Mensch hat einen trüben Geist, ein getrübtes Verständnis und einen verdrehten Verstand.

Hochmut ist eine starke Waffe von Maya, mit der sie die Menschen täuscht und als starke Bremse für das Sadhana des spirituell Suchenden wirkt. Er macht es ihm unmöglich weiter fortzuschreiten oder jenseits seines Bereichs zu schauen, da er durch Hochmut von falscher Zufriedenheit fortgerissen wird.

Ein hochmütiger Wissenschaftler, der die Elektronen und die physikalischen Gesetze der Natur kennt meint, dass es jenseits dessen nichts gäbe. Der Moralist, der ein gewisses Maß an ethischen Tugenden erlangt hat glaubt, dass es jenseits dessen nichts gäbe. Der hochmütige Yogaschüler, der Anahata Töne oder blitzende Lichter[576] erlebt glaubt, dass es jenseits dessen nichts gäbe. Der hochmütige Sannyasin, der die Gita und die Upanischaden auswendig kennt meint, dass es jenseits dessen nichts gäbe. Der hochmütige Yogi oder Vedantin[577], der erste Erfahrungen von Samadhi macht denkt, dass es jenseits dessen nichts gäbe. Sie alle tappen im Dunkeln. Sie wissen nicht, was Vollkommenheit ist.

Maya prüft den Schüler auf jeder Stufe, in jeder Phase und erscheint in verschiedenen Formen und Farben vor dem Schüler, wie ein Asura[578] oder ein Chamäleon. Es ist sehr schwer, Ihre Anwesenheit zu bemerken. Derjenige aber, der die Gnade der göttlichen Mutter[579] erlangt hat, wird keine Schwierigkeiten haben auf seinem Weg voranzuschreiten. Sie erhebt ihn höchstpersönlich und trägt ihn auf Ihren Händen zu seinem Bestimmungsort, um ihn Ihrem Herrn – Gott Shiva

---

575 Das Größte, Umfassende, Unendliche. Gemeint ist das Ewige, Unveränderliche, das, was von Zeit und Raum unberührt bleibt.

576 Erfahrungen, die in der Meditation auftreten können, vgl. Swami Vishnudevananda, Meditation und Mantras, 5. Ausg. 2007, S. 268 und S. 271.

577 Jemand, der Vedanta praktiziert, Schüler des Vedanta.

578 Die Asuras (Asura = Dämon, böser Geist) sind im Hinduismus Dämonen, die Gegenspieler der lichtvollen Devas oder Suras. Sie sind Wesen, die gegen die Götter kämpfen. Alle schlechten Eigenschaften des Menschen sind Ausdruck dieser Kräfte.

579 = Devi.

– vorzustellen und um ihn in unerschütterliches Nirvikalpa Samadhi[580] gründen zu lassen.

Der spirituell Suchende sollte immer denken: „Ich weiß nur so wenig. Es ist nur eine Handvoll von Wissen. Was es für mich noch zu lernen gibt ist so groß wie das Meer." Nur dann wird er ein intensives Streben oder Verlangen nach weiterem Wissen haben.

INTOLERANZ

ASAHANAM

Nun kommt eine weitere unerwünschte schlechte Eigenschaft, nämlich Intoleranz. Es gibt religiöse Intoleranz. Es gibt Intoleranz unterschiedlichster Art. Intoleranz ist nichts Geringeres als Kleinkariertheit. Sie ist unvernünftige Abneigung gegen Kleinigkeiten. Ein Sikh kann Alkohol trinken. Darin liegt kein Schaden. Aber er wird intolerant, wenn er irgendjemand rauchen sieht. Ein Brahmane aus dem Deccan[581] kann alles tun, was gegen den Sittenkodex verstößt, aber er wird intolerant, wenn er einen Kashmiri Pandit[582] Fleisch zu sich nehmen sieht. Ein südindischer Brahmane kann in einem Restaurant alles essen, aber er ist intolerant, wenn er einen Bengalen Fisch essen sieht. Alle Ruhelosigkeit und Kämpfe in dieser Welt der Menschen haben ihren Ursprung in Intoleranz. Ein Engländer ist einem Iren oder einem Deutschen intolerant gegenüber. Ein Hindu ist intolerant gegenüber einem Moslem und umgekehrt. Ein Arya Samajist[583] ist intolerant gegenüber einem Sanatani Hindu[584] und umgekehrt. Das ist aufgrund von völliger Intoleranz so. Wie kann ein Weiser, der den einen Atman in allen Wesen erblickt, intolerant sein? All diese kleinen, unbedeutenden Unterschiede sind nur Schöpfungen des Geistes. Expandiere! Expandiere! Expandiere! Umarme alle. Schließe alle ein. Liebe alle. Diene allen. Erblicke den Herrn in allen. Siehe Gott in allem. Siehe den

580 Höchster transzendentaler Bewusstseinszustand, bei dem es kein Denken und keine Dualität Subjekt-Objekt mehr gibt.
581 Südlicher Teil des indischen Subkontinents.
582 Die Kashmiri Pandits sind eine Gemeinschaft von Brahmanen aus dem Tal von Kashmir im indischen Bundesstaat Jammu und Kashmir, die einzige verbliebene Hindugemeinschaft im ansonsten islamisch geprägten Tal von Kashmir.
583 Arya Samaj („Gemeinde der Arier") ist eine fundamentalistische Reformbewegung des Hinduismus, die auf der Unfehlbarkeit der Veden beruht.
584 Die Hinduisten bezeichnen ihre Religion selbst als Sanatana Dharma („Ewige Ordnung"). Ghandi bekannt sich in einem berühmten Zitat („Ich bezeichne mich selbst als Sanatani Hindu, weil ich an die hinduistischen Schriften der Vedas, der Upanischaden, der Puranas und deswegen auch an Avatare und Wiedergeburt glaube; weil ich an die Regeln des Varnashram Dharma in einem strengen vedischen Sinne glaube; weil ich an den weitestgehenden Schutz der Kühe glaube; weil ich die Gottes- und Idolverehrung nicht ablehne") dazu, ein Sanatani Hindu zu sein.

Herrn in jedem Gesicht. Fühle die innenwohnende Gegenwart überall. Ändere den Blickwinkel. Sei liberal und universell in deinen Ansichten. Zerstöre alle Schranken, die die Menschen voneinander trennen. Trinke die ewige atmische Wonne. Werde vollkommen tolerant. Vergiss und vergib Fehler. Du wirst Erfolg im Leben haben. Du wirst Gott schnell verwirklichen. Es gibt keinen anderen Weg.

KINOBESUCHE

CHALANACHITRA-DARSANAM

Trinken, Fleisch essen, vulgäre Musik hören, Gesellschaft von Prostituierten, der Besuch von Tanzpartys, Theatern und Kinos, sie alle regen die Leidenschaft an und werfen ihr Opfer in das Höllenfeuer. Das Kino hat sich sogar in Indien zu einem regelrechten Fluch entwickelt. Ein Offizier gibt seinen halben Sold für Kinobesuche aus und verschuldet sich deswegen. Jedermann hat die schlechte Angewohnheit von irgendeiner Art von Schaulust angenommen. Sie können ohne sie gar nicht mehr leben. Die Augen wollen irgendeine Art von Licht und aufregenden Bildern sehen. Das Kino ist heutzutage ein einträgliches Geschäft. Auf der Leinwand werden verschiedene halbnackte Bilder und obszöne Anblicke gezeigt. Universitätsstudenten und junge Mädchen werden so ungehörig in einen Zustand geistiger Erregung versetzt. Die unterschiedlichsten Arten von Übeln werden verbreitet. Das Kino ist ein Feind der Hingabe. Es wirkt sich verheerend auf die Welt aus. Es fügt den Menschen immensen Schaden zu. Es ist eine große Belastung für die Fähigkeiten des Menschen. Es ist eine große Versuchung. Alle schlechten Filme sollten gründlich untersucht und zensiert werden. Filme sollten von einem religiösen Gremium freigegeben werden, bevor sie auf die Leinwand gebracht werden dürfen. Nur Filme, die religiöse Geschichten enthalten, die dazu gedacht sind, die moralischen und philosophischen Aspekte des Menschen zu entwickeln, sollten die Erlaubnis erhalten gezeigt zu werden.

Es ist begrüßenswert festzustellen, dass sehr gebildete Männer und Frauen in Indien an Kinofilmen mitwirken. Aber Universitätsstudenten sollten das nicht tun. Wenn sie die Menschen beeindrucken wollen, sollten sie ein Leben voller Tapas[585], Meditation und Brahmacharya[586] führen.

Die Kinos verursachen eine schlechte Gewohnheit bei dem Menschen. Er kann keinen Tag aushalten, ohne an einer Aufführung teilzunehmen. Seine Augen möchten halbnackte Bilder und irgendwelche Farben sehen, seine Ohren wollen

---

585 Askese, eines der 5 Niyamas.
586 (Sexuelle) Enthaltsamkeit, die sich jedoch auf alle Aktivitäten der Sinne beziehen sollte. Eines der 5 Yamas.

etwas Musik hören. Junge Mädchen und Jungen werden leidenschaftlich, wenn sie die Schauspieler im Film sich küssen und umarmen sehen. Diejenigen, die sich in spiritueller Hinsicht entwickeln wollen, sollten Kinos vollständig meiden. Spirituelle Menschen können nur beeindruckende Geschichten mit guten Sitten hervorbringen, die den Geist der Zuschauer erheben.

LÄSTERN

Das ist eine schmutzige, abscheuliche Gewohnheit von kleinlichen Leuten. Fast alle zählen zu den Opfern dieser entsetzlichen Krankheit. Diese Gewohnheit hat sich in engherzigen, boshaften Leuten fest verwurzelt. Sie ist ein Vritti[587] des Gunas[588] Tamas[589]. Das Lila[590] dieser Welt wird durch diese schlechte Angewohnheit des Menschen aufrecht erhalten. Es ist die schärfste Waffe von Maya[591], Ruhelosigkeit auf der ganzen Welt zu verbreiten. Wenn vier Menschen zusammensitzen kannst du sicher sein, dass dabei sicherlich einiges gelästert wird. Wenn du vier Sadhus[592] beobachtest, die sich unterhalten, kannst du ohne den geringsten Schatten eines Zweifels davon ausgehen, dass sie über irgendjemand lästern. Ein Sadhu, der in Kontemplation vertieft ist, ist stets alleine. Der Sadhu wird so reden: „Das Essen dieses Kshetra[593] ist sehr schlecht. Dieser Swamiji ist ein sehr schlechter Mensch." Lästern ist unter den sogenannten Sadhus weiter verbreitet als unter Haushältern. Aber selbst gebildete Sannyasins[594] und Haushälter sind nicht vor dieser schrecklichen Krankheit gefeit.

Die grundlegende Ursache des Lästerns ist Unwissenheit oder Eifersucht. Der Lästerer möchte denjenigen Menschen, der in günstigen Verhältnissen lebt, durch Verleumdung, Verunglimpfung, Schmähungen oder falsche Anschuldigungen schlechtmachen oder zerstören. Ein Lästerer hat nichts andere zu tun als sich das Maul zu zerreißen. Er lebt vom Lästern. Es bereitet ihm Vergnügen zu lästern und Unheil zu stiften. Lästerer sind eine Bedrohung für die Gesellschaft. Sie sind die schlimmsten Verbrecher. Sie brauchen eine harte Bestrafung. Doppelzüngigkeit, Verworfenheit, Diplomatie, Schikane, Wortklauberei, Tricks und Kunstgriffe sind das Gefolge von Lästern. Ein Lästerer kann niemals einen ruhigen, friedlichen

---

587 Gedankenwelle, geistige Veränderung.
588 Eigenschaft, Qualität. Alle Objekte der Natur (= Prakriti) bestehen aus den drei Grundeigenschaften (Gunas), Aspekten oder konstituierenden Bestandteilen der kosmischen Energie, nämlich Sattva, Tamas, und Rajas.
589 Unwissenheit, Trägheit, Dunkelheit, Vergänglichkeit. Eines der drei Gunas.
590 Das kosmische Spiel Gottes, das Erschaffung, Erhaltung und Auflösung umfasst. Lila ist das Relative im Verhältnis zum Absoluten.
591 Täuschung, Illusion, Schein. Die verschleiernde und projizierende Kraft im Universum.
592 Frommer oder heiliger Mensch (oft Mönch), der sich einem asketischen Leben verschrieben hat.
593 Küche, in der kostenlos Essen an Sadhus verteilt wird
594 Mönch.

Geist haben. Sein Geist ist vielmehr stets damit beschäftigt, Pläne oder Ränke in die falsche Richtung zu schmieden. Ein spirituell Suchender sollte vollkommen frei von diesem furchtbaren Laster sein. Er sollte alleine gehen, alleine essen und alleine meditieren. Wenn ein Mensch, der sich nicht von Eifersucht, Lästern, Hass und Stolz befreit hat, sagt: „Ich meditiere täglich sechs Stunden lang", ist das völliger Unsinn. Es gibt keine Hoffnung, auch nur für sechs Minuten in eine meditative Stimmung zu gelangen, wenn der Mensch diese bösen Vrittis nicht beseitigt und seinen Geist sechs Jahre lang durch selbstlosen Dienst reinigt.

LEICHTGLÄUBIGKEIT

Manche Menschen sind leichtgläubig. Das ist auch schlecht. Sie werden von anderen leicht betrogen. Du musst das Wesen, die Eigenschaften, die Vorfahren und das Verhalten des anderen kennen. Du musst ihn bei mehreren Gelegenheiten testen und prüfen. Wenn du vollständig zufriedengestellt bist, dann kannst du vollstes Vertrauen in ihn setzen. Es kann sein, dass er ein tiefgründiger Mensch ist. Es kann aber auch sein, dass er einen falschen Eindruck erweckt und sich nach einiger Zeit als gegensätzlich erweist. Du musst ihn genau beobachten und Seite an Seite mit ihm marschieren und von unterschiedlichen Menschen, die ihn bereits begleitet haben, alles über ihn in Erfahrung bringen. Man kann sich nicht lange verstellen. Sein Gesicht wie eine Anzeigetafel, die all seine inneren Gedanken und kurz alles, was in seiner inneren Fabrik vor sich geht, anzeigt. Nur nach genauer Überprüfung und Ausprobieren sollte man anderen Menschen sein Vertrauen und seine Zuversicht schenken.

LEIDENSCHAFT

RAGA[595]

Jeder starke Wunsch ist Leidenschaft.

Leidenschaft ist ein intensives oder überwältigendes Gefühl, durch das der Geist ganz leicht passiv beeinflusst wird. Jede intensive oder übermäßige, fortdauernde Neigung oder Drang wie zum Beispiel Liebe, Stolz, Eifersucht, Habgier usw., insbesondere glühende Zuneigung zu jemandem des anderen Geschlechts,

---

595 Leidenschaft, Bindung, das Gefühl etwas unbedingt besitzen zu wollen. Teil von Raga-Dvesha = Anziehung und Abstoßung, Zuneigung und Abneigung, Mögen und Nichtmögen.

ist Leidenschaft. Verliebtheit ist Leidenschaft. Ein Anfall von heftigem und rasendem Zorn ist ebenfalls Leidenschaft.

Leidenschaft ist ein Gefühl, durch das der Verstand beeinflusst wird. Der Gegenstand von starkem Verlangen ist Leidenschaft. Man sagt: „ Musik wurde eine Leidenschaft von Rama."

Leidenschaft ist ein Feind von Frieden, Hingabe und Weisheit. Wenn du die Leidenschaft nicht besiegst, wird sie dein Glück, deine Gesundheit und deinen Frieden auslöschen.

Derjenige, der von Leidenschaft beherrscht wird, ist der schlimmste aller Sklaven.

Leidenschaft ist wie ein spastischer Anfall. Sie ist eine vorübergehende Begeisterung. Nach dem Vergnügen schwächt sie dich.

Leidenschaft ist wie ein widerspenstiges Pferd. Beherrsche sie mit Besonnenheit, Leidenschaftslosigkeit und Unterscheidungskraft und werde weiser und besser. Befreie dich von Leidenschaften und du wirst frei sein.

Zerstöre als erstes deine beherrschende Leidenschaft, deine Hauptleidenschaft. Dann können alle anderen Leidenschaften leicht vernichtet werden.

Ein Diktator oder König beherrscht die Menschen, aber die Leidenschaft beherrscht den Diktator oder König. Einzig ein Weiser oder ein Yogi ist ein Herrscher über die Leidenschaft. Nur er alleine ist immer glücklich, wonnevoll und friedvoll.

Deine eigensinnige Leidenschaft verschließt dir das Tor zu dem unermesslichen Königreich ewiger Wonne. Erschlage diese Leidenschaft und tritt in die Gefilde der Wonne ein.

Die stärkste aller animalischen Leidenschaften ist diejenige, die dich an einem mondänen Leben festhalten lässt.

Habe Leidenschaft für die Gottesverwirklichung, das wird alle anderen Leidenschaften abtöten.

BEZWINGUNG DER LEIDENSCHAFT

RAGAJAYA

Im weiteren Sinne ist Leidenschaft jeder starke Wunsch. Patrioten haben Leidenschaft dafür, dem Land zu dienen. Hervorragende spirituell Suchende haben Leidenschaft für Gottesverwirklichung. Manchen Menschen haben eine starke Leidenschaft dafür, Romane zu lesen. Es gibt aber auch Leidenschaft für die Lektüre religiöser Bücher. Aber im Allgemeinen bedeutet Leidenschaft in der Umgangssprache Lust oder starkes sexuelles Verlangen. Das ist ein körperliches Verlangen nach sexueller oder geschlechtlicher Befriedigung. Wenn eine sexuelle Handlung oft wiederholt wird, wird das Verlangen sehr leidenschaftlich und stark. Der Sexualtrieb oder der Fortpflanzungstrieb des Menschen treibt ihn unfreiwillig zum Geschlechtsakt um der Erhaltung seiner Art willen.

Leidenschaft ist ein Vritti oder eine geistige Modifikation, die aus dem Geist-See aufsteigt, wenn das Guna Rajas vorherrscht. Sie ist eine Auswirkung oder ein Produkt von Avidya[596]. Sie ist ein negatives Vikara[597] im Geist. Atman ist immer rein. Atman ist Vimala[598] oder Nirmala[599] oder Nirvikara[600]. Er ist Nitya-Suddha. Die Avidya-Shakti[601] hat die Form von Leidenschaft angenommen, um das Lila[602] des Herrn aufrechtzuerhalten. Im „Chandi-Path" oder „Durga-Sapta-Sati"[603] steht geschrieben: „Ya Devi sarva bhuteshu kamarupena samsthita, namastasyai namastasyai namastasyai namo namaha – Ich verneige mich vor der Devi, die die Form der Leidenschaft in all diesen Lebewesen angenommen hat."[604]

In jungen Buben und Mädchen befindet sich die Leidenschaft noch im Zustand eines bloßen Samens. Sie bereitet ihnen keine Schwierigkeiten. Genauso wie der Baum im Samen schon latent vorhanden ist, genauso befindet sich Leidenschaft

---

596 Unwissenheit, Nichtwissen. Meint vor allem die Unfähigkeit, zwischen Vergänglichem und Unvergänglichem sowie zwischen Wirklichem und Unwirklichem zu unterscheiden.

597 Umwandlung, Anpassung, Transformation, Modifikation. Aufregung des Geistes, der schlechte Zustand von Geist oder Körper, Krankheit. Umwandlung einer Substanz in eine andere (z.B. Milch in Butter). Die Urquelle aller Substanzen ist die Natur (Prakriti), aus der im Wege der Umwandlung (Vikara) die ganze Erscheinungswelt hervorgeht.

598 Ohne Fehler, makellos, rein, transparent, klar.

599 Fleckenlos, rein. Ohne Fehler oder Unreinheiten, unberührt von Wunsch, Zorn, Habgier, Zuneigung, Stolz und Neid. Voll, vollständig, allmächtig.

600 Ohne Verwandlung, ohne Veränderung (Vikara). Eine Bezeichnung für den höchsten Herrn, der beständig gleich bleibt.

601 Die Macht der Unwissenheit. Die Macht, die über die Unwissenheit herrscht, die Unwissenheit gibt, sie aber auch nehmen kann.

602 Das kosmische Spiel Gottes, das Erschaffung, Erhaltung und Auflösung umfasst. Lila ist das Relative im Verhältnis zum Absoluten.

603 Eine auch als „Devi Mahatmyam" bekannte und im Hinduismus neben dem Devi Bhagavata eine der wichtigsten Schriften der Verehrer der Devi, der Göttin.

604 Ein bekanntes, auch „Devi Mantra" genanntes Sloka.

noch im Zustand eines bloßen Samens im Geist von Jungen und Mädchen. In alten Männern und Frauen wird die Leidenschaft unterdrückt, sie kann keinerlei Schaden anrichten. Nur in jungen Männern und Frauen, die die Pubertät erreicht haben, wird diese Leidenschaft problematisch. Männer und Frauen werden zu Sklaven der Leidenschaft. Sie werden hilflos.

Rajassiges Essen wie Fleisch, Fisch, Eier usw., rajassige Kleidung und ein rajassiger Lebensstil – Parfums, Romane lesen, Kino, Gespräche über sinnliche Themen, schlechte Gesellschaft, Alkohol, Rauschmittel jedweder Art, Tabak usw. – rufen Leidenschaft hervor. Die Tatsache, dass in Atman ein übersinnliches Glück existiert, das nicht von den Sinnesobjekten abhängig ist, ist – selbst für sogenannte gebildete Menschen – sehr schwer zu verstehen. Sie erleben atmische Wonne tagtäglich im Schlaf. Sie ruhen täglich im Schlaf in ihrem eigenen Selbst. Sie sehnen sich verzweifelt danach. Sie können ohne sie nicht existieren. Sie bereiten schöne Bettwäsche und Kissen vor, um die Wonne Atmans dort zu erleben, wo die Indriyas[605] nicht spielen, wo der Geist zur Ruhe kommt und die zwei Strömungen von Anziehung und Abstoßung und nicht funktionieren. Sie sagen jeden Morgen: „Ich habe tief und fest geschlafen. Ich habe es genossen. Ich habe nichts getan. Es gab keinerlei Störung. Ich bin um acht Uhr zu Bett gegangen und erst um sieben Uhr wieder aufgestanden." Doch der Mensch vergisst alles. So ist die Kraft von Maya oder Avidya. Wie rätselhaft diese Maya doch ist! Sie schleudert den Menschen hinab in den Abgrund der Dunkelheit. Am Morgen aber nimmt der Mensch sein sinnliches Leben wieder auf. Das hört niemals auf.

Manche unwissende Menschen sagen: „Es ist nicht richtig, die Leidenschaft zu beherrschen. Man darf der Natur nicht zuwiderhandeln. Warum hat Gott schöne junge Frauen erschaffen? Es muss irgendein Sinn in Seiner Schöpfung liegen. Wir sollten sie genießen und uns so oft wie möglich fortpflanzen. Wir sollten die Nachkommenschaft dieser Linie aufrechterhalten. Wenn allen Menschen Sannyasins wären und in den Wäldern leben würden, was würde dann aus dieser Welt werden? Sie würde aufhören zu existieren. Wenn wir die Leidenschaft unterdrücken, ziehen wir uns Krankheiten zu. Wir müssen viele Kinder bekommen. Wenn wir viele Kinder haben, ist das Glück im Haus zuhause. Das Glück des Ehelebens kann mit Worten nicht beschrieben werden. Es ist das A und O des

---

605 Sinnes- bzw. Wahrnehmungsfähigkeiten. Dazu gehören die 5 Sinnesorgane (Jnana Indriyas) und die 5 Handlungsorgane (Karma Indriyas). Sie gehören zu den 19 Elementen, aus denen der Astralkörper besteht.

Lebens. Ich mag Vairagya[606], Tyaga (Verzicht), Sannyasa[607] und Nivritti[608] nicht."
Das ist ihre plumpe Philosophie. Sie sind direkte Nachfahren von Charvaka[609] und
Virochana[610]. Sie sind Mitglieder auf Lebenszeit der epikureischen Denkrichtung[611].
Völlerei ist ihr Ziel im Leben. Die Schar ihrer Anhänger ist groß. Sie sind Freunde
des Satans. Wie bewundernswert Ihre Philosophie doch ist!

Wenn sie aber ihren Besitz verlieren, ihre Frau und ihre Kinder, wenn sie an unheilbaren Krankheiten leiden, dann sagen sie: „Oh Gott, erlöse mich von dieser
schrecklichen Krankheit. Vergib mir meine Sünden, ich bin ein großer Sünder."

Die Leidenschaft sollte um jeden Preis beherrscht werden. Nicht eine einzige
Krankheit wird dadurch verursacht, dass man die Leidenschaft beherrscht. Ganz
im Gegenteil wirst du immense Kraft, Freude und Frieden erlangen. Es gibt auch
wirksame Methoden, um die Leidenschaft zu beherrschen. Man sollte Atman
jenseits der Natur erlangen, indem man gegen die Natur handelt. So wie ein
Fisch gegen den Strom schwimmt, so musst auch du gegen den weltlichen Strom
der bösen Kräfte schwimmen. Nur dann kannst du Selbstverwirklichung erlangen. Leidenschaft ist eine böse Kraft und sie muss beherrscht werden, wenn du
unvergängliche atmische Wonne genießen willst. Sexuelles Vergnügen ist überhaupt kein Vergnügen. Gefahren, Schmerz, Angst, Anstrengung und Abscheu
gehen mit ihm einher. Wenn du die Wissenschaft des Atman oder des Yoga
kennst, kannst du die schreckliche Krankheit, die die Leidenschaft ist, ganz einfach kontrollieren. Gott möchte, dass du die Wonne von Atman genießt, die man
bekommen kann, indem man auf all die Vergnügungen dieser Welt verzichtet.

---

606 Leidenschaftslosigkeit, Verhaftungslosigkeit.
607 Entsagung, das Aufgeben, das vollständige Loslassen aller Bindungen in vollkommenem Gottvertrauen.
Bezeichnung der vierten und letzten Lebensphase (Ashrama), in der man alle irdischen Dinge loslässt und
alle ichbezogenen Interessen aufgibt. Das ganze Streben ist auf Befreiung (Moksha) und Einswerden mit Gott
gerichtet. Jeder, der aus spiritueller Erkenntnis der Welt entsagt, um Gott zu finden, wird Sannyasin.
608 Rückkehr, Aufhören, Sichzurückziehen. Im Gegensatz zur aktiven Teilnehme am Leben bzw.
Lebenszugewandtheit (Pavritti) bedeutet Nivritti die Abkehr von jeder weltlichen Aktivität, den Weg heraus
aus jeder Karma-Verstrickung, die Hinwendung nach innen. Nivritti zu praktizieren heißt, sich ernsthaft auf
den spirituellen Pfad zu begeben.
609 Begründer der gleichnamigen altindischen philosophischen Schule, deren Elemente Atheismus, Materialismus
und Hedonismus sind. Innerhalb der indischen Philosophie wird sie als „Nastika", d. h. die Autorität der Veden
verneinend, eingeordnet.
610 Virochana ist in der Hindu-Mythologie der König der Asuras, der Gegenspieler von Indra. Nach der Chandogya
Upanischade (VIII.7.2 – 8.5) gingen Indra und Virochana zu Prajapati (in der vedischen Mythologie der andro-
gyne Schöpfergott, das erste aller Wesen sowie Herr der Geschöpfe) in die Lehre, um etwas über Atman (das
Selbst) zu lernen. Sie lebten dort 2 Jahre lang und praktizierten Brahmacharya. Schließlich fehlinterpretierte
Virochana die Lehren von Prajapati und predigte den Asuras, den Körper (Shahira) als Atman anzubeten.
Deshalb haben die Asuras damit begonnen, den Körper von Verstorbenen mit Duftstoffen, Girlanden und
Verzierungen zu schmücken.
611 Philosophische Denkrichtung, die auf den Lehren des antiken griechischen Philosophen Epikur (341–271 v. Chr.)
basiert. Wie der Hedonismus sieht der Epikureismus Lust als das einzige wirkliche, höchste Gut an. Für Epikur
war das Mittel, diese Lust zu erreichen, bescheiden zu leben und Wissen über die Welt und ihre Gesetze sowie
die Grenzen des eigenen Strebens zu erwerben.

Diese schönen Frauen und der Wohlstand sind Mittel von Maya, um dich in die Irre zu führen und in ihren Netzen zu fangen. Wenn du immer ein weltlicher Mensch mit niedrigen Gedanken und erniedrigenden Begierden bleiben möchtest, kannst du das durchaus tun. Du befindest dich in völliger Freiheit. Du kannst dreihundertfünfzig Frauen heiraten und genauso viele Kinder zeugen. Niemand kann dich davon abhalten. Aber du wirst schnell herausfinden, dass diese Welt dir die Befriedigung nicht geben kann, die du suchst, da alle Objekte durch Zeit, Raum und Verursachung bedingt sind. Es gibt Tod, Krankheit, Alter, Sorgen, Befürchtungen und Ängste, Furcht, Verlust, Enttäuschung, Scheitern, Missbrauch, Schlangenbisse, Skorpionstiche, Erdbeben, Unfälle, usw. Du kannst nicht einmal für eine Sekunde Geistesfrieden finden. Dein Geist ist erfüllt mit Leidenschaft und Unreinheit, dein Verständnis ist getrübt und dein Verstand ist jetzt verdreht. Du bist nicht dazu in der Lage, die trügerische Natur des Universums und die immerwährende Wonne in Atman zu verstehen.

Leidenschaft kann wirkungsvoll beherrscht werden. Es gibt Patentrezepte dafür. Wenn du die Leidenschaft beherrschen kannst, wirst du wirkliche Wonne von Innen empfinden – von dem Atman. „Nicht alle Menschen können Sannyasins sein. Sie haben unterschiedliche Bindungen und Verhaftungen. Sie sind leidenschaftlich und können die Welt deshalb nicht verlassen. Sie sind an ihre Frau, ihre Kinder und ihren Besitz gebunden." Deine Aussage ist völlig falsch. Sie ist Asambhava (unmöglich). Hast du in den Annalen der Weltgeschichte je davon gehört, dass die Welt vollkommen verlassen gewesen wäre, weil alle Menschen Sannyasins geworden wären? Warum stellst du diese absurde Behauptung dann auf? Das ist nur ein genialer Trick deines Geistes, um deine dummen Argumente zu unterstützen und deine teuflische Philosophie, deren wichtigste Prinzipien Leidenschaft und sexuelle Befriedigung sind. Sprich in Zukunft nicht mehr so. Das zeigt nur deine Dummheit und deine leidenschaftliche Natur. Mach dir keine Gedanken über diese Welt. Kümmere dich um deine eigenen Angelegenheiten. Gott ist allmächtig. Selbst wenn diese Welt völlig entvölkert wäre, weil sich alle Menschen in die Wälder zurückziehen würden, würde Gott im Handumdrehen durch reine Willenskraft zig-Millionen Menschen erschaffen. Das ist nicht dein Beobachtungsposten. Suche nach Mitteln, um deine Leidenschaft zu überwinden.

Die Weltbevölkerung wächst sprunghaft. Die Leute sind kein bißchen religiös. Leidenschaft ist in allen Teilen der Welt ein regierender Monarch. Der Geist der Menschen ist erfüllt von sexuellen Gedanken. Die Welt besteht nur aus Mode, Restaurants, Hotels, Abendessen, Tanz und Kinos. Ihr Leben erschöpft sich in Essen, Trinken und Fortpflanzung. Das ist alles. Die Nahrungsmittelproduktion ist nicht ausreichend, um den Bedarf der Menschen zu decken. Es besteht eine Wahrscheinlichkeit für Hungersnöte und Epidemien. Mutter Erde schwemmt die überzählige Bevölkerung fort, wenn der Vorrat oder die Produktion an Nahrungsmitteln die Bedürfnisse nicht angemessen decken kann. Die Menschen versuchen Methoden zur Empfängnisverhütung zu entwickeln, oder Pessare, französische Briefe[612], Gegenstände aus Gummi, Injektionen und die Verwendung von Protargol-Gel[613]. Das sind alles törichte Anstrengungen. Die Energie des Samens wird vergeudet. Durch die Praxis des Zölibats kann diese Energie konserviert und in Ojas[614] umgewandelt werden. Die Welt leidet an einem ungeheuren sexuellen Rausch. Auch die sogenannten gebildeten Menschen sind keine Ausnahme von dieser Regel. Sie sind geblendet und bewegen sich mit einem pervertierten Verstand durch diese Welt. Arme, erbärmliche Exemplare der Menschheit! Ihnen gilt mein Mitgefühl. Möge Gott sie aus diesem Sumpf erheben und ihre Augen für die spirituellen Sphären öffnen. Selbstbeherrschung und Zölibat sind die einzigen wirkungsvollen natürlichen Methoden der Empfängnisverhütung.

Sogar Hochzeiten stellen eine Bedrohung für die Gesellschaft dar. Es ist in der Tat ein Übel. Bengalen und Madras sind voll von jungen Witwen. Viele junge Männer, in denen ein spirituelles Erwachen stattgefunden hat, schreiben mir mit bedauernswerten Worten: „Lieber Swamiji, mein Herz schlägt für höhere spirituelle Dinge. Meine Eltern haben mich gegen meinen Willen gezwungen zu heiraten. Ich musste es meinen alten Eltern zu Gefallen tun. Sie haben mich auf verschiedene Art und Weise unter Druck gesetzt. Jetzt weine ich. Was soll ich jetzt tun?" Junge Buben, die noch keine Vorstellung von dieser Welt und dem Leben haben, werden mit acht oder zehn Jahren verheiratet. Man sieht Kinder, die Kinder bekommen. Es gibt Kind-Mütter. Ein achtzehnjähriger Junge hat selbst schon drei Kinder. Was für ein schrecklicher Zustand. Es gibt keine Langlebigkeit. Alle sind kurzlebig. Häufige Entbindungen zerstören die Gesundheit der Frauen und führen zu einer Unzahl anderer Erkrankungen.

Ein Sachbearbeiter mit einem Gehalt von 50 Rupien hat schon im Alter von nur 30 Jahren sechs Kinder. Alle zwei Jahre kommt eines hinzu. Er überlegt nie: „Wie soll ich eine derart große Familie ernähren? Wie soll ich meine Söhne und Töchter erziehen? Wie soll ich für die Hochzeit meiner Tochter aufkommen?" In der Hitze der sexuellen Erregung wiederholt er denselben unwürdigen Akt immer und immer wieder. Er hat keinerlei Selbstkontrolle. Er ist ein vollkommener Sklave seiner Leidenschaft. Er vermehrt sich wie die Karnickel und bringt zahllose Kinder hervor, die letztlich nur die Anzahl der Bettler erhöht, die es auf der Welt gibt. Sogar Tiere verfügen über Selbstbeherrschung. Löwen suchen Ihren Partner nur einmal im Leben auf oder einmal im Jahr. Es ist nur der Mensch, der sich so sehr mit seinem Verstand brüstet, der gegen die Gesundheitsregeln verstößt und der

---

612 Diesen Begriff verwendeten Soldaten während des 2. Weltkrigs für „Kondom".

613 Protargol ist eine kolloidale Silber-Albumin-Verbindung, die vor allem zur Behandlung von Gonorrhoe verwendet wurde.

614 Kraft, spirituelle Energie, Vitalität. Die spirituelle Kraft, die durch die Schöpfungskraft von Enthaltsamkeit und Yoga Sadhana entwickelt wird. Im Ayurveda ist Ojas die Essenz der verdauten Nahrung, Eindrücke und Gedanken.

in dieser Beziehung zu einem Verbrecher geworden ist. Er wir schon in naher Zukunft einen hohen Preis für seine Verstöße gegen die Gesetze der Natur zu bezahlen haben.

Du hast verschiedene Gewohnheiten des Westens in Bezug auf Frage der Kleidung und der Mode angenommen. Du bist zu einem Geschöpf plumper Nachahmung geworden. Die im Westen heiraten nicht, wenn sie nicht dazu in der Lage sind, ihre Familie ordentlich zu erhalten. Sie verfügen über mehr Selbstbeherrschung. Sie sichern sich zuerst eine gute Stellung im Leben, verdienen Geld, sparen etwas an und denken erst dann daran zu heiraten. Sie wollen keine Bettler in die Welt setzen wie ihr das tut. Derjenige, der das Ausmaß des menschlichen Leids in dieser Welt verstanden hat, wird sich nicht trauen, auch nur ein einziges Kind aus dem Schoß einer Frau hervorzubringen.

Wenn ein Mann mit einem geringen Gehalt eine große Familie zu ernähren hat wird er geradezu dazu gezwungen, Bestechungsgelder anzunehmen. Er verliert Sinn und Verstand und ist dazu bereit, jede Art von niederträchtiger Handlung zu begehen, nur um Geld zusammenzukratzen. Die Vorstellung von Gott ist verloren gegangen. Er steht unter dem Einfluss der Leidenschaft. Er wird zum Sklaven seiner Frau. Er erträgt mit einem Schulterzucken ihren Hohn und ihr Gezeter, wenn er nicht dazu in der Lage ist, ihr den Lebensstil zu ermöglichen, den sie von ihm verlangt. Er weiß nichts von der Theorie von Karma, den Samskaras[615] und der Funktionsweise der inneren geistigen Fabrik. Die schlechten Angewohnheiten Bestechungsgelder anzunehmen, andere zu betrügen und Lügen zu erzählen, sitzen im unterbewussten Geist und werden auf jeden physischen Körper in seinen zukünftigen Geburten übertragen. Er bringt seine eigenen Samskaras mit und beginnt in den folgenden Geburten dasselbe Leben voller Betrügereien und Lügen. Würde ein Mensch, der um dieses unabänderliche Gesetz weiß, jemals schlechte Taten begehen? Ein Mensch verdirbt sich seinen Geist durch seine falschen Handlungen und wird auch in kommenden Geburten ein Dieb oder Betrüger. Er bringt seine alten Gedanken und Gefühle mit sich, die von Natur aus teuflisch sind. Man sollte sehr vorsichtig mit seinen Gedanken, Gefühlen und Handlungen sein. Er sollte immer auf seine Gedanken und Handlungen achten, sollte göttliche Gedanken und erhabene Gefühle hegen und edle Handlungen vollführen. Aktion und Reaktion sind gleich und entgegengesetzt. Man sollte dieses Gesetz verstehen und immer daran denken. Dann wird er keinerlei falsche Handlung begehen.

Der eine Ton, der in der gesamten Gita anklingt und die Vorstellungskraft und den Geist der Leser fesselt, ist dass der Mensch, der seine leidenschaftliche Natur

---

615 „Eindrücke", d.h. Tendenzen des Geistes, die durch Handlungen und Gedanken in früheren Zeiten oder Geburten entstanden sind, geistige Muster oder Verhaltensweisen.

besänftigt hat, der glücklichste Mensch auf dieser Welt ist. Es ist auch wirklich ganz einfach, die Leidenschaft zu beherrschen, die dein tödlichster Feind ist, wenn du diese Aufgabe sehr ernst nimmst und dich deinem spirituellen Sadhana von ganzem Herzen und mit unbeirrbarer Hingabe und Konzentration widmest. Nichts ist unmöglich unter der Sonne. Die Anpassung der Ernährung ist von überragender Bedeutung. Nimm sattvige Nahrung wie Milch, Früchte, grünes Dal[616], Gerste usw. zu dir. Ernähre dich einfach. Gib scharfes Essen wie z.B. Curries, Chutneys, Chillies usw. auf. Praktiziere Vichara[617]. Rezitiere „OM". Meditiere auf Atman. Erforsche „Wer bin ich?" Denke immer daran, dass in Atman kein Vasana[618] existiert. Leidenschaft gehört nur zum Geist. Schlafe allein. Steh um vier Uhr in der Früh auf und praktiziere Japa auf das Maha Mantra[619] oder „Om Namah Sivaya"[620] oder „Om Namo Narayanaya"[621] je nach deinem Geschmack, Temperament und Möglichkeit. Meditiere auf göttliche Eigenschaften wie Allmacht, Allwissenheit, Allgegenwärtigkeit usw. Studieren jeden Tag ein Kapitel der Gita. Achte bewusst darauf nicht zu lügen, selbst wenn es dich das Leben kostet. Faste an Ekadashi-Tagen[622] und wenn dich deine Leidenschaft beunruhigt. Gib das Lesen von Romanen und Kinobesuche auf. Verbringe jede Minute nutzbringend. Praktiziere auch Pranayama. Lies mein Buch „Die Wissenschaft des Pranayama". Betrachte Frauen nicht mit leidenschaftlichen Absichten. Wenn du auf der Straße gehst schaue auf deine Zehen und meditiere auf die gewählte Form deiner Gottheit. Wiederhole immer dein Guru Mantra, sogar beim Gehen, beim Essen und während der Arbeit im Büro. Versuche Gott in allem zu sehen. Halte dein spirituelles Tagebuch aktuell und schicke es mir an jedem Monatsende zur Durchsicht. Schreibe dein Guru Mantra täglich eine Stunde lang in ein frisches Notizbuch und schicke es an mich.

Du wirst die Leidenschaft nur beherrschen können, wenn du die obigen Anweisungen strikt buchstabengetreu befolgst. Du kannst mich auslachen, falls du nicht erfolgreich sein solltest. Gesegnet ist der Mensch, der seine Leidenschaft beherrscht, denn er wird bald Gottesverwirklichung erreichen. Gepriesen sei so eine Seele!

---

616 Mungbohnen, vgl. zu „Dal" im Übrigen Fn. 500.

617 Fragen nach dem Wesen des Selbst, Brahmans, der Wahrheit.

618 Vasanas sind subtile Wünsche; Tendenzen, die sich im Menschen durch das Ausführen von Handlungen und durch Erfahrungen entwickeln und ihn dazu verleiten, die Handlungen zu wiederholen bzw. die Wiederholung der Erfahrung zu suchen.

619 Das „große Mantra" Hare Rama, Hare Rama, Rama Rama, Hare Hare, Hare Krishna, Hare Krishna, Krishna Krishna, Hare Hare. Das Maha Mantra gilt das großartigste Mantra insbesondere im gegenwärtigen Zeitalter, dem Kali Yuga. Das Maha Mantra ruft Gott in seinen Aspekten als Hari (Vishnu), Rama und Krishna an.

620 Das Mantra Shivas, auch Panchakshara Mantra genannt.

621 Das Mantra Vishnus, Anrufung der Energie Vishnus, um Gott in allen Wesen und im gesamten manifesten Universum zu sehen.

622 Elfter Tag des Hindu-Mondkalenders. Ekadashi gilt als besonders geeignet zum Fasten sowie für die Meditation.

Praktiziere Sirshasana[623], Sarvangasana[624] und Siddhasana[625] gleichzeitig mit Pranayama. Diese sind höchst wirkungsvoll beim Bezwingen der Leidenschaft. Überlade deinen Magen abends nicht. Das Abendessen sollte sehr leicht sein. Milch oder ein paar Früchte stellen ein gesunde Lebensweise oder eine gute Abendmahlzeit dar. Habe das Motto: „Einfaches Leben und hohes Denken" auf der Vorderseite deines Bewusstsein eingraviert.

Studiere ausgewählte Arbeiten von Sankara[626] wie zum Beispiel Bhaja Govindam[627], Maniratna Mala, Prasnottari oder Viveka Chudamani[628] usw. Sie sind alle sehr erhebend und inspirierend. Praktiziere stets Atma Vichara[629]. Habe Satsang. Nimm an Kathas[630], Sankirtan[631] und philosophischen Diskursen teil. Sei mit niemandem zu vertraut. Vertrautheit erzeugt Verachtung. Vermehre deine Freundschaften nicht. Mache Frauen nicht den Hof. Sei auch nicht sehr vertraut mit ihnen. Vertrautheit mit Frauen wird letztendlich in deiner Zerstörung enden. Vergiss diesen Punkt niemals. Freunde sind deine wirklichen Feinde.

Vermeide es, Frauen mit lüsternen Ansichten anzuschauen. Hege Atma Bhava[632] oder das Bhava der Mutter, Schwester oder Devi[633]. Es wird dir oft nicht gelingen. Versuche immer und immer wieder dieses Bhava zu verwirklichen. Wann immer dein Geist sich mit lüsternen Gedanken auf attraktive Frauen richtet, habe ein scharfes Bild von dem Fleisch, Knochen, Urin und den Fäkalien vor deinem geistigen Auge, aus denen der menschliche Körper zusammengesetzt ist. Das wird Vairagya in dem Geist hervorrufen. Du wirst die Sünde des unkeuschen Blicks auf Frauen nicht mehr begehen. Das dauert zweifelsohne einige Zeit. Auch Frauen können die vorstehende Methode anwenden und auf dem beschriebenen Weg ein geistiges Bild haben.

Bestrafe dich selbst, wenn dein Geist sich mit lustvollen Gedanken Frauen zuwendet. Gib die Abendmahlzeiten auf. Mache zwanzig Malas mehr Japa. Hasse die Lust, aber nicht die Frauen. Trage stets ein Kaupina (Langoti).[634]

---

623 Kopfstand.
624 Schulterstand.
625 Ein klassischer Meditationssitz.
626 Vgl. Fn. 198.
627 Werk von Shankaracharya.
628 Wörtlich "Kleinod (Chudamani) der Unterscheidungskraft (Vivek)", ein Hauptwerk von Shankaracharya.
629 Vgl. Fn. 362.
630 Auch Hari Katha oder Katha Kaalakshepa genannt. Wörtlich: „Sprechen über Hari" (Hari ist einer der Namen Krishnas). Hari Katha ist im Hinduismus eine Mischung aus Vortrag und Musik, in der der Erzähler das Leben eines Heiligen oder eine Geschichte aus einem indischen Epos vorträgt, wie sie heute beispielsweise von Sri Venugopal Goswami praktiziert wird.
631 Vgl. Fn. 225.
632 Vgl. Fn. 44.
633 = Göttliche Mutter.
634 Vgl. Fn. 464.

Gib nach und nach Salz und Tamarinde auf. Salz regt die Leidenschaft und die Gefühle an. Salz regt die Indriyas[635] an und stärkt sie. Der Verzicht auf Salz führt zu einem kühlen Zustand des Geistes und der Nerven. Er hilft bei der Meditation. Am Anfang wirst du ein wenig leiden. Später wirst du die salzlose Ernährung genießen. Praktiziere sie mindestens für sechs Monate. So wirst du dazu in der Lage sein, dein eigenes Swarupa[636] sehr schnell zu verwirklichen. Alles, was von dir verlangt wird ist aufrichtiges und ernsthaftes Bemühen. Möge Sri Krishna dir den Mut und die Stärke verleihen, den spirituellen Pfad zu beschreiten und das Ziel des Lebens zu erreichen.

MANGEL AN SELBSTVERTRAUEN

AVISHVASA[637]

Mangel an Selbstvertrauen ist Mangel an Zuversicht, Mangel an Eigenständigkeit.

Einem Menschen, dem es an Selbstvertrauen mangelt, fehlt es an Glauben in das eigene Selbst. Er misstraut seinem eigenen Selbst.

Mangel an Selbstvertrauen ist Mangel an Zuversicht in sich selbst. Er ist ein Fehlen von Vertrauen in die eigene Stärke, Richtigkeit, Weisheit, Urteilsvermögen oder Können. Er ist Ängstlichkeit, Misstrauen gegen sich selbst, Schüchternheit.

Mangel an Selbstvertrauen stellt die eigenen Entscheidungen in Frage und behindert die Ausführung von Handlungen, er drückt dich nieder.

Entwickle Zuversicht und Eigenständigkeit. Denke weniger daran, was andere von dir denken könnten. Das wird dir dabei helfen, einen Mangel an Selbstvertrauen zu überwinden und wird dir zu Zuversicht, Souveränität und Eigenständigkeit verhelfen.

Man sagt: „Rama schrieb aus Furcht vor Kritikern mit einem Mangel an Selbstvertrauen. Krishna scheiterte allein wegen eines Mangels an Selbstvertrauen." Viele Menschen haben immer einen Mangel an Selbstvertrauen. Sie haben auch kein Selbstbewusstsein. Sie haben Energie, Fähigkeiten und Begabungen. Aber sie haben kein Vertrauen in ihre eigenen Kräfte und Fähigkeiten sowie darin, erfolgreich zu sein. Das ist eine Art von Schwäche, die alle Versuche zum Scheitern

---

635 Sinnes- bzw. Wahrnehmungsfähigkeiten. Dazu gehören die 5 Sinnesorgane (Jnana Indriyas) und die 5 Handlungsorgane (Karma Indriyas). Sie gehören zu den 19 Elementen, aus denen der Astralkörper besteht.
636 Essenz; das eigene Wesen; Form als Verkörperung eines geistigen Prinzips.
637 Misstrauen.

verurteilt. Ein Mensch betritt die Kanzel um einen Vortrag zu halten. Er ist sehr belesen. Aber er hat einen Mangel an Selbstvertrauen. Dummerweise denkt er, dass er nicht dazu in der Lage sei, eine beeindruckende Rede zu halten.

In dem Moment, in dem ihm dieser negative Gedanke in den Sinn kommt, wird er nervös, schwankt und steigt von der Bühne herab. Sein Scheitern ist dem Mangel an Selbstsicherheit zuzuschreiben. Es mag sein, dass du nur geringe Fähigkeiten hast, aber du musst volles Vertrauen darin haben, dass deine Unternehmung von Erfolg gekrönt sein wird. Es gibt Menschen, die nicht vermögend sind und keine besondere Begabung haben, die aber das Publikum trotzdem zu begeistern vermögen. Das liegt an ihrer Selbstsicherheit. Zuversicht ist eine Art von Stärke. Sie stärkt die Willenskraft. Denke immer daran: „Ich werde erfolgreich sein. Ich habe vollstes Vertrauen in meinen Erfolg." Gib der negativen Eigenschaft des Mangels an Selbstvertrauen keinen Raum, in deinen Geist einzudringen. Zuversicht ist der halbe Erfolg. Du musst deinen wahren Wert genau kennen. Ein Mensch mit Selbstvertrauen hat stets Erfolg in all seinen Versuchen und Unternehmungen.

MANORAJYA

Manorajya heißt Luftschlösser zu bauen. Das ist eine Masche des Geistes. Betrachte dieses Wunder! Der spirituell Suchende meditiert in einer einsamen Höhle im Himalaya. In seiner Höhle plant er: „Nach Beendigung meiner Meditation muss ich in San Franzisco und New York herumziehen und dort Vorträge halten. Ich muss ein Zentrum für spirituelle Aktivitäten in Kolumbien gründen. Ich muss etwas Neues machen auf der Welt. Ich muss etwas machen, was bisher noch nie jemand gemacht hat." Das ist Ehrgeiz. Das ist egoistische Einbildung. Das ist ein großes Hindernis. Das ist ein mächtiges Vighna[638]. Das macht es dem Geist unmöglich, auch nur für eine Sekunde zur Ruhe zu kommen. Immer und immer wieder kommt es zum Wiederaufleben des einen oder anderen Vorhabens, einer Vermutung oder eines Plans. Der spirituell Suchende wird meinen, er befände sich in tiefer Meditation, aber wenn er seinen Geist durch Introspektion und Selbstanalyse genau beobachtet, dann entpuppt es sich nur als ein eindeutiger Fall von Luftschlösser bauen. Ein Manorajya vergeht und im Handumdrehen taucht ein anderes auf. Es wird ein kleines Sankalpa oder ein Kräuseln im Geist-See sein. Es wird aber innerhalb weniger Minuten ungeheure Kraft erlangen, wenn man wiederholt daran denkt. Die Macht der Vorstellungskraft ist ungeheuerlich. Maya richtet ihre Verwüstungen durch die Vorstellungskraft an. Die Vorstellungskraft mästet den Geist. Die Vorstellungskraft ist wie Moschus

---

638 Hindernis, Unterbrechung, Störung, Schwierigkeit.

oder Siddha Makaradhvaja[639]. Sie belebt und stärkt einen sterbenden Geist. Die Macht der Vorstellungskraft erlaubt es dem Geist nicht, auch nur für eine einzige Sekunde still zu bleiben. So wie Schwärme von Heuschrecken oder Fliegen sich in einem stetigen Strom fortbewegen, fließen auch ständige Ströme von Manorajya unablässig voran. Vichara, Unterscheidung, Gebet, Japa, Meditation, Satsang, Fasten, Pranayama und die Praxis, den Geist von Gedanken zu leeren, werden dieses Hindernis umschiffen. Pranayama hemmt die Geschwindigkeit des Geistes und beruhigt den sprudelnden Geist. Ein junger ehrgeiziger Mensch ist nicht dazu geeignet, in einer einsamen Höhle zu verweilen. Derjenige, der einige Jahre lang selbstlosen Dienst in dieser Welt verrichtet hat und der einige Jahre lang Meditation in abgeschiedenen Zimmern in den Ebenen praktiziert hat, nur der kann in einer Höhle leben. Nur so ein Mensch kann die Abgeschiedenheit der Klausen im Himalaya wirklich genießen.

MINDERWERTIGKEITSGEFÜHL

HEENA BHAVA

Manche Menschen sorgen sich zu viel, dass sie im Vergleich zu anderen minderwertig sind. Die Vorstellung von Überlegenheit und Unterlegenheit ist jedoch nur ein bloßes Konzept des Geistes. Ein unterlegener Mensch kann ein überlegener Mensch werden, wenn er sich anstrengt, sich abstrampelt und Tugenden entwickelt. Ein überlegener Mensch kann unterlegen werden, wenn er seinen Besitz verliert und auf Abwege gerät. Denke niemals, dass du jemand anderem gegenüber unterlegen oder überlegen bist. Wenn du denkst, dass du anderen überlegen bist wirst du anfangen, sie regelrecht mit Verachtung zu behandeln. Die Vorstellung von Überlegenheit und Unterlegenheit ist ein Erzeugnis von Unwissenheit. Betrachte alle als einander ebenbürtig. Lebe im wahren Geist der Gita. Höre auf das, was die Gita sagt: „Weise betrachten einen Brahmanen, der sich durch Wissen und Bescheidenheit auszeichnet, eine Kuh, einen Elefanten, ja sogar einen Hund und einen Kastenlosen als ebenbürtig."[640] Namdev[641] lief einem Hund mit einer Tasse Ghee[642] hinterher, um das Brot anzufeuchten und weich zu machen. Er sagte: „Oh Hund! Du bist auch eine Erscheinungsform von Vittala[643].

---

639 Siddha Makaradhvaja (SM) ist eine auf Quecksilber basierende ayurvedische Rezeptur, die – vor allem in Nordindien – gegen rheumatische Arthritis und neurologische Störungen, aber auch als Verjüngungs- und Genesungsmittel sowie als Aphrodisiakum verwendet wird.
640 Bhagavad Gita, V. 18.
641 Heiliger, auch Namdeo oder Namadeva genannt, 1270 – 1350, der gleichermaßen von Hindus und Sikhs verehrt wird.
642 Geklärte Butter.
643 Einer der Namen von Vishnu, der vor allem in Maharashtra, Karnataka, Goa und Andhra Pradesh verwendet wird.

Dieses trockene Brot wird deinen Rachen verletzen. Erlaube mir bitte, dieses Ghee auf das Brot zu streichen." Ekanath[644] gab das Wasser aus dem Ganges, das er für ein Abisheka[645] in Rameswaram[646] aus Gangotri[647] mitgebracht hatte, einem Esel, der am Straßenrand lag und sehr durstig war. Wo aber ist Raum für Überlegenheit oder Unterlegenheit, wenn du das eine Selbst in allen und überall erblickst? Oder, wie William Hazlitt[648], der renommiert Essayist es ausdrückt: „Das Gefühl der Minderwertigkeit anderen gegenüber, ohne dass damit zumindest indirekt ein Appell an die Selbstliebe verbunden ist, ist ein schmerzhaftes Gefühl und kein erhebendes." Ändere deinen Blickwinkel oder deine geistige Einstellung und ruhe in Frieden.

MODE: EIN SCHRECKLICHER FLUCH

Dieses Thema ist dem Karma Yoga nicht wesensfremd. Nur derjenige, der einfache Kleidung trägt, der frei von dieser furchtbaren Plage der Mode ist, kann Karma Yoga praktizieren. Man sollte sich der verheerenden Auswirkungen der Mode vollkommen bewusst sein. Deshalb habe ich diesen Artikel hier eingefügt.

Die Leute sterben für die Mode. Männer und Frau sind vollkommen zu Sklaven der Mode geworden. Wenn der Schnitt eines Abendkleids oder einer Uniform nur den kleinsten Fehler aufweist, werden deshalb Schadenersatzprozesse gegen den Schneider vor Gerichten in London und Paris geführt. Sogar Bombay und Delhi sind heutzutage zu Paris geworden. Man kann dort abends die unterschiedlichsten Moden sehen. Mode besteht in Halbnacktheit. Sie werden das für eine wissenschaftliche, hygienische Belüftung der entblößten Körperteile ausgeben. Die Hälfte des Brustkorbs, die Hälfte der Arme und die Hälfte der Beine muss entblößt sein. Das ist Mode. Sie haben völlige Kontrolle über ihr Haar. Das ist ihr Siddhi[649] oder ihre psychische Kraft. Sie können es in einem Friseursalon auf jedwede Art schneiden und frisieren lassen. Mode steigert die Leidenschaft und facht sie an.

644 Ekanath (1533 – 1599) war ein berühmter Heiliger, Gelehrter und Dichter der Maharti-Literatur (neben Hindi, Gujarati und Bengali eine der indoarischen Sprachen Indiens).
645 Das Begießen einer Statue mit Wasser, Milch oder einer anderen heiligen Substanz in einer Puja.
646 Stadt im südindischen Bundesstaat Tamil Nadu auf der dem Festland vorgelagerten Insel Pamban in der Meerenge zwischen Indien und Sri Lanka, wo Rama nach seiner Rückkehr aus Lanka den Gott Shiva verehrt haben soll. Einer der heiligsten Orte des Hinduismus und einer der wichtigsten Wallfahrtsorte Indiens.
647 Ort auf 3.450m im Distrikt Uttarkashi in indischen Bundesstaat Uttarkhand. Gilt (geographisch nicht ganz richtig) als Quelle des Ganges.
648 Englischer Essayist und Schriftsteller, 1778 – 1830.
649 Vollkommenheit, psychische Kraft. In den Yoga-Sutren: Fähigkeiten, die über die normal üblichen Fähigkeiten des Menschen hinausgehen und daher oft als übernatürlich beschrieben werden.

Sogar eine arme Frau aus Bombay bezahlt fünf Rupien dafür, sich ein einzelnes gewöhnliches Kleid machen zu lassen. Sie verschwendet keinen einzigen Gedanken daran, wir ihr Mann das alles bezahlen können soll. Der arme Ehemann! Ein Sklave der Leidenschaft! Eine armselige Seele! Muss sich hier und dort Geld leihen, Bestechungsgelder annehmen und seine Frau irgendwie mit einem äußerlichen Lächeln zufriedenstellen, während ihn innerlich der Ärger verbrennt. Er tötet sein Gewissen ab, zerstört seinen Verstand und läuft von sich selbst getäuscht durch diese Welt und bekommt Karbunkel[650] und Eiterflüsse als Ergebnis seiner schlechten Taten. Wenn er in Schwierigkeiten ist weint er: "Ich bin ein großer Sünder. Ich habe in meinem früheren Leben viele böse Taten begangen. Oh Herr! Vergib mir, rette mich!" Aber er versucht nie, sein Schicksal in diesem Leben zu verbessern.

Die ganze Welt kann mit den Stoffresten der eitlen, modischen Leute eingekleidet werden. Er wird enorm viel Geld für Mode verschwendet. Eigentlich braucht der Mensch nicht viel auf dieser Welt: ein paar ordentliche Kleider, vier Scheiben Brot und einen Becher Wasser. Wenn das Geld, das für die Mode verschwendet wird, für tugendhafte Handlungen, Wohltätigkeit oder Dienst an der Gesellschaft ausgegeben wird, wird der Mensch in Göttlichkeit transformiert werden. Er wird in den Genuss ewigen Friedens und ewiger Wonne kommen. Was aber sieht man stattdessen an modischen Menschen? Ruhelosigkeit, Ängstlichkeit, Sorge, Furcht, Depression und ein blasses Gesicht. Sie mögen in seidene Roben oder Abendanzügen in der aktuellsten Mode mit steifen doppelten Kragen, Krawatten und Schleifchen gekleidet sein. Aber in ihren Gesichtern erkennst du Freudlosigkeit und Hässlichkeit. Das Geschwür der Sorge, der Gier, der Leidenschaft und des Hasses hat den Kern ihres Herzens aufgefressen.

Wenn du einen englischen Baron bittest, die Schuhe beim Betreten eines Hindu Tempels auszuziehen und den Hut abzunehmen, fühlt er sich, als hätte er seine ganze Persönlichkeit verloren. Sieh die Eitelkeit eines egoistischen Menschen! Ein kleines Stückchen Leder und etwas mit Stoff überzogene Pappe machen einen mächtigen Baron aus! Ohne sie verwandelt er sich in ein luftiges Nichts. Es ist keine Seele oder Stärke mehr in ihm. Am Handgelenk ist kein Puls mehr zu fühlen. Er kann nicht mehr mit derselben Kraft sprechen. Die Welt ist voller Menschen mit einem kleinen Herzen und nur wenig Verständnis. Sie glauben ernsthaft, dass Turbane und modische Langmäntel, Hüte und Stiefel einen großen Menschen ausmachen. Ein wahrhaft großer Mensch ist einfach und frei von Egoismus und Raga-Dvesha[651] (Mögen und Nichtmögen).

---

650 Eiterbeulen, nämlich tiefe und in der Regel sehr schmerzhafte Infektion mehrerer benachbarter Haarfollikel oder das Verschmelzen mehrerer nebeneinander liegender Furunkel.

651 Anziehung und Abstoßung, Zuneigung und Abneigung, Mögen und Nichtmögen. Sie begründen den Kreislauf der erschaffenen Welt (Prakriti) und gelten als Hauptursache für die Unruhe des menschlichen Geistes und des Leidens. Raga-Dvesha kann durch Hingabe überwunden werden.

Warum ziehen Frauen und Männer modische Kleidungsstücke an? Sie möchten in den Augen anderer als bedeutende Persönlichkeiten erscheinen. Sie denken, dass sie Respekt und Ehre bekommen, wenn sie sich modisch kleiden. Die Frau möchte in den Augen ihres Mannes schön erscheinen. Sie möchte ihn anziehen. Der Mann zieht modische Kleidung an, um seine Frau anzuziehen. Die Schwester von zweifelhaftem Ruf[652] möchte durch modische Kleidung mehr Kunden anlocken. All das ist eine Täuschung. Kann ein modisches Kleidungsstück wahre Schönheit verleihen? Das ist alles nur künstliche Dekoration, vorübergehendes falsches Glitzern und falsche, vergängliche Schönheit. Wenn Du über gute Tugenden wie Gnade, Mitleid, Liebe, Hingabe und Duldsamkeit verfügst, wirst du respektiert und wirklich verehrt werden. Das verleiht einem wahre Schönheit, selbst wenn man in Lumpen gekleidet ist.

Mode ist ein schrecklicher Fluch. Sie ist ein fürchterlicher Feind des Friedens. Sie flößt einem schlechte Gedanken, Begierde, Gier und teuflische Neigungen ein. Sie befleckt den Geist mit weltlichem Makel. Sie ruft Armut hervor. Mode macht dich zu einem Bettler unter Bettlern. Lösche dieses Verlangen nach Mode mit der Wurzel aus. Trage einfache Kleidung. Hege erhabene Gedanken. Halte dich nicht in der Gesellschaft modischer Menschen auf. Gedenke der Heiligen, die ein einfaches Leben gelebt haben, und derjenigen lebenden Menschen, die sehr einfach sind. Einfachheit wird Frömmigkeit verursachen. Sie wird dir einfache Gedanken einflößen. Du wirst frei von Sorge und unnötigen Gedanken sein. So kannst du mehr Zeit für göttliche Kontemplation und spirituelle Aktivitäten aufwenden.

Ein sattviger Mann oder eine sattvige Frau ist immer schön. Er oder sie braucht keinerlei künstliche Verzierung mit goldenen Spangen, mit Nasenschrauben[653] oder mit irgendeiner Zierde oder modischer Kleidung. Millionen Menschen fühlen sich unbewusst von ihnen angezogen, selbst wenn sie ganz einfach gekleidet sind.

Wie einfach war die Kleidung von Mahatma Gandhi! Er hatte nur ein Lendentuch. Wie einfach war Ramana Maharishi[654]? Er hatte nur ein Kaupina[655]. Ein Lendentuch oder ein Kaupina waren ihr einziger persönlicher Besitz. Sie wollten keine

---

652 Euphemismus für Prostituierte.

653 Das klingt ungewohnt, ist aber tatsächlich ein in Indien verbreitetes Schmuckstück – ähnlich den Piercings unserer Zeit.

654 Sri Ramana Maharishi (1879–1950) war ein großer indischer Guru, der fast sein ganzes Leben am Fuße des Berges Arunachala lebte. Ramana Maharshi lebte schweigend, antwortete aber auf Fragen seiner Schüler. Er war ein lebendes Beispiel des modernen Advaita-Vedanta und gilt als einer der bedeutendsten indischen Heiligen der Neuzeit.

655 „Tuch um die Schamteile". Kaupina ist eine Unterwäsche, die indische Männer als Lendenschurz (ohne Überhose) oder Unterhose tragen. In früheren Zeiten haben die Asketen öfters vollkommen nackt gelebt, um zu zeigen, dass sie auf alles verzichten, also auch auf jedwede Kleidung. Dort, wo das als nicht züchtig galt, trugen sie nur ein Kaupina. Es wird auch von Ringern beim Kushti, einer traditionellen indischen Form des Ringens im Ring getragen.

Koffer oder Truhen, um ihre Kleidung zu tragen. Sie waren frei wie ein Vogel. Avadhutas[656] wie Krishnashram von Gangotri[657], Brahmendra Sarasvati[658] von Sendamangalam in Dalem, Südindien haben nicht einmal ein Kaupina, sie waren vollkommen nackt. Sie befinden sich nun in demselben Zustand, im dem sie geboren wurden.

Dieser Körper ist eine große Wunde oder ein Geschwür mit verschiedenen schmutzigen Ausscheidungen. Er muss einfach nur mit irgendeinem Stück Tuch bandagiert werden. Seidene Spitzen und Bordüren usw. sind nicht nötig. Es ist der Gipfel der Verrücktheit, diesen vergänglichen, schmutzigen Haufen von Fleisch und Knochen mit kunstvollen Bordüren zu verzieren. Hast Du deine Dummheit nun erkannt? Steh auf. Gibt die Mode jetzt auf. Verbeuge dich. Gib mir das verbindliche Versprechen, dass du von dieser Sekunde an nur noch einfache Kleidung verwenden wirst.

Nackt wurdest du geboren. Nackt wirst du dieser Erde auch wieder verlassen. Dein seidenes Hüftband[659] und deine Oberbekleidung werden dir noch auf dem Totenbett geklaut, damit deine Enkel sie verwenden können. Warum entfaltest du dann aber unaufhörlich diese selbstsüchtigen Bemühungen Geld zu verdienen und dich mit modischer Kleidung auszustaffieren? Erkenne deine Torheit. Lerne zu unterscheiden. Erlange Weisheit von dem Selbst und ruhe in immerwährendem Frieden.

Oh modischer Mann! Oh modische Frau! Oh ihr Mörder des inneren Atman! Warum vergeudet ihr eure Zeit, eure Energie und euer Leben für Eitelkeit und dafür, modischer Kleidung nachzulaufen? Das ist in hohem Maße absurd. Die Schönheit von Schönheiten, die unvergängliche Quelle der Schönheit, die immerwährende Schönheit scheint immer in den Kammern deines Herzens. Die ganze Schönheit dieser Welt ist nur ein Schatten oder ein Spiegelbild dieser Urquelle der Schönheit. Reinige dein Herz. Kontrolliere deinen Geist und deine Sinne. Sitze still in deinem Zimmer und meditiere über diese Schönheit der Schönheiten – deinen unsterblichen Freund, Atman, oder das höchste Selbst. Verwirkliche dieses Selbst. Dann und nur dann wirst du wirklich schön sein. Dann und nur dann

---

656 Wörtlich: „Frei von Anhaftung". Asket, der jegliche Bindung an weltliche Dinge abgelegt hat und sich unter vollkommener Entsagung ganz seiner spirituellen Praxis widmet. Im speziellen sind damit Vanaprasthas und Sannyasins gemeint, die ihrer Umgebung kaum noch Beachtung schenken, keine Beziehung zu anderen mehr aufnehmen und für die Zeit bedeutungslos geworden ist. Sie suchen weder Unterkunft noch Nahrung, da sie sich von Glückseligkeit (Ananda) ernähren. Sie leben im Himalaya, fernab von jeglicher Zivilisation, in sich gekehrt, voller Freude, erwacht.

657 Swami Krishnashram aus Gangotri war ein großer Vairagi. Er lebte viele Jahre lang ohne jede Kleidung in der eisigen Region und pflegte manchmal sogar auf dem blanken Eis zu schlafen.

658 Swami Swayamprakasa Brahmendra Saraswati war ebenfalls ein bekannter Avadhuta.

659 Einfacher, Aranjanam genannter Faden (oft in schwarz oder rot) oder Kette, den Hindus um die Taille tragen, der böse Geister fernhalten soll.

wirst du wirklich glücklich sein. Dann und nur dann wirst du wirklich reich sein. Dann und nur dann wirst du wirklich ein großer Mensch sein.

MORALISCHER UND SPIRITUELLER STOLZ

NAITIKA GARVA, ADHYATMIKA GARVA

Sobald der spirituell Suchende einige spirituelle Erfahrungen oder Siddhis erworben hat, ist er aufgeblasen vor Eitelkeit und Stolz. Er sondert sich von anderen ab. Er straft andere mit Verachtung. Er kann sich nicht mit anderen Leuten mischen. Wenn jemand anderes einige moralische Befähigungen wie zum Beispiel den Geist zu Dienen oder Brahmacharya hat, sagt er: „Ich selbst bin ja schon seit 12 Jahren ein Akhanda Brahmachari[660]. Wer ist so rein wie ich? Ich habe seit vier Jahren nur von Blättern und Kichererbsen gelebt. Ich habe zehn Jahre in einem Ashram Dienst getan. Niemand kann so dienen wie ich!" So wie weltliche Menschen aufgeblasen vor lauter Stolz über ihren Wohlstand sind, so sind auch Sadhus und spirituell Suchende aufgeblasen wegen ihrer moralischen Qualitäten. Diese Art von Stolz ist ebenfalls ein ernsthaftes Hindernis auf dem Pfad der Gottesverwirklichung. Er muss gründlich ausgerottet werden. Solange ein Mensch prahlt, solange ist er nur derselbe kleine Jiva. Er kann keine Göttlichkeit haben.

NACHLÄSSIGKEIT UND VERGESSLICHKEIT

ASAVADHANA, VISMRITI

Nachlässigkeit und Vergesslichkeit sind zwei weitere schlechte Eigenschaften, die einem erfolgreichen Menschen im Weg stehen. Ein nachlässiger Mensch kann keine Arbeit auf ordentliche und korrekte Art und Weise ausführen. Diese Eigenschaften werden aus Tamas geboren. Einsatz und Beharrlichkeit sind einem nachlässigen und vergesslichen Menschen unbekannt. In ihm herrscht ein Mangel an Aufmerksamkeit. Jeden Tag verliert es seine Schlüssel, seine Schuhe, seinen Schirm und seinen Füller. Er kann keine Unterlagen und Aufzeichnungen für das Büro zur rechten Zeit erstellen. Befolge die Lektionen im Gedächtnistraining

---

660 Man sagt, dass ein Akhanda Brahmachari (das ist ein Brahmachari, der zwölf Jahre lang kein Sperma abgegeben hat) mühelos Samadhi erlangen wird. Er hat Lebensenergie und Geist unter absoluter Kontrolle. Ein Akhanda Brahmachari beherrscht absolute Konzentration, Gedächtnisleistung und Wissen über die Natur. Er braucht weder zu meditieren, noch zu reflektieren. Sein Intellekt ist rein, sein Verstand einfach und klar. Akhanda Brahmacharis sind sehr selten.

und du kannst in kürzester Zeit ein gutes Gedächtnis haben. Du musst ein starkes Verlangen danach entwickeln, diese Eigenschaften abzulegen und ihr Gegenteil zu entwickeln. Das ist wichtig. Nur dann werden der Wille und das Unterbewusstsein die Arbeit für dich verrichten. Behalte dein Geld in der Tasche. Behalte deine Brille in der Seitentasche. Zähle immer deine Sachen, wenn du mit dem Zug fährst. Führe Deine Bücher regelmäßig.

NEID

IRSHYA[661]

Neid ist Kummer und ein schmerzendes Herz im Angesicht des Erfolgs oder Wohlstands anderer.

Neid ist Boshaftigkeit, Hass, Missgunst; Neid ist ein böser Blick.

Neid ist Unwohlsein, Demütigung oder Unzufriedenheit beim Anblick der Überlegenheit oder des Erfolgs eines anderen, die mit einem gewissen Maß an Hass oder Bosheit einhergeht und oft oder üblicherweise mit einem Verlangen oder dem Bestreben, die beneidete Person schlecht zu machen.

Neid ist die Tochter des Stolzes und der Autor von Mord und Rache.

Neid ist wie Feuer, es verbrennt den Menschen schnell.

Wenn du dich an dem Glück anderer erfreust, steigerst du dein eigenes Glück.

Man ist neidisch auf das, was einem anderen gehört und auf das er kein Anrecht hat.

Dieser wiederum bewacht eifersüchtig das, was ihm gehört oder von dem er meint, dass ihm ein Anrecht darauf zusteht.

Neid ist ein Gift, das das Fleisch aufzehrt und das Knochenmark austrocknet.

Missgebildete Menschen, Eunuchen, alte Menschen und Mistkerle sind neidisch. Kollegen im Büro und Verwandte beneiden Gleichgestellte, wenn sie befördert werden.

661 Neid, Eifersucht, Missgunst.

Genügsamkeit, Freundlichkeit, Zufriedenheit und ein wohlwollendes Wesen sind die Gegenteile von Neid.

Vernichte diesen Neid, den schrecklichen Feind von Frieden, Hingabe und Weisheit, durch die Praxis von Vornehmheit, Großmut und Genügsamkeit.

NIEDERGESCHLAGENHEIT

VISHADA[662]

Niedergeschlagenheit ist in etwas zu versagen oder unterzugehen. Sie ist Gedrücktheit, Freudlosigkeit.

Niedergeschlagenheit verursacht Pessimismus. Sie gibt alle Bemühungen der Lächerlichkeit preis; sie töte jeglichen Unternehmungsgeist ab und verursacht Verzweiflung und Krankheit von Geist und Körper.

Niedergeschlagenheit ist Einstürzen der Lebensgeister. Sie ist schlechte Laune oder Gedrücktheit. Sie ist eine Verringerung aller vitalen Kräfte. Sie ist ein Zustand der Traurigkeit. In Form der Niedergeschlagenheit des Geistes ist sie ein Mangel an Mut oder Lebhaftigkeit.

Hoffnung, Mut und Arbeit können jegliche Niedergeschlagenheit und Angst überwinden und deine Berge von Schwierigkeiten in Maulwurfshügel verwandeln. Die Dinge sind niemals so schlecht wie du geglaubt hast, dass sie sein würden.

Steh auf und gürte deine Lenden. Bete. Praktiziere Japa. Praktiziere Kirtan, meditiere auf den wonnevollen Atman. Entwickle Fröhlichkeit. So wird Niedergeschlagenheit die Flucht ergreifen.

Niedergeschlagenheit ist ein negativer Zustand. Er kann nicht lange andauern. Sei fröhlich. Das Positive überwindet immer das Negative.

Rezitiere OM. Über Pranayama. Lies meinen Aufsatz „Deine wahre Natur". Höre die Aufnahme von „Deine wahre Natur". Du wirst mit neuer Stärke, Freude und Aufmunterung erfüllt werden.

---

662 Niedergeschlagenheit, Verzweiflung, Enttäuschung, Verzagtheit, Kleinmut, Trauer, Abkehr, Reue, Gewissensbisse.

Deine wahre Natur ist Satchidananda. Erkenne dies und streife glücklich umher.

Spirituell Suchende werden gelegentlich von Niedergeschlagenheit befallen. Diese Stimmungen mögen auf Verdauungsstörungen, trübes Wetter, den Einfluss der niederen astralen Wesenheiten[663] und das Aufleben von alten Samskaras zurückzuführen sein. Behandle die Ursache. Beseitige die Ursache. Erlaube der Niedergeschlagenheit nicht dich zu überwältigen. Mache sofort einen strammen, langen Spaziergang. Laufe im Freien. Singe göttliche Lieder. Rezitiere eine Stunde lang OM. Spaziere am Meer oder an einem Flussufer. Spiele Harmonium, wenn du diese Kunst beherrschst. Trinke eine kleine Tasse Orangensaft oder heißen Tee oder Kaffee. Praktiziere ein paar Kumbhakas[664] oder Sitali Pranayama[665]. Lies ein paar erhebende Teile der Avadhoota Gita[666] oder der Upanishaden.

NÖRGELEI

Das ist eine verabscheuungswürdige alte Gewohnheit des Menschen. Sie hält sich hartnäckig an ihm fest. Der Geist des spirituell Suchenden, der immer versucht seine Nase in die Angelegenheiten anderer Menschen zu stecken, ist immer nach außen gerichtet. Wie kann er an Gott denken, wenn er immer an anderen herumnörgelt?

Wenn du nur einen Bruchteil der Zeit, die du vergeudest, darauf verwenden würdest, dir deiner eigenen Fehler bewusst zu werden, würdest du in dieser Zeit ein großer Heiliger werden. Warum beschäftigst du dich mit den Fehlern anderer? Reinige zuerst dich selbst. Verbessere zuerst dich selbst. Verändere dich zuerst selbst. Wasche die Unreinheiten von deinem Geist ab. Derjenige, der sich gewissenhaft seiner spirituellen Praxis widmet, findet keine einzige Sekunde Zeit dafür, sich mit den Angelegenheiten anderer zu beschäftigen.

Wenn dieses nörgelnde Wesen stirbt, dann wird es keine Gelegenheit mehr geben andere zu kritisieren. Viel Zeit wird für Nörgelei, verleumderische Geschichten, Klatsch und Tratsch usw. vergeudet. Zeit ist höchst kostbar. Wir wissen nicht, wann Gott Yama[667] uns unser Leben wegnehmen wird. Deshalb muss jede Sekunde für göttliche Kontemplation verwendet werden. Lass die Welt

---

663 Niedere Geistwesen.
664 Methode der Atemregulierung, Atemanhalten, Stillstehen des Atems.
665 Atemübung, bei der der Atem durch die eingerollte Zunge eingeatmet wird.
666 Die Avadhoota Gita (wörtlich: "Lied eines Erleuchteten") ist eine heilige Schrift des Hinduismus, die lehrt, das Selbst in verschiedenen Aspekten der Natur zu erkennen.
667 Yama ist der Gott des Todes, der König der Toten und der Unterwelt ist. Seine Aufgabe ist es, über die Seelen zu richten und das kosmische Gleichgewicht wiederherzustellen.

ihrer eigenen Wege gehen. Kümmere dich um deine eigenen Angelegenheiten. Reinige deine Denkfabrik.

Derjenige Mensch, der sich nicht bei anderen einmischt, ist der friedvollste Mensch auf der Welt.

Nörgelei ist die Kunst, auf Fehler aufmerksam zu machen. Sie bedeutet leichtfertig Beanstandungen zu erheben. Sie ist mäkelnde Kritik.

Sei nicht schnell damit bei der Hand, andere auf ihre Fehler hinzuweisen. Schau erst einmal auf deine eigenen Fehler.

Fehler zu finden ist einfach; es besser zu machen ist schwer.

Jedermann hat Adleraugen, wenn es darum geht, Fehler bei anderen zu entdecken!

Bemühe dich stets nach Kräften, geduldig mit den Fehlern und Unvollkommenheiten anderer zu sein, denn du selbst magst viele Fehler und Unvollkommenheiten haben, die Geduld erfordern. Wenn du nicht dazu in der Lage bist zu demjenigen zu werden, der du gerne sein möchtest, wie kannst du von anderen verlangen, sich deinem Willen entsprechend zu entwickeln?

Nörgelei ist nur ein Anzeichen für Engstirnigkeit und Bösartigkeit.

Sprich nie über Fehler, es sei denn du glaubst eine hilfreiche Wirkung dadurch zu erzielen.

Entwickle die Angewohnheit, das Gute an anderen zu sehen. Jeder Mensch hat seine eigenen Tugenden und positive Eigenschaften, die wertgeschätzt werden können. So wird die Nörgelei absterben.

Ein Nörgler wird von der Gesellschaft entehrt und verdammt.

Warum steckst du die Nase in anderer Leute Angelegenheiten, wenn du selbst tausendundeinen Fehler hast? Beseitige zunächst deine eigenen Fehler, die anderen werden sich um ihre kümmern. Kümmere dich um deine eigenen Angelegenheiten. Mische dich nicht bei anderen Leuten ein. So kannst du Frieden genießen.

Ein rajassiger Mensch sieht nur die Mängel an anderen. Er kann ihre Tugenden nicht erkennen. Er schreibt ihnen sogar Laster zu, obwohl sie diese schlechten

Eigenschaften gar nicht aufweisen. Aber ein sattviger Mensch sieht nur die Tugenden an anderen.

Ein Weiser erblickt stets nur den Atman in allen Wesen. Er sucht nie nach Mängeln oder Tugenden.

PESSIMISMUS

NIRASAVADA

Pessimismus ist das Dogma, dass die ganze Welt eher schlecht als gut ist. Sie ist eine Wesensart des Geistes, die zu sehr die Schattenseite der Dinge im Blick hat. Er ist eine deprimierende Lebensanschauung. Er ist das Gegenteil von Optimismus, der die Sonnenseite des Lebens und der Dinge hier betrachtet.

Pessimismus ist eine Veranlagung, eine trübsinnige und verzweifelte Lebensauffassung einzunehmen. Er ist die Gewohnheit, Scheitern oder Unglück zu erwarten. Er ist eine Neigung dazu, auf die Schattenseite zu schauen.

Er ist die Lebensanschauung, dass die Welt und das menschliche Leben, oder einige wesentliche und dauerhafte Bedingungen und Beschränkungen des einen oder des anderen grundsätzlich schlecht sind; in seiner extremsten Form, dass dies die Welt ist, die am schlechtesten mit dem Fortbestand ihrer Existenz vereinbar ist.

Ein Pessimist ist jemand, der glaubt, dass sich alles immer zum Schlechtesten entwickelt. Derjenige, der zu viel auf die Schattenseite der Dinge schaut, ist ein Pessimist.

Pessimismus ist ein großer Zerstörer. Er ist Verzweiflung und Tod. Ganz gleich, ob man den Besitz, die Gesundheit oder sogar den guten Ruf verliert, es gibt immer noch ein Leben, wenn du an dich selbst glaubst und nach vorne schaust.

Sei dir nicht sicher, dass der schlimmste Fall eintreten wird, denn das tut er nur ganz selten.

Die vedantische und die buddhistische Auffassung ist, dass das Leben trügerisch und voller Leiden ist.

Nach der Auffassung von Hume[668] sind Gut und Schlecht so verteilt, dass eine gütige „erste Ursache"[669] nicht sicher angenommen werden kann.

Schopenhauers[670] Auffassung ist, dass die schlimmsten aller denkbaren Umstände das Wesen des Lebens ausmachen und dass das Leben in einer Verneinung und einer Unterdrückung des Willens bestehen sollte.

Pessimismus ist eine unerwünschte negative Eigenschaft. Er ist eine Wesensart des Geistes, die zu sehr auf die Schattenseite der Dinge schaut. Er ist das Dogma, dass die ganze Welt eher schlecht als gut ist. Er ist eine deprimierende Lebensanschauung. Vedantins jedoch sind, obwohl sie davon sprechen, dass die Welt nicht real ist, wunderbare Optimisten. Sie sprechen von Vairagya, um dem Geist der Menschen einen Vorgeschmack von dem unsterblichen, wonnewollen Lebens in Brahman zu geben und eine Abneigung gegen das wertlose, materialistische Leben auf dieser Welt hervorzurufen. Das Gegenteil von Pessimismus ist Optimismus. Er sieht immer die Sonnenseite des Bildes. Ein Pessimist ist stets trübsinnig und deprimiert, faul und lethargisch. Er kennt keine Fröhlichkeit. Er infiziert andere mit dieser Haltung. Pessimismus ist eine Epidemie und eine ansteckende Krankheit. Ein Pessimist kann in dieser Welt keinen Erfolg haben. Werde ein kraftvoller Optimist und erfreue dich in dem alldurchdringenden Atman. Versuche in allen Lebensumständen immer fröhlich zu sein. Das ist es, was du praktizieren musst.

PETZEN

PISHUNATA[671]

Petzen ist arglistiges Erzählen von Geschichten oder Verbreiten von Informationen. Es ist die Handlung des Verbreitens eines Skandals.

Eine Petze bringt Märchen und schädliche Geschichten in der Absicht in Umlauf, Unheil anzurichten. Sie ist ein Lästermaul, ein Denunziant, der sich in Dinge einmischt, die ihn nichts angehen.

668 David Hume, 1711 – 1776, schottischer Philosoph und Ökonom, einer der Hauptvertreter des Empirismus, der in seiner skeptischen und metaphysikfreien Philosophie das Schwergewicht auf die inneren und äußeren Erfahrungen des Menschen gelegt hat und der ein Vordenker der Aufklärung war.
669 Im Sinne von „Urgrund aller Dinge", Schöpfer.
670 Arthur Schopenhauer, 1788 – 1860, war ein deutscher Philosoph (Hauptwerk: „Die Welt als Wille und Vorstellung"), der die ganze Welt als „Vorstellung" oder „Erscheinung" des Menschen ansah. Das Wesen der Welt sei letztlich „Wille", d.h. sinnfreier Daseinsdrang, der sich in der Erscheinungswelt als Wille zum Leben und zur Fortpflanzung manifestiere.
671 Hinterbringerei, Verrat, Verleumdung.

Betätige dich in deinem persönlichen Umfeld nicht als Petze. Wo es keine Petzer gibt, kommen alle Streitereien zum Erliegen.

Petzen ist verabscheuungswürdig. Eine Petze wird von allen verachtet.

Warum mischst du dich unnötigerweise in die Angelegenheiten von anderen ein? Gibt das Petzen auf. Kümmere dich um deine eigenen Angelegenheiten. So kannst du Zeit sparen. Verwende deine Zeit sinnvoll für Gebet, Japa, Kirtan, Meditation und das Studium religiöser Schriften. So wirst du inneren Frieden erlangen.

QUERKÖPFIGKEIT

KAUTILYA[672]

Querköpfige Leute findet man auf der Welt auch in Hülle und Fülle. Querköpfigkeit ist ein Vritti des Gunas Tamas. Solche Leute sind immer verquer im Denken und in der Argumentation. Sie schwelgen in Wortklauberei und Streitereien. Sie sind immer ganz vernarrt in sinnloses Geschwätz. Sie bestehen nachdrücklich darauf, dass ihre Äußerung richtig ist und die Äußerungen der anderen falsch und absurd. Sie können nicht einmal für eine einzige Minute still sein. Ihre Argumente sind sehr sonderbar. Nie argumentieren sie mit irgendjemand auf seriöse Art und Weise. Sie werden sich Beschimpfungen angewöhnen und sich letztendlich verkrachen. Wenn man Vornehmheit, Höflichkeit und Geradlinigkeit entwickelt, wird diese schlimme Eigenschaft ausgemerzt.

RACHE

PRATIKARA[673], PRATIDROHA

Rache ist eine Verletzung, die als Erwiderung zugefügt wird. Sie ist eine böswillige Verletzung, die im Gegenzug für eine selbst erlittene Verletzung zugefügt wird. Sie ist Lust am Gegenschlag.

---

672 Krummheit, Falschheit, Hinterlist.
673 Vergeltung, Rache.

Rache zu nehmen bedeutet, als Gegenschlag für eine erlittene Verletzung eine Bestrafung oder eine Verletzung auf boshafte oder gehässige Art und Weise zuzufügen.

Rache ist von nachtragender Natur. Sie ist das Verlangen danach, eine erlittene Verletzung heimzuzahlen.

Wenn dich jemand verletzt, ignoriere es, vergib es. Du wirst Seelenfrieden haben.

Rache ist eine verbreitete Leidenschaft. Die Religion der Liebe missbilligt Rache entschieden. Nichts entwürdigt den Menschen so wie Rache.

Rache ist keine Tapferkeit. Eine Beleidigung oder eine Verletzung zu ertragen ist wahre Tapferkeit, Stärke und Überwindung. Nichts würdigt den Menschen so sehr herab wie Rache.

Rache fällt auf dich selbst zurück und trifft dein eigenes Herz mit einem harten Schlag. Rache ist ein Selbstpeiniger. Deshalb nimm keine Rache, sondern vergib und vergiss.

Der Geist der Rache ist der wahre Geist des Teufels.

Wenn dich irgendein Mensch aus Bosheit verletzt, so ist das wie ein Dorn, der sticht und juckt. Beachte ihn nicht. Sei vornehm. Liebe ihn, denn er ist schwach und unwissend. Er weiß nicht wirklich, was genau er eigentlich tut.

Die Schwäche Rache zu nehmen macht den Menschen unzivilisierter und grausamer.

Rache ist süß.

Rache bringt dein Blut zum Kochen und verursacht verschiedene Krankheiten. Sie verbrennt dein Herz und raubt dir deinen Frieden. Deshalb nimm keine Rache.

Heimzahlung und Rache sind persönlich und oftmals bitter. Heimzahlung mag unvollständig sein, Rache aber ist darauf angelegt vollständig zu sein und sie kann auch überzogen sein.

Während mit Vergeltung früher eine empörte Verteidigung der Gerechtigkeit gemeint war, bezeichnet sie heute die wütendste und unnachsichtigste Form von Rache.

Rache betont mehr die persönliche Verletzung im Gegenzug für das, wofür Rache genommen wird: Heimzahlung bedeutet denjenigen, an denen Rache geübt wird, etwas mit gleicher Münze zu vergelten. Ein Gegenschlag ist eine gleichwertige Erwiderung für etwas, das empfangen wurde, sei es gut oder schlecht. Ahndung und Erwiderung haben einen feierlichen Anklang von exakter Gerechtigkeit. Ahndung ist persönlicher in ihrer Zufügung, sei es durch Gott oder den Menschen, während ausgleichende Gerechtigkeit die persönliche Heimsuchung durch Recht und Gerechtigkeit meint.

Mitgefühl, Entschuldigung, Vergebung, Gnade, Barmherzigkeit, Begnadigung, Mitleid und Versöhnung sind die Gegenteile von Rache.

RANG UND NAME

Man kann sogar seiner Frau, seinem Sohn und seinem Besitz entsagen, aber es ist schwer Rang und Namen zu entsagen. Pratishta[674] ist etablierter Rang und Name. Das ist ein großes Hindernis auf dem Weg der Gottesverwirklichung. Das führt letzten Endes zum Untergang. Das erlaubt es dem spirituell Suchenden nicht, auf dem spirituellen Weg voranzuschreiten. Er wird ein Sklave von Achtung und Ehre. Sobald der spirituell Suchende etwas Reinheit und ethischen Fortschritt erlangt, scharen sich unwissende Leute um ihn und huldigen ihm. Der spirituell Suchende wird ganz aufgeblasen vor Stolz. Er glaubt, er wäre jetzt ein großer Mahatma. Schließlich wird ein Sklave seiner Bewunderer. Er bemerkt seinen langsamen Niedergang nicht. In dem Moment, in dem er frei mit Haushältern verkehrt, verliert er das wenige, das er in acht oder zehn Jahren erreicht hat. Er kann die Öffentlichkeit jetzt nicht mehr beeinflussen. Auch die Bewunderer verlassen ihn, weil sie in seiner Gesellschaft weder Trost, noch Inspiration mehr finden.

Die Leute stellen sich vor, dass der Mahatma Siddhis habe und sie von ihm Kinder, Wohlstand und Wurzeln zur Heilung von Krankheiten bekommen könnten. Sie wenden sich immer aus unterschiedlichen Motiven an einen Sadhu. Der spirituell Suchende verliert durch schlechte Gesellschaft sein Vairagya[675] und sein Viveka[676]. Verhaftung und Sehnsüchte tauchen nun in seinem Geist auf. Deshalb sollte sich ein spirituell Suchender immer verstecken. Niemand sollte wissen, was für eine Art von Sadhana er praktiziert. Er sollte niemals versuchen, irgendeine Art von Siddhi zur Schau zu stellen. Er sollte sehr bescheiden sein. Er sollte als gewöhnlicher Mensch durchgehen. Er sollte keine teuren Geschenke von Haushältern

---

674 Festigkeit. Basis, Grundlage. Stabilität, Dauerhaftigkeit. Haus, Wohnung, Residenz.
675 Leidenschaftslosigkeit, Verhaftungslosigkeit.
676 Unterscheidungskraft. Gemeint ist die Unterscheid zwischen wahr und nicht wahr, beständig und unbeständig.

annehmen. Er wird von den negativen Gedanken derjenigen angesteckt, die ihm Geschenke anbieten. Er sollte niemals meinen, dass er irgend jemandem überlegen wäre. Er sollte andere nicht herablassend behandeln. Er sollte andere immer respektvoll behandeln. Nur dann kommt Respekt ganz von alleine. Er sollte Achtung, Ehre, Rang und Namen wie Gift oder Mist behandeln. Nicht geehrt und nicht geachtet zu werden sollte er wie ein Schmuckstück tragen. Nur dann wird er sein Ziel sicher erreichen.

RAUCHEN

DHUMRAPANAM

Wer raucht ist ungeeignet für die Praxis von Karma Yoga. Er wird stumpfsinnig, wenn er keinen Rauch paffen kann. Ohne Zigaretten kann er nicht arbeiten. Er verschwendet sein Geld, das sehr sinnvoll für den Dienst an anderen eingesetzt werden könnte. Ein Karma-Yogi sollte vollkommen frei von der schlimmen Gewohnheit des Rauchens sein.

Rauchen ist ein übles Laster. Raucher bringen zur Rechtfertigung ihrer Prinzipien etwas Philosophie und medizinische Meinungen vor. Sie sagen: „Rauchen hält die Eingeweide frei. Ich habe morgens guten Stuhlgang davon. Es ist sehr anregend für die Lungen, das Gehirn und das Herz. Wenn ich mich zur Meditation hinsetze, nachdem ich geraucht habe, habe ich eine tiefe Meditation. Warum also sollte ich es aufgeben?" Sehr fundierte Weltanschauung! Sie bringen ausgeklügelte Argumente vor, um diese schlechte Gewohnheit zu rechtfertigen. Sie können sich nicht von diesem üblen Laster befreien. Diejenigen, die eine Packung Zigaretten in fünf Minuten aufbrauchen sind starke Raucher. Dieses Laster beginnt in der frühen Jugend. Ein kleiner Junge beginnt aus Neugier zu rauchen. Er nimmt heimlich eine Zigarette aus der Packung seines älteren Bruders und probiert zum ersten Mal das Rauchen aus. Er spürt ein kleines Kribbeln der Nerven und deshalb macht er weiter damit, jeden Tag eine Zigarette zu stehlen. Irgendwann befindet er sich in einem Zustand, indem es ihm schwer fällt, mit nur ein paar Zigaretten auszukommen. Er fängt an Geld zu stehlen, um eine Packung Zigaretten für sich alleine zu kaufen. Der Vater, die Brüder und die Schwestern sind alle starke Raucher. Sie sind die Gurus für diese kleinen Jungen, um sie ins Rauchen einzuführen. Was für eine schlimme Situation. Der Anblick ist in der Tat schrecklich.

Die Eltern sind vollständig und ganz alleine verantwortlich für das schlechte Benehmen ihrer Söhne und Töchter. Jedes Rauschmittel brütet bald eine schlechte Angewohnheit aus und es fällt dem Menschen sehr schwer, diese Gewohnheit weder aufzugeben. Er wird zu einem Opfer des Rauchens. Maya richtet durch

Gewohnheiten schlimmen Schaden an. Das ist das Geheimnis daran, wie Maya funktioniert. Bete und gib diese falsche, närrische Vorstellung auf. Du verschwendest damit nur Geld. Rauchen verursacht ein Reiz-Herz, das sogenannte „Raucher-Herz"[677], Amblyopie[678] und andere tödliche Augenkrankheiten und eine Nikotinvergiftung des gesamten Organismus. Auch verschiedene Nervenkrankheiten und Impotenz können durch das Rauchen verursacht werden.

Kurzsichtigkeit, Herzklopfen, Herzrhythmusstörungen, Angina Pectoris (eine schmerzhafte Erkrankung des Herzens), Magenkatarrh, Halsprobleme, Entzündungen der Atemwege oder der Luftröhre, Zittern, Muskelschwäche usw., wurden alle auf Rauchen und konsequente Vergiftung mit Nikotin zurückgeführt. Nikotin hat bei langjährigem Rauchen eine kombinierte Wirkung. Das Nikotin sammelt sich durch das langsame Zuführen von kleinen Dosen im Organismus an und ruft schädliche Auswirkungen auf die Konstitution, verschiedene Systeme und unterschiedliche Organe hervor.

Das Aufgeben von jeder schlechten Angewohnheit ist sehr einfach. Ein Rechtsanwalt war fünfzehn Jahre lang ein schrecklicher Raucher. Mit starkem Willen hat er es von einer Sekunde auf die andere vollständig aufgegeben. Sei zuerst davon überzeugt, dass du eine schlechte Gewohnheit hast, und sei davon überzeugt, dass du diese schlechte Gewohnheit sofort aufgeben solltest. Denke fest an die Vorteile von Nüchternheit und Mäßigung. Dann hast du bereits Erfolg gehabt. Habe den starken Willen: „Ich werde diese unerträgliche Gewohnheit noch in dieser Sekunde aufgeben." Du wirst erfolgreich sein. sofort aufzugeben Es ist bei jeder schlechten Angewohnheit besser, sie sofort aufzugeben. Die Methode, sie durch langsames Reduzieren aufzugeben, führt im Allgemeinen nicht zu guten Ergebnissen. Hüte dich vor Rückfällen. Wende den Blick entschlossen ab, wenn eine kleine Versuchung wieder aufzutauchen versucht. Bleib mit dem Geist konsequent bei der Sache. Sei immer beschäftigt. Hege ein starkes Verlangen: „Ich muss derzeit ein großartiger Mensch werden." All diese Gewohnheiten werden Fersengeld geben. Sei überzeugt: „ Ich muss ein spiritueller Mensch werden." Dann werden sich all diese Gewohnheiten verflüchtigen. Setzte dein Unterbewusstsein ein, um diese Gewohnheiten zu überwinden. Es ist dein intimer Busenfreund, mit dem du allzeit eine enge Gemeinschaft pflegen solltest. Er wird sämtliche Angelegenheiten in Ordnung bringen. Nimm neue, gesunde Gewohnheiten an. Stärke auch deine Willenskraft. Gib schlechte Gesellschaft auf und genieße Satsang oder die Gesellschaft von gelehrten Sadhus und Mahatmas. Ihre starke Energie wird deine schlechten Gewohnheiten transformieren. Gebet, Japa und Meditation sind bei der Überwindung diese schlechten Gewohnheiten

---

677 Durch Nikotinmissbrauch hervorgerufene bzw. beschleunigt ablaufende Koronararterienskelerose.
678 Schwachsichtigkeit, funktionale Sehschwäche eines oder beider Augen.

ebenfalls hilfreich. Es gibt nichts unter der Sonne, was unmöglich wäre. Wo ein Wille ist, da ist auch ein Weg.

RELIGIÖSE HEUCHELEI

DHARMIKA-CHALA

Es gibt unter Sadhus genauso viele Moden wir unter weltlichen Menschen.

Genauso wie Heuchelei unter weltlichen Menschen vorherrscht, tritt Heuchelei auch unter spirituell Suchenden, Sadhus und Sannyasins auf, die ihre niedere Natur noch nicht vollständig gereinigt haben. Sie geben vor etwas zu sein, was sie in Wirklichkeit gar nicht sind. Sie posieren als große Mahatmas und Siddha-Purushas[679], obwohl sich nicht einmal das Einmaleins des Yoga oder der Spiritualität beherrschen. Sie setzen ernsthafte Sonntagsgesichter auf. Das ist ein gefährliches Vritti. Sie täuschen andere. Sie machen zu viel von sich her. Sie richten Unheil an, wo immer sie auch hingehen. Sie praktizieren Heuchelei, um Respekt, Ehre, gutes Essen und Kleidung zu bekommen und gutgläubige Einfaltspinsel zu betrügen. Es gibt kein größeres Verbrechen als mit Religion Geschäfte zu machen. Das ist eine Todsünde. Haushälter kann man entschuldigen. Es kann aber keinerlei Entschuldigung für spirituell Suchende und Sadhus geben, die den Pfad der Spiritualität beschreiten und die für Gottesverwirklichung allem entsagt haben. Religiöse Heuchelei ist gefährlicher als die Heuchelei von weltlichen Menschen. Eine lange, drastische Behandlung ist erforderlich, um sie zu überwinden. Ein religiöser Heuchler ist weit von Gott entfernt. Er kann von Gottesverwirklichung nicht einmal träumen. Dicke Tilaks[680], kunstvolle Bemalungen auf der Stirn, zu viele Malas[681] aus Tulsi-[682] und Rudraksha[683]-Perlen um den Hals, die Handgelenke und die Ohren sind einige die äußeren Anzeichen von religiöser Heuchelei.

---

679 Vollendet, vollkommen, erlangt. Bezeichnung für jemand, der das wahre Selbst erkannt und Selbstverwirklichung erlangt hat.

680 Punkt (oft aus Sandelpaste o.ä.) auf der Stirn, der die Zugehörigkeit zu einer bestimmten religiösen Tradition der Gottesverwehrung anzeigt. Auf der Stirn zwischen den Augenbrauen steht es auch für das dritte Auge, das auf das innere Auge der Weisheit verweist.

681 Gebetskette.

682 Name (auch „Tulasi" genannt) einer mit dem Basilikum verwandten heiligen Pflanze, die speziell von Vaishnavas verehrt wird. Für Malas werden (vor allem von Anhängern Vishnus) die Samen der Tulsipflanze verwendet.

683 Wörtlich „Sivas Tränen". Getrocknete Samenkapseln des als besonders heilsam geltenden Rudraksha-Baums, die besonders von Anhängern Shivas und Kalis für Malas verwendet werden.

ROMANE LESEN

Romane zu lesen ist eine weitere schlechte Angewohnheit. Diejenigen, die die Gewohnheit haben, Romane zu lesen, in denen es um Leidenschaft und Liebe geht, können nicht eine einzige Sekunde leben, ohne Romane zu lesen. Sie wollen, dass ihre Nerven andauernd durch erregende Gefühle gekitzelt werden. Romane zu lesen erfüllt den Geist mit niedrigen, lüsternen Gedanken und erregt Leidenschaft. Es ist ein großer Feind von Frieden. Viele Leute haben Büchereien gegründet, um Romane für ein kleines Abonnement von 4 Annas pro Monat zu verleihen. Sie haben nicht im Geringsten realisiert, wieviel Schaden sie dem Land damit zufügen. Es wäre besser, wenn sie eine andere Nebenbeschäftigung ersinnen würden, um ihren Lebensunterhalt zu ergänzen. Sie verderben den Geist junger Menschen, an die sie diese wertlosen Romane verteilen, um ihre Leidenschaft anzuregen. Die ganze Atmosphäre wird dadurch verunreinigt. Im Yama Loka[684] erwartet sie eine schwere Bestrafung. Zeitungen zu lesen ist ebenfalls eine schlechte Angewohnheit. Die Menschen können nicht einmal beim Essen von den Zeitungen ablassen. Sie wollen immer von irgendwelchen Sensationen hören. Sie fühlen sich ziemlich stumpfsinnig, wenn sie nicht Zeitung lesen. Sie sind ungeeignet für ein Leben in Meditation und Zurückgezogenheit. Setze sie drei Tage lang der Einsamkeit aus. Sie werden sich wie ein Fisch an Land fühlen. Zeitung zu lesen macht den Geist nach außen gerichtet, wiederbelebt weltliche Samskaras und lässt den Menschen Gott vergessen.

SCHLAFEN UNTERTAGS

DIVASVAPA

Tagsüber zu schlafen ist eine weitere schlechte Gewohnheit. Sie verkürzt das Leben. Man verschwendet dadurch beträchtliche Zeit. Das führt zu Faulheit und Lethargie. Dadurch bekommt man Gastritis, Dyspepsie[685] und eine Vielzahl anderer Krankheiten. Wenn du dich schnell weiterentwickeln willst, solltest du das sofort aufgeben. Ergreife jede Sekunde und verwende sie gut. Das Leben ist vergänglich, die Zeit ist kurz und der Tod wartet schon. Wie glücklich ist derjenige Mensch, der vollständig von einem einzigen Laster befreit wird. Er kann großen Erfolg im Leben erlangen und sich selbst gewissenhaft dem Yoga Sadhana widmen.

---

684 Unterwelt. Herr der Unterwelt ist der Totengott Yama.
685 Verdauungsstörung.

SCHLECHTE GESELLSCHAFT

DUHSANGA[686]

Die Auswirkungen von schlechter Gesellschaft sind höchst verhängnisvoll. Der spirituell Suchende sollte alle Formen von schlechter Gesellschaft meiden. Durch schlechte Gesellschaft wird der Geist mit schlechten Gedanken angefüllt. Der noch gering entwickelte Glaube an Gott und an die Schriften schwindet ebenfalls. Man kann einen Menschen an der Gesellschaft erkennen, die er pflegt. Gleich und gleich gesellt sich gern. Das sind alles Sprichwörter und hehre Grundsätze. So wie eine Baumschule gut eingezäunt werden muss, um sie anfangs vor Kühen usw. zu schützen, so sollte sich auch der Neuling sorgsam vor fremden schlechten Einflüssen schürzen. Andernfalls wird er vollständig verdorben. Die Gesellschaft von Menschen, die lügen, die Ehebruch, Diebstahl, Betrug und Doppelzüngigkeit begehen, die in unnützem Geschwätz, Lästern und Getratsche schwelgen, die nicht an Gott und die Schriften usw. glauben, sollte strikt gemieden werden. Die Gesellschaft von Frauen und solchen, die mit Frauen verkehren, ist gefährlich.

Ein schlechtes Umfeld, anstößige Bilder, anstößige Lieder, Liebesromane, Kinos, Theater, der Anblick von sich paarenden Tieren, Worte, die schlechte Gedanken im Geist hervorrufen, kurz alles, was schlechte Gedanken im Geist verursacht, stellt schlechte Gesellschaft dar. Spirituell Suchende beklagen sich oft: „Wir machen seit 15 Jahren Sadhana, aber wir haben keinerlei nennenswerten spirituellen Fortschritt gemacht." Die offensichtliche Antwort ist, dass sie schlechte Gesellschaft nicht völlig gemieden haben. Die Zeitungen befassen sich mit allerlei weltlichen Themen. Spirituell Suchende sollten es vollständig aufgeben, Zeitungen zu lesen. Zeitungslektüre entfacht weltliche Samskaras[687], verursacht Sensationslust im Geist, macht den Geist außenorientiert und ruft den Eindruck hervor, als ob die Welt eine feste Realität wäre und lässt einen die Wahrheit hinter den Namen und Formen vergessen.

---

686 „Sangha" ist ein wichtiger Begriff im Hinduismus und vor allem auch im Buddhismus. Er bedeutet wörtlich Gruppe, Gemeinschaft, Gesellschaft, meint im engeren Sinne aber eine spirituelle Gemeinschaft oder Gemeinschaft der Praktizierenden, Suchenden. „Duhsanga" ist also das Gegenteil von diesem sehr positiv besetzten Begriff.

687 „Eindrücke", d.h. Tendenzen des Geistes, die durch Handlungen und Gedanken in früheren Zeiten oder Geburten entstanden sind, geistige Muster oder Verhaltensweisen.

SCHÜCHTERNHEIT

LAJJA[688]

Schüchternheit ist ein großes Hindernis auf dem Weg des Erfolgs im Leben. Sie ist eine Art von Furchtsamkeit, eine geringere Form von Angst. Nahezu alle Buben haben diese Schwäche. Sie ist eine weibliche Eigenschaft, die das Svabhava[689] der Frauen ist. Schüchternheit tritt auf, wenn man auf dem falschen Weg ist. Jede Frau weiß, dass Gottesverwirklichung das eigentliche Ziel des Lebens ist, und trotzdem gibt sie sich sexuellen Vergnügungen hin. Dieses falsche Verhalten macht sie schüchtern, wenn sie einem Mann gegenübertritt. Ein schüchterner Junge oder Mann kann seine Gedanken einer anderen Person gegenüber nicht frei äußern. Er kann einem anderen Menschen nicht direkt in die Augen schauen. Er wird irgendetwas sagen und zu Boden blicken. Er kann nicht frei auf Fremde zugehen. Ein schüchterner Mensch kommt in keinerlei Unternehmen oder Büro gut zurecht. Bescheidenheit ist nicht Schüchternheit. Bescheidenheit ist Anstand oder Keuschheit. Sie entsteht aus Höflichkeit und einem guten Charakter. Manche Zenana-Frauen[690] sind anfangs sehr schüchtern im Gespräch mit Männern, wenn sie nach dem Tod ihres Ehemanns das Haus wieder verlassen. Allmählich werden sie jedoch kühner und die Schüchternheit verschwindet. Sie sollten anderen direkt in die Augen schauen. Schüchternheit ist eine große Schwäche. Sie sollte schnell überwunden werden, indem man Mut entwickelt.

SCHWERMUT UND VERZWEIFLUNG

Genauso wie Wolken die Sonne verdecken und ihr Licht dämmen, steht die Wolke von Schwermut und Verzweiflung deiner Praxis im Weg. Aber nicht einmal dann darfst du deine Praxis von Japa, Konzentration und Meditation aufgeben. Diese kleinen Wölkchen von Schwermut und Verzweiflung werden bald vorüberziehen. Gib deinem Geist die Affirmation: „AUCH DAS WIRD VORÜBERGEHEN!"

---

688 Verlegenheit, Scham.
689 Svabhava ist das eigene Wesen, die natürliche Disposition, die eigentliche Wesensnatur des Menschen. Svabhava verweist auch auf die dem Menschen innewohnende Veranlagung, göttliches Bewusstsein zu entfalten, und damit auf das Wesen der göttlichen Seele, des höchsten Selbst.
690 Zenana ist der Wohnbereich moslemischer oder hinduistischer Frauen in Indien, zu dem Männer keinen Zutritt haben.

SELBSTGERECHTIGKEIT

ATMAPRATIPADANAM

Für einen spirituell Suchenden ist das eine sehr gefährliche Angewohnheit. Von sich eingenommen zu sein, Selbstherrlichkeit, Starrsinns, Verstellung und die Unwahrheit zu sagen sind das permanente Gefolge oder Begleiter von Selbstgerechtigkeit. Derjenige, der diese Eigenschaft angenommen hat, kann sich niemals verbessern, da er ja niemals seine Fehler eingesteht. Er wird stets sein Bestes geben, um sich selbst auf unterschiedliche Art und Weise zu rechtfertigen. Er wird nicht zögern verschiedene Lügen zu erzählen, um seine falschen Behauptungen zu stützen. Er wird eine andere Lüge erzählen, um seine erste Lüge zu verbergen und so wird er ad infinitum[691] Lügen erzählen. Der spirituell Suchende sollte immer seine Defizite, Fehler, Schwächen usw. auf der Stelle eingestehen. Nur dann kann er sich sehr schnell verbessern.

SELBSTSUCHT

SVARTHAPARATA[692]

Selbstsucht ist der Zustand, selbstsüchtig zu sein.

Ein selbstsüchtiger Mensch betrachtet überwiegend oder ausschließlich das eigene Selbst. Er verfügt über keinerlei Aufmerksamkeit für andere. Er handelt ausschließlich aus der Überlegung heraus, was ihm das größte Vergnügen bereitet.

Derjenige, der sich an sich selbst klammert, ist sein eigener größter Feind. Er ist umgeben von Feinden. Derjenige, der sich das Selbst aufgibt, ist sein eigener Retter. Er ist umgeben von Freunden.

Oh Mensch! Fürchte die Atombombe nicht so sehr wie die menschliche Selbstsucht.

Selbstsucht ist die Grundlage aller Schwierigkeiten auf der Welt. Sie ist die Wurzel allen Übels. Sie ist das Verderben des Glücks. Sie ist ein verabscheuungswürdiges Laster. Sie zerstört jede Spiritualität. Sie ist der ärgste Feind des Friedens.

Selbstsucht ist die schlechte Eigenschaft, ausschließlich das eigene Selbst im Blick zu haben ohne jede Rücksicht auf andere.

---

691 Lat. für „bis ins Unendliche, unbegrenzt (sich fortsetzen lassen)".
692 Ichbezogenheit.

Selbstsucht ist eine unangemessene oder ausschließliche Sorge um die eigene Bequemlichkeit oder das eigene Vergnügen ohne Berücksichtigung des Glücks und oftmals auch der Rechte von anderen. Sie beschränkt das Bemühen auf einen kleinen Kreis von höchstpersönlichen Zielen, zerstört jede mitfühlende Anteilnahme und ist letztlich tödlich nicht nur für das Wohlergehen, sondern auch das Glück desjenigen, der sie pflegt.

Selbstsucht ist ein verabscheuungswürdiges Laster. Sie ist die Grundlage aller weltlichen Schwierigkeiten und Kriege. Sie ist die Wurzel und die Ursache aller nationalen und moralischen Übel.

Zerstöre Selbstsucht, den Fluch des Glücks, durch die Praxis von kosmischer Liebe, Uneigennützigkeit und Selbstlosigkeit.

Selbstsucht zerstört deine spirituelle Natur.

Ein selbstsüchtiger Mensch lebt nur für den eigenen Vorteil.

Selbstsucht ist die Wurzel aller Sünden.

Selbstsucht ist Lepra. Selbstsucht ist Krebs.

Selbstsucht ist Großzügigkeit innerhalb enger Grenzen. Ein selbstsüchtiger Mensch beschert seiner Frau ein Leben in Luxus und macht seine Kinder reich.

Selbstsucht ist die Wurzel und die Ursache aller natürlichen und moralischen Übel. Selbstsucht selbst ist das größte aller Übel auf der Welt.

Sinnliches Vergnügen ist das Hauptziel eines selbstsüchtigen Menschen. Selbstsucht wirkt über die Sinne. Ein selbstsüchtiger Mensch bringt die Sinne voll zur Geltung.

Selbstsucht ist unangemessene Berücksichtigung der eigenen Interessen, Wünsche, Vorteile und ähnlichem, ohne Rücksicht auf andere, die in Veranlagung, Charakter oder Verhalten zum Ausdruck kommt und sich von angemessener Selbstachtung oder Selbstliebe unterscheidet.

Ein selbstsüchtiger Mensch wird von persönlichen Motiven oder Sehnsüchten dazu getrieben, die Rechte, Annehmlichkeiten oder Wünsche von anderen zu missachten.

Selbstliebe heißt, sich in angemessenem Umfang um das eigene Glück und Wohlbefinden zu kümmern, was völlig im Einklang mit Gerechtigkeit, Großzügigkeit und dem Wohlwollen für andere steht.

Selbstsucht ist unangemessenes oder ausschließliches Kümmern um die eigene Annehmlichkeit oder das eigene Vergnügen, ohne Rücksicht auf das Glück und oft auch die Rechte von anderen.

Für eine große Anstrengung und auch zur Selbsterhaltung ist Selbstliebe erforderlich. Selbstsucht beschränkt das Bemühen auf einen engen Kreis von höchstpersönlichen Zielen, zerstört jedes liebevolle Mitgefühl und wird letztendlich zum Verhängnis für das Wohlergehen und das Glück desjenigen, der der Selbstsucht frönt.

Selbstsucht ist die Ursache von Krieg. Selbstsucht, Lust und Gier bestehen nebeneinander.

Entsprechend der selbstsüchtigen Moraltheorie ist der Mensch außer Stande, aus anderen als selbstsüchtigen Motiven zu handeln.

Zerstöre Selbstsucht durch Selbstlosigkeit, Vornehmheit und Großmut und werde ein selbstloser Karma-Yogi.

SORGE

Sorge heißt, innerlich vor Angst, Ärger, Schwierigkeiten, Verwirrung usw. zerrissen zu sein, wie bei geschäftlichen Sorgen, politischen Sorgen und den Sorgen und Nöten des täglichen Lebens.

Erwarte keine Schwierigkeiten mit etwas und sorge dich nicht über etwas, das womöglich niemals passiert.

Halte dich stets sehr beschäftigt, indem du etwas Nützliches tust. Das ist das sicherste Gegenmittel gegen Sorge.

Noch niemals hat irgendjemand irgendetwas Gutes durch Sorgen erreicht. Warum sollte man sich also Sorgen machen?

Es sind nicht die Sorgen über heute, sondern die Sorgen über morgen, die dich herunterziehen. Wenn die Belastung von morgen der Belastung von heute hinzugefügt wird, dann ist das Gewicht mehr, als ein Mensch tragen kann.

Sorge dich nicht über Vergangenes. Vergiss es einfach.

Sorge dich nicht über Dinge, die wahrscheinlich niemals eintreten. „Es ist genug, dass ein jeder Tag seine eigene Plage hat."[693]

Sorge ist Unbehagen des Geistes wegen Sorgen oder Kümmernissen. Sie ist ein Zustand von beunruhigender Vorsicht, Ängstlichkeit oder Verdruss. Sie ist irritierende oder störende Obacht oder ein Anlass für Ängstlichkeit. Sie ist eine Qual, Ärger.

Sorge ist lästiger Aufruhr wie Sorgen um das Geschäft, Sorge um die Politik oder die alltäglichen Sorgen und Kümmernisse eines Haushälters. Man sagt allgemein: „Die Sorgen und Ängste des Lebens hier im Diesseits sind beträchtlich."

Sorge tötet den Menschen, sie raubt ihm die Lebensfreude. Sie ist wie ein Krebsgeschwür, das den Menschen langsam auffrisst. Sie reibt dich auf.

Harte Arbeit mit einem friedvollen, ausgeglichenen Geist tötet keinen Menschen. Sie stärkt den Organismus und verlängert das Leben, aber Sorge tötet den Menschen. Sie verkürzt das Leben.

Mach dir keine Sorgen über etwas, das vergangen ist. Vergiss es, Niemand hat jemals etwas Positives an Sorgen entdeckt.

Mach dir keine Sorgen über Dinge, die sich wahrscheinlich ereignen, denn manchmal tun sie es eben doch nicht. „Es ist genug, dass ein jeder Tag seine eigene Plage hat."

Das sicherste Gegenmittel oder Penizillin gegen Sorgen ist es, stets beschäftigt zu sein. Tue immer etwas Nützliches.

Gib dein Bestes und überlasse Gott den Rest. Sorge dich nicht. Denn tatsächlich bist du bereits gesegnet.

---

693 Aphorismus aus der Bergpredigt, vgl. Matthäus 6, 34.

SORGEN, BEFÜRCHTUNGEN UND ÄNGSTE

CHINTA[694], PIDA[695], AUTSUKYA[696]

Sorgen, Befürchtungen und Ängste sind Produkte von Avidya oder Unwissenheit. Wenn der Geist während man schläft in Brahman ruht, wenn der Geist durch Chloroform oder eine Narkose vom Körper getrennt ist, existieren kein Schmerz, keine Sorgen, Befürchtungen und Ängste. Daraus folgt, dass Sorgen, Befürchtungen und Ängste reine Gebilde des Geistes sind. In dem wonnevollen Selbst existieren sie alle nicht. Wenn Unwissenheit, die aber nicht die grundlegende Ursache ist, ausgelöscht wird, sterben diese Sorgen und Befürchtungen von alleine. Deshalb musst du die Ursache behandeln und die grundlegende Ursache dadurch beseitigen, indem du Wissen über das Selbst oder Atman erlangst.

Das Sanskritwort für Angst ist Chinta. Sorgen, Befürchtungen und Ängste sind ein und dasselbe. Nur Töne sind unterschiedlich, wie Wasser und Aqua, Pani[697] und Jal[698]. Sie bestehen nebeneinander. Ein Mensch sagt: „Ich muss für meine Kinder und meine alten Eltern sorgen; Ich muss für meine Frau, mein Haus und meinen Grundbesitz sorgen; Ich muss für meine Kühe sorgen; Ich muss mich um meinen Körper sorgen." Identifikation oder Abhimana[699] ist der hauptsächliche Umstand, der zu Sorgen und Befürchtungen führt. Dieses Abhminana wird durch Unwissenheit herbeigeführt. Wenn dieser kleine, unwissende Jiva[700] diesen unreinen, vergänglichen Körper für das reine, unvergängliche Selbst hält, treten all diese Übel auf. Sie stammen alle nur von diesem Körper. Der Körper ist dein Feind Nummer eins. Du musst ihn wie einen Hund behandeln und kein Abhimana haben. Wann immer dir Hunger und Durst zu schaffen machen, gib ihm etwas Nahrung und zu trinken, genauso wie du dich um die Kühe und Bullen kümmerst. Das ist alles. Sei ein Udaseena[701]. Sei gleichmütig.

Sein Gesicht fünfzig Mal am Tag im Spiegel anzuschauen, Seife, Puder und wohlriechende Öle zu verwenden, Krawatten, Kragen und modische Kleidung zu tragen, verstärkt Deha-Abhimana[702] und vermehrt Sorgen. Die Identifikation des Selbst mit diesem Körper erstreckt sich auf diejenigen, die mit diesem Körper

---

694 Gedanke, insbesondere angstvoller Gedanke. Angst, Besorgnis, innere Unruhe.
695 Schmerz, Pein, Leid. Schaden, Nachteil. Einschränkung, Beeinträchtigung.
696 Sehnsucht, Verlangen.
697 Hindi für Wasser.
698 Sanskrit für Wasser.
699 Stolz, Überheblichkeit, Hochmut. Selbstsucht, Selbstgefühl, Ichbewusstsein; die falsche Meinung etwas zu besitzen; Identifikation mit Besitz und dem Ego.
700 Individuelle Seele mit Ego, Mensch, Individuum. Jiva ist Atman, der sich mit den Upadhis (den begrenzenden Hüllen) identifiziert.
701 Gleichmütiger Mensch (vgl. Bhagavad Gita, XII. 16).
702 Deha = Körper. Deha-Abhimana ist also Stolz auf bzw. Identifikation mit dem Körper.

verbunden sind wie Ehefrau, Sohn, Haus, Vater, Mutter, Schwester usw., und die Sorgen vermehren sich hundertfach. Du wirst für all diese Leute sorgen müssen. Du wirst dich auch um das Spielzeug deines Sohnes kümmern müssen, da das Spielzeug mit deinem Sohn verbunden ist. Diese Sorgen und Befürchtungen hören absolut niemals auf. Der Mensch erschafft all diese Sorgen selbst. Niemand ist daran schuld. So wie die Seidenraupe und die Spinne ein Netz zu ihrer eigenen Zerstörung erschaffen, aus ihrem eigenen Speichel, genauso erschafft der Mensch diese Sorgen und Befürchtungen zu seiner eigenen Zerstörung aus Unwissenheit. Die Wolken entstehen aus dem Ozean durch Verdunstung aufgrund der Hitze der Sonne und verdunkeln dann selbst die Sonne, die die Hitze für die Entstehung der Wolke abgibt. Genauso werden die Sorgen und Befürchtungen vom Menschen zu seiner eigenen Vernichtung erschaffen. Wie können diese Sorgen und Befürchtungen eine reale Existenz in Atman haben, der eine Verkörperung von Wonne und Frieden ist? Zerstöre Abhimana mit dem Körper. Jegliche Verhaftung und Sorgen werden in derselben Sekunde von alleine sterben. Tue das jetzt und erlebe die Wonne. Es hat keinen Sinn, die Methode für die Zubereitung eines Vanillepuddings zu erlernen. Iss den Vanillepudding und erfreue dich daran. Das ist, was ich ohne Aufschub von dir erwarte.

Ein Geschäftsmann sorgt sich: „Wie kann ich meine Schulden begleichen? Es herrscht gerade Rezession im Handel. Das Geschäft ist flau." Der Universitätsstudent sorgt sich: „Ich habe mich auf das Examen zum Master of Sience vorbereitet. Ich weiß nicht, ob ich es bestehen werde oder nicht. Ich weiß nicht, was ich danach tun werde, um meinen Lebensunterhalt zu verdienen. Heutzutage herrscht überall ein scharfer Wettbewerb. In keinem Büro gibt es freie Stellen. Sogar M.Sc.'s[703] und Hochschulabsolventen verdienen in Zuckerfabriken nur 50 Rupien. Aber sogar solche Stellen sind keine frei. Mein Vater hat seinen gesamten Besitz für meine Ausbildung verkauft. Nun muss er hungern. Ich überlege sogar, einen Friseursalon oder ein Schuhgeschäft zu eröffnen. Jetzt erst verstehe ich die Würde der Arbeit. Ich werde nun den Lehren und dem Weg von Mahatma Gandhi folgen. Im Filmgeschäft kann man jetzt fraglos gut verdienen. Aber ich habe nicht die Gabe eines Schauspielers, ja nicht einmal eine gute Stimme. Dabei bin ich die einzige Stütze meiner Eltern." Der Ehemann sorgt sich: „Meine Frau hatte zwei schwere Fehlgeburten. Jetzt ist sie in anderen Umständen. Sie ist im sechsten Monat. Ich habe kein Geld, um den Arzt zu bezahlen. Ich habe nicht einen einzigen Cent gespart. Ich weiß nicht, was ich machen soll." Der Raja[704] sagt: „Meine Pächter haben dieses Jahr die Pacht nicht bezahlt. Sie sagen, dass es Missernten gegeben habe. Meine Schatzkammer ist leer. Ich habe zwei Lakh[705] für meine Reise nach Europa ausgegeben. Ich habe fünf Lakh für den Erdbebenfonds

703 Masters of Science
704 Herrscher, König, Fürst. Herrschertitel in Indien und Teilen von Südostasien. Weibl. Form: Rani.
705 Südasiatisches Zahlwort für „einhunderttausend".

gespendet." Auch er jammert. Du kannst also sehen, dass niemand auf dieser Welt frei von Sorgen, Befürchtungen und Ängsten ist. Aber ein Yogi, ein Jnani[706] oder ein Bhakta[707] ist vollkommen frei von ihnen allen.

Die Haare eines Menschen werden innerhalb weniger Stunden grau, wenn er sich zu sehr sorgt. Sorgen haben eine zersetzende Wirkung auf Hirngewebe, Nerven und Zellen. Sorgen beeinträchtigen die Verdauung, führen zu Erschöpfung und schwächen die Vitalität und Spannkraft des Menschen. Sorgen machen den Menschen anämisch und blutleer. Die geistige Energie wird durch Sorgen und Befürchtungen zerstreut. Sorgen töten einen Menschen in einer Sekunde, wenn sie mit Angst und Wut einhergehen. Tatsächlich verkürzen Sorgen das Leben des Menschen. Viele Krankheiten finden ihre Ursache in Sorgen. Sorgen schwächen die Willenskraft. Ein Mensch voller Sorgen kann keine gute Arbeit mit voller Aufmerksamkeit ausführen. Er ist nachlässig und antriebslos. Er kann sich keiner Arbeit kontinuierlich widmen. Er ist ein lebender Toter. Er ist eine Last für seine Familie und für Mutter Erde.

Manche Menschen haben eine Gewohnheit sich zu sorgen entwickelt. Du kannst auf ihren Gesichtern kein bisschen Fröhlichkeit entdecken. Sie haben immer ein „Rizinus-Öl-Gesicht" oder ein „Chinin-Gesicht". Hast du schon einmal das Gesicht eines Menschen genau beobachtet, wenn er eine Dosis Chinin oder Rizinus-Öl einnimmt? Sie sind trübsinnig und niedergeschlagen. Solche Menschen sollte ihr Zimmer nicht verlassen. Sie verschmutzen die Atmosphäre der Welt und der Gedankenwelt und beeinträchtigen andere Leute. Trübsinn ist eine ansteckende Krankheit. Alle diejenigen, die mit trübsinnigen Leuten in Kontakt kommen, werden sofort davon beeinträchtigt. Ein trübsinniger Mensch sollte das Gesicht bedecken, wenn er das Haus verlässt.

Der Geist, der sich viele Sorgen macht, veranstaltet ein innerliches Karussell. Ich nehme an du weißt, was ich mit Karussell meine? Die Gewohnheit sich Sorgen zu machen entsteht im Geist. Die sorgenvollen Gedanken wiederholen sich immer wieder und der Geist dreht sich im Kreis.

Sorge dich niemals über irgendeine Angelegenheit. Sei immer fröhlich. Denk an das Gegenteil und das ist Fröhlichkeit. Benutze stets deinen Verstand und deinen gesunden Menschenverstand. Sei klug und besonnen. Du kannst Gefahren und Fehlschläge abwenden. Du kannst alle Schwächen überwinden. Wenn du vorsichtig bist und auch wachsam, wenn du ehrlich und gradlinig bist, wenn

---

706 Weiser, Befreiter, wahrhaft Gebildeter. Jemand, der in die Erkenntnis vom Brahman eingetaucht ist. Jemand, der Jnana Yoga praktiziert.
707 Gläubiger, Verehrer Gottes, Praktizierende von Bhakti Yoga.

du dein tägliches Sandhya[708], Meditation, Gebet und andere Pflichten von Varnashrama[709] verrichtest, und wenn du die Wahrheit sprichst und den Zölibat einhältst, dann kann dir nichts schaden. Sogar Brahma, der Schöpfer, wird sich vor dir fürchten. Alles wird in ruhigen Bahnen verlaufen. Du wirst ein ruhiges Leben haben. Sogar Schwierigkeiten werden reibungslos verlaufen, ohne dich im Mindesten zu berühren. Warum sollte dann aber Raum für Sorgen und Ängste sein? Habe stets einen ausgeglichenen Geist. Lächle und lache immer. Entwickle diese Angewohnheit. Behalte einen kühlen Kopf, auch wenn eine Schwierigkeit auftreten sollte. Denke immer an den Satz: „AUCH DAS WIRD VORÜBERGEHEN". Denke darüber nach und bekräftige: „Warum sollte ich mir unnötige Sorgen machen? Ich habe inzwischen Stärke gewonnen. Ich kenne Mittel und Wege, um in dieser Welt zurechtzukommen. Ich fürchte mich vor gar nichts. Ich habe nun einen starken Willen. Ich meditiere über Atman. Nun kann mich nichts mehr aufregen. Ich bin unbesiegbar. Ich kann die Welt bewegen. Ich bin eine dynamische Persönlichkeit. Ich kann mich an unterschiedliche Umgebungen und Umfelder anpassen. Ich kann Menschen beeinflussen. Ich beherrsche die Kunst der Affirmation und der Autosuggestion. Ich mache mir niemals über irgendetwas Sorgen. Ich bin friedlich und stark. Ich beziehe Glück aus meinem Inneren. Jetzt sage ich immer: ‚Auf Wiedersehen, Frau Sorge'. Ich bin jetzt ein anderer Mensch. Ich bin aus einem härteren Holz geschnitzt. Die Sorgen haben nun selbst Angst, sich mir zu zeigen. Ich kann auch Millionen anderer Menschen von ihren Sorgen befreien."

Oh kleingläubiger Mensch! Sieh wie sorglos und glücklich die Vögel sind.[710] Werde so sorglos wie ein Vogel oder ein Paramahamsa Sannyasin[711]. Habe Zutrauen zu deinem inneren Selbst. Verlasse dich auf dein Selbst. Steh auf und bekräftige die göttliche Majestät deines inneren Selbst. Du bist nicht dieser vergängliche Körper. Du bist das alldurchdringende wonnevolle Selbst. Auch wenn du nichts zum Essen hast, auch wenn du nichts zum Anziehen hast, weiche nie auch nur einen Zentimeter von dieser Haltung ab. Gesegnet ist derjenige, der sorglos ist und in seinem eigenen Swarupa[712] ruht, der immer lächelt und lacht und Freude auf andere ausstrahlt.

708 Wörtlich: „Dämmerung". Die Dämmerung, die die Verbindung zwischen Licht und Dunkel darstellt, wird als heilige Zeit angesehen, die der spirituellen Praxis gewidmet sein sollte.
709 Varnashrama Dharma ist die hinduistische Gesellschaftsordnung, bei der die Menschen je nach Kastenzugehörigkeit (Varna) und Lebensalter (Ahrama) eingeteilt werden. Varnashrama Dharma ist das Konzept, nach dem die Menschen in unterschiedlichen Lebensbereichen und unterschiedlichen Lebensstadien unterschiedliche Pflichten zu erfüllen haben.
710 In der Bibel ähnlich Matthäus 6, 26.
711 Angehöriger eines bestimmten von Sankaracharya gegründeten Mönchsordens.
712 Essenz; das eigene Wesen; Form als Verkörperung eines geistigen Prinzips.

STARRSINN

HATHA[713]

Starrsinn ist dumme Sturheit, die aus Tamas oder Dunkelheit geboren wird. Er ist Eigensinnigkeit.

Starrsinn ist das sture Festhalten an einer Absicht, einer Meinung oder einer Vorgehensweise, das aus Eingebildetheit oder der Sehnsucht entsteht, seinen eigenen Weg zu gehen. Starrsinn ist im Allgemeinen unvernünftig.

Starrsinn ist die Eigenschaft unnachgiebig oder schwer zu kontrollieren oder zu unterwerfen zu sein.

Ein starrsinniger Mensch ist sowohl für sachliche Argumente, als auch für inständige Bitten unempfänglich. Er hat keine Achtung vor den Wünschen und Anschauungen anderer.

Der starrsinnige Mensch ist schonungslos und unnachgiebig.

Starrsinn ist das Laster der Unwissenden, die eitel auf ihrem eigenen Verständnis beharren.

Starrsinn ist die Stärke der Einfältigen, der Schwachen und der Dummköpfe.

Festigkeit, die auf Prinzipien, auf Pflicht, Wahrheit, rechte Ordnung und Gesetz gegründet ist, ist der Starrsinn der Yogis und der Weisen.

Starrsinn ist mit Sicherheit ein großes Laster. Er ist die Ursache von großem Unheil.

Festigkeit oder Festhalten an Wahrheit und Pflicht wird manchmal fälschlicherweise von denen für Starrsinn gehalten, die seine wahre Natur nicht kennen.

Ein Kind (Bala-Hatha), ein Yogi (Yogi-Hatha), eine Frau (Sthree-Hatha) und Raja (Raja-Hatha) sind für ihren Starrsinn bekannt.

Der eigenwillige Mensch kann nicht von seiner eigenen Vorgehensweise abgehalten werden, während der Sture und der Starrsinnige nicht von einem anderen Weg überzeugt werden können.

---

713 Hartnäckigkeit, Anstrengung, Stärke, Gewalt, Bemühung.

Der Eigenwillige handelt; der Sture und der Starrsinnige weigern sich einfach nur, sich zu bewegen.

Selbst der liebenswürdigste Mensch kann in dem einen oder anderen Punkt starrsinnig sein; der sture Mensch ist jedoch gewohnheitsmäßig starrsinnig. Man spricht von starrsinniger Entschlossenheit und von starrsinnigem Widerstand.

Starrsinn ist eine Gewohnheit des Geistes. Sturheit und Eigenwilligkeit sind Unterarten von Starrsinn. Erstere besteht in einer Pervertierung des Willens, letztere in einer Pervertierung des Urteilsvermögens.

Steh nicht unter der Herrschaft deines eigenen Willens. Halte nicht stur an all deinen Entscheidungen fest, sondern nur an den richtigen.

STEHLEN

ALPACHOURYA

Steya[714] oder Stehlen ist sehr gefährlich. Es kann sich unter geeigneten Rahmenbedingungen und günstigen Umständen zu einem ernsthaften Verbrechen entwickeln. Wenn der spirituell Suchende nicht fest in Asteya[715] oder Nichtstehlen verwurzelt ist, kann er nicht hoffen, auch nur ein Jota Fortschritt auf dem spirituellen Pfad zu machen. Er mag den Atem fünf Stunden lang anhalten, Tratak[716] in der Mittagshitze praktizieren, er mag sich selbst drei Monate lang in der Erde eingraben lassen oder viele andere geschickte yogische Kunststücke vollführen. Diese haben jedoch keinerlei Wert, wenn er die Gewohnheit hat zu stehlen. Er mag für eine Woche oder einen Monat lang respektiert und angehimmelt werden. Die Leute werden ihn jedoch mit Verachtung strafen, wenn er zu stehlen beginnt.

Lass dich nicht durch äußere Erscheinungen täuschen. Lausche einfach diesem bemerkenswerten Ereignis. Ein Pandit[717] von großer Gelehrsamkeit war Gast einer vornehmen Gesellschaft. Der Pandit konnte die Veden und die Upanischaden auswendig rezitieren und hatte großes Tapas[718] praktiziert. Er war sehr enthaltsam in seiner Ernährung und nahm nur geringe Mengen an Nahrung zu sich. Er würde niemals auch nur eine einzige Minute des Tages sinnlos vergeuden und war

---

714 Diebstahl
715 Nichtstehlen, kein Neid, keine Habgier, das vierte der Yamas.
716 Wörtlich: festes Starren. Sowohl eine Reinigungs- (= Kriya), als auch eine Meditationstechnik.
717 Indischer religiöser Gelehrter.
718 Askese, eines der 5 Niyamas.

immer vertieft in das Studium religiöser Schriften, Puja[719], Japa und Meditation. Sein Gastgeber hielt große Stücke auf ihn. Dieser gebildete Pandit stahl eines Tages einige Gegenstände aus dem Haus seines Gastgebers. Sie waren überhaupt nicht wertvoll. Am Anfang leugnete er den Diebstahl. Später gab er ihn zu und entschuldigte sich. Würde irgendjemand so einen gelehrten Pandit von strenger Enthaltsamkeit für einen gemeinen Dieb halten? Das subtile Vritti des Stehlens war im Geist des Pandit verborgen, er hatte es noch nicht durch Selbstanalyse und ein drastisches, reinigendes Sadhana zerstört. Er hatte nur seine Zunge bis zu einem bestimmten Grad im Zaun und ein paar heilige Bücher gepaukt.

STREITLUST

ZU VIEL STREITEN

Manche Menschen, in denen der Verstand stark ausgebildet ist, haben die Gewohnheit entwickelt, Auseinandersetzungen und Streitigkeiten zu suchen. Sie haben Tarkika Buddhi[720]. Sie können nicht einmal eine Sekunde lang still bleiben. Sie kreieren Gelegenheiten für hitzige Debatten. Zu viele Auseinandersetzungen enden in Gegnerschaft und Feindschaft. In unnötigen Auseinandersetzungen wird viel Energie vergeudet. Der Verstand ist eine große Hilfe, wenn er in die richtige Richtung eingesetzt wird, nämlich für atmisches Vichara. Der Verstand ist jedoch ein Hindernis, wenn er für unnötige Auseinandersetzungen verwendet wird. Der Verstand führt den spirituell Suchenden zu der Schwelle zur Intuition. Bis hierher und nicht weiter. Das Denken hilft dabei, die Existenz Gottes zu beweisen und geeignete Methoden der Selbstverwirklichung zu finden. Die Intuition transzendiert das Denken, steht aber nicht in Widerspruch zum Denken. Intuition ist direkte Wahrnehmung der Wahrheit. Dort gibt es kein Denken. Denken betrifft Angelegenheiten der physischen Ebene. Wo immer es ein „warum" und „wofür" gibt, dort herrscht das Denken. In transzendentalen Dingen, die jenseits des Denkens liegen, hat das Denken keinen Nutzen.

Der Verstand ist bei Überlegungen und Schlussfolgerungen eine große Hilfe. Aber Menschen, in denen das Denken stark ausgeprägt ist, werden skeptisch. Ihr Denken wird auch pervertiert. Sie verlieren den Glauben in die Veden und die

---

719 Wörtlich: „Verehrung, Huldigung". Gemeint ist damit eine Zeremonie, ein Gottesdienst bzw. ein Ritual, die einem spirituellen Meister oder Gott gewidmet ist und bei dem verschiedene Opfer (Früchte, Blumen, Räucherwerk etc.) dargebracht werden. Die Puja gehört im Hinduismus und im Buddhismus zu den wichtigsten Bestandteilen des religiösen Alltags und wird im Idealfall täglich praktiziert. Diese Rituale dienen der Konzentration des Geistes, der Öffnung des Herzens und der Einheit mit der göttlichen Kraft, indem der Geist zunächst auf einen äußeren Gegenstand fixiert und dann in der Ruhe nach innen gewendet wird.

720 Ein Intellekt, der gern unentwegt argumentiert. Die Unterscheidungskraft, die auf Argumentationen beruht, aber noch nicht auf ihrer eigentlichen Fähigkeit, der inneren Schau.

Lehren der Mahatmas. Sie sagen: „Wir sind alle Verstandesmenschen. Wir können nichts glauben, das unseren Verstand nicht überzeugt. Wir glauben nicht an die Upanischaden. Wir lehnen alles ab, was nicht im Bereich des Denkens liegt. Wir glauben nicht an Gott und die Sadgurus[721]." Diese sogenannten Verstandesmenschen sind eigentlich auch nur Atheisten. Es ist sehr schwer sie zu überzeugen. Sie haben ein unreines, pervertiertes Denken. Gedanken an Gott dringen nicht in ihr Gehirn ein. Sie können keinerlei spirituelles Sadhana haben. Sie sagen: „Zeige uns dein Brahman aus den Upanischaden oder den Ishwara[722] der Bhaktas." Diejenigen, die die Natur in Frage stellen, werden untergehen. Das Denken ist ein begrenztes Instrument. Es kann viele geheimnisvolle Probleme des Lebens nicht erklären. Diejenigen, die frei von sogenanntem Rationalismus und Skeptizismus sind, können den Pfad der Gottesverwirklichung bestreiten.

TRÄGHEIT

ALASYA[723]

Trägheit ist Schlaf oder Untätigkeit des Geistes.

Trägheit ist eine Abneigung gegen Anstrengung, die aus Liebe zur Bequemlichkeit, einer Abneigung gegen Arbeit oder der daraus resultierenden Passivität entsteht.

Ein träger Mensch hat eine Abneigung gegen Aktivität. Er ist lustlos und lethargisch, bequem und faul.

Trägheit ist die Verschwendung eines Lebens, das glücklich und sinnvoll sein könnte.

Trägheit wird aus Tamas oder Dunkelheit oder Untätigkeit geboren. Sie ist ein Feind von Weiterentwicklung, Fortschritt, Erfolg, Frieden, Hingabe und Weisheit.

Trägheit und Dummheit sind Cousins ersten Grades.

Trägheit ist eine Art Selbstmord.

Ein träger Mensch kann mit einem Büffel verglichen werden. Er ist eine Last auf dieser Erde.

---

721 Der wahre Lehrer. Meister (Guru), der die Selbstverwirklichung erreicht hat und eins mit der göttlichen Realität geworden ist. Er ist in der Lage den Weg zu weisen, der zur Verwirklichung der Wahrheit führt.
722 Gott in einer personifizierten Form. Auf Sanskrit eine der allgemeinsten Bezeichnungen für Gott.
723 Trägheit, Faulheit.

Trägheit ist die Fäulnis selbst eines guten Geistes und eines guten Charakters.

Lustlosigkeit, Erstarrung, Untätigkeit und Antriebslosigkeit sind Synonyme von Trägheit.

UMGANGSSPRACHE UND BESCHIMPFUNGEN

APASABDA[724], NINDA[725]

Die meisten Menschen haben die schlechte Angewohnheit, in jeder Sekunde ihrer Gespräche Umgangssprache und Schimpfworte zu verwenden. Wenn sie sich aufregen und ärgern, stoßen sie einen unablässigen Strom von schmutzigen Begriffen aus. Das ist wirklich unbeschreiblich. Es gibt Menschen, die Ausdrücke wie „Sala" in jeder Sekunde benützen. Das kommt bei ihnen so heraus wie bei anderen Menschen „verstehst du?" Sala heißt auf Hindi eigentlich „Schwager"[726]. Wenn Du jemanden „Schwager" nennst, wird derjenige sehr wütend. Die Menschen haben die vulgäre Angewohnheit, diese umgangssprachlichen Ausdrücke zu verwenden. Ein Mensch mit vornehmen Geschmack, Kultur und Schliff kann solche Ausdrücke niemals verwenden. Engländer verwenden oft Ausdrücke wie: „Verdammter Idiot! Sohn eines Schweins" usw. Englische Soldaten benutzen das Wort „verdammt" in jeder einzelnen Sekunde. Sie können überhaupt nicht reden ohne in jedem Satz das Wort „verdammt" zu gebrauchen. Das ist ebenfalls eine sehr schlechte Angewohnheit. Sieh die Kinder auf der Straße. Sie kämpfen, streiten und gebrauchen obszöne Ausdrücke. Wenn ein Engländer nach Indien oder in irgendein anderes Land kommt, versucht er als erstes die Kraftausdrücke zu lernen. So ist die menschliche Natur! Er möchte die verschiedenen Namen Gottes nicht lernen. Wenn der Fahrer des Fuhrwerks den Schwanz des Ochsen umdreht, wenn der Tonga-Wallah[727] dem Pferd die Peitsche gibt, dann kommen Worte wie „Sala Badmash[728], Suwar Ka Batcha[729], Schweinehund" usw.

Eltern sollten ihre Kinder verbessern, wenn sie schlechte Worte verwenden. Sie selbst sollten ebenfalls keine schlechten Worte verwenden. Sie selbst werden die Gurus dieser Kinder. Kinder imitieren nur. Kinder haben eine starke Gabe

---

724 Sinngemäß etwa: Schimpfwort, „schlimmes Wort."
725 Tadel, Schimpf, Schande.
726 Wird auf Hindi als Schimpfwort wie „Depp" oder „Trottel" verstanden.
727 Tonga ist in Indien eine leichte, von Pferde(n) gezogene Kutsche oder ein Zweispänner. Der „Tonga-Wallah" (vgl. Fn. 512) ist also der Kutscher.
728 Hindi, sinngemäß: „Hinterhältiger Trottel".
729 Auf Hindi wörtlich: „Sohn eines Schweins".

der Imitation. Praktiziere immer den Gebrauch von Worten wie: „Hare Rama, Hare Krishna, Hae Prabhu", auch wenn du sprichst. Benutze diese Worte jede Sekunde. Übe auch deine Kinder darin. Das alleine wird zu einer Art von Japa oder Denken an Gott werden. Schule deinen Geist. Korrigiere Menschen, die aus schlechter Gewohnheit häufig vulgäre Ausdrücke gebrauchen. Das ist eine wichtige Pflicht der Eltern. Jede gesunde Gewohnheit, die man im Geist der Kinder sät, wird fest verwurzelt.

UNBESTÄNDIGKEIT

ASTHIRATA[730]

Unbeständigkeit ist Wankelmütigkeit. Der Geist ist andauernd Veränderungen unterworfen.

Unbeständigkeit ist Instabilität der Zuneigung oder des Gemüts. Sie ist die Eigenschaft oder der Zustand, nicht gleichbleibend zu sein. Ein unbeständiger Mensch ist unstet. Er ist schwankend. Er hat einen Charakter oder eine Veranlagung, die Veränderung natürlich oder wünschenswert macht. Er ist in Freundschaft oder Liebe unbeständige wie eine flackernde Flamme. Er ändert ständig seine Ansichten und Meinungen. Er ist nicht fest in seinen Entscheidungen. Er ist wechselhaft in seinen Gedanken, seiner Rede und seinen Handlungen.

Uhren gehen so, wie man sie stellt, aber der Mensch, der unregelmäßige Mensch ist niemals beständig, niemals sicher. Sein Geist schwankt, schwingt hin und her und fluktuiert, und zwar aufgrund von Rajas oder Leidenschaft.

Unbeständigkeit macht dich unvollkommen, erfüllt dich mit Fehlern und lässt dich Sünden durchlaufen.

Ein Mensch mit Unbeständigkeit hat keinen Seelenfrieden. Er fühlt sich niemals wirklich wohl. Sein Leben ist niemals gleichförmig. Heute liebt er dich, morgen verabscheut er dich. Heute Früh ist er fröhlich und lacht, heute Abend aber ist er voller Sorgen und weint.

Entwickle Entschlossenheit, Festigkeit und Beständigkeit und bezwinge Unbeständigkeit, die Ursache von Unglück und Missgeschick.

---

730 Unbeständigkeit, Unsicherheit, Instabilität.

Sei fest, beständig und entschieden, dann wirst du Erfolg in all deinen Unternehmungen erlangen. Du wirst keinerlei Furcht und Enttäuschung mehr kennen.

UNEHRLICHKEIT

DHURTATA[731]

Unehrlichkeit ist eine weitere schlechte Eigenschaft. Nahezu alle weisen in der einen oder anderen Form Unehrlichkeit auf. Ehrliche Menschen sind sehr rar gesät. Unehrlichkeit ist die Kammerzofe von Gier oder Habgier. Wo immer Unehrlichkeit zuhause ist, findet man auch Doppelzüngigkeit, Diplomatie, Schummelei, Betrug, Trickserei usw. Sie sind das Gefolge der Unehrlichkeit. Gier ist der erste Offizier der Leidenschaft. Die Menschen frönen allen unehrlichen Praktiken um der Befriedigung ihrer Begierde willen. Wenn Begierde und Gier überwunden werden, wird der Mensch ehrlich. Ein unehrlicher Mensch kann in keinerlei geschäftlichem Unternehmen Erfolg haben. Früher oder später wird seine Unehrlichkeit erkannt werden. Er wird von allen Menschen der Gesellschaft gehasst werden. Er wird in all seinen Unterfangen scheitern. Er wird nicht im Geringsten zögern, Bestechungsgelder anzunehmen und Lügen zu erzählen. Um eine Unwahrheit zu vertuschen wird er zehn Lügen erzählen. Um seine zehn Lügen zu belegen wird er fünfzig Lügen erzählen. Er wird nicht einmal unter Zwang dazu in der Lage sein, die Wahrheit zu sagen. Er hat ein verdorbenes Antahkarana[732]. Entwickle Ehrlichkeit, indem du Unehrlichkeit überwindest. Sei mit deinem Schicksal zufrieden. Sehne dich nicht nach mehr. Führe ein einfaches Leben. Lass deine Gedanken erhaben sein. Fürchte Gott. Sprich die Wahrheit. Liebe alle. Sieh dein Selbst in allen. Dann wirst du im Umgang mit anderen nicht unehrlich sein. Du wirst dazu bereit sein, sogar das wenige, das du besitzt, zu opfern. Du wirst ein große Herz und ein großmütiges Wesen entwickeln. Genau das wird von dir erwartet, wenn du Erfolg im Leben und in der Gottesverwirklichung haben willst.

---

731 Wort aus der Gujarati-Sprache: Hinterlist oder Listigkeit.
732 Das „innere Instrument" (auch: der vierfache Geist), bestehend aus Manas (Geist), Buddhi (Verstand), Citta (Unterbewusstsein) und Ahamkara (Ego), ist Bestandteil des Astralkörpers.

UNENTSCHLOSSENHEIT

ANISCHAYA[733]

Unentschlossenheit ist Mangel an Entscheidung oder Entschlossenheit.

Unentschlossenheit ist Mangel an einer festen Absicht oder einem festen Entschluss. Es ist Scheitern oder die Unfähigkeit eine Entscheidung zu treffen oder sich für eine Vorgehensweise zu entscheiden.

Ein unentschlossener Mensch ist nicht dazu in der Lage sich zu entscheiden oder zu einem abschließenden Ergebnis zu kommen. Er hat einen schwankenden Geist.

Unentschlossenheit ist ein Mangel an Entscheidung, Mangel an fester Absicht oder an entschlossener Willenskraft sowie eine unentschiedene Geistesverfassung.

Ein unentschlossener Mensch ist verunsichert. Er zögert immer.

Die Hälfte der alltäglichen Sorgen entspringt aus Unentschlossenheit. Entscheide dich für einen Plan, arbeite an einer Strategie. Marschiere vorwärts.

Das Schicksal von unentschlossenen Menschen ist in der Tat sehr bedauernswert. Sie sind immer unglücklich. Sie scheitern in all ihren Unterfangen. Sie sind wie eine Feder oder ein Stückchen Watte in der Luft, die von jeder Brise hierhin und dorther geweht werden.

Manche Menschen sind einfach nicht dazu in der Lage, in bestimmten, wichtigen Angelegenheiten irgendetwas endgültig zu entscheiden. Sie besitzen kein unabhängiges Urteilsvermögen. Sie schieben die Angelegenheit einfach auf. Sie kommen nicht zu einer endgültigen positiven Entscheidung. Die Angelegenheit zieht vorüber. Im Winter wird eszu spät sein, um noch Honig sammeln. Du musst über eine Sache einige Zeit gründlich nachdenken und solltest dann dazu in der Lage sein, zu einer endgültigen Entscheidung zu kommen. Sofort musst du deine Willenskraft anwenden. Du musst versuchen, die Angelegenheit umgehend zur Ausführung zu bringen. Nur dann wirst du erfolgreich sein. Zuviel Denken wird die Angelegenheit nur durcheinander bringen. In wichtigen Angelegenheiten kannst du Ältere zu Rate ziehen, die über viel Erfahrung in solchen Dingen verfügen und dir wirklich wohlgesonnen sind. Denke an den weisen Spruch: „Schneide den gordischen Knoten durch."

---

733 Unentschiedenheit.

UNREINES UND UNMÄSSIGES ESSEN

ASUDDHA-AHARA[734]

Der Geist wird von der kleinsten Menge an Lebensmitteln geformt. Wenn das Essen unrein ist, wird auch der Geist unrein. Das ist die Erkenntnis von Weisen und Psychologen. Die Ernährung spielt eine wichtige Rolle in der Entwicklung des Geists. Fleisch, Fisch, Eier, abgestandenes und ungesundes Essen, Zwiebeln, Knoblauch usw., sollten von spirituell Praktizierenden gemieden werden, da sie Leidenschaften und Ärger hervorrufen. Die Nahrung sollte einfach, mild, leicht, vollwertig und nährstoffreich sein. Alkohol und Drogen sollten strikt aufgegeben werden. Chilis, Gewürze, gewürzte Speisen, scharfe Gerichte, heiße Sachen, die sauer sind, Süßigkeiten usw. müssen verworfen werden.

In der Gita (XVII. 8 – 10) steht geschrieben: „Speisen, die Lebendigkeit, Reinheit, Stärke, Gesundheit, Freude und Heiterkeit steigern, die schmackhaft, wohlriechend, kräftig und angenehm sind, schmecken den reinen[735] Menschen. Speisen, die bitter sind, sauer, salzig, zu stark gewürzt, scharf, trocken oder brennend, werden von leidenschaftlichen[736] Menschen bevorzugt und bringen Schmerz, Kummer und Krankheit. Das Abgestandene, Geschmacklose, Faulige, Übriggebliebene und Unreine ist die bevorzugte Nahrung dunkler[737] Menschen." Spirituell Suchende sollten den Magen nicht überladen. Neunzig Prozent aller Krankheiten haben ihren Ursprung in einer übermäßigen Ernährungsweise. Die Menschen haben seit ihrer Kindheit die Angewohnheit entwickelt, mehr zu essen als eigentlich nötig ist. Hindu Mütter stopfen den Magen ihrer Kinder mit zu viel Essen voll. Das ist jedoch nicht der Weg, seine Kinder zu liebkosen und zu lieben. Wenn du keinen Hunger hast, darfst du nichts essen. Die Abendmahlzeiten sollten für Sadhakas sehr leicht sein. Ein halbes Glas Milch und ein oder zwei Bananen sind vollkommen ausreichend. Überlastung des Magens ist die Hauptursache, die zu nächtlichem Samenerguss führt. Sannyasins und spirituell Suchende sollten ihr Bhiksha[738] von solchen Haushalten empfangen, die ihren Lebensunterhalt mit ehrlichen Mitteln verdienen.

---

734 Unreines, schädliches Essen, Nahrung.
735 Gemeint ist sattvig.
736 Gemeint ist rajassig.
737 Gemeint ist tamassig.
738 Gabe, Geschenk. Das Essen, das Wandermönchen gespendet wird.

UNTÄTIGKEIT

TAMAS[739]

Nur eine verschwindend kleine Minderheit ist dafür geeignet, die ganze Zeit zu meditieren. Nur Menschen wie Sadasiva Brahman[740] und Sri Sankara können die gesamte Zeit in Meditation verbringen. Viele Sadhus, die sich dem Nivritti Marga[741] verschrieben haben, sind völlig tamasig geworden. Tamas wird oft mit Sattva verwechselt. Das ist ein grober Schnitzer. Man kann sich wunderbar entwickeln, wenn man Karma Yoga in der Welt ausübt, wenn man seine Zeit sinnvoll einzusetzen versteht. Ein Haushälter sollte von Zeit zu Zeit den Rat von Sannyasins und Mahatmas suchen, eine tägliche Routine entwerfen und sie dann inmitten aller weltlichen Aktivitäten strikt einhalten. Rajas kann in Sattva umgewandelt werden. Intensives Rajas bekommt eine sattvige Tendenz. Es ist unmöglich, Tamas plötzlich in Sattva umzuwandeln. Tamas sollte zuerst in Rajas umgewandelt werden. Junge Sadhus, die sich dem Nivritti Marga verschrieben haben, halten die Routine nicht ein. Sie hören nicht auf die Worte von Älteren. Sie befolgen die Anweisungen des Gurus nicht. Sie wollen von Anfang an absolute Unabhängigkeit. Sie führen ein unbekümmertes Leben. Es gibt niemanden, der sie überprüft. Sie gehen ihre eigenen Wege. Sie wissen nicht, wie man die Energie kontrolliert und ein tägliches Programm plant. Sie ziehen planlos von einem Ort zum anderen. Innerhalb von nur 6 Monaten werden sie tamasig. Sie sitzen eine halbe Stunde lang in irgendeiner Asana und stellen sich vor, sie hätten Samadhi. Sie meinen, sie wären verwirklichte Seelen. Wenn ein spirituell Suchender, der sich dem Nivritti Marga verschrieben hat, meint, dass er sich nicht entwickelt, dass er keine Fortschritte in der Meditation macht, geht er in den Zustand von Tamas, er sollte sofort für ein paar Jahre irgendeinen Dienst übernehmen und kraftvoll arbeiten. Er sollte Arbeit und Meditation kombinieren. Das ist Weisheit. Das ist Besonnenheit. Das ist Scharfsinn. Dann sollte er in die Abgeschiedenheit gehen. Man sollte während des ganzen Sadhana immer seinen gesunden Menschenverstand einsetzen. Es ist sehr schwer, aus dem tamasigen Zustand herauszukommen. Ein Sadhaka sollte sehr vorsichtig sein. Wenn Tamas in ihm Überhand zu nehmen droht, sollte er sofort irgendeine Arbeit zügig ausführen. Er kann an der frischen Luft laufen, Wasser vom Brunnen holen etc. Er sollte es auf eine intelligente Art und Weise vertreiben.

739 Unwissenheit, Trägheit, Dunkelheit, Vergänglichkeit. Eines der drei Gunas.
740 Sadasiva Brahman war ein Heiliger, Komponist und Philosoph des Advaita, der im 18. Jahrhundert in Südindien gelebt hat.
741 Der Weg der Entsagung, der Weg des sich Abwendens, der Weg des Mönchs bzw. der Nonne.

VERGESSLICHKEIT

Vergesslichkeit heißt, etwas aus dem Gedächtnis zu verlieren oder zu entfernen.

Vergesslichkeit ist die Eigenschaft, dazu in der Lage zu sein, alles aus dem Geist entschwinden zu lassen.

Vergesslichkeit ist der Verlust von Erinnerung oder Rückbesinnung; sie ist Vergessenheit.

Man spricht von der süßen Selbstvergessenheit der menschlichen Fürsorge.

Vergesslichkeit ist nachlässiges Unterlassen; Unaufmerksamkeit ist Pflichtvergessenheit.

Es gibt aber auch eine vornehme Vergesslichkeit – das ist diejenige, die sich nicht an erlittene Verletzungen erinnert.

Erlerne die Kunst zu vergessen; oftmals erinnerst du dich an das, an was du dich nicht erinnern solltest und kannst nicht vergessen, was du vergessen solltest.

Vergesslichkeit ist ein Geschenk Gottes. Wenn du dich andauernd an bestimmte unglückliche Dinge erinnerst, wirst du schnell sterben.

Leute, die ein schlechtes Gedächtnis haben, sind vergesslich. Sie sind unaufmerksam. Sie vernachlässigen bestimmte Dinge. Davon muss man sich befreien, indem man ein gutes Gedächtnis entwickelt.

Vergiss die guten Taten nicht, die andere getan haben, und auch nicht die Hilfe, die andere dir in schwierigen Zeiten gewährt haben. Sei ihnen dankbar.

Vergesslichkeit ist eine persönliche Eigenschaft, wie dies in dem Satz „Er war bekannt für seine Vergesslichkeit" zum Ausdruck kommt. Vergessenheit, der stärkere Ausdruck, ist ein Zustand, in dem einem eine Person oder eine Sache komplett entfallen ist, wie zum Beispiel in dem Ausdruck „seine Pflichtvergessenheit".

Gebet, die Praxis von Pranayama, Meditation, die Praxis von Gedächtnistraining, wie sie in „Sichere Wege für Erfolg in Leben und Gottesverwirklichung"[742]

---

742 Ein anderes Buch von Swami Sivananda,

aufgezeigt werden, sowie die Verwendung von Brahmi-Amla Öl[743], Brahmi Ghee[744] oder Brahmipulver mit Milch wird die Stärke deines Gedächtnisses steigern.

VERRAT

VISVASA-GHATA

Verrat ist Treulosigkeit.

Ein Verräter ist ein Betrüger.

Es gibt kein Messer, das eine so scharfe, mit Gift vergiftete Klinge hat wie Verrat.

Verstöße gegen Loyalität, Vertrauen oder Gelübde ist Verrat. Treuloses oder heimtückisches Verhalten ist Verrat.

Ein verräterischer Mensch ist nicht vertrauenswürdig. Er macht einen suspekten und irreführenden Eindruck. Er hat ein gutes und angenehmes Auftreten, aber er hat einen schlechten Charakter oder ein schlechtes Wesen. Er betrügt selbst enge Freunde.

Er lächelt und lacht, aber am Ende schneidet er dir die Kehle durch.

Du kannst einem verräterischen Menschen keinerlei Vertrauen schenken. Er wartet nur auf eine Gelegenheit, um dich auszuplündern und zu töten. Sein äußerer Schein trügt.

Verräterisch kann sich sowohl auf die privaten Beziehungen des Menschen beziehen, als auch auf sein Verhältnis zu seinem Land. Er ist ein trügerischer Freund oder ein verräterischer Bürger.

Man kann Feinden gegenüber genauso verräterisch sein wie Freunden gegenüber. Man kann seinem Land gegenüber verräterisch sein, indem man sich weigert, ihm den Beistand zu gewähren, der einem zu Gebote steht.

---

743 Brahmi („kleines Fettblatt") ist ein seit langem im Ayurveda verwendetes Kraut, das durch das in ihm enthaltene vorhandene Saponin Hersaponin eine beruhigende und zugleich cardiotonische Wirkung aufweist. Im Ayurveda wird Brahmi zur Verbesserung der Lernfähigkeit und bei nervlichen Störungen angewendet. Brahmi-Amla Öl ist ein bekannte Haarwuchsmittel.
744 Ghee (= geklärte Butter), das unter Verwendung von Brahmi mit einer bestimmten Kräutersubstanz angereichert wird.

Ein Soldat, der zum Feind überläuft, ist verräterisch. Ein Mensch, der einen Anschlag auf das Leben des Herrschers verübt oder der es darauf anlegt die Regierung zu stürzen, ist verräterischer Taten schuldig.

Töte diese Verräterei, indem du Redlichkeit, Verlässlichkeit und Vertrauenswürdigkeit praktizierst.

VERSCHWENDUNGSSUCHT

ATIVYAYA[745]

Verschwendungssucht ist Extravaganz. Sie heißt Geld ohne Notwendigkeit auszugeben.

Ein Verschwender vergeudet sein Geld. Er wirft sein Geld ohne Notwendigkeit weg.

Ein Verschwender verschleudert sein Vermögen in Bordellen, beim Glücksspiel, beim Trinken und gräbt so sein eigenes Grab.

Er fällt Armut, Elend und elender Schande anheim. Er wird ein Opfer verschiedener Laster.

Er ist unmäßig und verschwenderisch und verhungert schließlich. Er kann nicht einmal mehr für seinen lebensnotwendigen Bedarf sorgen. Er fristet ein freudloses Dasein. Er führt ein ausschweifendes Leben.

Man sagt, dass ein zwanzigjähriger Verschwender mit siebzig ein Geizhals sein wird.

Gib Geld für wohltätige Zwecke aus. Sei sehr großzügig, aber nicht verschwenderisch. Verschwende kein Geld.

---

745 Verschwendung.

VON SICH EINGENOMMEN SEIN

AHAMPRATYAYA[746], AHAMTA, ATMASLAGHANAM

Von sich selbst eingenommen zu sein ist ein großes Hindernis auf dem spirituellen Pfad. Das ist eine schlechte Eigenschaft, die aus Rajas geboren wird. Sie geht mit Eitelkeit und Arroganz einher. Ein spirituell Suchender, der ein Sklave seines von sich eingenommenen Wesens ist, möchte Eindruck schinden. Er posiert als Yogi mit vielen Siddhis[747]. Er sagt von sich selbst: „Ich bin weit fortgeschritten im Yoga. Ich vermag viele Menschen zu beeinflussen. Niemand ist mir auf dem Feld des Yoga ebenbürtig. Ich verfüge über gewaltige psychische Kräfte." Er erwartet von anderen, dass sie ihm Respekt zollen und sich vor ihm niederwerfen. Er ist leicht verärgert über andere, wenn sie ihn nicht verehren und sich nicht vor ihm niederwerfen. Er versucht seine Stellung und sein Ansehen aufrechtzuerhalten. Der von sich selbst eingenommene spirituell Suchende achtet nicht auf die Anweisungen seines Gurus. Er hat seine eigenen Methoden. Er gibt vor, seinem Guru gehorsam zu sein. Aber bei jedem Schritt setzt sich sein kleines Ego durch. Er ist ungehorsam und durchbricht die Disziplin. Er schafft Partystimmung, Aufstand, Chaos und Unordnung. Er bildet Fraktionen. Er übt Kritik an Mahatmas, Sannyasins, Yogis und Bhaktas. Er schenkt den Schriften und den Worte von Heiligen keinen Glauben. Er beleidigt sogar seinen eigenen Guru. Er verdreht die Tatsachen und erzählt vorsätzliche Lügen, um sich seine Stellung zu erhalten oder um seine Verfehlungen zu vertuschen. Er erzählt viele Lügen, um eine Lüge zu vertuschen. Er verdreht und foltert den wahren Sachverhalt.

VORURTEIL

AVICHARAPURVA-PAKSHAPATA

Vorurteil ist ein Urteil oder eine Meinung, die im Voraus und ohne gebührende Überprüfung der Tatsachen und Gründe gebildet wird, die essentiell für eine gerechte und unvoreingenommen Urteilsbildung sind. Es ist Voreingenommenheit.

Die zerstörerischen Eigenschaften des Vorurteils können durch Wohlwollen beseitigt werden.

Das Vorurteil blendet die Wahrheit aus und führt häufig zu fatalen Fehlern.

---

746 Ich-Gefühl, Selbstbewusstsein.
747 Vollkommenheit, psychische Kraft. In den Yoga-Sutren: Fähigkeiten, die über die normal üblichen Fähigkeiten des Menschen hinausgehen und daher oft als übernatürlich beschrieben werden.

Das Vorurteil ist wie ein Dunstschleier, der deinen Blick trübt und die guten und herrlichen Dinge verschleiert.

Voreingenommene Menschen sprechen niemals gut über diejenigen, denken aber auch nicht gut von denjenigen, die sie nicht mögen.

Das Vorurteil ist ein Kind der Unwissenheit. Sie ist ein großes Hindernis für Fortschritt.

Wenn das Urteil schwach ist, ist das Vorurteil stark.

Ein Vorurteil gründet sich häufig auf Gefühle, Einbildung, Vorstellungen usw. Ein Vorurteil ist immer abfällig.

Vorurteil ist eine unvernünftige Abneigung gegen etwas oder gegen jemanden. Vorurteile stumpfen das Gehirn ab. Das Gehirn kann dann nicht ordnungsgemäß schwingen, um die Dinge im rechten Licht zu erfassen. Man kann ernsthafte Meinungsunterschiede nicht aushalten. Das ist Intoleranz. Religiöse Intoleranz und Vorurteile sind große Hindernisse auf dem Pfad der Gottesverwirklichung. Manche orthodoxe Pandits sind fest davon überzeugt, dass nur Menschen, die Sanskrit beherrschen, Gottesverwirklichung erlangen können. Sie denken, dass englischsprachige Sannyasins Barbaren sind und dass sie Selbstverwirklichung nicht erlangen können. Sieh diese dumme Torheit dieser bigotten Pandits! Unverbesserliche, kleinliche, engherzige, verquere Sektierer! Wenn jemand ein Vorurteil gegen die Bibel oder den Koran hat, kann er die Wahrheiten nicht erfassen, die in ihnen enthalten sind. Sein Gehirn wird hart, steinig und abgestumpft. Ein Mensch kann sich dadurch selbst verwirklichen, dass er die Prinzipien studiert und befolgt, die im Koran, der Bibel oder im Zendavesta[748] oder den Pali Büchern[749] über Buddha niedergelegt sind.

Spirituell Suchende sollten versuchen, sich von Vorurteilen jedweder Art zu befreien. Nur dann können sie überall die Wahrheit erblicken. Die Wahrheit ist nicht das alleinige Monopol der Sanskrit-Pandits aus Varanasi[750] oder der Vairagis[751] aus Ayodhya[752]. Wahrheit, Rama, Krishna und Jesus sind Allgemeingut

---

748 Avesta ist das heilige Buch der auf den iranischen Religionsstifter Zarathustra zurückgehenden Religion des Zoroastrismus. Zendavesta bezeichnet die Auslegungen des Avesta.

749 Pali gilt als die Sprache Buddhas. Die auf Pali verfasste Literatur beschäftigt sich im Wesentlich mit dem Theravada-Buddhismus.

750 Stadt im indischen Bundesstaat Uttar Pradesh. Sie liegt am Ganges, ist eine der ältesten Städte Indiens und gilt als heiligste Stadt des Hinduismus.

751 Ein Vairagin ist ein Mensch, der über Vairagya verfügt, d.h. der sich von inneren Bindungen und Leidenschaften gelöst hat.

752 Geschichtsträchtige Stadt im Bundesstaat Uttar Pradesh, die zu den sieben heiligen Orten des Hinduismus zählt, da Gott Rama dort geboren sein soll.

aller. Ein bengalischer Bruder glaubt, dass Ramakrishna Paramahansa[753] und Vivekananda[754] alleine den Bengalen gehören. Bengalen und bengalische Sannyasins gelten allgemein als stammesverbunden und provinziell. Es ist höchste Zeit, dass sie diese unerwünschte Wesensart in ihnen beseitigen. Das ist ein großer Makel. Dabei sind sie berühmt für ihre Intelligenz. Diejenigen Sannyasins, die ins Ausland auf den Kontinent[755] gegangen sind und diejenigen, die im Westen erzogen wurden, sind eine Ausnahme. Sie sind weitherzig.

Sektierer und bigotte Menschen beschränken sich auf einen kleinen, abgegrenzten Umkreis oder Gebiet. Sie haben kein großes Herz. Sie können wegen ihrer voreingenommenen Sicht die guten Punkte an anderen nicht erkennen. Sie glauben, dass ihre Prinzipien und Glaubenssätze sehr gut sind. Sie strafen andere mit Verachtung. Sie glauben, dass ihr Sampradaya[756] dem anderer überlegen sei und dass ihr Acharya[757] der einzige Mensch mit Gottesverwirklichung sei. Sie streiten immer mit anderen. Es ist nichts Schlechtes daran, den eigenen Guru zu rühmen und sich an seine Grundsätze und Unterweisungen zu halten. Man sollte aber auch den Unterweisungen anderer Propheten und anderer Heiliger dieselbe Aufmerksamkeit zuteilwerden lassen. Nur dann wird sich das Gefühl von universeller Liebe und universeller Bruderschaft einstellen. Das wird dann über kurz oder lang zu der Verwirklichung von Gott oder Atman in allen Lebewesen führen. Vorurteil, Intoleranz, Bigotterie und Sektierertum sollten gründlich ausgerottet werden. Vorurteil und Intoleranz sind Formen von Hass.

---

753 Ramakrishna Paramahansa, 1836 – 1886, war ein bedeutender hinduistischer Mystiker aus dem 19. Jahrhundert. Seine religiöse Schule des Denkens führte zum Aufbau der Ramakrishna-Mission durch seinen Schüler Swami Vivekananda. Wie Swami Vivekananda kam auch Ramakrishna Paramahansa aus Bengalen. Beide waren einflussreiche Persönlichkeiten der bengalischen Renaissance sowie der Hindu-Renaissance im 19. und 20. Jahrhundert.

754 Swami Vivekananda, 1863 – 1902, war ein hinduistischer Mönch und Gelehrter und ein Schüler von Ramakrishna Paramahansa, der 1893 als erster Hindu vor dem Weltparlament der Religionen in Chicago gesprochen und als einer der ersten Yoga in den Westen gebracht hat.

755 Damit ist im Englischen in Abgrenzung von England das europäische Festland gemeint.

756 Tradition, Traditionslinie der Überlieferung, Glaubensgemeinschaft, die Gott in einer bestimmten Gestalt verehrt. Auch die verschiedenen religiösen Ordensgemeinschaften des Hinduismus werden üblicherweise Sampradaya genannt.

757 Lehrer, Meister. Wird jedoch zumeist im Sinne eines spirituellen Lehrers verwendet, der durch sein eigenes Verhalten ein Beispiel gibt. Im Hinduismus bezeichnet Acharya einen spirituellen Lehrer, der den Schüler in die Veden einführt. Der Begriff wird auch für Schriftgelehrte gebraucht und kann direkt an den Namen angehängt werden, wie z.B. bei Sankaracarya für Sri Sankara.

WANKELMUT

Wankelmut ist Unstetigkeit des Geistes. Er ist Inkonsequenz oder Unentschlossenheit.

Ein wankelmütiger Geist schwankt und ändert sich in jeder Sekunde. Er ist nie beständig. Er schweift immer umher.

Ein wankelmütiger Mensch verspricht jetzt etwas und bricht sein Versprechen in der nächsten Sekunde. Du kannst dich nicht auf ihn verlassen.

Ein wankelmütiges Gedächtnis ist schlecht, eine wankelmütige Verhaltensweise ist schlechter; aber ein wankelmütiges Herz und eine wankelmütige Absicht ist am schlechtesten von allem.

Ein wankelmütiger Mensch ist übermäßig wechselhaft in Gefühl, Urteil oder Absicht. Er ist schwankend, inkonsequent und unberechenbar.

Ein wankelmütiger Mensch ist wie das unruhige Meer oder ein ruheloser Affe.

Ein wankelmütiger Mensch ist unentschlossen, wechselhaft, schwankend und schrullig.

Ein wankelmütiger Mensch scheitert bei jedweder Unternehmung. Er kennt keinen Erfolg. Er weint und bedauert.

Ein wankelmütiger Mensch hat eine schwankende Veranlagung. Er ist unbeständig in seinen Meinungen und Absichten.

Ein wankelmütiger Geist ist ein großes Hindernis in der Meditation. Eine leichte, sattvige Ernährung und die Praxis von Pranayama werden diesen Geisteszustand beseitigen. Überlaste den Magen nicht. Geh auf deinem Grundstück für eine halbe Stunde rasch hin und her. Sobald du einen festen Entschluss gefasst hast, musst du ihn um jeden Preis umgehend ausführen. Das wird den Geist von Wankelmut befreien und deine Willenskraft entwickeln.

Beständigkeit, Entschlusskraft, Entschlossenheit, Bestimmtheit, Festigkeit, Unveränderlichkeit, Entschiedenheit, Beharrlichkeit und Stetigkeit sind die Gegenteile von Wankelmut.

Wankelmut ist auf zuviel Rajas oder Leidenschaft zurückzuführen. Lösche Rajas aus, indem du Sattva oder Reinheit oder Harmonie steigerst. Nimm sattviges

Essen zu dir. Praktiziere Japa[758], Kirtan[759], Konzentration, Tratak[760] oder festes Starren und Pranayama[761]. Studiere heilige Schriften. So wird sich der Wankelmut aus dem Staub machen und sich Beständigkeit durchsetzen.

ZAGHAFTIGKEIT

KAATARATA[762]

Zaghaftigkeit ist eine weitere Gemeinheit. Sie ist Kleinmut. Sie ist eine Form von Angst. Sie ist auch mit Schüchternheit verwandt. Ein zaghafter Mensch ist ein Angsthase. Er ist ungeeignet für Aktivitäten in der Öffentlichkeit sowie jede abenteuerliche Art von Arbeit. Er ist eine Kröte, die in einem kleinen Brunnen lebt. Er kann nicht aus sich herausgehen, um ein kreativer Mensch zu sein, der mitten im Leben steht. Er kann seinen Vorgesetzten gegenüber nicht frei von der Leber weg sprechen. Er kann auch nicht kühn mit seinen Kunden verhandeln. Wie kann er dann aber Wohlstand erwarten? Er fürchtet stets sein Leben zu verlieren, seine Frau, seine Kinder und seinen Besitz. Er hat Angst vor der öffentlichen Meinung. Ein zaghafter Mann ist mehr oder weniger wie eine Frau. Zaghaftigkeit muss durch die Entwicklung von Mut überwunden werden. Zaghaftigkeit ist ein Fluch. Sie schwächt den Menschen. Sie hemmt sein Wachstum. Sie verhindert Erfolg im Leben.

ZERSTREUTHEIT

VIKSHEPA[763]

Zerstreutheit ist des Schlingern oder Schwanken des Geistes. Das ist eine alte Gewohnheit des Geistes. Im Allgemeinen haben alle Sadhakas unter dieser Schwierigkeit zu leiden. Der Geist bleibt niemals längere Zeit an einem festen Punkt. Er springt hin und her wie ein Affe. Er ist immer ruhelos. Das ist auf die Kraft von Rajas zurückzuführen. Immer wenn Sri Jaya Dayal Goyandka[764] für ein Interview zu mir kam, stellte er mir immer dieselben beiden Fragen: „Swamiji, was

758 Fortgesetzte Wiederholung eines Mantras oder das Namens Gottes.
759 Singen von Gottes Namen mit Hingabe (Bhava), Liebe (Prem) und Glaube (Shraddha).
760 Wörtlich: festes Starren. Sowohl eine Reinigungs- (= Kriya), als auch eine Meditationstechnik.
761 Regulierung und Einschränken des Atems. Yogische Atemübungen.
762 Ängstlichkeit.
763 Zerstreutheit, Schwanken des Geistes. Einer der beiden Aspekte der Unwissenheit (= Avidya).
764 Jayadayal Godanka, 1885 – 1965, war ein indischer Publizist, der u.a. die „Gita Press", den größten Verlag für religiöse Schriften des Hinduismus, gegründet hat.

ist das Heilmittel, um den Schlaf zu beherrschen? Und wie beseitigt man Viksepa? Bitte gib mir eine einfache und wirkungsvolle Methode." Meine Antwort war: „Nimm abends leichte Kost zu Dir. Praktiziere Sirshasana und Pranayama. Dann kann der Schlaf bezwungen werden. Tratak, Upasana[765] und Pranayama werden Viksepa beseitigen." Es ist besser, eine kombinierte Methode zu haben. Das ist effektiver. Patanjali Maharishi[766] verschreibt Pranayama, um Rajas zu zerstören, das Viksepa verursacht, und um einen einpünktigen Geist zu bekommen.

In der Gita (VI. 24 – 26) verschreibt Gott Krishna ein Sadhana gegen Viksepa: „So oft der wankelmütige und unstete Geist umher streift, genauso oft halte ihn im Zaum und bringe ihn unter die Kontrolle des Selbst. Gib ohne Vorbehalte alle Sehnsüchte auf, die aus der Vorstellungskraft hervorgehen, indem der Geist die Gesamtheit der Sinne von allen Seiten im Zaum hält. So erlangst du nach und nach mit den Mitteln des Verstandes, der durch Beständigkeit kontrolliert wird, Ruhe. Wenn du den Geist dazu gebracht hast, im Selbst zu verweilen, lass ihn an nichts mehr denken." Tratak ist ein wirkungsvolles Mittel, um Viksepa zu zerstören. Praktiziere es eine halbe Stunde lang mit einem Bild von Gott Krishna oder einem schwarzen Punkt an der Wand. Beginne zuerst mit zwei Minuten und steigere die Dauer dann allmählich. Wenn Tränen kommen schließe die Augen. Schaue ununterbrochen auf den Punkt ohne zu blinzeln. Überanstrenge die Augen nicht. Schaue sanft. Es gibt Schüler, die Tratak für 2 bis 3 Stunden ausüben können. Für eine genaue Beschreibung lies mein Buch „Kundalini Yoga".

ZURSCHAUSTELLUNG

DAMBHA[767]

Zurschaustellung ist die Kunst etwas vorzuzeigen, um Aufmerksamkeit oder Bewunderung auf sich zu ziehen. Sie ist Angeberei.

Zurschaustellung ist eine Demonstration oder Protzerei, die von Eitelkeit getrieben wird und dazu dient, Applaus oder zu Schmeichelei heischen. Sie ist ein

---

765 Wörtlich: „Sitzen in unmittelbarer Nähe." Damit ist Verehrung, Dienst, Gottesdienst gemeint, jedoch nicht nur die äußere Verehrung, sondern letztlich ein konstanter Strom an Aufmerksamkeit, der sich Gott zuwendet. Es geht also mehr um die innere Hingabe, die stets in der Gegenwart Gottes, der Wahrheit und der Liebe verweilt.

766 Indischer Gelehrter und Weiser, der zwischen dem 2. und 4. Jh. n. Chr. gelebt haben soll. Verfasser der Yoga Sutren, einer der wichtigsten Schriften des klassischen Yoga, weshalb er auch als „Vater des Yoga" bezeichnet wird.

767 Egoismus, Stolz, der Wunsch, dass über einen geredet wird. Menschen, die Yoga, Feuerzeremonien oder andere Rituale (Yajna) ausführen oder große Summe für wohltätige Zwecke spenden, dies aber nur zur Zurschaustellung einer bestimmten Attitüde tun, um den Beifall anderer zu heischen.

ehrgeiziges Vorzeigen von etwas, das dazu gedacht ist, Bewunderung oder Lob zu gewinnen.

Zurschaustellung ist die Signalflagge der Scheinheiligkeit. Sie ist die Hauptsünde des Teufels und der Vater aller Lügen.

Genauso wie in einem Blasebalg ein erzwungener, aber lebloser Atem herrscht, kommen von denjenigen, die durch den Wind der Zurschaustellung aufgeblasen sind, nur leere Worte, aber keine Taten.

Zurschaustellung kann wortlos geschehen wie beim zur Schau stellen von vornehmen Villen, teurer Kleidung, kostspieliger Ausrüstung oder ähnlichem. Wenn sie mit Worten geschieht besteht Zurschaustellung eher im Verhalten als in konkreten Äußerungen, wie zum Beispiel bei der Zurschaustellung von Wissen.

Angeberei ist eine Zurschaustellung auf Umwegen und ist lauter und vulgärer als diese. Eine große Vorführung oder Protzerei hat oft erstaunlich wenig Substanz. Zurschaustellung tut nur so, als ob etwas Gehaltvolles vorgezeigt würde.

Prunk ist eine materielle Demonstration von Wohlstand und Macht wie bei prächtigen und würdevollen Zeremonien, teurer Einrichtung oder Festzügen usw., die derjenigen Person oder Gelegenheit würdig erscheinen, zu deren Ehren sie veranstaltet werden. Prunk ist die vornehme Variante dessen, was als bloße Zurschaustellung nur arrogant und eitel ist.

WIE MAN SCHLECHTE VRITTIS ZERSTÖRT

Begierde (Kama)	Brahmacharya, Mumukshutva[768]
Ärger (Krodha)	Liebe, Kshama (Verzeihung), Mitgefühl (Daya), Maitri (Freundschaft), Shanti, Dhriti (Geduld), Ahimsa.
Stolz (Mada)	Demut (Namrata oder Vinaya).
Gier (Lobha)	Ehrlichkeit, Großzügigkeit, Santosha (Zufriedenheit), Aparigraha (Nichtbegehren).
Eifersucht (Irshya)	Vornehmheit (Udarata), Großmut, Mudita (Zufriedenheit).
Moha (Verblendung)	Viveka (Unterscheidungskraft).
Dambha (Eitelkeit, Heuchelei)	Einfachheit.
Darpa (Arroganz)	Höflichkeit, Hri (Bescheidenheit).
Paisuna, Arjava (Hinterlist, Verworfenheit)	Gradlinigkeit
Parushya (Härte)	Mardava (Milde)
Raga (Verhaftung)	Vairagya
Unaufrichtigkeit (Ashraddha)	Shraddha (Glaube, Vertrauen).
Wankelmut (Chanchalatva)	Entschlossenheit, Nischaya Vritti (Adhyavasya)

---

768 Streben, Sehnsucht nach Befreiung. Ernsthaftes und beständiges Verlangen nach Befreiung. Als Teil von Subecha (den vier Vorbedingungen für den spirituell Suchenden) eines der sieben Bhoomikas.

LISTE VON LASTERN, DIE ES ZU ÜBERWINDEN GILT

(Mach dir eine Kopie hiervon und hänge sie an einer deutlich sichtbaren Stelle in deiner Wohnung auf.)

SCHWERE LASTER

Ärger — Arroganz — Begierde — Doppelzüngigkeit

Ehrgeiz — Eifersucht — Erbarmungsloses Wesen

Zu häufiges und maßloses Essen — Faulheit — Geiz

Gottlosigkeit — Grausamkeit — Grausame Taten begehen

Habgieriges Wesen — Hass — Heuchelei

Hinterhältiges Wesen — Hochmut — Klatschsucht — Lästern

Lügen — Neid — Niedergeschlagenheit — Petzen

Querköpfigkeit — Rächendes Wesen — Scharfe Worte

Schlechte Gedanken und Gewohnheiten — Sehnsucht — Selbstsucht

Starrsinn — Stolz — Tadel und Kritik — Trägheit

Unheil anrichten — Unzüchtiges Aussehen — Verhaftung

GERINGERE LASTER

Aufbegehrendes Wesen — Aufschieberei
Unnötige Auseinandersetzungen — Bedienstete schlecht behandeln
Boshaftigkeit — Brüten über nichts und wieder nichts
Diplomatie — Düsteres Aussehen — Eingebildetheit — Eitelkeit
Erniedrigung von anderen — Faulheit
Auf die Fehler anderer zu schauen — Feindschaft
Gaunerei — Gefühle — Geistige Schwäche
Gier — Glücksspiel — Herabwürdigung
Eine Honigzunge, aber ein galliges Herz zu haben
Kämpferisches Wesen — Kleinlichkeit — Luftschlösser bauen
Sich über andere lustig machen — Nörgelei
Obszöne Ausdrücke zu gebrauchen — Pedanterie
Pläne schmieden — Prahlerei — Rächendes Wesen — Rauchen
Reizbarkeit — Romane lesen — Ruhelosigkeit
Die eigenen Fähigkeiten und Stärken vor anderen zur Schau stellen
Schikane — Schlafen während des Tages
Schlecht über andere zu sprechen — Schwankender Geist
Schwindeln — Sich Sorgen machen — Stehlen — Stillstand
Streitbares Wesen — Sturheit — Täuschung
Töten von Ameisen und anderen kleinen Insekten
Trägheit — Gewohnheitsmäßiges Trinken — Überheblichkeit
Umherziehendes Wesen — Unachtsamkeit — Unbesonnenheit
Ungerechtigkeit — Unhöflichkeit — Unklarheit
Unlauteres Verhalten — Unruhiger Geist — Andere zu unterbrechen
Unverschämtheit — Verfolgung — Vergeltung — Verleumdung
Verunglimpfung — Verzagtheit
Zeit für nichts und in unnützer Gesellschaft zu vergeuden
Zuviel sprechen

ZWANZIG WICHTIGE
SPIRITUELLE ANLEITUNGEN

Von S.H. Sri Swami Sivanandaji Maharaj

1. Steh um 4 Uhr früh auf. Das ist Brahmamuhurta[769], die äußerst günstig für die Meditation auf Gott ist.

2. Asana: Sitze eine halbe Stunde lang für Japa oder Meditation in Padmasana[770], Siddhasana[771] oder Sukhasana[772], in Richtung Osten oder Norden. Steigere die Dauer allmählich auf bis zu drei Stunden. Praktiziere Sirshasana[773] und Sarvangasana[774], um Brahmacharya[775] einzuhalten und die Gesundheit zu erhalten. Unterzieh dich regelmäßig leichten körperlichen Übungen wie z.B. Spaziergängen. Praktiziere zwanzig Runden Anuloma Viloma.

3. Japa: Wiederhole irgendein Mantra, das so rein ist wie Om oder Om Namo Narayanaya, Om Namah Sivaya, Om Namo Bhagavate Vasudevaya, Om Saravanabhavaya Namah, Sita Ram, Sri Ram, Hari Om oder das Gayatri Mantra, nach deinem Geschmack oder Neigung zwischen 108 und 21.600 Mal am Tag.

4. Disziplinierte Ernährung: Nimm sattviges Essen zu dir, Suddha Ahara[776]. Gib Chillies, Tamarinde, Knoblauch, Zwiebeln, saure Nahrungsmittel, Öl, Senf und Asafoetida auf. Ernähre dich maßvoll (Mitahara[777]). Überlade den Magen nicht. Gib diejenigen Dinge, die der Geist am liebsten mag, an 14 Tagen im Jahr durchgehend auf. Iss einfaches Essen. Milch und Früchte unterstützen die Konzentration. Nimm die Nahrung als Medizin, um das Leben aufrecht zu erhalten. Essen zum Zwecke des Genusses ist eine Sünde. Verzichte einen Monat lang auf Salz und Zucker. Du musst dazu in der Lage sein, alleine von Reis, Dhal, und Brot zu leben, ohne irgendein Chutney. Verlange nicht nach zusätzlichem Salz zu deinem Dhal oder nach Zucker oder Milch zum Tee oder Kaffee.

5. Habe einen eigenen verschließbaren Meditationsraum.

---

769 Die frühen Morgenstunden zwischen 03:30 und 05:30 Uhr, insbesondere die Zeit vor der Morgendämmerung, die am als besten geeignet für Fortschritte in der Meditation gilt.
770 Lotossitz.
771 Halber Lotossitz.
772 Leichter Meditationssitz mit gekreuzten Beinen.
773 Kopfstand.
774 Schulterstand.
775 (Sexuelle) Enthaltsamkeit, die sich jedoch auf alle Aktivitäten der Sinne beziehen sollte. Eines der 5 Yamas.
776 Reine Nahrung.
777 Maßvolle Speise, sparsame Ernährung

6. Wohltätigkeit: Übe jeden Monat Wohltätigkeit oder – je nach deinen Möglichkeiten – jeden Tag, sagen wir sechs Paisa pro Rupie[778].

7. Svadhyaya: Studiere täglich systematisch die Gita, das Ramayana, die Bhagavata, Sri Vishnu-Sahasranama[779], Lalita-Sahasranama[780], Aditya Hridaya[781], die Upanischaden oder die Yoga Vashishta[782], die Bibel, das Zend Avesta[783], den Koran, die Tripitakas[784], die Granth Sahib[785] usw., zwischen einer halben Stunde und einer Stunde und erlange so ein reines Denken.

8. Brahmacharya: Erhalte die Lebenskraft (Veerya) sehr, sehr sorgfältig. Veerya ist Gott in Bewegung oder in Manifestation – Vibhuti[786]. Veerya ist die Gesamtheit des Kraft. Veerya ist die Gesamtheit des Geldes. Veerya ist die Essenz des Lebens, der Gedanken und der Intelligenz.

9. Gebete: Lerne einige Gebete in Versform (Shlokas[787]) oder Stotras[788] auswendig und wiederhole sie, sobald du in der Asana sitzt, bevor du mit Japa oder der Meditation beginnst. Das wird einen Geist schnell erheben.

10. Satsang: Habe Satsang. Gib schlechte Gesellschaft, Rauchen, Fleisch und Alkohol vollständig auf. Nimm keine schlechten Gewohnheiten an.

11. Fasten: Faste an Ekadasi[789] oder lebe nur von Milch und Früchten.

---

778 Also 6 Prozent des Einkommens.
779 Die 1.000 Namen von Gott Vishnu.
780 Lobgesang der göttlichen Mutter, der aus tausend Namen von Devi, der Göttliche Mutter besteht.
781 Eine besonders wichtige Hymne zur Verehrung der Sonne bzw. des Sonnengotts aus dem Ramayana (6. Buch, 107. Kapitel). Ihre Rezitation soll Stärke und Kraft – insbesondere Stärke und Kraft weiterzumachen, auch wenn negative Kräfte und Widerstände kommen – verleihen.
782 Ein mutmaßlich aus de, 8. Jahrhundert stammendes philosophisches Hauptwerk des Advaita Vedanta.
783 Das der Legende nach auf den iranischen Religionsstifter Zarathustra zurückgehende heilige Buch der Religion des Zoroastrismus.
784 Die Lehrreden (Sutras) von Buddha, die zusammen mit den disziplinarischen Schriften (Vinaya) und den philosophischen Texten (Abidhamma) den Kanon der Schriften des Buddhismus bilden.
785 Der Adi Guru Granth Sahib ist die Quelle seelischer und ethischer Inspiration der Sikhs. Sikhs sprechen respektvoll vom Guru (religiöser Meister). Der Adi Guru Granth Sahib enthält Weisheiten, die einer religiös orientierten ganzheitlichen Lebensweise dienen sollen.
786 Durchdringend, mächtig. Offenbarung, Macht. Bezeichnung für heilige Asche, die ein Ausdruck göttlicher Gnade (Prasada) ist und zur Heilung von körperlichen und geistigen Krankheiten benutzt werden kann. Sie ist ein Symbol für die letztendliche Realität, die übrig bleibt, wenn die Begrenzungen des Ego durch das Feuer der Erleuchtung weggebrannt wurden. Sie ist auch ein Symbol für Loslösung, denn Shiva bestreicht als großer Asket seinen Körper mit Asche. Bezeichnung für die Kräfte, die nach dem Yoga-Sutra (3:16 – 55) aus Übungen erwachsen.
787 Vers, Strophe. Eine bestimmte Versform, in der die großen Epen des Hinduismus abgefasst sind.
788 Hymne, Lobpreisung Gottes.
789 Elfter Tag des Hindu-Mondkalenders, an dem gefastet und der Schwerpunkt auf spirituelle Aktivitäten gelegt werden sollte.

12. Mala: Trage eine Mala (Rosenkranz) für Japa um den Hals, in der Tasche oder lege sie nachts unter dein Kissen.

13. Mouna: Halte täglich für ein paar Stunden Mouna (das Schweigegelübde) ein.

14. Sprich die Wahrheit: Sprich um jeden Preis die Wahrheit. Sprich wenig. Sprich sanft.

15. Verringere deine Bedürfnisse. Wenn du vier Hemden hast, verringere ihre Anzahl auf zwei oder drei. Führe ein glückliches, zufriedenes Leben. Vermeide unnötige Sorgen. Habe ein einfaches Leben und ein hohes Denken.

16. Verletze niemals irgendjemanden: Verletze niemals irgendjemanden (Ahimsa Paramo Dharmah[790]). Kontrolliere Ärger durch Liebe, Kshama (Verzeihung) und Daya (Mitgefühl).

17. Sei nicht von Dienern abhängig: Sei nicht von Dienern abhängig. Eigenständigkeit ist die höchste von allen Tugenden.

18. Selbstanalyse: Denke bevor du abends zu Bett gehst an die Fehler, die du im Laufe des Tages begangen hast (Selbstanalyse). Führe ein spirituelles Tagebuch und eine Liste zur Selbstverbesserung. Brüte nicht über vergangene Fehler nach.

19. Pflichterfüllung: Denke daran, dass der Tod jederzeit auf dich wartet. Versäume nie deine Pflichten zu erfüllen. Habe ein makelloses Verhalten (Sadachara).

20. Hingabe an Gott: Denke an Gott, sobald du aufwachst und unmittelbar bevor du schlafen gehst. Gib dich Gott ganz und gar hin (Saranagati).

Om Shanti Shanti Shanti!

Das ist die Essenz von allem spirituellen Sadhana.
Das wird dich zu Moksha führen.
All diese Niyamas oder spirituellen Regeln müssen strikt befolgt werden.
Du darfst dem Geist gegenüber keine Nachsicht walten lassen.

---

790 Altes Sanskrit-Epigramm, sinngemäß: „Nichtverletzen ist das höchste Prinzip" oder „Gewaltlosigkeit ist die wichtigste Tugend".

SWAMI SIVANANDA (1887–1963)

SEINE MISSION: DEN MENSCHEN DIENEN

Swami Sivananda (1887 – 1963) ist einer der großen Yoga-Meister Indiens. In seinem Leben verwirklichte er zwei berufliche Karrieren, die des erfolgreichen Arztes und die des weisen Yogis. Im Zentrum seines Wirkens stand dabei immer der Dienst am Nächsten: „Jede Art von Dienen zur Heilung und Linderung menschlichen Leids erfüllte mich mit großer Freude." Dienen war für ihn „ausgedrückte Liebe". Nach anfänglicher Tätigkeit als Arzt in Indien ging er nach Malaysia, wo seinerzeit Tausende von indischen Arbeitern unter erbärmlichen Umständen lebten. Als Leiter eines Krankenhauses suchte er vor allem die Armen, die seiner Hilfe am meisten bedurften. Er therapierte sie nicht nur kostenlos, sondern gab ihnen nach der Behandlung auch noch ein Taschengeld mit auf den Weg, um die während der Krankheit entstandenen Ausfälle zu decken.

DIE SUCHE NACH DAUERHAFTEM GLÜCK

Die Frage nach der „größeren Aufgabe" im Leben ließ den jungen Arzt nicht los. In Gegenwart all der vergänglichen und schemenhaften Freuden suchte er beständig nach einer höheren Form von dauerhaftem Glück und Frieden. Die körperliche wie auch geistige Erschöpfung der Menschen, die er überall beobachtete, betrübten ihn zutiefst. Durch die Lehren des Vedanta begriff er allmählich das wahre Ziel des Lebens. Es wurde sein inniger Wunsch, diesen Weg der Weisen zu beschreiten und den Menschen, denen er zuvor körperlich geholfen hatte, nun auch geistig helfen zu können. Bevor er sich ganz auf den Weg des Yoga einließ, entsagte er der Welt und begab sich als besitzloser Wandermönch für mehrere Jahre in die Einsamkeit des Himalaya. Dort praktizierte er intensiv Yoga und Meditation und erreichte die Selbstverwirklichung.

DER YOGA DER SYNTHESE

In seinem Ashram, der ‚Divine Life Society' in Rishikesh, lehrte Swami Sivananda eine Integration aller bekannten Yogasysteme. Auf diesem Yoga der Synthese beruht heute die moderne Yoga-Praxis unserer westlichen Welt. In Rishikesh bildete er viele herausragende Schüler aus, die dem klassischen Yoga weltweit zu großer Anerkennung verholfen haben. Einen seiner engsten Schüler, Swami Vishnudevananda, entsandte er 1957 mit den Worten „Geh in den Westen. Die

Menschen warten auf Yoga", zunächst nach Amerika und von dort aus weiter nach Europa.

WISSEN ALS HÖCHSTES GESCHENK

Seine nächste Mission war das Schreiben. Er schrieb, weil er damit den Menschen dauerhaft dienen konnte. Sein Ziel war es, so viel spirituelles Wissen wie möglich zu verbreiten. Denn das Geschenk von Wissen war für ihn das höchste Geschenk. So war ihm die Druckerpresse wichtiger als die Bühne, denn das gehörte Wort wird schnell wieder vergessen, aufgeschriebenes Wissen aber hat bleibenden Wert. Diese Mission setzte er bis zum Ende seines Lebens fort und veröffentlichte insgesamt mehr als 200 Bücher zu allen Aspekten des Yoga.

SCHÜLER IN DER GANZEN WELT

Swamiji schrieb seine Bücher alle in Englisch, weil er damit die größte Anzahl von Menschen weltweit erreichen konnte. Darüber hinaus pflegte er regelmäßigen Briefkontakt mit Hunderten seiner Yogaschüler, die sich aus der ganzen Welt mit Fragen an ihn wandten. So verbreitete er von seinem einfachen Haus am Ganges-Ufer am Fuße des Himalaya das Licht göttlichen Wissens in alle vier Himmelsrichtungen.

DIE UNSTERBLICHE KRAFT SEINER GEDANKEN

Der große Weise des 20. Jahrhunderts, Swami Sivananda, lebt weiter. Er lebt in seinen Büchern, er lebt in seinen Schülern, er lebt gerade in der Atmosphäre seiner Zentren und Ashrams. Swami Sivananda war ein Fürst unter den Menschen, ein Juwel unter den Heiligen. Dienen und Lieben waren die Waffen, mit denen er die Herzen der Menschen eroberte. Swami Sivananda gründete keine neue Religion und entwickelte auch keine neuen Regeln für Ethik und Moral. Er half dem Hindu, ein besserer Hindu zu sein, dem Christen ein besserer Christ, dem Moslem ein besserer Moslem. In Swami Sivananda war eine unsterbliche Kraft – in seinen Gedanken, Worten und Taten. Es war die göttliche Kraft der Wahrheit, die Kraft der Reinheit, die Kraft der Liebe und des Dienens.

SANSKRIT INDEX

A

Abhaya	Ohne Gefahr (Bhaya), sicher, furchtlos, Furchtlosigkeit bzw. „der Furchtlose", frei von Angst, Mut, mutig.
Abhimana	Stolz, Überheblichkeit, Hochmut. Selbstsucht, Selbstgefühl, Ichbewusstsein; die falsche Meinung etwas zu besitzen; Identifikation mit Besitz und dem Ego.
Abisheka	Das Begießen einer Statue mit Wasser, Milch oder einer anderen heiligen Substanz in einer Puja.
Achara	Verhalten, Benehmen, Brauch, Vorschrift. Richtiges Verhalten, gutes Benehmen. Auch Regeln und Gebräuche von Kasten, Orden oder Religionen.
Acharya	Lehrer, Meister. Wird jedoch zumeist im Sinne eines spirituellen Lehrers verwendet, der der durch sein eigenes Verhalten ein Beispiel gibt. Im Hinduismus bezeichnet Acharya einen spirituellen Lehrer, der den Schüler in die Veden einführt. Der Begriff wird auch für Schriftgelehrte gebraucht und kann direkt an den Namen angehängt werden, wie z.B. bei Sankaracarya für Sri Sankara.
Agnihotras	Feueropfer
Ahamkara	Ego, Egoismus.
Ahampratyaya	Ich-Gefühl, Selbstbewusstsein.
Ahimsa	Gewaltlosigkeit, Nichtverletzen in Gedanken, Wort und Tat, das erste der 5 Yamas.
Akhanda Brahmachari	Man sagt, dass ein Akhanda Brahmachari (das ist ein Brahmachari, der zwölf Jahre lang kein Sperma abgegeben hat) mühelos Samadhi erlangen wird. Er hat Lebensenergie und Geist unter absoluter Kontrolle. Ein Akhanda Brahmachari beherrscht absolute Konzentration, Gedächtnisleistung und Wissen über die Natur.

Er braucht weder zu meditieren, noch zu reflektieren. Sein Intellekt ist rein, sein Verstand einfach und klar. Akhanda Brahmacharis sind sehr selten.

Alasya	Trägheit, Faulheit.
Amrita	Unsterblich, Unsterblichkeit. In den Veden auch: Nektar der Unsterblichkeit, Unsterblichkeitstrank.
Anatman	Nicht-Selbst.
Anischaya	Unentschiedenheit.
Anna-Dana	Den Armen, Bedürftigen und Gästen Essen zu geben.
Annakshetra	Armenküche.
Annamaya Kosha	Im Modell der (in den drei Körpern enthaltenen) fünf Koshas die Nahrungshülle.
Antahkarana	Das „innere Instrument" (auch: der vierfache Geist), bestehend aus Manas (Geist), Buddhi (Verstand), Citta (Unterbewusstsein) und Ahamkara (Ego) ist Bestandteil des Astralkörpers.
Antaryamin	Der innere Lenker, die Gegenwart Gottes im Herzen des Menschen. Er ist der innere Richtungslenker, er gibt die innere Motivation und ist derjenige, der den Körper belebt.
Anubhava	Würde; Glanz, Pracht; Macht, Autorität; Entschluss, Festigkeit des Willens; der äußere Ausdruck eines inneren Empfindens.
Aparigraha	Nicht-Begehren, Nicht-Annehmen, Besitzlosigkeit, Begierdelosigkeit. Eines der Yamas.
Arhat	Edel, verehrungswürdig. Bezeichnung für jemand, der auf dem Weg zum Nirvana ist, für einen zukünftigen Buddha.

Arvajam	Aufrichtigkeit. Tatsächlich dürfte Arjavam jedoch eher „Einfachheit" im Sinne von „Freiheit von geistiger Doppelzüngigkeit" meinen.
Asanti	(Auch Ashanti geschrieben). Unfrieden, Ruhelosigkeit. Das Gegenteil von innerem Frieden (= Shanti).
Asmita	Egoismus, Ich-Gefühl.
Asteya	Nichtstehlen, kein Neid, keine Habgier, das vierte der Yamas.
Asthirata	Unbeständigkeit, Unsicherheit, Instabilität.
Asubha Vasanas	Unreine Wünsche oder Neigungen.
Asura	Die Asuras (Asura = Dämon, böser Geist) sind im Hinduismus Dämonen, die Gegenspieler der lichtvollen Devas oder Suras. Sie sind Wesen, die gegen die Götter kämpfen. Alle schlechten Eigenschaften des Menschen sind Ausdruck dieser Kräfte.
Asuya	Hass, Neid, Intoleranz, die Neigung, anderen Böses zu wollen.
Artha	Wunscherfüllung.
Atithi Yajna	Opfer der Gastfreundschaft.
Ativyaya	Verschwendung
Atma-Bala	Innerer Wille, innere Lebenskraft.
Atma Bhava	Atman in den anderen sehen.
Atma-Chintana	Kontemplation über das Selbst (Atman).
Atma-Jnana	Das Wissen vom Selbst und die Erkenntnis des Selbst.
Atman	Individuelle Seele, das Selbst.
Atma Nivedana	Vollständig dem Göttlichen hingegeben. Selbsthingabe.

Atmastuti	Eigenlob.
Atma Svarajya	Svarajya = Herrschaft über sich selbst, Selbstbeherrschung. Freiheit des Geistes, Freiheit von Verhaftung. Eine Eigenschaft, die nur dem Selbst zukommt, denn nur dieses ist wahrhaft unabhängig und frei.
Atma-vasya	Gottesverwirklichung.
Atma-Vidya	Erkenntnis des Selbst, Wissen um das Höchste
Atma Vichara	Erforschung der Natur von Atman, Betrachtung über das Selbst.
Atma-vasya	Gottesverwirklichung.
Autsukya	Sehnsucht, Verlangen.
Avadhuta	Wörtlich: „Frei von Anhaftung". Asket, der jegliche Bindung an weltliche Dinge abgelegt hat und sich unter vollkommener Entsagung ganz seiner spirituellen Praxis widmet. Im speziellen sind damit Vanaprasthas und Sannyasins gemeint, die ihrer Umgebung kaum noch Beachtung schenken, keine Beziehung zu anderen mehr aufnehmen und für die Zeit bedeutungslos geworden ist. Sie suchen weder Unterkunft noch Nahrung, da sie sich von Glückseligkeit (Ananda) ernähren. Sie leben im Himalaya, fernab von jeglicher Zivilisation, in sich gekehrt, voller Freude, erwacht.
Avatar	Wörtlich „Herabkunft", Erscheinen Gottes auf Erden in einer frei von ihm gewählten Form, Inkarnation eines Gottes in einem Menschen
Avidya	Unwissenheit, Nichtwissen. Meint vor allem die Unfähigkeit, zwischen Vergänglichem und Unvergänglichem sowie zwischen Wirklichem und Unwirklichem zu unterscheiden.
Avidya-Shakti	Die Macht der Unwissenheit. Die Macht, die über die Unwissenheit herrscht, die Unwissenheit gibt, sie aber auch nehmen kann.

Avishvasa	Misstrauen.

B

Bhagavata	Wörtlich: „zum Erhabenen gehörig." Jemand, der Vishnu oder Krishna verehrt und ihm nachfolgt. Ein Mensch, der sich Gott („Bhagavan", der Erhabene) verschreibt und die Gegenwart Gottes sucht. Bhagavats sind die Gotterfüllten, Gotteigenen, die alles meiden, was von Gott wegführt. Ihre Form von Anbetung wird Bhakti (= grenzenlose Liebe) genannt.
Bhakta	Gläubiger, Verehrer Gottes, Praktizierende von Bhakti Yoga.
Bhakti	Hingabe, Liebe zu Gott.
Bhandara	Gemeinschaftlichen Festessen.
Bhava	Innere Haltung oder Einstellung, subjektiver Seinszustand, Geisteshaltung.
Bhavana	Vorstellung, Vergegenwärtigung, Einbildung, Vermutung, Phantasie, Bewirken, Voraussetzung. Bhavana ist eine Methode der Meditation, Kontemplation oder Imagination, die im Yoga verwendet wird, bei der man bewusst ein bestimmtes spirituelles Ziel hervorzurufen versucht.
Bhiksha	Gabe, Geschenk. Das Essen, das Wandermönchen gespendet wird.
Bhukti	Genießen, Essen, sich Erfreuen; Bequemlichkeit, luxuriöser Konsum.
Bhuma	Das Größte, Umfassende, Unendliche. Gemeint ist das Ewige, Unveränderliche, das, was von Zeit und Raum unberührt bleibt.
Brahmabhyasa	Ständige Übung des sich Erinnerns an den grundlegenden Brahman im Universum. Studium der Veden, das gleichzeitig ein Studium des Selbst ist.

Brahmachari	Jemand, der Brahmacharya praktiziert.
Brahmacharya	(Sexuelle) Enthaltsamkeit, die sich jedoch auf alle Aktivitäten der Sinne beziehen sollte. Eines der 5 Yamas.
Brahma Jnana	Erkenntnis von Brahman, der göttlichen Wirklichkeit. Damit ist die intuitive Erfahrung durch die Aufhebung des Gegensatzes von Subjekt und Objekt gemeint, die existentielle Verwirklichung von Brahman, nicht nur die intellektuelle Erkenntnis.
Brahmamuhurta	Die frühen Morgenstunden zwischen 03:30 und 05:30 Uhr, insbesondere die Zeit vor der Morgendämmerung, die am als besten geeignet für Fortschritte in der Meditation gilt.
Brahmanas	Ritual- und Opfertexte des frühen Hinduismus, die Bestandteil der Veden, der heiligen Schriften des Hinduismus sind.
Brahmaviharas	Die im Yoga-Sutra I:3 genannten vier Haupttugenden. Im Buddhismus heißen sie eher „himmlische Verweilzustände" und sind Metta / Maitri (liebende Güte, Freundlichkeit oder Wohlwollen), Karuna (Mitgefühl), Mudita (Anteilnahme an der Freude anderer Wesen, Mit-Freude, die Gabe, freudvolle, leidfreie Momente mit anderen teilen zu können) und Upeksha (Gleichmut, Gelassenheit, Loslassen, Nicht-Anhaften, Nicht-Unterscheiden).
Buddhi	Verstand.

C

Chinta	Gedanke, insbesondere angstvoller Gedanke. Angst, Besorgnis, innere Unruhe.
Chitta	Im Raja Yoga des Patanjali „Geist", im Jnana Yoga und Vedanta „Unterbewusstsein".
Chitta-Prasada	Klarheit des Geistes.

D

Daivi Sampat	Spiritueller Reichtum.
Dambha	Egoismus, Stolz, der Wunsch, dass über einen geredet wird. Menschen, die Yoga, Feuerzeremonien oder andere Rituale (Yajna) ausführen oder große Summen für wohltätige Zwecke spenden, dies aber nur zur Zurschaustellung einer bestimmten Attitüde tun, um den Beifall anderer zu heischen.
Darpa	Stolz, Arroganz, Überheblichkeit.
Darshan	Sehen, Schauen, Zeigen, Lehren. Damit ist das Sehen einer heiligen Persönlichkeit, also Gottesschau gemeint.
Daya	Mitgefühl, Mitleid, Güte, Erbarmen, Wohlwollen, Mildtätigkeit, Sympathie.
Deha-Abhimana	Stolz, Überheblichkeit, Hochmut. Selbstsucht, Selbstgefühl, Ichbewusstsein; die falsche Meinung etwas zu besitzen; Identifikation mit Besitz und dem Ego.
Dehadhyasa	Identifikation mit dem physischen Körper.
Deva	Göttliche Wesenheit, Gott, Gottheit. Als Beifügung Erleuchteter.
Devi	Weibliche Form von „deva", Göttin, göttliche Mutter. Ein Name für Durga. Hinter dem Namen einer Frau gesetzt Ausdruck der Achtung.
Dewan	Oberster Minister in den von einem Maharadscha regierten Fürstenstaaten, die es während der englischen Kolonialzeit in Indien gab.
Dharmashala	Pilgerherberge.
Dharma	Rechte Lebensweise, wie sie die heiligen Schriften vorsehen; Verhaltensregeln; Rechtschaffenheit, Tugendhaftigkeit.
Dhrishtata	Kühnheit, Verwegenheit, Frechheit, Großspurigkeit.

Dhriti	Festigkeit, Dauerhaftigkeit, Entschluss, Willenskraft.
Dvesha	Hass, Abneigung, Ablehnung, Bosheit.
Dyuta	(Würfel-) Spiel, Glücksspiel.

E

Ekadasi	Elfter Tag des Hindu-Mondkalenders, an dem gefastet und der Schwerpunkt auf spirituelle Aktivitäten gelegt werden sollte.

G

Ghrina	Hass, Abscheu, Widerwille, Verachtung, Ekel.
Guna	Eigenschaft, Qualität. Alle Objekte der Natur (= Prakriti) bestehen aus den drei Grundeigenschaften (Gunas), Aspekten oder konstituierenden Bestandteilen der kosmischen Energie, nämlich Sattva, Tamas, und Rajas.

H

Hari	Ein Name von Vishnu und Krishna, wird aber auch oft als generelle Bezeichnung für Gott (= Ishwara) verwendet.
Hatha	Hartnäckigkeit, Anstrengung, Stärke, Gewalt, Bemühung.
Himsa	Gewalt, Verletzung, Schädigung, das Gegenteil von Ahimsa.
Hri	Bescheidenheit, Sittlichkeit. Scham, Schamhaftigkeit, Scham-gefühl, Verlegenheit, Schüchternheit, Scheu.

I

Indriyas	Sinnes- bzw. Wahrnehmungsfähigkeiten. Dazu gehören die 5 Sinnesorgane (Jnana Indriyas) und die 5 Handlungsorgane (Karma Indriyas). Sie gehören zu den 19 Elementen, aus denen der Astralkörper besteht.

Irshya	Neid, Missgunst.
Ishta	Wunschobjekt; das gewählte Ideal; die spezielle Gestalt oder Erscheinungsform Gottes, die man verehrt.
Ishwara	Gott in einer personifizierten Form. Auf Sanskrit eine der allgemeinsten Bezeichnungen für Gott.

J

Jal	Wasser.
Japa	Fortgesetzte Wiederholung eines Mantras oder das Namens Gottes.
Jiva	Mensch, individuelle Seele mit Ego. Jiva ist Atman, der sich mit den Upadhis (den begrenzenden Hüllen) identifiziert.
Jivanmukta	Zu Lebzeiten Befreiter.
Jnana	Weisheit, Verständnis, Erkenntnis, spirituelle Einsicht, Wissen um Brahman, das Absolute.
Jnani	Weiser, Befreiter, wahrhaft Gebildeter. Jemand, der in die Erkenntnis vom Brahman eingetaucht ist. Jemand, der Jnana-Yoga praktiziert.

K

Kaatarata	Ängstlichkeit.
Kaivalya	Transzendentaler Zustand absoluter Unabhängigkeit. Befreiung, vollkommene Erlösung und damit Synonym für Moksha (vgl. das Yoga Sutra 4:34).
Kaivalya-Moksha	Befreiung, die auf autonomem Selbstbewusstsein beruht, die also die Erfahrung von Kailvalya beinhaltet.
Kalpa-vrikshi	In der indischen Mythologie ein wunscherfüllender Baum, von dem man sagt, dass er jedes Verlangen stillt.

Kama	Wunsch, Begierde, Verlangen; Wollust; ungezügelter Wunsch nach Dingen der sinnlichen Welt, „Bindung an die Objekte der vergänglichen, materiellen Welt". Wohlstand, der durch rechtschaffenes Handeln erworben wird.
Karana Sharira	Kausal- oder Samenkörper
Katarya	Feigheit, Schüchternheit.
Kaupina	„Tuch um die Schamteile". Kaupina ist eine Unterwäsche, die indische Männer als Lendenschurz (ohne Überhose) oder Unterhose tragen. In früheren Zeiten haben die Asketen öfters vollkommen nackt gelebt, um zu zeigen, dass sie auf alles verzichten, also auch auf jedwede Kleidung. Dort, wo das als nicht züchtig galt, trugen sie nur ein Kaupina. Es wird auch von Ringern beim Kushti, einer traditionellen indischen Form des Ringens im Ring getragen.
Kautilya	Krummheit, Falschheit, Hinterlist.
Kirtan	Singen von Gottes Namen mit Hingabe (Bhava), Liebe (Prem) und Glaube (Shraddha)
Krodha	Ärger, Zorn.
Kshama	Tugend der Geduld, Fähigkeit des Ertragenkönnens, Vergebung, Nachsicht.
Kshetra	Küche, in der kostenlos Essen an Sadhus verteilt wird. Im übertragenen Sinn Armenküche.
Kumbhaka	Methode der Atemregulierung, Atemanhalten, Stillstehen des Atems.

L

Lajja	Verlegenheit, Scham.
Lalasa	Verlangend, lüstern, gierig nach.

Lila	Das kosmische Spiel Gottes, das Erschaffung, Erhaltung und Auflösung umfasst. Lila ist das Relative im Verhältnis zum Absoluten.
Lingam	Zeichen, Kennzeichen, Symbol, Emblem. Symbol für das Göttliche.
Lobha	Habgier, Besitztrieb, Gier, Begehrlichkeit. Der Wunsch, Gewinn zu mehren und ihn für sich zu behalten.

M

Mada	Stolz, Dünkel, Arroganz, Leidenschaft, Verrücktheit, Laster, Trunkenheit.
Maharishi	Ein großer Seher (vgl. „Rishi").
Mahatma	wörtlich „große Seele", Heiliger, Weiser, Ehrenbezeichnung für spirituelle Lehrer und Führer.
Mahavakyas	Mahavakyas sind Sinnsprüche bzw. Leitsätze aus den Upanishaden. Es gibt vier, „große Verkündigungen" genannte, besonders wichtige Mahavakyas, von denen jeweils eine aus einer der vier Veden stammt.
Maitri	Freundschaft, Güte, Wohlwollen.
Mala	Gebetskette.
Mamsa-Bhakshanam	Fleisch essen.
Manas	Der Geist, das Denken.
Manonasa	Zerstörung des Geistes. Damit ist nicht die Zerstörung des Selbst gemeint, sondern die Zerstörung des niederen Geistes, vor allem durch Zerstörung von Egoismus, Raga-Dvesha und allen Vasanas.
Mardava	Milde, Weichheit, Sanftheit, Sanftmut, Gutmütigkeit.
Matsarya	Eifersucht, Hass, Bosheit.

Maya	Täuschung, Illusion, Schein. Die verschleiernde und projizierende Kraft im Universum.
Mitahara	Maßvolle Speise, sparsame Ernährung.
Moha	Verblendung.
Moksha	Befreiung
Mouna	Schweigen, Gelübde des Schweigens.
Mudita	Freude, Glück. Gemeint ist eine Freude, die man empfindet, wenn man Menschen trifft, die freigiebig sind, anderen dienen oder in Not geratenen helfen. Eine der im Yoga-Sutra erwähnten vier Haupttugenden.
Mukti	Befreiung (dasselbe wie Moksha)
Mumukshutva	Streben, Sehnsucht nach Befreiung. Ernsthaftes und beständiges Verlangen nach Befreiung. Als Teil von Subecha (der vier Vorbedingungen für den spirituell Suchenden) eines der sieben Bhoomikas.
Muni	Frommer, Gelehrter, Heiliger, der durch spirituelle Praxis einen höheren Bewusstseinszustand erreicht und dabei übersinnliche Kräfte erlangt hat. Ehrentitel für Rischis und Verfasser bedeu-tender Schriften.

N

Namrata	Bescheidenheit, Demut.
Narayanabhava	Fühlen der Gegenwart Gottes in allem; Gott in den anderen sehen.
Neti-Neti	„Ich bin nicht dies, ich bin nicht das." Der analytische Vorgang des allmählichen Verneinens aller Namen und Formen, um zu der ewigen, grundlegenden Wahrheit zu gelangen.
Nirmala	Fleckenlos, rein. Ohne Fehler oder Unreinheiten, unberührt von Wunsch, Zorn, Habgier, Zuneigung, Stolz und Neid. Voll, vollständig, allmächtig.

Nirvikalpa Samadhi	Höchster transzendentaler Bewusstseinszustand, bei dem es kein Denken und keine Dualität Subjekt-Objekt mehr gibt.
Nirvikara	Ohne Verwandlung, ohne Veränderung (⊠ Vikara). Eine Bezeichnung für den höchsten Herrn, der beständig gleich bleibt.
Nishaya	Gewissheit, Überzeugung.
Nitya Tripti	Ewige Zufriedenheit.
Nivritti	Rückkehr, Aufhören, Sichzurückziehen. Im Gegensatz zur aktiven Teilnehme am Leben bzw. Lebenszugewandtheit (Pavritti) bedeutet Nivritti die Abkehr von jeder weltlichen Aktivität, den Weg heraus aus jeder *Karma*-Verstrickung, die Hinwendung nach innen. Nivritti zu praktizieren heißt, sich ernsthaft auf den spirituellen Pfad zu begeben.
Nivritti Marga	Der Weg der Entsagung, der Weg des sich Abwendens, der Weg des Mönchs bzw. der Nonne.
Niyamas	Das zweite Glied des Raja Yoga. Ethische Gebote bzw. Verhaltensregeln, nämlich Saucha, Santosha, Tapas, Swadhyaya und Ishwarapranidhana.

O

Ojas	Kraft, spirituelle Energie, Vitalität. Die spirituelle Kraft, die durch die Schöpfungskraft von Enthaltsamkeit und Yoga Sadhana entwickelt wird. Im Ayurveda ist Ojas die Essenz der verdauten Nahrung, Eindrücke und Gedanken.

P

Padmasana	Lotossitz
Pandit	Indischer, religiöser Gelehrter.
Pani	Hand. Auch Knauser oder Geizhals.

Para Brahman	Das höchste Brahman, das frei von allem Relativen ist, das universelle Absolute in seiner reinsten Form.
Parama-Dhama	Höchstes Dharma, höchstes Lehrsystem, höchste Aufgabe, die höchste Pflicht. Parama-dharma, die höchste Aufgabe des Menschen, ist die Gottverwirklichung.
Paramahamsa Sannyasin	Angehöriger eines bestimmten von Sankaracharya gegründeten Mönchsordens.
Paramatma	Das höchste Selbst.
Parushya	Rauheit, Ruppigkeit; raues, unfreundliches Benehmen; grobe, beleidigende Rede.
Pida	Schmerz, Pein, Leid. Schaden, Nachteil. Einschränkung, Beeinträchtigung.
Prakriti	Mutter Natur, Kausalmaterie, Shakti.
Pranayama	Regulierung und Einschränken des Atems. Yogische Atem-übungen.
Prarabdha	Schicksal.
Pratipaksha-Bhavana	Überwindung eines negativen Gedankens durch den gegenteiligen positiven Gedanken.
Pravritti	Fortschritt, Beginn, Fluss. Tat, Handlung, äußere Tätigkeit, Verhalten.
Prema	Reine Liebe ohne den Makel einer Bindung; göttliche Liebe (zum Herrn).
Puja	Wörtlich: „Verehrung, Huldigung". Gemeint ist damit eine Zeremonie, ein Gottesdienst bzw. ein Ritual, die einem spirituellen Meister oder Gott gewidmet ist und bei dem verschiedene Opfer (Früchte, Blumen, Räucherwerk etc.) dargebracht werden. Die Puja gehört im Hinduismus und im Buddhismus zu den wichtigsten Bestandteilen des religiösen Alltags und wird im Idealfall täglich praktiziert. Diese Rituale dienen der

Konzentration des Geistes, der Öffnung des Herzens und der Einheit mit der göttlichen Kraft, indem der Geist zunächst auf einen äußeren Gegenstand fixiert und dann in der Ruhe nach innen gewendet wird.

Purushartha	„Eigene Anstrengung" im Gegensatz zu Schicksal (= Prarabdha).

R

Radha Tattva	Wahrheit, Grundprinzip des Kosmos. Auch „Essenz von Radha". Radha ist in der hinduistischen Mythologie die Geliebte und Gefährtin Krishnas. Radha gilt als Sinnbild der reinen, bedingungslosen Liebe.
Raga	Leidenschaft, Bindung, das Gefühl etwas unbedingt besitzen zu wollen. Teil von Raga-Dvesha = Anziehung und Abstoßung, Zuneigung und Abneigung, Mögen und Nichtmögen.
Raga-Dvesha	Anziehung und Abstoßung, Zuneigung und Abneigung, Mögen und Nichtmögen. Sie begründen den Kreislauf der erschaffenen Welt (Prakriti) und gelten als Hauptursache für die Unruhe des menschlichen Geistes und des Leidens. Raga-Dvesha kann durch Hingabe überwunden werden.
Raja	Herrscher, König, Fürst. Herrschertitel in Indien und Teilen von Südostasien. Weibl. Form Rani.
Rajas	Eines der drei Gunas. Diese Eigenschaft lässt Leidenschaft und Ruhelosigkeit entstehen.
Rasa	Essenz der Freude; ekstatische Vereinigung mit Gott; Erlebnis der Nähe zu Gott; Brahman
Riddhis	Gedeihen, Wohlstand.
Rishi	Weiser, Seher der Wahrheit
Rudraksha	Wörtlich „Sivas Tränen". Getrocknete Samenkapselns des als besonders heilsam geltenden Rudraksha-Baums,

die besonders von Anhängern Shivas und Kalis für Malas verwendet werden.

S

Sadachara

Sanskrit für richtiges Verhalten, moralisches Handeln. Zusammengesetzt aus Sat (gut, moralisch, verantwortungs-bewusst) und Achara (Verhalten).

Sadguru

Der wahre Lehrer. Meister (Guru), der die Selbstverwirklichung erreicht hat und eins mit der göttlichen Realität geworden ist. Er ist in der Lage den Weg zu weisen, der zur Verwirklichung der Wahrheit führt.

Sadhaka

Spirituell Suchender, jemand, der spirituelle Praktiken, d.h. ein Sadhana ausführt.

Sadhana

Spirituelle Praxis, Anstrengung, Werkzeug, Gerät.

Sadhu

Frommer oder heiliger Mensch (oft Mönch), der sich einem asketischen Leben verschrieben hat.

Sama

Eigentlich Ruhe des Geistes, Teil des sechsfachen Reichtums, der einen Teil von Subecha, der ersten der sieben Bhoomikas darstellt.

Sama-bhava

Gefühl der Gleichheit, der gemeinsamen Natur

Samadhi

Überbewusster Zustand.

Samam Brahman

Höchste Gelassenheit.

Samatvam

Ausgeglichenheit des Geistes. Gleichmut, Gelassenheit, innere Stabilität, die durch äußere Einflüsse nicht beeinflusst werden kann.

Sampradaya

Tradition, Traditionslinie der Überlieferung, Glaubensgemeinschaft, die Gott in einer bestimmten Gestalt verehrt. Auch die verschiedenen religiösen Ordensgemeinschaften des Hinduismus werden üblicherweise Sampradaya genannt.

Samsara

Ewiger Kreislauf von Tod und (Wieder-) Geburt

Samskaras	„Eindrücke", d.h. Tendenzen des Geistes, die durch Handlungen und Gedanken in früheren Zeiten oder Geburten entstanden sind, geistige Muster oder Verhaltensweisen.
Sandhya	Wörtlich: „Dämmerung". Die Dämmerung, die die Verbindung zwischen Licht und Dunkel darstellt, wird als heilige Zeit angesehen, die der spirituellen Praxis gewidmet sein sollte.
Sankalpa	Gedanke, Wunsch, Vorstellung, Wille, Entschluss. Sankalpa ist das willentliche, beherrschte Denken, das den Gedanken in eine bestimmte Richtung lenkt. Wird auch im Sinne einer Affirmation verwendet, mit der Gedankenmuster verändert werden sollen.
Sankirtan	Gemeinsames Kirtansingen, gemeinsames Singen von Mantras
Santosha	Zufriedenheit, eines der Niyamamas.
Sannyasa	Entsagung, das Aufgeben, das vollständige Loslassen aller Bindungen in vollkommenem Gottvertrauen. Bezeichnung der vierten und letzten Lebensphase (Ashrama), in der man alle irdischen Dinge loslässt und alle ichbezogenen Interessen aufgibt. Das ganze Streben ist auf Befreiung (Moksha) und Einswerden mit Gott gerichtet. Jeder, der aus spiritueller Erkenntnis der Welt entsagt, um Gott zu finden, wird Sannyasin.
Sannyasin	Mönch.
Saranagati	Pfad der Hingabe. Das Schutzsuchen, die vollkommene Hingabe.
Sarvangasana	Schulterstand.
Sastras	Das Wort Sastra (auch „Shastra") bezeichnet im allgemeinen Sinn eine Schrift, Lehre, Anweisung. Es kann sich dabei sowohl um Schriften religiöser, als auch technischer Natur handeln. Im Hinduismus bezieht es sich unter anderem auch auf die Veden, von denen es

heißt, es gebe in ihnen 14 oder 18 Shastras. Das Wort Shastra wird auch kollektiv auf eine Ansammlung von Schriften verwendet, und bezieht sich dann auf ein Lehrgebäude, wie z. B. „Vedanta Shastra" (die Lehre des Vedanta), „Yoga Shastra" (Lehre des Yoga) oder „Dharma Shastra" (Gesetzbuch oder -bücher).

Satchidananda	Absolutes Sein, absolutes Wissen, absolute Wonne, Umschreibung der drei Wesensformen von Brahman, dem reinen Selbst.
Satchidananda Svarupa	Svarupa = Eigene (sva) Gestalt (rupa); die eigene Natur, das eigentliche, wahre Wesen. Anspielung an den Ausspruch „Satchidananda Swarupoham" (meine wahre Natur ist Sein, Wissen und Glückseligkeit) von Shankaracharya.
Satsang	Gemeinschaft mit Weisen (= dem Guten)
Sattva	Reinheit, Ausgeglichenheit, eines der drei Gunas
Saucha	(Innere und äußere) Reinheit, eines der 5 Niyamas
Shakti	Kraft, Energie, Macht; die göttliche Kraft des Werdens; die absolute Kraft oder kosmische Energie.
Shanti	Frieden, innere Stille, das Ruhen der Sinne. Gemeint ist der Friede, den man durch die Erkenntnis erlangt, dass man nicht der sterbliche Körper, sondern unvergängliches Bewusstsein ist, und der durch äußere Einflüsse nicht mehr gestört werden kann.
Shloka	Vers, Strophe. Eine bestimmte Versform, in der die großen Epen des Hinduismus abgefasst sind.
Shraddha	Glaube, Vertrauen.
Siddhasana	Halber Lotossitz.
Siddha-Purusha	Vollendet, vollkommen, erlangt. Bezeichnung für jemand, der das wahre Selbst erkannt und Selbstverwirklichung erlangt hat.

Siddhis	Vollkommenheit, psychische Kraft. In den Yoga-Sutren Fähigkeiten, die über die normal üblichen Fähigkeiten des Menschen hinausgehen und daher oft als übernatürlich beschrieben werden.
Sirshasana	Kopfstand.
Sitali	Atemübung, bei der der Atem durch die eingerollte Zunge eingeatmet wird.
Sloka	Vers
Srutis	Die Veden; die offenbarten Schriften der Hindus; wörtlich „das Gehörte". Srutis sind diejenigen Schriften, die als direkter Ausdruck göttlicher Offenbarung gelten und deshalb unbedingte Autorität besitzen. Sie gelten als Weisheiten, die von den Rishis (Weisen, Sehern) direkt vom Göttlichen „gehört" wurden.
Steya	Diebstahl
Sthula	Grob, massiv, materiell, fest.
Stotra	Hymne, Lobpreisung Gottes.
Suddha Ahara	Reine Nahrung.
Sukhasana	Leichter Meditationssitz mit gekreuzten Beinen.
Sukshma	Fein, klein, feinstofflich.
Svabhimana	Selbst-Stolz.
Svabhava	Svabhava ist das eigene Wesen, die natürliche Disposition, die eigentliche Wesensnatur des Menschen. Svabhava verweist auch auf die dem Menschen innewohnende Veranlagung, göttliches Bewusstsein zu entfalten, und damit auf das Wesen der göttlichen Seele, des höchsten Selbst.
Svarthaparata	Ichbezogenheit.

Swarupa	Essenz; das eigene Wesen; Form als Verkörperung eines geistigen Prinzips.

T

Tamas	Unwissenheit, Trägheit, Dunkelheit, Vergänglichkeit. Eines der drei Gunas.
Tanmatras	Wörtlich: „Das Wesentliche von". Es gibt fünf grobe Elemente (Luft, Feuer, Wasser, Erde und Äther/Raum) und fünf Tanmatras (Klang, Berührung, Sehen/Gestalt, Geschmack und Geruch), aus denen sich die groben Elemente entwickeln.
Tantra	Die Tantra Agamas gehören zum Shakta Kult. Sie verehren Shakti als die Mutter der Welt. Sie beschränken sich auf den Shakti (= Energie)-Aspekt Gottes und schreiben verschiedene Arten der Verehrung der göttlichen Mutter vor (vgl. Swami Sivananda, Göttlicher Erkenntnis, Lautersheim 2007, S. 12).
Tapas	Askese, eines der 5 Niyamas.
Tarkika Buddhi	Ein Intellekt, der gern unentwegt argumentiert. Die Unterscheidungskraft, die auf Argumentationen beruht, aber noch nicht auf ihrer eigentlichen Fähigkeit, der inneren Schau.
Thilak	Punkt (oft aus Sandelpaste o.ä.) auf der Stirn, der die Zugehörigkeit zu einer bestimmten religiösen Tradition der Gottesverwehrung anzeigt. Auf der Stirn zwischen den Augenbrauen steht es auch für das dritte Auge, das auf das innere Auge der Weisheit verweist.
Tratak	Wörtlich: festes Starren. Sowohl eine Reinigungs- (= Kriya), als auch eine Meditationstechnik.
Trishna	Dürsten (nach Objekten), inneres Sehnen (nach Sinneseindrücken)
Tulsi	Name (auch „Tulasi" genannt) einer mit dem Basilikum verwandten heiligen Pflanze, die speziell von Vaishnavas verehrt wird. Für Malas werden (vor allem

von Anhängern Vishnus) die Samen der Tulsipflanze verwendet.

Tyaga	Verzicht (auf Ichdenken, Vasanas und die Welt), Opfer, Entsagung, Loslösung, Aufgeben aller Bindungen. Verminderung und Loslassen von Wünschen und Begierden.

U

Udarata	Erhabenheit.
Udaravritti	Wörtlich: Ausdehnung des Herzens. Großzügiges Herz oder Wesen.
Udaseena	Gleichmütiger Mensch (vgl. Bhagavad Gita, XII. 16).
Upanischaden	Die Upanischaden sind die wichtigsten der uralten Schriften Indiens. Sie sind der Schluss des offenbarten Teils der Veden (= Sruti) und bilden die Grundlage des Vedanta.
Upasana	Wörtlich: „Sitzen in unmittelbarer Nähe." Damit ist Verehrung, Dienst, Gottesdienst gemeint, jedoch nicht nur die äußere Verehrung, sondern letztlich ein konstanter Strom an Aufmerksamkeit, der sich Gott zuwendet. Es geht also mehr um die innere Hingabe, die stets in der Gegenwart Gottes, der Wahrheit und der Liebe verweilt.

V

Vairagin	Ein Mensch, der über Vairagya verfügt, d.h. der sich von inneren Bindungen und Leidenschaften gelöst hat.
Vairagya	Leidenschaftslosigkeit, Verhaftungslosigkeit.
Vak Indriya	Sprechorgan (vgl. auch Vak Siddhi).
Vak Siddhi	Könnte man frei mit „Kraft der Sprache" übersetzen. Vak (oder Vac) heißt wörtlich „Sprache", auch Rede, Wort, Ton, Stimme. Gemeint ist in den vedischen Texten eine göttliche Kraft, als Trägerin der Offenbarung, als

heilige Rede. Siddhis sind Fähigkeiten, die über die normal üblichen Fähigkeiten des Menschen hinausgehen und daher oft als übernatürlich beschrieben werden.

Vanaprastha   Waldeinsiedler, Einsiedler. Nachdem ein Brahmane das Leben als Haushälter (Grihastha) und Familienvater vollendet hat – was traditionell frühestens dann der Fall ist, wenn der erste Enkelsohn geboren ist – gibt er seinen Hausstand auf und zieht mit Zustimmung seiner Frau oder mit ihr zusammen in die Waldeinsamkeit (Vana). Dort widmet er sich verstärkt seiner spirituellen Entwicklung und der Loslösung von allen weltlichen Angelegenheiten. Dritte Lebensphase, die eine Möglichkeit darstellt, sich intensiver mit den eigentlichen Fragen des Lebens zu beschäftigen.

Varnashrama   Varnashrama Dharma ist die hinduistische Gesellschaftsordnung, bei der die Menschen je nach Kastenzugehörigkeit (Varna) und Lebensalter (Ahrama) eingeteilt werden. Varnashrama Dharma ist das Konzept, nach dem die Menschen in unterschiedlichen Lebensbereichen und unterschiedlichen Lebensstadien unterschiedliche Pflichten zu erfüllen haben.

Vasanas   Subtile Wünsche; Tendenzen, die sich im Menschen durch das Ausführen von Handlungen und durch Erfahrungen entwickeln und ihn dazu verleiten, die Handlungen zu wiederholen bzw. die Wiederholung der Erfahrung zu suchen.

Veda   Wissen; spirituelle Erkenntnis; Bezeichnung für die Gesamtheit der Veden, den ältesten Texte der indischen Literatur, die nicht als von Menschen geschaffen gelten, sondern denen eine ewige Wirklichkeit zugeschrieben wird.

Vedantin   Jemand, der Vedanta praktiziert, Schüler des Vedanta.

Veerya   Lebenskraft, Vitalkraft.

Vibhuti   Durchdringend, mächtig. Offenbarung, Macht. Bezeichnung für heilige Asche, die ein Ausdruck göttlicher

Gnade (Prasada) ist und zur Heilung von körperlichen und geistigen Krankheiten benutzt werden kann. Sie ist ein Symbol für die letztendliche Realität, die übrig bleibt, wenn die Begrenzungen des Ego durch das Feuer der Erleuchtung weggebrannt wurden. Sie ist auch ein Symbol für Loslösung, denn Shiva bestreicht als großer Asket seinen Körper mit Asche. Bezeichnung für die Kräfte, die nach dem Yoga-Sutra (3:16 – 55) aus Übungen erwachsen.

Vichara	(= Vicharana) Rechtes Befragen, Fragen nach dem Wesen des Selbst, Brahmans, der Wahrheit.
Videha-Kaivalya	Befreiung im Zeitpunkt des Todes.
Vidya-Dana	Vermitteln von Wissen, Weisheit, Erkenntnis.
Vighna	Hindernis, Unterbrechung, Störung, Schwierigkeit.
Vikara	Umwandlung, Anpassung, Transformation, Modifikation. Aufregung des Geistes, der schlechte Zustand von Geist oder Körper, Krankheit. Umwandlung einer Substanz in eine andere (z.B. Milch in Butter). Die Urquelle aller Substanzen ist die Natur (Prakriti), aus der im Wege der Umwandlung (Vikara) die ganze Erscheinungswelt hervorgeht.
Vikshepa	Zerstreutheit, Schwanken des Geistes. Einer der beiden Aspekte der Unwissenheit (= Avidya).
Vim	Kraft, Vitalität.
Vimala	Ohne Fehler, makellos, rein, transparent, klar.
Vinaya	Demut, Bescheidenheit, Freundlichkeit, richtiges Verhalten, Disziplin.
Virat	Universum.
Vishada	Niedergeschlagenheit, Verzweiflung, Enttäuschung, Verzagt-heit, Kleinmut, Trauer, Abkehr, Reue, Gewissensbisse.

Vishnu Padam	Fußabdruck von Vishnu (gilt symbolisch als Abdruck des ganzen Universums).
Viveka	Unterscheidungskraft. Gemeint ist die Unterscheid zwischen wahr und nicht wahr, beständig und unbeständig.
Vivekin	Jemand, der Viveka praktiziert.
Vritti	Gedankenwelle, geistige Veränderung.
Yajna	Opfer, Ritual, Gottesdienst. Im konkreteren Sinne hinduistisches Opferritual, das seinen Ursprung in den Veden hat, mit dem der Segen der Götter für das Leben der Gemeinschaft und des Einzelnen herbeigerufen wird. Die Opfergabe (zumeist Reis oder Ghee) wird als Mikrokosmos verstanden, der den Menschen in Einklang mit dem Makrokosmos bringen soll.
Yama	Das erste Glied des Raja Yoga. Yama manifestiert sich in richtigem Handeln und ist eine spirituelle Praxis, die das Innenleben verwandelt und sich in 5 Eigenschaften zeigt (Ahimsa, Satya, Brahmacharya, Asteya, Aparigraha). Gott des Todes, König der Toten und der Unterwelt. Seine Aufgabe ist es, über die Seelen zu richten und das kosmische Gleichgewicht wiederherzustellen.
Yama Loka	Unterwelt. Herr der Unterwelt ist der Totengott Yama.
Yoga Vasishta	Die Yoga Vasishta ist ein von zahlreichen Geschichten umrankter Dialog zwischen dem Weisen Vasishta und seinem Schüler Rama über Advaita, den Zustand der Nicht-Dualität. Das Yoga Vasishtha gehört zu den wichtigsten Standardwerken der vedischen Philosophie und wird dem legendären Valmiki, dem Verfasser des Ramayana, zugeschrieben.

Z

Zenana	Der Wohnbereich moslemischer oder hinduistischer Frauen in Indien, zu dem Männer keinen Zutritt haben.

Sri Swami Vishnudevananda (1927 – 1993)
Gründer der Internationalen Sivananda-Yoga-Vedanta-Zentren und -Ashrams

INTERNATIONALE SIVANANDA-YOGA-VEDANTA-ZENTREN UND -ASHRAMS

WWW.SIVANANDA.ORG   WWW.SIVANANDA .EU

ASHRAMS

Sivananda Ashram Yoga Camp
673 8th Avenue, Val Morin
Québec J0T 2R0, KANADA
Tel.: +1 819 322 32 26
Fax: +1 819 322 58 76
E-Mail: hq@sivananda.org
Web: www.sivananda.org/camp

Sivananda Yoga Seminarhaus
Bichlach 40
6370 Reith bei Kitzbühel, Österreich
Tel.: +43 53 56 67 404
Fax: +43 53 56 67 4044
E-Mail: tyrol@sivananda.net
Web: www.sivananda.at

Ashram de Yoga Sivananda
26 Impasse du Bignon
45170 Neuville-aux-Bois, FRANKREICH
Tel.: +33 2 38 91 88 82
Fax: +33 2 38 91 18 09
E-Mail: orleans@sivananda.net
Web: www.sivanandaorleans.org

Sivananda Ashram Yoga Retreat
P.O. Box N 7550
Paradise Island, Nassau, BAHAMAS
Tel.: +1 416 479 01 99
Fax: +1 242 363 37 83
E-Mail: nassau@sivananda.org
Web: www.sivanandabahamas.org

Sivananda Ashram Yoga Ranch
P.O. Box 195, 500 Budd Road
Woodbourne, NY 12788, USA
Tel.: +1 845 436 64 92
Fax: +1 845 363 46 31
E-Mail: yogaranch@sivananda.org
Web: www.sivanandayogaranch.org

Sivananda Ashram Yoga Farm
14651 Ballantree Lane,
Grass Valley, California 95949, USA
Tel.: +1 530 272 93 22
E-Mail: yogafarm@sivananda.org
Web: www.sivanandayogafarm.org

Sivananda Yoga Dhanwantari Ashram
P.O. Neyyar Dam, Thiruvananthapuram
District, Kerala 695 572, INDIA
Tel.: +91 944 608 9992
E-Mail: guestindia@sivananda.org
Web: www.sivananda.org/neyyardam

Sivananda Yoga Vedanta Meenakshi Ashram
(near Pavana Vilakku Junction)
New Natham Road, Saramthangi Village
Vellayampatti P.O., Madurai District,
Tamil Nadu 625 503, INDIA
Tel.: +91 98 6565 5336, +91 98 6515 5335
E-Mail: madurai@sivananda.org
Web: www.sivananda.org/madurai

Sivananda Kutir
(near Śiror Bridge) P.O. Netala, Uttarkashi
District; Uttarakhand, Himalayas 249193, INDIA
Tel.: +91 90 12 78 94 28
Tel.: +91 99 27 09 97 26
E-Mail: himlayas@sivananda.org
Web: www.sivananda.org/netala

Sivananda Yoga Vietnam Resort and
Training Centre
K'Lan Eco Resort Tuyen Lam Lake
Dalat, VIETNAM
Tel.: +84 6365 01100
E-Mail: vietnamyogaresort@sivananda.org
Web: www.sivanandayogavietnam.org

ZENTREN

DEUTSCHLAND

Sivananda Yoga Vedanta Zentrum
Steinheilstraße 1, 80333 München
Tel.: +49 89 700 9669 0
Fax: +49 89 700 9669 69
E-Mail: munich@sivananda.net
Web: www.sivananda.org/munich

Sivananda Yoga Vedanta Zentrum
Schmiljanstraße 24, 12161 Berlin
Tel.: +49 30 85 99 97 98
Fax: +49 30 85 99 97 97
E-Mail: berlin@sivananda.net
Web: www.sivananda.org/berlin

ÖSTERREICH

Sivananda Yoga Vedanta Zentrum
Prinz-Eugen-Straße 18, 1040 Wien
Tel.: +43 1 586 34 53 0
Fax: +43 1 586 34 53 40
E-Mail: vienna@sivananda.net
Web: www.sivananda.org/vienna

SCHWEIZ

Centre Sivananda de Yoga Vedanta
1 Rue des Minoteries, 1205 Geneva
Tel.: +41 22 328 03 28
Fax: +41 22 328 03 59
E-Mail: geneva@sivananda.net
Web: www.sivananda.org/geneva

ARGENTINIEN

Centro Internacional Yoga Sivananda
Sánchez de Bustamante 2372
Capital Federal – 1425 Buenos Aires
Tel.: +54 11 48 04 78 13
E-Mail: buenosaires@sivananda.org
Web: www.sivananda.org/buenosaires

Centro de Yoga Sivananda
Rioja 425, 8300 Neuquèn
Tel.: +54 29 94 42 55 65
E-Mail: neuquen@sivananda.org
Web: www.facebook.com/
SivanandaNeuquen

BRASILIEN

Centro Sivananda de Yoga Vedanta
Rua Santo Antônio 374, Bairro Floresta
Porto Alegre 90220-010
Tel.: +55 51 30 24 77 17
E-Mail: portoalegre@sivananda.org
Web:www.sivananda.org/portoalegre

Centrou International Sivananda de Yoga e Vedanta
Rua Girassol 1088, Vila Madalena
Sao Paulo 05433-002
Tel.: +55 11 30 32 89 25
Mobil: +55 11 96410 0857
E-Mail: saopaulo@sivananda.org
Web: www.sivananda.org/saopaulo

CHINA

Sivananda Yoga Vedanta Center
Fengge Yayuan 8-3-10
No. 1 Xinxiwang Road, Wuhou District
Chengdu, Sichuan 610042 CHINA
Tel.: +86 28-86257086
or +86 189 8064 2709
E-Mail: china@sivananda.org
Web: www.sivanandayogachina.org

ENGLAND

Sivananda Yoga Vedanta Centre
45 – 51 Felsham Road, London SW15 1AZ
Tel.: +44 20 87 80 01 60
Fax: +44 20 87 80 01 28
E-Mail: london@sivananda.net
Web: www.sivananda.co.uk

FRANKREICH

Centre Sivananda de Yoga Vedanta
140 rue du Faubourg Saint-Martin
75010 Paris
Tel.: +33 1 40 26 77 49
Fax: +33 1 42 33 51 97
E-Mail: paris@sivananda.net
Web: www.sivananda.org/paris

INDIEN

Sivananda Yoga Vedanta Nataraja Centre
A-41, Kailash Colony, New Delhi 110 048
Tel.: +91 11 4059 1221, +91 11 2924 0869,
Mobil: +91 88 60 95 44 55
E-Mail: delhi@sivananda.org
Web: www.sivananda.org/delhi

Sivananda Yoga Vedanta Dwarka Centre
(near DAV school, next to Kamakshi Apts)
PSP Pocket, Sector – 6
Swami Sivananda Marg
Dwarka, New Delhi 110 075
Tel.: +91 11 64 56 85 26 or 45 56 60 16
E-Mail: dwarka@sivananda.org
Web: www.sivananda.org/dwarka

Sivananda Yoga Vedanta Centre
TC 37/1927 (5), Airport Road,
West Fort P. O.
Thiruvananthapuram, Kerala 695 023,
Tel.: +91 471 245 09 42
Mobil: +91 94 97 00 84 32
E-Mail: trivandrum@sivananda.org
Web: www.sivananda.org/trivandrum

Sivananda Yoga Vedanta Centre
444, K.K. Nagar, East 9th Street
Madurai, Tamil Nadu 625 020
Tel.: +91 452 252 11 70 or 452 439 34 45
Mobil: +91 909 224 07 02
E-Mail: maduraicentre@sivananda.org
Web: www.sivananda.org/maduraicentre

Sivananda Yoga Vedanta Centre
3/655 Kaveri Nagar, Kuppam Road,
Kottivakkam, Chennai, Tamil Nadu 600 041
Tel.: +91 44 24 51 16 26 / 25 46
E-Mail: chennai@sivananda.org
Web: www.sivananda.org/chennai

ISRAEL

Sivananda Yoga Vedanta Centre
6 Lateris Street, Tel Aviv 64166
Tel.: +972 3 691 67 93
Fax: +972 3 696 39 39
E-Mail: telaviv@sivananda.org
Web: www.sivananda.co.il

ITALIEN

Centro Yoga Vedanta Sivananda Roma
Via Oreste Tommasini 7
Roma 00162
Tel.: +39 06 94 32 65 56
Mobil: +39 347 426 1345
E-Mail: roma@sivananda.org
Web: www.sivananda-yoga-roma.it

JAPAN

Sivananda Yoga Vedanta Center
4-15-3 Koenji-kita, Suginami-ku
Tokyo 1660002
Tel.: +81 3 53 56 77 91
E-Mail: tokyo@sivananda.org
Web: www.sivananda.jp

KANADA

Sivananda Yoga Vedanta Centre
5178 Saint Laurent Boulevard
Montreal, Québec, H2T 1R8
Tel.: +1 514 279 35 45
E-Mail: montreal@sivananda.org
Web: www.sivananda.org/montreal

Sivananda Yoga Vedanta Centre
77 Harbord Street
Toronto, Ontario, M5S 1G4
Tel.: +1 416 966 96 42
Fax: +1 416 966 09 96
E-Mail: toronto@sivananda.org
Web: www.sivananda.org/toronto

LITAUEN

Sivananda Jogos Vedantos Centras
M.K. Čiurlionio g. 66, 03100 Vilnius
Tel.: +370 8 64 87 28 64
E-Mail: vilnius@sivananda.net
Web: www.sivananda.org/vilnius

POLEN

Szkoła Jogi „Odrobina Dobrej Woli"
(affiliert)
ul. Zarudawie 11, 30-144 Kraków
Tel.: +48 50 98 38 586
E-Mail: omkar@yogopedia.org
Web: www.yoga.sivananda.org.pl

PORTUGAL

Centro de Yoga Sivananda Vedanta
(affiliert)
Av. Almirante Reis, 234 A
1000-056 Lissabon
Tel: +351 935 46 04 65
E-Mail: info@sivananda.pt
Web: www.sivananda.pt

RUSSLAND

Yoga Yamuna Studio (affiliert)
12 Parkovaya, 14 A; 105484 Moskau
Tel.: +7 (495) 505 04 21
E-Mail: yoga@yamunastudio.ru
Web: www.yamunastudio.ru

SPANIEN

Centro de Yoga Sivananda Vedanta
Calle Eraso 4, 28028 Madrid
Tel.: +34 91 361 51 50
Fax: +34 91 361 51 94
E-Mail: madrid@sivananda.net
Web: www.sivananda.org/madrid

**Centro de Yoga Sivananda Vedanta
(affiliert)**
Calle Ángel 13, 18002 Granada
Tel.: +34 660 28 85 71
E-Mail: sivanandagranada@gmail.com
Web: www.sivanandagranada.es

URUGUAY

Asociación de Yoga Sivananda
Acevedo Díaz 1523
Montevideo 11200
Tel.: +598 24 01 09 29 / 66 85
Fax: +598 24 00 73 88
E-Mail: montevideo@sivananda.org
Web: www.sivananda.org/montevideo

USA

Sivananda Yoga Vedanta Center
1246 West Bryn Mawr
Chicago, Illinois 60660
Tel.: +1 773 878 77 71
E-Mail: chicago@sivananda.org
Web: www.sivanandachicago.org

Sivananda Yoga Vedanta Center
243 West 24th Street
New York, NY 10011
Tel.: +1 212 255 45 60
Fax: +1 212 727 73 92
E-Mail: newyork@sivananda.org
Web: www.sivananda.org/ny

Sivananda Yoga Vedanta Center
1185 Vicente Street
San Francisco, California 94116
Tel.: +1 415 681 27 31
E-Mail: sanfrancisco@sivananda.org
Web: www.sivanandasf.org

Sivananda Yoga Vedanta Center
13325 Beach Avenue
Marina del Rey, California 90292
Tel.: +1 310 822 96 42
E-Mail: losangeles@sivananda.org
Web: www.sivanandala.org

VIETNAM

Sivananda Yoga Vedanta Center
25 Tran Quy Khoach Street, District 1
Ho Chi Minh City
Tel.: +84 8 66 80 54 27 / 28
E-Mail: hochiminh@sivananda.org
Web: www.sivanandayogavietnam.org

Sivananda Yoga Seminarhaus, Reith bei Kitzbühel, Tirol, Österreich

Mittersill, Hohe Tauern, Salzburg

SIVANANDA YOGA VEDANTA SEMINARHAUS
REITH BEI KITZBÜHEL, TIROL, ÖSTERREICH

Yoga-Urlaub in Tirol: Frische Bergluft, Badeseen, grüne Wiesen und Blick auf den Wilden Kaiser. Täglich Asanastunden, Entspannung, Meditationen und Mantrassingen. Workshops und Vorträge über die gesundheitlichen Wirkungen von Yoga, über positives Denken und Yoga-Philosophie. Ausgedehnte Spaziergänge und Wanderungen. Genießen Sie die reichhaltige vegetarische Küche. Sie sind jederzeit willkommen, mit Aufenthaltsdauer ganz nach Ihrer Wahl.

Yoga-Urlaub in Mittersill, Hohe Tauern, Salzburg: Erholung in einer traumhaften Alpenoase. Auf einem ruhigen Sonnenplateau, umgeben von Biowiesen und schützendem Wald in einem 4-Sterne-Biohotel. Der Blick ist frei auf die 3000er-Gipfel des Nationalparks Hohe Tauern, dem letzten alpinen Naturreservat Europas. Großer Wellnessbereich und Zirbenholz-Zimmer mit herrlichem Ausblick.

Internationale Sivananda Yogalehrer–Ausbildung (TTC)
Int. Fortgeschrittene Sivananda Yogalehrer–Ausbildung (ATTC)
Details siehe Seite 372

Yogalehrer-Fortbildungen
Die Morgen- und Abendmeditation und täglich eine praktische Asanastunde verbinden dieses Seminar mit der Quelle von Inspiration und Authentizität, die den Yoga-Unterricht trägt. Vorträge, Diskussionen und detaillierte Korrekturworkshops mit Seniorlehrern des Yoga Seminarhauses ermöglichen neue Perspektiven für den eigenen Yoga-Unterricht. Die Seminare basieren auf Lehrmaterial von Swami Sivananda und Swami Vishnudevananda, Informationen aus modernen Gesundheitswissenschaften sowie auf der über 50-jährigen Lehrerfahrung der Sivananda Yoga Zentren im Westen.

Weiterbildungen für Praktizierende
Geeignet für alle Yogapraktizierenden und auch besonders für Yogalehrer, sowie Menschen aus Heilberufen. Die Kurs-Thematik aus Yoga, Gesundheit und Psychologie wird unter Leitung erfahrener Lehrer in detaillierter Theorie und Praxis erarbeitet. Mit Teilnahmebestätigung.

SIVANANDA YOGA VEDANTA SEMINARHAUS
Bichlach 40
6370 Reith bei Kitzbühel, Österreich
Tel.: +43 53 56 67 404
E-Mail: tyrol@sivananda.net
www.sivananda.at

ASHRAM DE YOGA SIVANANDA ORLÉANS, FRANKREICH

www.sivananda.org/orleans

Der Ashram de Yoga Sivananda liegt 100 km südlich von Paris im schönen Loiretal am Rande des Bois d'Orléans, einem der größten Waldgebiete Frankreichs. Fünf Hektar Park mit alten Bäumen und weiten Rasenflächen vermitteln die nötige Ruhe für Entspannung, Erholung, Studium und Meditation. Das ganze Jahr über finden Seminare und Ausbildungen zu allen Aspekten des Yoga statt. Menschen jeden Alters und vieler Länder und Lebenswege nehmen teil. Erfahrene Lehrer und Seniorschüler von Swami Vishnudevananda führen durch die Meditationen, Yogastunden und Workshops. Ein Aufenthalt im Ashram ermöglicht Schlüsselerlebnisse für Gesundheit, Vitalität und geistigen Frieden, sei es für einige Tage oder mehrere Wochen.

Yoga-Urlaub
Internationale Sivananda Yogalehrer-Ausbildung (TTC)
Inter. Fortgeschrittene Sivananda Yogalehrer-Ausbildung (ATTC)
Sadhana Intensive
Details siehe Seite 372

Yogalehrer-Fortbildungen
In den Fortbildungen erweitern Yogalehrer ihr Wissen und intensivieren die eigene Praxis. Gemeinsam schöpfen die Seniorlehrer des Yoga Seminarhauses und die Teilnehmer aus der Quelle der klassischen Yoga-Schriften, des Lehrmaterials von Swami Sivananda und Swami Vishnudevananda, sowie aus der über 50-jährigen Lehrerfahrung der Sivananda Yoga Zentren im Westen. Untersuchungsergebnisse der modernen Gesundheitswissenschaften ergänzen den Unterricht.

Zertifikatskurse
Geeignet für alle Yogapraktizierenden und auch besonders für Yogalehrer, sowie Menschen aus Heilberufen. Die Kurs-Thematik aus Yoga, Gesundheit und Psychologie wird unter Leitung erfahrener Lehrer in detaillierter Theorie und Praxis erarbeitet. Mit Teilnahmebestätigung.

ASHRAM DE YOGA SIVANANDA
26 impasse du Bignon,
45170 Neuville-aux-bois, FRANKREICH
Tel.: +33 2 38 91 88 82
Fax: +33 2 38 91 18 09
E-Mail: orleans@sivananda.net
www.sivananda.org/orleans

INTERNATIONALE SIVANANDA YOGALEHRER-AUSBILDUNG (TTC)

www.sivananda.eu

- **Mit Diplom der Internationalen Sivananda Yoga Vedanta Zentren**
- **401 Unterrichtseinheiten à 45 Minuten**
- **200-Stunden-Ausbildungsstandard (Yoga Alliance, USA)**

Swami Vishnudevananda entwickelte 1969 die erste Yogalehrer-Ausbildung im Westen: zwei aufeinander aufbauende einmonatige Lehrgänge sowie ein rein praxis-orientierter zweiwöchiger Intensivkurs. Ziel dieses Lehrprogramms ist es, inspirierende und fachkundige Yogalehrer auszubilden, die aus eigener Praxis und Selbstdisziplin heraus die Yoga-Erfahrung weitervermitteln können.
Bis heute wurden über 40.000 zertifizierte Yogalehrer/innen ausgebildet – jährlich kommen weltweit ca. 1.000 Absolventen hinzu.

Lehrplan: Asanas · Pranayama · Kriyas · Unterrichtspraxis · Meditation · Raja Yoga · Bhakti Yoga · Karma Yoga · Jnana Yoga · Bhagavad Gita

Ausbildungsorte: Reith bei Kitzbühel, Tirol · Orléans, Frankreich · Himalaya, Nordindien · Aluenda, Spanien · London, England · Ustka, Polen · Litauen

INTERNATIONALE FORTGESCHRITTENE SIVANANDA YOGALEHRER-AUSBILDUNG (ATTC)

www.sivananda.eu

- **Mit Diplom der Internationalen Sivananda Yoga Vedanta Zentren**
- **437 Unterrichtseinheiten à 45 Minuten**
- **500-Stunden-Ausbildungsstandard (Yoga Alliance, USA)**

Die vierwöchige Ausbildung in fortgeschrittenen Yoga-Techniken für ausgebildete Yogalehrer eröffnet viele neue Perspektiven und bereichert die Unterrichtstechniken mit einem breiten Fundament neuer Erfahrungen:

Tägliche detaillierte Pranayama-Praxis · Fortgeschrittene Asana-Stunden · Anatomie- und Physiologie-Vorlesungen · Studium des Jnana-Yoga und Kontemplationen über das Selbst · Komplette Lektüre der Raja-Yoga-Sutren · Einführendes Sanskritstudium, Mantrawiederholung, Kirtansingen

Ausbildungsorte: Reith bei Kitzbühel, Tirol · Orléans, Frankreich · Himalaya, Nordindien · Ustka, Polen

SADHANA INTENSIVE

- Mit Diplom der Internationalen Sivananda Yoga Vedanta Zentren
- 173 Unterrichtseinheiten à 45 Minuten

Ausbildungsthemen: Asanas · Pranayama · Mudras · Bandhas & Mantras · Schriftenstudium

Ausbildungsorte: Sivananda Ashram de Yoga Sivananda in Orléans, Frankreich · Rudraprayag, Himalaya, Nordindien

YOGALEHRER-FORTBILDUNGEN

Regelmäßige Fortbildungen ermöglichen Inspiration und Vertiefung der Unterrichtspraxis.

YOGALEHRER-AUSBILDUNG IM HIMALAYA, NORDINDIEN
www.sivananda.eu

- Jährlich im Frühjahr und Herbst: Internationale Yogalehrer-Ausbildung
- Jährlich im Frühjahr: Fortgeschrittene Yogalehrer-Ausbildung
- Jährlich im Herbst: Sadhana Intensive

DIE ZWEIJÄHRIGE SIVANANDA YOGALEHRER-AUSBILDUNG
(Krankenkassenanerkennung)
www.sivananda.eu

Zweijährige kontinuierliche Ausbildung im Modulsystem mit 630 Unterrichtseinheiten (UE) à 45 Minuten.

Anerkennung bei deutschen Krankenkassen

Diese zweijährige kontinuierliche Ausbildung entspricht den Kriterien der Zentrale Prüfstelle Prävention zur Zertifizierung als Präventionskurs nach § 20 Abs. 1 SGB V.

Weitere Information zu den Voraussetzungen für Kursleiter zur Zertifizierung durch die Zentrale Prüfstelle Prävention siehe www.sivananda.at

BUCH-EMPFEHLUNGEN FÜR DIE YOGAPRAXIS

Online-Shop: www.sivananda.org/tyrol

Göttliche Erkenntnis
Swami Sivananda
Spirituelle Essays und praktische Anleitungen zu allen Aspekten des Lebens

Dieses Buch, in seiner englischen Ausgabe „Bliss Divine", ist eine der bekanntesten Schriften Swami Sivanandas. Es ist eine Sammlung von alphabetisch geordneten Auszügen aus seinen zahlreichen Büchern. Sowohl der Anfänger als auch der Fortgeschrittene finden Inspiration und wertvolle Anleitung. Viele Menschen benutzen es auch als tägliche Inspiration, um einen Leitgedanken für den Tag zu bekommen.

Sadhana
Ein Lehrbuch mit Techniken zur spirituellen Vollkommenheit
von Swami Sivananda

Sadhana ist das Sanskritwort für spirituelle Übungen mit dem Ziel des Bewusstseins der allumfassenden Einheit, der Verwirklichung des Selbst. Dieses umfassende Werk ist ein bedeutendes Buch sowohl über die Philosophie des Yoga-Weges als auch über die zu praktizierenden Techniken aus allen Bereichen des Yoga. Der Leser erhält wertvolle Erklärungen und Informationen über den Weg zur Selbstverwirklichung und ebenso praktische und effektive Übungsanleitungen.

Die Kraft der Gedanken
Swami Sivananda

Ein Werk für Selbsterforschung, Selbsterkenntnis, Aneignung von Charakterstärke und Erfolg im Leben. Hier wird nicht nur die Intelligenz gefördert, sondern auch die Erkenntnis stimuliert, die es ermöglicht, den menschlichen Willen für Erhebendes und Aufbauendes einzusetzen. Die ausreichende und genaue Anleitung zur Gedankenpflege ermöglichen es jedem, ein positives, dynamisches, reiches und glückliches Leben zu entwickeln.

Sivananda Upanishad
von Swami Sivananda

Handgeschriebene Briefe von Swami Sivananda mit deutscher Übersetzung und historischen Fotos der Meister. 1955 von Swami Vishnudevananda in Rishikesh zusammengestellt. Dieses Buch gibt tägliche Inspiration für den nächsten Schritt auf dem spirituellen Weg.

Meditation und Mantras
von Swami Vishnudevananda

Eine genaue und klare Darstellung der vier großen Yogasysteme in Theorie und Praxis. Ein umfassendes Werk über Mantras, Meditation und die klassischen Techniken der inneren Suche. Es enthält alle Techniken, um den Geist zu verstehen und zu kontrollieren. Raja, Hatha, Karma, Kundalini, Jnana und Mantra Yoga werden ausführlich erklärt.

Vishnudevananda Upadesha

Dieses Buch präsentiert Ausschnitte aus Vorträgen von Swami Vishnudevananda zu allen Aspekten der unermesslich breiten Wissenschaft des Yoga. Die Vorträge wurden in den Jahren von 1975 bis 1990 gehalten, eine Zeit, die von Swamijis vollem Engagement im weltweiten Aufbau der Sivananda Yoga Vedanta Zentren geprägt war, sowie von seinem persönlichen Einsatz für den Weltfrieden.

Yoga Sutren des Patanjali
Text und Erläuterungen von Swami Durgananda

Die Raja Yoga Sutren von Patanjali Maharishi sind ein vollkommenes Handbuch für die Erforschung und Beherrschung der eigenen Gedanken. Mit fachkundigen und inspirierenden Erklärungen von Swami Durgananda, einer der langjährigsten und engsten Schülerinnen von Swami Vishnudevananda.

Der innere Weg
von Swami Durgananda

Ein Mosaik aus praktischen Yoga-Inspirationen für ein gesundes, ethisches und friedvolles Leben inmitten der heutigen Gesellschaft.

Meditation
Herausgegeben von den Sivananda Yoga Vedanta Zentren

Das Sivananda Buch der Meditation erklärt praxisnah in zwölf Schritten, wie sie richtig meditieren und die Meditation zu einem Teil ihres täglichen Lebens machen. Es ist ein Leitfaden für Anfänger, aber auch für jene Leser, die in der Kunst der Meditation bereits fortgeschritten sind.

Sivananda Kirtanbuch
Herausgegeben von den Sivananda Yoga Vedanta Zentren

Das neu erschienene Buch enthält alle Kirtans, die regelmäßig in den Internationalen Sivananda Yoga Vedanta Zentren und Ashrams gesungen werden. Neben der Übersetzung und Erläuterung der Sanskrittexte findet man auch eine Sanskrit-Transliterationsstafel für die Aussprache der Mantren, Kapitel über die Kraft der Sanskrit-Mantras und eine Einführung in Bhakti Yoga.

Das Große Illustrierte Yogabuch
von Swami Vishnudevananda

Dieses Buch enthält ein vollständiges Übungsprogramm für Anfänger wie für Fortgeschrittene. Der Autor erklärt und zeigt alle wichtigen Yoga-Übungen und ihre Variationen, die es Ihnen – bei geduldiger Übung – ermöglichen können: Emotionen zu kontrollieren, Konzentrationsfähigkeit bei der Arbeit zu steigern, überschüssiges Fett abzubauen, chronische Verstopfungsbeschwerden zu beseitigen, Rheumatismus und Magenbeschwerden zu lindern, den Blutkreislauf anzuregen, die Arterien elastisch zu erhalten, die Normalfunktion der Schilddrüse zu erhalten, ein Höchstmaß an Gelenkigkeit zu erreichen und die Muskeln Ihres Körpers bis ins hohe Alter jugendlich und geschmeidig zu erhalten.

Das große illustrierte Yogabuch ist das Haupt-Textbuch der Sivananda Yogalehrer-Ausbildung, die von Swami Vishnudevananda 1969 gegründet wurde.

Besser Leben mit Yoga
Sivananda Yoga Vedanta Zentren

Illustrationen, Asana-Praxisprogrammen für Neueinsteiger, Mittelstufe und Fortgeschrittene, mit Pranayama, Entspannung und Meditation, Ernährungsplan mit über 40 vegetarischen Rezepten. Alle Techniken werden mit detaillierten, bebilderten Schritt-für-Schritt-Anleitungen und in drei verschiedenen Schwierigkeitsstufen (für Anfänger, Geübte und Fortgeschrittene) vorgestellt.

Einführung in Yoga
Sivananda Yoga Vedanta Zentren

Die Sivananda Yoga Zentren haben in über 30-jähriger Erfahrung im Yoga-Einführungsunterricht ein umfassendes Basisprogramm entwickelt. Es enthält sämtliche Aspekte, die für Anfänger wichtig sind. Aber auch erfahrenere Yogis werden hier viele inspirierende und wissenswerte Aspekte für sich entdecken. Nicht zuletzt sind es auch die vielen Lifestyle-Tipps zu hochaktuellen Themen wie der Überwindung von Stress, nachhaltiger Entspannung und Regeneration, bewusster Ernährung und optimaler Verdauung, die das Buch zu einem so wertvollen Begleiter machen.

CD-EMPFEHLUNGEN
FÜR DIE YOGAPRAXIS

Yoga@home 32 + 32

Mit den beiden Yogaeinheiten auf dieser CD bekommt man die perfekte Anleitung, um seine Asana-Praxis zu Hause fortzuführen. Jede für sich bildet eine abgeschlossene Einheit, die mit unterschiedlichen Übungen jeweils andere Schwerpunkte setzt. Wer regelmäßig den versierten Ansagen von Swami Sivadasananda folgt, wird schnell feststellen, dass man auch außerhalb der klassischen Stunde im Yogazentrum eine wertvolle Yogaerfahrung machen kann. Und das nur in 32 Minuten

Kirtan
spirituelle Gesänge für die tägliche Meditation

Diese 45-minütige CD enthält die gleichen Mantras und Lieder, die auch in den Sivananda Yogastunden und Meditationen gesungen werden: Dhyana Slokas (Gajananam), Jaya Ganesha, Maha Mrityunjaya Mantra, Arati. Gesang: Swami Durgananda und Swamis der Sivananda Yoga Organisation. Die CD beginnt mit historischen Aufnahmen von Swami Sivananda und Swami Vishnudevananda.

Yoga Chants of India

Traditionelle Kirtans werden von Swami Durgananda und weiteren Swamis verschiedener Sivananda Ashrams gesungen. Mit klassischer indischer Musikbegleitung (Veena, Violine, Sitar, Bansuri, Vibraphone, Swarmandala, Percussions). Aufgenommen wurde die CD in Puna, Indien. Dauer: 38 Min.

Thank you Swamiji
Spirituelle Gesänge und Mantras mit Swami Sivadasananda.

Mit klassischer indischer Musikbegleitung (Veena, Violine, Sitar, Bansuri, Vibraphone, Swarmandala, Percussions). Mit Textheft.

www.ingramcontent.com/pod-product-compliance
Lightning Source LLC
Chambersburg PA
CBHW022112080426
42734CB00006B/106